用年表读通
世界历史

陈沛淇 刘玮琦
翁淑玲 许晓倩
著

上海交通大学
SHANGHAI JIAO TONG UNIVERSITY PRESS
出版社

图书在版编目（CIP）数据

用年表读通世界历史 / 翁淑玲等著 . —上海：上
海交通大学出版社，2018
ISBN 978-7-313-19736-8

Ⅰ.①用… Ⅱ.①翁… Ⅲ.①世界史—历史年表
Ⅳ.① K108

中国版本图书馆 CIP 数据核字（2018）第 133655 号

《用年表读通世界历史》
翁淑玲、陈沛淇、许晓倩、刘玮琦　著
中文简体字版 © 2018 年由上海交通大学出版社发行
本书经城邦文化事业股份有限公司【商周出版】授权，同意经版客在线文化发展（北京）
有限公司代理，由上海交通大学出版社有限公司出版中文简体字版本。非经书面同意，
不得以任何形式任意重制、转载。

上海市版权局著作权合同登记号：图字 09-2016-567

用年表读通世界历史

著　　者：翁淑玲 等
出版发行：上海交通大学出版社　　　　　　　地　　址：上海市番禺路 951 号
邮政编码：200030　　　　　　　　　　　　　电　　话：021-64071208
出 版 人：谈　毅
印　　制：常熟市文化印刷有限公司　　　　　经　　销：全国新华书店
开　　本：710mm×1000mm　1/16　　　　　　印　　张：23.25
字　　数：449 千字
版　　次：2018 年 12 月第 1 版　　　　　　　印　　次：2018 年 12 月第 1 次印刷
书　　号：ISBN 978-7-313-19736-8 / K
定　　价：68.00 元

编排体例

一、本书结合"历史年表"与"历史事件叙述",在"有用"的查询功能之外,也兼顾阅读"有趣"的一面。

二、全书上起远古,下迄公元 2012 年,依据年代顺序,分为八章,每章前有一总说。

三、版面一侧以"编年体"的方式呈现世界的时序,用年表贯穿全书,标示西元、地区、执政时期,大事栏位则以世界历史事件,包括朝代兴衰、君王更替、战役、改革、政争、变乱、重要人物等。

四、版面正文部分以"纪事本末体"的形式记载世界各国历史上的重大事件,共列有一百六十余条,对事件的前因后果,发展脉络作完整的叙述。每一则标题清楚,叙事明白,可与年表相呼应。

五、此外,中国历史的重大事件在年表中直接与世界历史对照。

六、目录依事件年代详列,个别历史事件叙述标题。

七、全书以时间为经,事件为纬,表现世界历史长河的流动与演变,是一本方便查询、适合学生与一般大众阅读的世界历史工具书。

目　录

变革的年代：文艺复兴与大航海时代 ——————135

转折的年代：启蒙运动和民族主义的兴起 —————————177

全球大战:霸权争夺下的战争与和平 ——————277

迎向未来：当代社会的危机与转机 ————————325

参考书目 ————————————355

人类的起源与古老文明的遗产

早在 320 万年前，人类的祖先就已在地球上活动，直立猿人露西的发现也证实了这点。但若以考古的遗迹推论，人类的文明该从石器时代开始起。当人类开始学会以石头制作工具，当生活不再只是生存，渐渐从狩猎、采集，进一步迈向稳定的农耕和畜牧生活。随着基本生活条件的稳定，人类的历史也就此开始往前推展。

最早在历史舞台上亮相的文明，是依赖着大河而生的四大古文明。两河流域间活动的西亚民族，尼罗河旁的建造出金字塔的埃及人，如同谜团般在大火中消逝的古印度文明，以及出现最晚却一直流传到现在的中国文明，都为人类历史的进展，留下重要的痕迹。

居住在两河流域间的苏美尔人，写下了历史上最早的文字——楔形文字。他们以此记载了创世纪的史诗，也刻下了最早的法典，为当时人们的生活立下了规范。而后巴比伦人、亚述人、迦尔底亚人等等，也分别在美索不达米亚平原——这块丰饶的土地上建立王国，写下故事。

而充满传奇色彩的埃及古文明，虽然发展略晚于两河流域，但却留下了惊人的建筑成就——金字塔、狮身人面像和神庙，以及神秘的木乃伊。虽然法老统治王朝几经更迭，经过旧王国、中王国到新王国时期，前后长达 1600 多年的时间，但其丰厚的遗产即使到了现在仍然让人惊艳。希腊的历史学家希罗多德曾说："埃及是尼罗河的恩赐。"此话说得一点也没错。

而突然消逝的古印度文明——哈拉巴文明，仅留下了城市的遗迹和部分文字纪录。关于哈拉巴文明的消失，有人认为是板块变动，造成了洪水泛滥，也有人主张雅利安人屠城说。由于出土遗物中，不乏有经过瞬间高温融化后急速冷却造成的玻璃物质，就如史诗《摩诃婆罗多》所述，突如其来的天火煮沸河水、烧毁城市一样。虽然随着时间，有些古文明就此消逝，也有些古文明发生了根本性的变动，不复从前。但这些珍贵的遗迹，确实记载了人类的过去。

距今约 单位：年	地 区	时 代	大 事
320万	非洲	旧石器时代早期	阿法南猿出现于东非，美国学者约翰森（Donald C. Johanson）于1974年发现南猿人露西，推估为人类祖先——阿法南猿的遗骸。
170万	中国		元谋人出现，中国的旧石器时代开始。
70万—50万	印尼		直立猿人出现，荷兰人类学家于1891年爪哇岛特里尼尔附近发现其遗迹。
50万	中国	旧石器时代中期	北京人出现，1921年于北京西南周口店由瑞典学者安特生发现；另于北京人遗址发现打制石器与用火的遗迹。

人类文明的开始：新旧石器时代的遗迹

到底何时开始有人呢？

科学家推算地球年龄约46亿年，约在39亿年前始有生命现象，而人的出现，距今仅320万年。人类史对地球的年岁来说，不过是亘古长夜的一刹。

人类史要从"史前"开始谈起。尚未有文字符号的文明，就称为"史前"。因为没有文字记载，此时的人类生活情形只能就考古发现来推想。

学者依史前人类使用的工具，划分出"石器""青铜"和"铁器"等三个时代。而英国学者拉伯克又把石器时代区分为"新"和"旧"两个时期。新旧比一比，最大的差别就是生活形态与工具的精良程度。

旧石器时代从距今约两三百万年到一万年前为止。在这当中，人类从较早的能人，慢慢进化成直立人和早期智人。此时的人已懂得用火，发展出聚居性的生活形态，主要以采集与渔猎为生。作为工具的石器以敲凿粗制为多，尽管也有骨质、木质、动物皮革与植物纤维等材料出土，但看来仍未广泛应用。旧石器后期的人类懂得画画，人类的美术史自此生根发芽；而从葬礼等仪式举行的遗迹，也发现了早期宗教的影子。

进入新石器时代后，人类从采集渔猎

这种"靠天吃饭"的方式，发展为主动生产的"自给自足"模式。农业、畜牧业和磨制石器的发达，都是此时的特征。埃及、西亚、近东一带，约于距今8000年到9000年前进入新石器时代，欧洲约晚了两三千年。目前近东发现的最早古村落遗址，约在7000年前，普遍分布于埃及、巴勒斯坦、叙利亚和两伊一带的山麓高地。从出土的房屋、谷仓、陶器、各类石器、谷物鱼贝和牲畜化石等，都可看出人类的文化正日益丰富发达。

世界各地的石器时代，并未同期发展、同期结束，落差的时间可能有几千年之久。大致来说，距今约7000年至2000年前，新石器时代就慢慢进入尾声了。不过，有些地区比如中美洲，在公元后仍然停留在新石器文明阶段。正因如此，它们保留了相对丰富的史前痕迹，也是人类学研究的一大福音。

文化的摇篮：大河造就的四大古文明

满清末年时，梁启超在《20世纪太平洋歌》中写道："地球上古文明祖国有四：中国、印度、埃及、小亚细亚是也。"这可说是华文世界有"四大古文明"概念的开端。

四大古文明都沿着河流发展：小亚细

大 事	时 代	地 区	距今约 单位：年
尼安德人出现于欧亚大陆。1856年，考古学家于德国杜塞尔多夫附近发现尼安德人。		德国	10万— 5万
克罗马农人出现，考古学家于1868年首见于法国多尔多涅区。	旧石器时代晚期	法国	5万— 1万
进入绳纹陶时代。		日本	1万
美索不达米亚平原进入新石器时代。从出土的石制锄头、大麦、小麦、牲畜化石发现，人们尝试种植和畜牧的同时，仍保有狩猎采集的生活方式。	新石器时代	两河流域	9000

距今约 单位：年	地 区	时 代	大 事
8000	两河流域		农业技术进步，考古学家于现今伊拉克的萨迈拉发现灌溉渠，证实当时人类已掌握农业与灌溉技术。
8000			两河流域、小亚细亚、印度等地，原始宗教和古代宗教开始盛行。
8000— 6000	两河流域		从农业迈向城市，杰里科（今巴勒斯坦）可能是目前已知最早的城市。
7000	埃及	新石器时代晚期	埃及远古文明的开始，涅伽达文化为当时埃及文明代表，私有制与阶级关系开始萌芽，聚集战争纷迭。

亚的美索不达米亚文明诞生于幼发拉底河与底格里斯河之间；埃及文明仰赖着尼罗河水长大；印度文明与印度河互相辉映；而中国文明自古就视黄河与长江为"文化之母"。可见四大古文明与河流的联系非常密切，皆属于"大河文明"。

石器时代的人类原本过着采集和渔猎的生活，居无定所；后来发现农牧业可以让人过得更饱足幸福，于是就紧邻着河水和肥沃的冲积土壤定居了下来。原始部落慢慢地聚集成形，人口多了，各种细致的文化也渐次发展。说大河是"文明的摇篮"，这是一点都不错的。

四大古文明一字排开，各自有各自的精彩。

距今约9000年前，苏美尔人来到美索不达米亚平原定居。很快地，随着耕种和灌溉技术的进步，他们在农业和商业上也开始发达起来。这里有很多"世界第一"的辉煌成绩，包括世界上第一座城市杰里科（位于巴格达和波斯湾之间），第一部法典《乌尔纳姆法典》，还有世界第一部史诗《吉尔伽美什史诗》，等等。

埃及文明约始于公元前3500年。年年泛滥的尼罗河，为埃及人带来肥沃土壤；由富庶的农牧业所滋养的文明就此苗壮开花。埃及的周围有天然的海洋、沙漠和山脉作为屏障，天生就有个方便外抗敌、内自强的"好风水"。埃及在进入政教合一的王权统治期后，许多伟大的建筑也应运而生。金字塔、狮身人面像和神庙，都是此文明高度发展的证据。

印度文明比埃及文明略晚，但稍早于中国。著名的古城摩亨佐·巴达罗和哈拉巴的遗址在印度河流域出土后，依照鉴定，年代约在公元前 2600 至公元前 1800 年间。古印度很早就有标准的度量衡和文字系统，珠宝和黄金的工艺也十分精致；在大型的城市中，甚至设计有先进的水利系统。

而发源于黄河流域的中国文明，大约可追溯至公元前 2700 年。根据传说，当时黄帝在涿鹿一战，大败蚩尤，统一中原，开创了华夏文明。700 年后，第一个世袭王朝——夏朝出现在历史中，从此便代代朝朝地延续至今。在四大古文明里，中国虽最晚出场，却是唯一不曾中断的古代文明。

崛起于两河之间的美索不达米亚文化

"美索不达米亚"在古希腊语中，意即"两河间之地"；它是底格里斯河和幼发拉底河共同孕育的沃土。每年春天，山峦的融冰注入河水，定期泛滥，为下游的平原带来富含矿物质和有机物的土壤，非常容易种植出丰美的作物。这里曾是人类最早的文明的发源地，新石器时代的住

大　事	时　代　地　区		距今约 单位：年
出现以太阳和月亮为规律的日历。		埃及	7000—6000
仰韶文化出现于黄河流域，又称为彩陶文化。		中国	7000—5000
河姆渡文化出现于长江流域。		中国	7000—5200
大坌文化出现于台湾地区。是至今台湾发现到最早的新石器文化层。		中国	7000—4700
气候骤变，美索不达米亚北部居民迁移到南部，修建灌溉工程。		两河流域	6000—5000

距今约 单位：年	地 区	时 代	大 事
5500	两河流域		灌溉农业进一步发展，两河流域下游的苏美尔产生城市文明。
5500— 4000	中国		红山文化出现于辽河流域。
5100	埃及	旧王国时期——第一王朝	美尼斯（Menes）统一上下埃及，以孟菲斯为首都，建立第一王朝，开始旧王国时期。此时仍为传说年代，史实无法验证。
5000	两河流域		商业贸易迅速发展，历史上所见最早的文字产生。此种书写系统，是将简单的象形符号刻在泥土板上，即"楔形文字"。亦发展出将一天分为12个时辰，采60进位法。

民，掌握了农业和灌溉技术，世代定居在这片丰美之乡。

许多文明都是兴起于资源富庶，衰颓于外侮入侵。美索不达米亚平原缺乏高山河流作为屏障，自古以来，其文明发展史就是民族间征战与融合的过程。阿摩利人、亚述人、迦尔底亚人、古提人、埃兰人等等，都曾在平原周围生活，并先后入主美索不达米亚地区，激荡出不同的文明。

公元前539年，随着最后的巴比伦王国被波斯帝国征服，又历经马其顿和罗马的统治之后，古文明的风采遂渐渐为人所遗忘。然而，文明不死，只是融入新血，换了样貌。在后来的希腊化艺术中，人们依稀能辨识出古西亚文明的元素在其中活跃着。

从大祭司印和阗谈起：埃及的旧王国时期

世界上最早的字母文字，是埃及人发明的；一年365日的历法，最初是埃及人定的；接通尼罗河和红海的运河、环绕非洲大陆的航行、大型金字塔建筑等，这些都是埃及人的创举。究竟这民族是多么得天独厚，竟能完成这些"不可能的任务"？若要认真探究，安定与富庶就是文明能高度发展的主因吧！

埃及位于尼罗河下游的河谷与三角洲

地带，东有红海，北有地中海，西边是广大的沙漠，而南方则地势崎岖，多险滩与瀑布。除了东北方有通道接连西亚之外，可谓是三面皆有天然屏障，大大降低了外族入侵的几率。在这封闭自足的环境中，文明也就相对稳定。古希腊历史学家希罗多德曾说："埃及是尼罗河的恩赐。"这话一点也没错。尼罗河每年 7 月至 11 月定期泛滥，带来大量的沃土。这些黑色土壤令埃及人得以建立"凯麦特之国"（即黑土地之国的意思）。

由美国拍摄的《木乃伊》(The Mummy) 系列电影，运用古埃及的文化元素，让被唤醒而复活的祭司印和阗 (Imhotep)，带领我们进入埃及古文化领域。电影中的印和阗是个邪恶、追求爱情与积极恢复过往权力的反派角色；事实上，除了祭司身份符合之外，历史上的印和阗和电影中的角色有很大的反差。

印和阗身处埃及旧王国时期，距今约为四五千年之际，他是第三王朝的第二位法老王佐塞尔 (Zoser) 的宰相。据说，这位法老王佐塞尔曾经梦到自己，行走在蜿蜒而高耸的阶梯上，这阶梯一直往天上延伸。因此佐塞尔醒来之后，便要求当时的宰相印和阗建造出一座可以"延伸到天上的坟墓"。印和阗不负所托，设计出这座位于萨卡拉 (Saqqara) 的石造坟墓，它可以说是阶梯型金字塔的前身，高约 60 米。这样大型的建筑工程耗时多年，

大 事	时 代	地 区	距今约 单位：年
克里特岛进入青铜器时期，农业发达，并出现精美陶器，被称为"克里特文明"。	克里特文明	希腊	5000—3330
闪族在阿拉伯半岛过着游牧的生活。		阿拉伯半岛	5000
南岛语系的原住民开始活跃于台湾各地。		中国	5000—3500
苏美尔产生约为数众多的小城邦。后又以 12 个主要城市为中心。	早期苏美尔城邦	两河流域	4760
英雄史诗《吉尔伽美什史诗》形成。			

距今约 单位：年	地　区	时　代	大　事
4500	中美洲		中美洲墨西哥高原已出现文明。
4610	埃及	旧王国时期——第三王朝	第三王朝史事大致可稽。金字塔出现，佐塞尔在萨卡拉修建阶梯金字塔。农业发达，民生富庶，建筑、艺术、科技，都有惊人的成就。
4600— 3500	印度	哈拉巴文明	哈拉巴文明出现，亦称河谷文明。哈拉巴和摩亨佐·达罗两座古城。相传为古达罗毗荼人所创。

之所以可以顺利完成，全拜这段时期稳固的中央集权政治所赐。法老王的神圣权力高于一切，因此能够征派大量的劳役与调度大量的财力、物力，只为圆一个法老王的梦想。

埃及的地理位置独立，很少受外来的影响，因此政治能有较稳定的发展。埃及人的宗教信仰与政治合而为一，相信统治埃及的法老王就等于太阳神之子，是神明在人间的代表，因此为法老王所驱使也是理所当然。埃及的位置也有助于抵御外侮，使得他们有足够的时间与财力、物力，发展出金字塔建筑群，这亦象征当时古埃及的强大国力。

距今约 5000 年前，美尼斯（Menes）统一埃及，以孟菲斯为首都，是为埃及旧王国时期的开始。在旧王国第三王朝之前，法老王的陵墓都是平顶的石墓造型，佐赛尔的这座金字塔，被视为真正金字塔建筑的开始。而印和阗除了是一位宰相、又具备建筑设计才华之外，他还被后世埃及人奉为医神。根据开罗古董商人艾德温·史密斯所持有的一份文献，现今被称之为《艾德温·史密斯纸草文稿》（*Edwin Smith Papyrus*）显示，印和阗是一位优秀的医师，治疗过的疾病超过百种以上，对于诸多疾病的治疗方法也多有研究。印和阗在埃及文化传播到欧洲时，曾被希腊人奉为医学先知，但后来因为欧洲本位运动，希腊的医学之父希波克拉底方取而代之。其实，印和阗的年代比希波克拉底要早上两千年呢。

《吉尔伽美什史诗》的传颂：苏美尔人的创世与永生

前几年美国曾出版几套以远古文明为题材的游戏软件，其中苏美尔城邦皆被设计为西方古文明的第一站。这一站可说是目前考古学界发现于美索不达米亚平原文化中的最早文明，其中考古出土的《吉尔伽美什史诗》（Epic of Gilgamesh），被誉为人类的第一部史诗。

史诗是古人的记述方式之一，往往在真实与想象之间穿梭。这部史诗的主角吉尔伽美什，在历史上是苏美尔城邦时代的乌鲁克城第五任国王，在位期约在4760 年前；史诗中的他被神格化，具备了三分之一的人性、三分之二的神性。

故事中的吉尔伽美什有完美的外表与无可匹敌的智慧，但却是一个暴君。守护乌鲁克的女神伊什塔尔（Ishtar）便用泥土创造了另一位英雄恩基杜（Enkidu），与之抗衡。孰料，两相较量间，吉尔伽美什与恩基杜却变成相互倾慕的好朋友，并且携手共同保卫乌鲁克的人民。吉尔伽美什的转变及种种爱民的事迹，使得伊什塔尔爱上他，但是吉尔伽美什却拒绝女神的求爱。女神恼羞成怒，在害死吉尔伽美

大　事	时　代	地　区	公元前 单位：年
三皇五帝的传说年代，中国从史前走向历史年代。据说黄帝发明指南车，其妻嫘祖教人种桑养蚕，仓颉造出中国最早的文字。		中国	2780—2274
闪族中开始有几支族人向外迁徙，包括希伯来人、腓尼基人和亚拉米人，为今日西方的拼音文字的发源。		中东	2600
第四王朝时期是金字塔的全盛时期。斯尼夫鲁建金字塔。胡夫建筑历史上最大金字塔。	旧王国时期——第四王朝	埃及	2650
古埃及著名的狮身人面像落成，据说面容是按照法老海夫拉雕制而成。		埃及	2600

单位：公元前 年	地 区	时 代	大 事
2350	两河流域	苏美尔——阿卡德时期	阿卡德人萨尔贡一世结束苏美尔城邦间的征战，建立世界上第一个帝国——阿卡德帝国，都城为阿卡德城（Agade）。
			苏美尔人发现矿泉水有愈合伤口的特性，当时的苏美尔人会使用燃油灯，并会烤制面包及酿造啤酒。
2290—2254	两河流域		阿卡德王纳拉姆辛，号称天下"四方之王"，将帝国带向鼎盛。
2200—2100	埃及	旧王国时期——第七至第十王朝	法老权力下降，并遇到严重干旱，四处饥荒，政局动荡。
2193	两河流域	苏美尔——阿卡德时期	末代君主去世，阿卡德帝国崩溃，都城阿卡德城被毁，由来自伊朗高原的古提人取代。

什不成之后，反过来害死恩基杜。而吉尔伽美什无法接受恩基杜的死亡，决定去寻找永生的要诀，拜访他的祖先夏玛什（Shamash-Napishtim）。

夏玛什是大洪水之后唯一的幸存者。吉尔伽美什在翻山越岭、历尽艰辛后，终于见到了夏玛什。然而夏玛什却回复，永恒是不存在的。吉尔伽美什自是不服，质疑夏玛什为何可以远离死亡。夏玛什说，当初众神创造了天与地、男人与女人。后来人类惹怒了众神。众神大发洪水，要摧毁人类与万物。幸而智慧女神怜悯人类，便令夏玛什打造方舟，躲避洪水之难。后来诸神后悔不已，因为没有人类就没有丰盛的祭祀了。当洪水退去时，夏玛什将事先放在方舟内的食物，献祭给众神。众神看到后感激不已，便决定赐予长生不老，而这样的事是不会再发生的。

虽然夏玛什这样说，但吉尔伽美什还是不愿放弃。夏玛什只好告诉他，在大海的深处有一种可以令人返老还童的仙草。吉尔伽美什很努力地找到了仙草，仙草却在途中被狡猾的蛇偷偷吃掉了。这注定了人类终究要迈向死亡的命运。吉尔伽美什怀着落寞的心情，回到乌鲁克城。退而求其次，吉尔伽美什到神庙恳求众神，让恩基杜复活片刻，以解思念。复活后的恩基杜又说了人死亡后到达地狱的种种情状。

这部史诗含有互相倾慕的同性情谊，

被后世誉为最早的同志爱情故事，近年还登上苏格兰国家剧院演出。史诗中从泥土创造出的男人与女人，大洪水与方舟事件，使得《旧约圣经》中的创世描述有了可追迹之处，西方文明的开端总算有了真实性的倚靠；而对永恒生命追寻的挫败，英雄也难过生死关卡，则反映了人类掌控自己的生命的渴望。其叙述方式对西方文学有直接或间接的影响，诸如《奥德赛》《浮士德》《罪与罚》等，都可发现一些《吉尔伽美什史诗》影子。

哈拉巴文明：印度河流域文明的发展

印度河发源于喜马拉雅山脉，总长度3600公里，主流与支流遍布的面积超过1000万平方公里。自古以来，印度河与和恒河便是滋养印度半岛的两大水脉。印度最古老的文明——哈拉巴文明便是在印度河畔发展起来的。

人们对于这个古文明的了解并不多，直到近代的考古团队发现了哈拉巴和摩亨佐·达罗两座古城的遗址之后，才稍稍揭开了印度古文明神秘面纱。

这两座城市，据说是古代原住民达罗毗荼人所造。哈拉巴城址在印度河支流拉维河的左岸，摩亨佐·达罗城址则靠近印度河的右岸。考古团队在这里掘出了大量

大　事	时　代·地　区		公元前 单位：年
古提人拉格什，继阿卡德王国后获得苏美地区政权。	新苏美时期	两河流域	2193
舜禅让于禹，居安邑；禹死后传位于启，开始了家天下的局面。	夏朝禹	中国	2183—2176（？）
太康沉迷于游猎，有穷氏后羿掌权，史称"太康失国"。	夏朝太康	中国	2166—2138（？）
乌鲁克国王乌图西加尔，将古提人驱逐出苏美尔。其总督乌尔纳姆登上苏美尔的王位。	苏美尔——乌尔第三王朝	两河流域	2113
乌尔纳姆在位期间修建城墙、开凿新运河、新建修复遍布全国的神庙，并制定目前所见最古老的《乌尔纳姆法典》（*Code of Ur-Nammu*）。			

单位：年 公元前	地 区	时 代	大 事
2106	埃及	中王国时期——第十一王朝	为求永生，将死者制成木乃伊的仪式普遍化。
			修建卡尔纳克神庙。
			埃及的法老王成为希克索斯人的封臣。
2063— 2041 （？）	中国	夏朝少康	遗腹子少康长成，灭寒浞后复位，史称"少康中兴"。
2000	中国	夏朝	二里头文化出现，考古于河南发现其遗址，据推测为夏朝文明的代表。

石器、青铜器、陶器、金银珠宝、象牙装饰和农作物遗迹。这已足够令人相信，古达罗毗荼人的文明十分的先进。

令人惊艳的还远不止如此。就拿摩亨佐·达罗来说吧，这座城市规划完整，处理民政事务的大型建筑里有公共浴池、议事厅、聚会所和谷仓；而民房普遍来说整齐宽敞。高级一点的房子，甚至有完善的供水和废水处理系统。城市的主要通道笔直宽敞，每隔一段距离就有照明设备。此外市场、手工艺坊、神庙等一应俱全。据推算，这座城市至少曾有三四万人入住。人们还从古城中找出 2000 多个印章，印章上刻有至今仍无法解读的文字，这说明了古印度语言发展得很早。古达罗毗荼人频繁使用度量衡和货币，这和他们频繁与外地通商有关。根据史料，他们与西亚的苏美尔人有贸易往来，也和南印度和中亚部落的人做生意。

哈拉巴文明消失得很突然，时间大约是公元前 1500 年。学者对此有几种臆测：有人认为是印度河三角洲的板块变动，造成了洪水泛滥，因此住民不得不搬迁，这是环境变异说。另外考古挖掘时，曾在此发现大量的骸骨，于是又有人主张雅利安人屠城说。最后，由于出土遗物中不乏瞬间高温融化急速冷却造成的玻璃物质，而类似情形至今只在核武爆炸现场有发现过，因此人们不禁想起史诗《摩诃婆罗多》中所描写的"沸腾末日"，文中称突如其来的天火煮沸河水，烧毁城市，因而可以猜想哈拉巴文明毁于一场不明的爆炸。

不管是哪种说法，如今都无法证实了。古达罗毗荼人留下的城市废墟，随着时日积累，和尘沙一起安眠在印度河畔。直到公元前 6 世纪，孔雀王朝兴起，城市的繁华灯火才又在印度河畔点亮。

第一部成文法典《乌尔纳姆法典》中的公平与正义

被公认为世界历史上的第一部成文法典《乌尔纳姆法典》，其成就基本上来自两大要素：一是君王统治的管理需求，二是具备了成熟的书写工具。

苏美尔人之后，阿卡德人统一了美索不达米亚平原，建立了阿卡德帝国，并采取中央集权的统治方式，缔造了所谓的"苏美尔—阿卡德时代"。随后，阿卡德帝国毁于蛮族古提人之手。此地历经苏美尔城邦的短暂复兴，由乌鲁克城的国王乌图西加尔（Utu-hengal）起兵赶走了古提人。总督乌尔纳姆则统一了美索不达米亚平原，建立了乌尔第三王朝。乌尔纳姆自称"苏美尔和阿卡德之王"，也是采取中央集权的统治。

德国东方学会于 19 世纪初开始挖掘乌鲁克城遗址，文字便是其中的出土物之一。根据研究，苏美尔城邦时期的楔形文

大　事	时　代	地　区	公元前 单位：年
闪族中的迦南人进入美索不达米亚平原，成为新巴比伦帝国和亚述帝国的祖先。		两河流域	
玛雅文明形成。	玛雅文明	中南美洲	
第十二王朝建立者阿蒙涅姆赫特一世，将首都迁往法尤姆绿洲的伊塔威（Itjtawy）。	中王国时期——第十二王朝	埃及	1985
为抵御外族入侵，并动员人民在三角洲东部修筑防御建筑"大公墙"（Walls-of-the-Puler）。			

公元前 单位：年	地 区	时 代	大 事
1894— 1881	两河流域	巴比伦王国	巴比伦王国建立，巴比伦人取代苏美尔人，成为美索不达米亚平原新的统治者。
1800— 1375	两河流域	旧亚述时期	亚述人在底格里斯河上游定居，其国国家与首都均以最高神祇亚述为名，而后成为巴比伦汉谟拉比的附庸国。
1802— 1751 （？）	中国	夏朝桀	夏桀无道，诸侯归汤，而后夏亡。
1751— 1738 （？）	中国	商朝天乙	商汤即位，中国商朝建立，中国历史也从传说时代迈向信史时代。

字发展成熟，可谓人类进入信史时代的开始。阿卡德时期因为集权统治之故，已经出现法律条文的记述。到了乌尔纳姆的统治时代，楔形文字的书写已然可以传达政令。《乌尔纳姆法典》的出土，便说明了过去"不成文"的"习惯"统治，从此进入了"成文"的"法令"统治。只是，这时期的成文法令也只能说是当时社会一些习惯性处理方式的汇整，但又更为正式。

《乌尔纳姆法典》被发现的最早抄本，大约是巴比伦时期留下来的。考古出土的仅剩下一些残片，但还是可以看出法典内容包括序言和正文 29 条。从残余的记录中可以了解到，这部法典为了具有管理的正当性，在序言中便说明乌尔纳姆对人间的管理权力是由神明所赋予。换言之，这部法典实施的社会秩序、社会正义，应该为众人认同与遵从。

法典中对于当时生活中的一些问题作了规定。例如，规定离婚次数、应支付的金额（这或许是最早的赡养费）；规定通奸者就是死罪；规定强奸女奴的罚款金额；规定斗殴伤到人的不同部位，有不同的罚金；破坏他人耕地要支付赔偿金额等等。这些条文内容并没有"以牙还牙、以眼还眼"的报复方式，而是采取罚金的处理方法，这其实已经具备现代民法的雏形了。后来的《苏美尔法典》《尼尼微法典》，以至于后来更加成熟的《汉谟拉比法典》都颇受《乌尔纳姆法典》的影响。

从《汉谟拉比法典》看见古巴比伦帝国的社会现象

拿破仑征服埃及之后，声势不可一世，眼界亦不可同日而语。《拿破仑法典》证明了他具备管理一统帝国的智慧，古巴比伦帝国的君王汉谟拉比亦是如此。《汉谟拉比法典》这部被世界公认为最早较有系统的法典，也是 20 世纪初期法国考古学家们所获得的重大成果之一，使古巴伦统治时期下的两河流域社会现象，得以重见曙光。

1901 年时在古城苏萨所出土的两大残缺石柱拼凑一起后，圆柱上端雕刻着汉谟拉比正从太阳神的手中接下象征统治力量的权杖。这幅神授权杖的图像，昭告世人君王具备统治世间的合法权利，而浮雕下方即是用楔形文字刻着的法典条文。按法典序言所述，让正义之光照耀大地，消灭一切恶行，使强者不再欺凌弱者。换言之，人间正义的执行者就是汉谟拉比，君主中央集权亦是古巴比伦帝国的统治方式。

法典中记述，控告他人却无法提出明确的证据，原告应当被处以严刑。这是汉谟拉比对于国家治理的基本立场，力求法律上的真凭实据，以避免诬告情事发生。法典中显示古巴伦是一个阶级社会，区分为：有公民权的自由民，无公民权的自由民，以及奴隶；奴隶又可分为王室的奴隶、自由民所属的奴隶、公民私有

大　事	时　代	地　区	公元前 单位：年
游牧民族希克索斯人（Hyksos）从西亚入侵埃及，建立王朝。	中王国时期——第十七王朝	埃及	1800
汉谟拉比统一两河流域南部，巴比伦的国力达到极盛，并了颁布《汉谟拉比法典》。	巴比伦王国	两河流域	1792—1750
赫梯由拉巴尔纳斯建立，定都库萨尔。	旧赫梯帝国	两河流域	1640—1380
伯罗奔尼撒半岛的迈锡尼文明兴起，此时期也是荷马史诗最常设定的舞台。 迈锡尼人掠夺克里特岛后，在爱琴海地区取得重要地位。	迈锡尼文明	希腊	1600

公元前 单位：年	地 区	时 代	大 事
1575	埃及	新王国时期——第十八王朝	十八王朝兴起，驱走希克索斯人，进入埃及的帝国时期。在其全盛时期，腓尼基、巴勒斯坦、叙利亚一带皆被并入版图。
1531	两河流域	巴比伦王国	巴比伦王国为来自东北的赫梯人所灭。
		喀西特王国	赫梯人攻陷巴比伦立刻离开，来自伊朗的喀西特人建立王朝统治巴比伦400年。
1500	印度	哈拉巴文明	古城摩亨佐·达罗和哈拉巴被毁。
			雅利安人进入印度河上游的五河地方定居，创立雅利安印度文化。达罗毗荼人迁徙至南印度，成为南印度人的祖先。

的奴隶。然而在阶级之前，律法的天秤依然倾斜，甚至有些处罚是报复式的。法典记述，如果奴隶打了自由民，要被割下耳朵；但如果类似的殴打事件发生在贵族之间，打人的一方只需要被罚钱。法典中又规定，伤人眼者，人亦可伤其眼；伤人手足者，人亦可伤其手足；击落人牙者，人亦可击落其牙。当然上述只是针对同等阶级者。

汉谟拉比面对幅员广阔的经济管理，是非常积极的、热络的国际贸易往来，可让帝国政府的税收不虞匮乏。所以在法典中，对勤于耕作的农人给予鼓励，以期营造良好的务农环境。针对商业交易，则规定了借钱经商的人有义务努力赚钱，来缴付利息；如果借了钱却没有获利，就必须加倍奉还本金。倘若所借的钱财被盗匪所劫去，只要以神之名发誓，就可以免去赔偿责任；但是如果想赖账，不承认借钱，一旦被证明说谎，就必须按其所借钱的倍数偿还。足见其采取正面的鼓励方式，不遗余力地推广农业与商业贸易的发展。根据考古成果显示，汉谟拉比不仅开凿运河，开垦荒地，加强水利工程，建立横跨幼发拉底河的大桥。在繁荣的商业之余，进而缔造出气派非凡的宫殿建筑和壮丽的神庙，而首都巴比伦城也变为国际性的大都会。

在这众多民族聚集的社会中，法典对于婚姻家庭关系方面的规定也相当多，或多或少反映出古代社会男女复杂的关系。例如，婚姻关系必须有契约方得成立；也规范了毁婚、离婚、外遇妇女和非婚生子女的处置。也有财产继承条款，诸如婚生子女与非婚生子女的继承权利，直系亲属的继承权都有纳入规定。巴比伦社会中，凡是犯通奸罪、强暴罪者，处分都很严厉。若妇女如果无法持家，也需要受到律法的责罚。

另外，为了维护帝国的社会秩序与安宁，针对社会下层的众多奴隶，其交易、逃亡及失踪藏匿等问题，亦多有条款约定。对于公私有的财产都采取严格的保护。例如，窃取神庙或王宫之财物者，收受赃物者，偷窃财物、小孩者，侵入他人屋宅者等等，都应处以死刑。

像这样多方面的法条规定，显示出《汉谟拉比法典》非一朝一夕完成，而是针对两河流域不同的民情风俗，还有已存在的一些习惯法，加以编纂而成，历时起码数十年。《汉谟拉比法典》现存于法国巴黎的卢浮宫，共计有 282 款条文，由前言、正文和结语三部分组成，以楔形文字铭刻在石柱上。这部法典对于我们了解古巴比伦社会现象，有非常高的学术价值。

大　事	时　代	地　区	公元前（单位：年）
著名的女法老哈特谢普苏特在位。她展开和邻国的商贸，使国家繁荣，并建造了达尔巴赫里平顶神殿。	新王国时期——第十八王朝	埃及	1501—1480
古埃及的《死亡之书》又名《亡灵书》约于此时出现，内容为放入陵墓的颂歌和咒文，祈祷死者免受冥国苦难。			
盘庚迁都至殷，而后国势复兴，后人称"商"亦称为"殷商"。甲骨文亦在此时出现。	商朝盘庚	中国	1383（？）

地区	时代	大事

单位：年
公元前

地区	时代	大事
1375—1047 两河流域	中亚述时期	亚述帝国建立，亚述人联合赫梯人争取亚述独立，结束两河流域的混乱，重振国威，后历经三百余年，逐渐式微。
1377—1358 埃及	新王国时期——第十八王朝	法老阿蒙霍特普四世继位后，意图改变多神信仰，转为独尊太阳神的一神信仰，造成社会动荡。
		法老图坦卡门继位三年后，再度回复多神信仰。图坦卡门陵墓是目前埃及所发现最完整壮观的一座陵墓。
1308 （？） 中国	商朝武丁	武丁举傅说为相，攻克鬼方，后世称为"武丁中兴"。

埃及法老的兴衰史：从中王国时期到新王国时期

1974 年，法国接受了一件来自埃及政府的委托："治疗"一具受到真菌感染的木乃伊。木乃伊出境时，埃及政府发配了一本职业栏上注明"法老王"的护照，而法国官员也在机场以接待元首的阵仗迎接这位贵族。猜到了吗？此木乃伊不是别人，正是拉美西斯二世。死后 3000 年仍能如此风光的君王，实属罕见。

埃及的君王名为"法老"，因为是政教合一的集权君主，又有太阳神之子的身份。从美尼斯开始，到公元前 343 年为止，埃及有过长达 3000 余年、30 代王朝集权统治的时期。法老中央集权稳固后，埃及在建筑、艺术、科技各方面，都取得了伟大的成就。名扬古今的金字塔建筑群，便是文明达到巅峰时的四王朝所开发的产物；最著名的就属耗时 30 年才建成的胡夫金字塔。

埃及在第六王朝时曾爆发内乱，此后国内局势一直不甚稳定；直到第十一王朝的法老蒙图荷泰普二世继位，才又恢复统一状态。第十二王朝时，法老们致力于垦荒与灌溉工程，加上自征服的努比亚输入大量石料和黄金，这推动了埃及进入另一波太平盛世。

据说埃及人曾修筑"大公墙"，以防御来自西亚的侵略者。然而，西亚的游牧民族希克索斯人还是趁机入侵，并且建立了希克索斯王朝；这使得十七王朝末年（约公元前 1600 年）都在征战中度过。最后雅赫摩斯一世将希克索斯人驱逐出境，再次统一埃及。

公元前 1580 年左右，埃及进入新王国时期。此为开疆拓土的阶段。第十八王朝塞特摩西斯三世曾将腓尼基、巴勒斯坦和叙利亚等地收入版图。然而第十八王朝后半，因阿蒙霍特普四世进行宗教改革，造成了政局动荡。日本长篇漫画《尼罗河女儿》中男主角的原型，就是第十八王朝的末代法老图坦卡蒙。此君曾与祭司团的利益发生纠葛，在谜团中英年早逝。

进入第十九王朝后，内乱的形势稳定，王位三传至大名鼎鼎的拉美西斯二世时，埃及再次进入强盛时期。拉美西斯二世的丰功伟业主要有两件：一是对邻近的赫梯王国，发动了一系列的战争；双方皆损失惨重，最后以签订和平协议告终。二是拉美西斯二世是对土木工程十分有热情的法老，现今埃及旅游手册上的许多古建筑，都是这位君主的大手笔杰作。例如阿比多斯的神庙群、被重新整修而得以留存的卡纳克神庙和卢克索神庙等等。后人想辨识这座神庙是不是拉美西斯二世盖的并不难，因为他即使是整修前代法老的建筑，也会叫人别忘了刻上他的名字。

然而，拉美西斯二世发动战事和大兴土木，确实也耗空了国库，让整体国力下

大事	时代	地区	公元前 单位：年
希腊与特洛伊发生"特洛伊战争"，战后，迈锡尼文明进入巅峰时期。相传特洛伊的遗民逃难至意大利半岛，后来建立"亚尔巴龙伽王国"，为古罗马王国的先祖	迈锡尼文明	希腊	1300
拉美西斯二世带军与赫梯军会战于卡迭石，并一举夺回了叙利亚。	新王国时期——第二十王朝	埃及	1299
摩西率领以色列人离开埃及，往巴勒斯坦前进，即《圣经》中的《出埃及记》。			1290
埃及与赫梯签订第一个国际和约，宣布两国止战，永久交好。			1275

单位：公元前 年	地 区	时 代	大 事
1250	希腊	迈锡尼文明	特洛伊战争发生，迈锡尼国王阿伽门农为联军总司令。
1227	两河流域	中亚述时期	亚述国王尼努尔塔一世攻占由喀西特人统治的巴比伦。
1200—500	印度	吠陀时代	雅利安人统治时期，《吠陀经》出现，种姓制度出现，以婆罗门教信仰为重。
1400—1200	中美洲	奥尔梅克文明	中美洲出现奥尔梅克文明，被视为后来印加文明的起源。
1200—800	希腊	迈锡尼文明	海洋民族移入希腊半岛，亦称"爱琴海迁徙"，希腊各城邦大为兴盛。

滑。此后帝国衰颓，进入漫长的混乱时期；而丰裕的尼罗河三角洲，再次成为各方觊觎之物。举凡利比亚人、努比亚人和埃塞俄比亚人等，都曾先后在埃及建立蛮族王朝。亚述人也在公元前7世纪，数次入侵。公元前6世纪，波斯帝国崛起，居鲁士大帝征服了埃及；前4世纪中期，埃及又成为亚历山大大帝的囊中物。自此，埃及加入了希腊化世界。当埃及艳后克利奥帕特拉七世与其子托勒密十五世双双殒命，罗马的屋大维将埃及设为帝国的行省后，埃及绵延了三十王朝的更迭史，就在这里画上句点了。

种姓制度：古印度文明的阶级牢笼

根据《梨俱吠陀》记载，"雅利安人"的意思是"出身高贵者"，他们大约在公元前1800年左右进入印度，征服当时的原住民达罗毗荼人后，便从游牧生活转变为农业生活，开始在印度半岛定居下来。因为他们皮肤白皙，所以又被称为白种印度人。然在印度半岛生活的人种颇多，雅利安人并非是绝大多数者。凭借着征服而逐步建立起的国家体制，他们开始用肤色作最基本的区隔，发展出阶级社会；通过武力扩张而获得的许多战俘，就作为奴隶使用。《梨俱吠陀》记载，这样的社会阶级区分出了婆罗门、刹帝利、吠舍、首陀罗等四个种姓。

种姓的出现在《梨俱吠陀》中有个宗教解释，乃是婆罗门教三大主神之一的梵天所创造。他用口创造出婆罗门（Brahman），用手创造出刹帝利（Kshatria），用大腿创造了吠舍（Vaishia），用脚创造出首陀罗（Sudra）。梵天依据四个种姓产出的身体部位的高低，决定了各个种姓的社会地位高低。雅利安人通过这个宗教的解释，把种姓宣导为神明所规定的制度，人类遵循这个规定是天经地义。

根据《梨俱吠陀》的描述，最初，不同种姓之间并没有太多的隔阂或是规定，彼此间的婚嫁往来或是职业选择，都还有一定的自由度。但是随着种姓制度的发展成熟，加诸政治统治的需要，还有既得利益者为防止被取而代之，所以有关种姓之间的约束便越来越多，这主要记载于《摩奴法典》。

四个种姓分别扮演不同的社会角色。"婆罗门"被视为神明在人间的代表，负责祭司的工作，握有文化知识传承的权力；"刹帝利"则是军人与政府官吏，负责打仗与处理国家事务，算是统治阶层；"吠舍"为商人、手工业者等；至于"首陀罗"通常是奴仆、雇佣等劳动群众，属于奴隶阶级。而被排除在种姓之外的还有一群人，就是贱民，也被称作"不可接触

大　事	时　代	地　区	公元前 单位：年
克里特的迈锡尼政权衰微后，腓尼基人接手地中海贸易，外销至埃及和两河流域。			
拉美西斯三世击溃了利比亚人。	新王国时期——第二十王朝	埃及	1197
纣王宠爱妲己，政务暴虐不仁，诸侯叛离。	商朝帝辛	中国	1171
来自北方的多利安民族大举南迁，侵入希腊半岛北部。希腊部落不敌入侵者，纷纷逃往爱琴海诸岛及小亚细亚等地。迈锡尼文明遭到巨大的破坏，又被称为"黑暗时期"。	黑暗时代	希腊	1150—800

公元前 单位：年	地 区	时 代	大 事
1111 （？）	中国	商朝帝辛	商、周两军交战于牧野，纣王战败，商朝灭亡。
1111— 770	中国	西周武王	周朝建立，迁都于镐。
1104 （？）	中国	西周成王	成王继位，由周公摄政，管叔和蔡叔联合武庚作乱，是为"管蔡之乱"。
1085— 332	埃及	后王国时期——第二十一到第三十王朝	埃及陷入长期动乱，利比亚人、努比亚人、埃塞俄比亚人，先后建立王朝。亚述人亦数度入侵。
1020 （？）	中国	西周康王	康王及其父成王在位其间天下安宁，40年不用刑罚，史称"成康之治"。

的人"，主要从事被认为不洁的职业，例如屠宰、清扫、刽子手等等。

种姓制度本身有很强烈的排他性，特别是表现在婚姻与职业方面。例如，同一种姓之间才可以互相嫁娶，不同种姓的婚姻被视为不纯洁。婚姻关系的保守性自然限制群众社会的相互往来，而且结婚对象局限在同一种姓内，这使得世代间的血缘关系会愈来愈近。以现代观点来看，近亲通婚容易引发隐性的遗传性疾病。再者，职业是世袭的，人没有选择职业的权利。这不仅造成行业上的世代垄断，相对地也限制人的能力发展，亦阻碍了社会阶层的流动性。换言之，社会阶级就等于了经济地位，社会底层想要有翻身的机会，可说是微乎其微。

而阶级间的对立与歧视也相当明显。例如婆罗门与刹帝利两个高等种姓握有较多数的财富；首陀罗的命运就必须为其他种姓服务，不能累积财富，不能伤害其他种姓，一旦有所违反，便可被其他高等种姓处罚。不同种姓的人不相往来、不同桌吃饭，甚至每个种姓都有专属机构，负责该种姓的相关事务。如果犯错、被开除了种姓，也只能沦为贱民。种姓制度可以在印度社会达千年以上，实是有赖宗教信仰的维持。印度教基本上是相信灵魂不灭与业报轮回，一个人出生的种姓阶级乃是由前世的行为决定，所以为了要让下一世有更好的出身，亦即如果要脱离或是维持自己来世的种姓地位，唯一的方法便是修行。然而，婆罗门这个阶级便将修行一事纳入自己的人生规划，贱民则连祭祀的权利也被剥夺，这其实又是一种阶级的优越感作祟。

种姓制度的严苛在于从政治、经济、婚姻、信仰等四个方面，将一个人活生生地桎梏在阶级的牢笼中。这种根深蒂固的阶级意识深刻影响到印度社会的发展。圣雄甘地在领导印度独立运动时，便积极要废除种姓制度。这样的平等政策却在高等种姓之间引发不满，导致政府的垮台。种姓问题的解决实是印度社会进步要面临的重大课题。

特洛伊战争与地中海爱琴文明的崛起

看过沃夫冈·彼得森执导的《特洛伊：木马屠城》的人，很难不对那浩大壮烈的战争场景留下印象，当然，也包括海伦的美艳和她坎坷的命运。电影由吟游诗人荷马的史诗巨作《伊利亚特》改编而成；而荷马笔下的战争始末，镕铸了神话，十分扣人心弦。任谁都很难想象，战事的种子竟是一场选美竞赛。

话说，某日爱与美的女神阿芙洛狄忒（Aphrodite）、天后赫拉（Hera）与智慧女神雅典娜（Athena）发现了一颗金苹

大　事	时　代	地　区	公元前 单位：年
扫罗领导以色列人对抗亚扪人，被拥立为王，建立希伯来王国，后被腓力斯丁人打败。	犹大王国	以色列	1010
大卫完成南北统一，战胜腓力斯丁人，攻占耶路撒冷，成为巴勒斯坦大国。			1006—966
古印度最早的哲学著作、婆罗门教经典《奥义书》出现。	后吠陀时代	印度	1000—500
腓尼基文字出现，后被希腊人借用，发展成拉丁字母。		希腊	1000
大卫之子，所罗门王继位，在位期间在耶路撒冷建设了所罗门圣殿。	犹大王国	以色列	966—926

公元前 单位：年	地 区	时 代	大 事
926			所罗门王死后，王国分裂为二，南以耶路撒冷为都，建犹大王国；北为以色列王国。
900	希腊	城邦时代	埃夫罗塔斯谷地的林奈、梅所亚、居诺苏拉、皮塔内，正式合并，斯巴达国家开始形成。
883—858	两河流域	新亚述帝国	号称最残暴的君主亚述那西尔帕二世，重建了亚述帝国，以历史上首见的骑兵战术征战邻邦扩张领土。
841	中国	西周共和元年	周公、召公两相执政，暂代被驱逐的厉王，史称"共和"。从此年起，中国历史确切纪年开始，中外历史年份可以相互对照。

果，上头刻着："只有最美的人能得到"。不用多说，这马上就引发了女神间的口水战。这时来自特洛伊的流浪王子帕里斯（Paris）正巧路过，女神们便要求他作仲裁；又为了胜利，便纷纷向王子提出"贿赂"。赫拉承诺，帕里斯将能成为欧亚全境的王；雅典娜则应允，他有生之年不会打败仗；而阿芙洛狄忒则说将为他带来最美丽的女人。帕里斯一听，马上把金苹果交给阿芙洛狄忒。在权力、功勋与女人之间，这位王子竟抉择了最后者。

光阴飞逝，帕里斯结束流浪生涯回到特洛伊，又因缘际会去了斯巴达作客。在那里，他遇见了城邦主人墨涅拉俄斯（Menelaus）美如天仙的王妃海伦。于是帕里斯向阿芙洛狄忒默默祷告，爱与美的女神便履行了诺言，让海伦爱上帕里斯，还情愿和他一同私奔。墨涅拉俄斯无法隐忍夺妻之恨，号召了城邦的联军进攻特洛伊，这场长达十年的战争就开始了。

故事在特洛伊沦陷的前夕画上了句号，现在我们要问："这是史实吗？"

史诗描述的战争发生在公元前 13 世纪左右，在此之前，爱琴海一带已有迈锡尼和克里特文明。大约公元前 2000 年起，古希腊人的军商势力纷纷对外发展，最终征服了克里特岛，使迈锡尼文明的力量继续壮大。一般认为，特洛伊战争就是古希腊人"称霸运动系列"的一环。荷马之后，希腊作家希罗多德曾在《历史》中提到这件事。他似乎认为，希腊部落过去劫夺他国公主的不良先例，促使帕里斯也从斯巴达劫夺了海伦。不同于前者的"劫女之以牙还牙说"，另一位希腊历史学家修昔底德（Thucydides），倾向从"资源争夺战"的角度来看这场干戈。原来，特洛伊在当时十分富裕，古希腊势力若想称霸，掠夺之举势在必行，拿王妃被拐跑做开战的理由，显然是名正言顺！

在此之后，迈锡尼文明并没有维持太久。公元前 12 世纪，一支北方的多利安民族，入侵了希腊半岛。迈锡尼文明的各个中心遭到破坏，国家、宫殿、贸易不复存在，进入了史家所称的"黑暗时期"；希腊文明再度兴盛已是五百年之后的事了。

亚述帝国：用血腥堆砌出尼尼微城的宏伟

2003 年 3 月，伊拉克考古学家在英国伦敦大英博物馆发布一条消息，他们在伊拉克北部，也就是亚述四大古都之一的尼姆鲁德境内发现了四个古墓。据出土资料显示，这应该是亚述公主或国王亚述那西尔帕二世妻妾的陵墓。这次发现的宝藏从耳环、戒指、项链、足环、皇冠、花瓶等琳琅满目，各类件数几乎都超过百件。丰富的考古成果，印证了亚述帝国过往的

大 事	时 代	地 区	公元前 （单位：年）
宣王即位，共和结束，为宣王中兴。	西周 宣王十四年	中国	824
善于航海与贸易的腓尼基人在北非建国，名为迦太基。 在吸收腓尼基人的文字后，希腊创造出自己的字母，而特殊的城邦体制也在此时成形。	城邦时代	希腊	814
帕加马人发明羊皮纸制成的书籍，称"羊皮书卷"。			
幽王纳褒姒，以烽火戏诸侯，博其一笑。	西周 幽王三年	中国	779
第一次古代奥林匹克运动会，于伯罗奔尼撒半岛西北部的奥林匹克村举办。这个每四年举办一次的祭典，也成为记录时间、大事的单位。	城邦时代	希腊	776

	地 区	时 代	大 事
单位: 公元前			
771	中国	西周 幽王十一年	申侯联合犬戎大破镐京,杀幽王,西周结束。
770	中国	东周 平王元年	平王即位,东迁雒邑,开始东周时期,王室衰微,诸侯日益强大。
753	意大利	王政时期	亚尔巴龙伽国的后裔罗慕路斯,于台伯河畔建立新城,命名为"罗马",开始了王政统治。
750— 550	希腊	城邦时代	马其顿统一境内诸部落,实行君主制。 希腊各城邦积极向外拓展殖民地。使得位处希腊边陲的区域,有机会接触到希腊文明并且渐渐同化。
750			伟大的吟游诗人荷马,创作了《伊利亚德》和《奥德赛》两部不朽的史诗。

强盛与富裕。

继古巴比伦文明崛起于美索不达米亚平原上的便是"亚述"。亚述帝国的发展历程分为三个阶段,即旧亚述时期(约公元前2500到前1500),中亚述时期(约公元前1400到前1078),和新亚述时期(公元前935到前612),也就是我们熟知的亚述帝国。

侵略与吞并,是古代城邦壮大自己的重要法则。亚述人和巴比伦人比较起来,可谓有过之而无不及,"好战"与亚述可直接画上等号。特别是新亚述时期,正值公元前10世纪,当时进入历史上所谓的铁器时代。铁器的运用,不仅改善了生产工具,提高了农作物的生产量,军需补给自然充裕;亦改善了军队武装,提高了士兵的作战能力与杀伤力。在这样的前提下,当时的国王提格拉特帕拉沙尔三世(公元前746至前727)起,便开始一连串的军事改革,制造出当时最强大的两种攻城武器——投射石头、燃油的投石机与撞击墙壁的攻城锤。他还训练出各种不同技能的军种,例如:战车兵、骑兵、步兵、攻城兵等等。因此,亚述不仅横扫两河流域各城邦国家,还征服了日渐衰弱的埃及,一跃成为横跨亚、非两大洲的强大帝国。

亚述对于那些顽强不愿投降的城邦,攻下后皆采取破坏性的对待、抢夺、杀戮、烧光。公元前743年,被攻陷的叙利亚首都大马士革，就是最好的一例。据说，亚述士兵不仅屠杀手无寸铁的居民，虐死成千个战俘，连小孩也未能幸免。后来亚述迁都至底格里斯河左岸的尼尼微城后，还是一样的侵略并吞、杀戮强夺，在巴勒斯坦一带写下一页页的残酷篇章。犹太人便称亚述人的首都尼尼微城为"血腥的狮穴"。

《圣经》上记载："耶和华必伸手攻击北方，毁灭亚述，使尼尼微荒芜，干旱如旷野。"不管这是否真出自上帝之口，但却说明了亚述人当时的屠杀之猛烈。《圣经·约拿传》中还说，上帝派遣先知约拿前往尼尼微城进行规劝，只要城中人民愿意悔改，上帝还是会重新定夺。

虽然如此，在尼尼微这个能容纳 12 万人的帝国首都，不仅有运河、马路、水利工程建设、公共空间建设等，还有宏伟华丽的宫殿，同时扮演了两河流域的政治、商业和文化中心。亚述人或许残暴无情，但两河流域古文明的保存者却也是亚述人。

尼尼微城中的亚述巴尼拔图书馆堪称是世界第一个有规模的图书馆，是以当时在位的国王亚述巴尼拔的名字所命。根据出土的泥版显示，亚述巴尼拔曾经指示各地官员到帝国的各个地区，收集各类文献资料，甚至还派员抄录各地的泥版与铭文。因此，这座图书馆所收录的著作包括哲学、数学、语言学、医学、文学、法律

大 事	时 代	地 区	公元前 单位：年
又称努比亚王朝或埃塞俄比亚王朝，努比亚人征服埃及成立王朝，短暂的恢复埃及的统一和强大。因亚述人的入侵而衰落，最后退回努比亚。	新王国时期——第二十五王朝	埃及	747—664
亚述人攻陷叙利亚首都大马士革，迅速扩展势力范围。	新亚述时期	两河流域	743
孔子编修《春秋》以此年为纪年，春秋时代开始。郑伯克段于鄢。	东周平王四十九年	中国	722
北方的以色列王国都城撒马利亚在亚述人围城三年后被毁，以色列成为亚述的一省。	新亚述时期	两河流域	722

公元前 单位：年	地区	时代	大事
701	两河流域	新亚述时期	亚述人征服犹大王国，摧毁巴比伦，将尼尼微扩建为帝国首府。
700—600	希腊		腓尼基人用山羊脂及草木灰制成肥皂，为最早发现的肥皂。
700	希腊	城邦时代	斯巴达城建立。宪法"大公约"出现，记载了双王位、元老会议和公民议会等规范。
704—669	两河流域	新亚述时期	亚述人攻占埃及，从此帝国范围横跨亚非两洲，为亚述帝国版图最大的时期。
685	中国	东周 庄王十二年	齐公子小白平定齐乱即位，为齐桓公，并任管仲为相，齐国日益强盛。

条文、合同契约、宗教占星以及帝国的救令等等。之前提到的《吉尔伽美什史诗》也收录在这个图书馆里。亚述人对两河流域古文明的保存贡献，十分不朽。另外，书吏已经对各类书籍进行分类和编目，进行了人类最早的图书分类作业。

然而，公元前612年，迦勒底人建立的新巴比伦王国与伊朗高原上的米底亚王国联手，攻陷了尼尼微。尼尼微城被敌军的大火付之一炬，亚述帝国就此覆亡。

历史上第一次奥林匹克运动会

公元前13世纪，北方蛮族向南迁徙，造成迈锡尼文明的衰颓，爱琴海地区进入长达数百年的"黑暗时期"。在这期间，希腊人的生活和聚集形态缓慢地转变着。农业和畜牧业愈来愈发达，而随着土地和财富的增加，又发展出地主和贵族阶层；零散的聚集又逐渐整合成数个较大的团体，最终形成了"城邦"。

公元前8世纪时，雅典、斯巴达等诸多城邦已然成形。此时，希腊字母也应运而生，爱琴海地区又迎来一次文明璀璨的时期。

希腊的城邦之间并非一直都和睦相处，为了应付大大小小的战事，各城邦都很注重体育教育和军事训练。后来，希腊人实在厌倦了这些战争，便协议了休战条约：每逢奥林匹克祭典年时，全希腊都要维持一个月的和平。就这样，奥林匹克祭从原本的宗教活动，转变成各城邦在休战月时的"体育战场"。

信史记录的第一次奥林匹克竞技是在公元前 776 年，地点在伯罗奔尼撒半岛西北部的奥林匹克村。运动会多在夏至后举行，为期五天，每四年举办一次。第一天，人们要向宙斯献上百头以上的牛作为牺礼，运动员必须在神庙前做宣誓；第二天到第四天，便进行赛跑、角力、拳击、战车赛、五项全能赛等等；第五天是授奖和庆祝活动。

这些竞赛多少都冒着生命危险在比拼。就拿战车赛来说，这是驾着四匹马所拉的彩绘车，快速奔驰十公里的激烈竞赛。在这比赛当中，选手驱使着车辆互相冲撞、叫嚣，翻车挂彩是家常便饭。经常有人摔下车，被马匹拖拉而伤重不治，竞赛的危险和激烈可见一斑。

每回奥林匹克竞赛举办时，希腊人都会从各地赶来共襄盛举，热闹非凡。不过，并不是每个人都能观赛。古代的奥运会不但禁止妇女参加竞赛，甚至不允许她们观赛。另一方面，参赛的选手必须是血统纯正的希腊人，而且还得家世清白、身心健全才行。不消说，奴隶和有前科的人都没有当运动员的资格。如果有人不遵守，政府就有权法办这些违规者。相较之

大 事	时 代	地 区	公元前（单位：年）
齐、宋、卫、郑会于鄞。齐桓公成一方之霸，"春秋五霸"陆续登上历史舞台。	东周 僖王三年		679
雅典结束王权政体，进入贵族共和体制。执政官取代国王为古代雅典的首长。	城邦时代	希腊	683
国王亚述巴尼拔在尼尼微城中建立与他同名的图书馆，这也是世界第一个有规模的图书馆。	新亚述时期	两河流域	668—627
埃及成为亚述的一省，受册封侯王统治，建立了第二十六王朝。	新王国时期——第二十六王朝	埃及	662

公元前 单位：年	地 区	时 代	大 事
640	希腊	城邦时代	斯巴达人以重兵矩阵的新战技平定叛乱，并发展成军事国家，后来许多希腊城邦皆效法之。
632	中国	东周 襄王十六年	晋文公和齐、秦联合援宋，与楚战于城濮，约定退避三舍，楚军败。晋文公称霸。
625	两河流域	新巴比伦帝国	来自幼发拉底河和底格里斯河下游的迦尔底亚人尼布甲尼撒一世建立了迦尔底亚帝国，也称为新巴比伦王国。
632	中国	东周 襄王二十五年	郑国商人弦高冒充郑使犒劳来偷袭的秦军，并与郑国通风报信，最终逼退了秦师，此为最早的爱国商人记述。

下，现代的人们可以自由前去奥运主办国观赛，要不就坐在家里吃着零食看卫星转播，实在是幸福多了呀！

新巴比伦帝国：冒犯上帝的城市

迦勒底人与米底亚人联手在公元前612年推翻亚述帝国。迦勒底人取得亚述帝国的西半部江山，包括两河流域南部、叙利亚、巴勒斯坦及腓尼基等地区，发展成"迦勒底帝国"。因为他们也定都于巴比伦城，所以又被称为"新巴比伦帝国"。

因为当时位于北非的埃及，一直有东取的野心，这势必会先接触到巴勒斯坦一带的犹太人。不难想象，势单力孤的犹太人在埃及与新巴比伦之间如何举棋不定。当时新巴比伦帝国的国王尼布甲尼撒二世不愿他人觊觎自己的国土，便决定要征服埃及、同时收服忠诚度一直有问题的犹太人。因此尼布甲尼撒二世在位时期，发生了历史上有名的"巴比伦之囚"。

尼布甲尼撒二世先后两次率兵进军立足于巴勒斯坦的犹太王国。不仅洗劫圣城耶路撒冷，还焚烧了所罗门圣殿，将平民百姓、贵族、祭司，特别是能工巧匠等数万名犹太人，都掳回巴比伦城当奴隶，甚至将犹太国王的眼睛挖出后、上了锁链，让他在巴比伦城游街示众。这就是犹太历史上有名的"巴比伦之囚"。

而尼布甲尼撒二世登基后，也对巴比伦城进行大规模的重修。古时阿卡德人的语言中，巴比伦城意为"神祇之门"，是众神居住的圣地，但《旧约》中却将之称为"冒犯上帝的城市"。故事是这么说的：据说人类的祖先原是使用同一种语言，人类定居丰饶的两河流域。但当日子愈过愈好，人类竟决定要修建一座可以通天的高塔，以彰显人类的能力。上帝得知后认为这是人类的傲慢与虚荣构筑出的高塔。于是，上帝决定让世人使用不同的语言。这座高塔被称为"巴别塔"，"巴别"在希伯来语中有"变乱"的意思，后人也就把巴比伦城称为"冒犯上帝的城市"。

公元前 689 年，亚述帝国在攻占古巴比伦帝国时将其毁坏，因此尼布甲尼撒二世的重建工程，自然包括这座通天塔，"巴比伦之囚"也参与了修塔的工事。"历史之父"希罗多德亲自莅临巴比伦城时，已是修城后又过了一个世纪了。但他在《历史》一书中仍然盛赞，巴比伦是个正方形的建筑，整座城的宏伟气势，当时的任何城市都难与之相提并论。

据他形容，巴比伦城的四周有一道既宽且深、并注满水的护城河，在挖出护城河里面的土之后，立即将这些土做成砖块，用来砌筑护城河的土堤，或是修筑城墙；而沿着城墙的两边，建造了两两相望的房屋，在这中间可以让一辆拉着四匹马

大　事	时　代	地　区	公元前 单位：年
雅典执政官德拉古写出《德拉古法典》，内容残忍严酷，几乎触法的人都难逃重刑或死刑的命运。	城邦时代	希腊	624
哲学家泰勒斯出生，创立米利都学派，被视为西方哲学的开创者。			624—547
观测到哈雷彗星，并被载于《春秋》中，这是世界上对哈雷彗星的最早记录。	东周 襄王三十九年	中国	613
迦勒底人与米底人联手攻占亚述首都尼尼微。居民杀戮殆尽，建物夷为平地。	新亚述时期	两河流域	612

单位：年 公元前	地 区	时 代	大 事
605	两河流域	新巴比伦帝国	迦尔底亚王储尼布甲尼撒一世攻克亚述、埃及军队残部，亚述帝国彻底灭亡。
604—562			尼布甲尼撒二世继位，其统治时期，为了妻子的思乡之情，修建了名列古文明七大奇迹的巴比伦空中花园。
606	中国	东周定王元年	楚庄王问鼎大小与轻重，有意"问鼎中原"，大夫孙满对曰："在德不在鼎。"
600	中国	东周定王六年	老子出生于春秋时代，为道家的创始人。
	印度	多国并立时期	爆发"沙门思潮"，社会出现反对婆罗门特权地位的声音，他们被统称为沙门，其中佛教及耆那教对后世影响最为深远。

的战车通过。四面的城墙总共有一百座城门，全都是青铜材质。外面的一道城墙像是保护城市的盔甲，但内部也还有一道城墙。内墙要比外墙薄一些，但是坚固同外墙一样。

又宽又深且水流湍急的幼发拉底河将巴比伦全城分为两部分，给予巴比伦城天然的屏障。所以巴比伦城的城墙很高，除了防止敌人入侵之外，也防范了河水的泛滥。在城市的中心，就是高大围墙环绕着的尼布甲尼撒王宫。

尼布甲尼撒的王宫就在城中大道的西边，而被称之为"世界七大奇迹"之一的"空中花园"，则位在王宫的东北角。话说尼布甲尼撒二世迎娶了来自米底亚王国的王后，由于王后思念家乡优美的山景与林木，因此尼布甲尼撒二世召集了数万名能工巧匠，用人工堆砌出一座边长120多米，高25米的花园。花园内种植许多珍贵的花草，还导引幼发拉底河的河水来灌溉。从远处望之，整个建筑就像是位于天空之中，因此被称为"空中花园"。然而，这一切的宏伟壮丽和爱情见证，都随着波斯人的入侵，仅留下一片残迹。

在现代考古学家的努力下，古巴比伦城遗迹在20世纪初出土。不过现今古巴比伦城遗迹的保护却成为伊拉克面临的重大课题。因为已出土的宫殿、神庙、街道和住房等等，在经历数次战争的摧残之后，加上气候、地质水土的变化，遗迹的存续力备受考验。连美国、英国这两个伊拉克战争的参与者，也主动介入了这个古城的保护行动。

悉达多王子求道记：释迦牟尼与佛教的创立

"释迦牟尼"这四个字的原意是指古印度时期释迦族的"贤者"，获得这等殊荣封号的是当时迦毗罗卫国净饭王之子，其名为乔达摩·悉达多。他诞生于公元前566年左右。据说悉达多的母亲摩耶夫人遵循习俗，在回娘家待产的路途中，经过蓝毗尼花园里的无忧树时，悉达多王子就诞生了。现在，蓝毗尼花园的遗址被尼泊尔政府视为佛教圣地，并开放参观、供信徒参拜。

净饭王晚年得子，投注诸多心血栽培，聘请当时著名的学者来教导读书。少年的悉达多有闻一知十的智慧，很快便博通诸多学问。但是，悉达多无法沉浸于荣华富贵、衣食无忧的生活中，他对周遭事物往往有异于常人的感受。据说，他在几次出游王宫时，遇见了生老病死的状况，因此对于寻找出人生问题的解答，始终相当上心。

悉达多几次出宫巡游时，曾遇到一个衰弱的老人。那个老人拄着木棍、步履蹒

大　事	时　代	地　区	公元前 单位：年
尼布甲尼撒二世两次攻占耶路撒冷，将一万多名犹太人俘虏囚禁于巴比伦。 大规模重建运河和巴比伦城，使聚集二十万人口的巴比伦成为建筑、科学的中心。	新巴比伦帝国	两河流域	597—588
耆那教创始人筏驮摩那在世。耆那教为反婆罗门教的新信仰之一，重视透过禁欲苦修而得到解脱。	多国并列时期	印度	599—527
梭伦改革，颁布《阿提卡法典》。削减贵族的权力，抬高平民的地位，并使合法的雅典人都有公平参政的机会。此即为雅典式民主的开端。	城邦时代	希腊	594

公元前 单位：年	地 区	时 代	大 事
580— 500	希腊	城邦时代	最早的数学家之一毕达哥拉斯出生，提出毕氏定理、数和谐说和灵魂轮回说，从他之后，希腊哲学加入了数学的部分。
566— 486	印度	多国并立时期	释迦牟尼创立佛教。佛灭后三个月，佛教徒进行第一次经典结集于王舍城。
558	波斯	居鲁士二世	居鲁士在波斯称王，建立波斯帝国。

珊，显得有气无力。他曾看到卧倒在地上、痛苦呻吟的病人；还曾看到一具被鸟群啄食的尸体。后来他遇到一个托着钵，却一脸满足的出家人。悉达多连忙向这位出家人请教，为何他可以如此满足。出家人告诉他，世事变化无常，唯有出家修行才能获得解脱。这句话敲醒了悉达多王子。因为即使他翻遍婆罗门教的经典，对于人生的生老病死，始终没有获得真正解答。所以他决心要出家。

然而，身为一国的王子，悉达多有很多事情无法自主。净饭王为了断绝儿子出家的念头，不仅安排美食、美女的宫中生活，还安排悉达多在 16 岁那年结婚。但生下一个儿子后，悉达多还是在 29 岁那年，不顾一切地离宫，出家修行，因为他认清富贵荣华都只是浮云流水。净饭王知道无法阻止了，便选派亲族中的五个人，跟随悉达多一起出家。

古印度哲学流派很多，有的主张人死后，一切归于断灭，不再有任何形式的存在，因此应该把握当下，及时行乐；也有人主张，人死之后还有一个不灭的灵魂，如果想要灵魂能获得安乐，就必须在世时苦行、以达到解脱的境地。悉达多便曾修习过这样的苦行。在几年的苦修中，他曾每日只进一粒一麦，弄得头昏眼花，仍一无所得。因此决定离开苦行林，来到尼连河中洗去六年的积垢，并且接受了牧羊女的供养，让身体逐渐恢复体力。当时随行的五人，无法谅解他的行为，皆弃他而去。

后来，悉达多一个人来到迦耶山附近的一棵毕钵罗树下。他开始在树下静坐，并且发愿，如果"不证得无上正等正觉，誓不起座"。历经 49 日禅定的悉达多，靠着坚定的意志，破除了各种魔障、妄想与执着后，豁然开朗，证得无上觉。开悟的悉达多时年 35 岁。而那棵大树也被尊称为菩提树。佛陀（悉达多）悟道之后，说法住世 45 年，行遍印度各地，而在舍卫城的祇园精舍说法有 25 年之久。公元前 486 年，佛陀圆寂辞世。

而后，因为孔雀王朝阿育王的皈依，积极弘扬佛法，佛教获得空前的发展，遍及亚洲地区。然而到了公元 1 世纪的贵霜王朝时，佛教开始发生变化，区分出了大乘佛教与小乘佛教：大乘佛教往北传，进入中国，再到朝鲜、日本；小乘佛教则往南，从斯里兰卡到东南亚地区。佛教在印度本土的发展逐渐式微，反倒在印度之外的地区另辟了一片天。

居鲁士大帝：解放犹太人的波斯人

公元前 550 年，波斯国土居鲁士在征服米底帝国之后，帝国之势从此开始形成。紧接着，居鲁士征服米底帝国和小

大　事	时　代	地　区	公元前 单位：年
孔子在世，他一生宣扬"仁"的思想，有教无类的精神，让他成为万世师表，其思想言行后被弟子整理成《论语》。	东周灵王二十一年	中国	551—479
伯罗奔尼撒半岛的城邦，以斯巴达为首，成立了"伯罗奔尼撒联盟"。	城邦时代	希腊	550
居鲁士征服米底帝国后，波斯在伊朗一带称雄，开始积极侵略小亚细亚诸小国。	居鲁士二世	波斯	550

公元前 单位：年	地区	时代	大事
547			受波斯统治的爱奥尼亚等希腊城邦，联合雅典援军对抗波斯失败。也埋下日后希波战争的祸端。
539			居鲁士攻占巴比伦城，新巴比伦王国灭亡，成为波斯的一省。
			古老的阿卡德语逐渐被安拉米亚语取代，楔形文字也被22个迦南字母代替。
529			居鲁士东征中亚时被杀。

亚细亚西部的希腊诸城邦，最后在公元前539年之际，率领大军直攻强盛已久的新巴比伦帝国。如我们所知，巴比伦城修建得非常坚固，那居鲁士是如何成功攻陷的呢？

根据史学家希罗多德的描述，当居鲁士来到底格里斯河的支流金德斯河河畔时，发现河水相当湍急，甚至让军队中的一匹战马止不住脚步，冲到河里去。很快地，这匹马就被滔滔水流淹没在河里。居鲁士对河水的暴涨感到十分愤怒。于是他把军队分成两部分，命人用绳子从金德斯河的两岸向四面八方各量出180道壕沟的记号。接着，居鲁士下令他的军队在两岸按着线的记号，进行挖掘工程。就这样，波斯大军挖掘出360道泄水壕沟，让金德斯河的河水位置下降，水流也就无法像之前一样汹涌了。只是这个工程足足花了一整个夏天的时间，于是只能等待来春再战。

第二年，居鲁士整备再度向巴比伦进军。此次，大军之势让巴比伦人不得不退守到城内。事实上，巴比伦人早已听闻居鲁士的英勇名声，因此储存了足够多年使用的粮食，以备大战之需。所以，巴比伦人很放心地在城内，反而是居鲁士对于这样毫无进展的围攻，显得焦躁不安。

最后居鲁士下令，一部分军队留驻在原地，只要一看到幼发拉底河的河道可以徒步涉水而过时，便立刻越过河道，攻入巴比伦城。而居鲁士自己则率领其他人，来到巴比伦女王尼托克丽司为幼发拉底河挖掘的人工湖，用一道壕沟把幼发拉底河疏导到当时已变成一片沼泽地的人工湖里去，结果河水水位竟降到可以涉水而渡的高度。留驻在巴比伦城之护城河旁准备进攻的军队，便徒步从幼发拉底河的河道，进入了这座城市。

公元前 539 年是一个关键时刻，这是一般历史与圣经历史纪录完全一致的一个日期。这一年，居鲁士消灭了巴比伦帝国。他下了诏令，宣布各民族都有权选择自己的宗教信仰和生活方式的自由。居鲁士下达这个命令的同时，要求官员把这项诏书记录下来，后世称之为《居鲁士文书》（Cyrus Cylinder）。在这个陶制圆筒上的自由声明，被公认为是历史上的第一部人权宣言。

基于自由的信念，居鲁士把历年被掳获来巴比伦城做奴隶的各个民族，全都释放，这其中包括"巴比伦之囚"犹太人。《圣经》中的《以斯拉记》是在公元前 460 年左右完成，内容便是记述波斯帝国摧毁巴比伦之后，以斯拉带领一批犹太人返回圣地的经历。更重要的，居鲁士返还犹太人被尼布甲尼撒二世掠夺的许多圣物，这让犹太人尤为感激。因此，《圣经》当中，居鲁士被歌颂为正义的君王。

不过在这具有历史意义事件发生的十

大 事	时 代	地 区	公元前 单位：年
居鲁士的继位者冈比西斯二世，弑兄登基为王。	冈比西斯二世	波斯	530—522
冈比西斯二世征服埃及，巫师高墨达趁机发动叛变。			525
波斯的征服使埃及成了波斯帝国的一个省，产生了波斯王法老，其中包括冈比西斯、大流士、薛西斯等。	新王国时期 —— 第二十七王朝	埃及	525—404
希腊剧作家爱斯奇勒斯（Aeschylus）在世，他奠定古希腊悲剧之形态，被称之为"悲剧之父"。	城邦时代	希腊	525—456
冈比西斯二世于乱中卒于叙利亚。	冈比西斯二世	波斯	522

单位：年

公元前	地 区	时 代	大 事
522	中国	东周灵王二十三年	楚国杀伍奢父子，伍子胥逃往吴国，成就吴王霸业。

年后，居鲁士便逝世了。后继者有大流士一世，也是我们熟称的大流士大帝。他除了让波斯帝国的疆域有更广阔的发展之外，还让犹太人在耶路撒冷重修圣殿。事实上，他让所有的民族都可以拥有自己的宗教圣殿，让神庙的祭司可以管理当地。这对各民族文化保留的贡献，实为卓著。

古典时代：
希腊文明与古罗马帝国的兴盛

希腊城邦和罗马帝国时期，一直被西方视为真正的黄金年代。一直到文艺复兴时期，欧洲人都念念不忘要重回当时的辉煌和灿烂。

希腊在经历了黑暗时代之后，出现了大大小小约 100 多个城邦。其中最重要的代表，莫过于尚智的雅典和尚武的斯巴达。很难想象在距今近 3000 年前，希腊文明就有了那么多超现代的发展，有为了和平而产生的历史上第一次奥林匹克运动会，也出现了最早民主政治雏型——雅典的公民大会，而希腊的哲学、艺术和文学上的发展，皆对日后的欧洲文化发展产生深远的影响，如"希腊三哲"苏格拉底、柏拉图、亚里士多德，以及诸多思想家。他们在哲学、科学、数学、心理学的论述都立下了卓越典范。

巧合的是，同时期的中国，也进入了春秋战国时代，正是学术思想诸子百家争鸣的时期。当时儒、道、法、墨四家分别为乱世提出了各自的学说。而被喻为至圣先师的孔子，更成为后世中国知识分子的思想重心和共同的导师。

不过，雅典和斯巴达之间的歧异，最终导致了长期的对战和衰微。马其顿王国因而顺势崛起，由此带来了历史上第一个横跨欧亚非的帝国，并使希腊化时代来临。而这个名留千古的英雄人物，便是亚历山大大帝。他是亚里士多德的学生，如同柏拉图理想中的哲学家皇帝。他所创立的帝国虽然短暂，却成功地让希腊文化散播到东方世界。

待亚历山大帝国崩解后，罗马站上了世界的舞台。在经过与北非迦太基的三次布匿战争后，罗马面临了从共和体制改变为帝国专制的命运。罗马共和时期的英雄恺撒，通过英勇的战役扩大了罗马的行省疆域，却也带来了独裁专政。最后，他以悲剧性的被刺身亡结局而结束了他功业彪炳的一生。然而不久后，他的养子屋大维真正地实现了罗马帝国的壮志，让"条条大路通罗马"不再是空话。

盛大的罗马帝国留下了具有代表性的法律和政治思想，以及壮观的竞技场、万神庙、供水道和浴场，帝国却随着时间流逝在内忧外患中迎向了末日。最后在匈奴人的入侵和日耳曼民族大迁移的影响下，西罗马帝国终结，而历史又走向下个时代。

公元前 单位：年	地　区	时　代	大　事
521	波斯	大流士一世	陆续远征埃及、印度，并企图控制巴尔干半岛的小国（色雷斯与马其顿）。
517			大流士派军侵入印度河流域。
515	中国	东周 敬王五年	公子光设宴，让专诸刺吴王。公子光即位，是吴王阖闾。
512	中国	敬王八年	孙武将兵法著作进呈于吴王阖闾，之后《孙子兵法》传世，被尊为世界第一兵书。
510	罗马	共和时期	罗马国王被推翻，王政时代结束，改由贵族共同执政的共和体制。
509—507	希腊	城邦时代	雅典的克利斯提尼再次进行民主改革，自梭伦改革以来，"雅典式民主"终于完成。

最早的民主曙光：雅典式的民主政治

希腊地区的诸多城邦在刚兴起时，大多实行过君主制度，雅典也不例外。只是雅典的君主没有实权，国政被贵族所把持；公元前683年时，雅典索性结束了王权政体，改由贵族共同选举出来的"执政官"执政，进入贵族共和体制。由选举出来的执政官主持国政看似很理想，但其实还是问题多多。因为有选举权的都是贵族，容易形成利益勾结的团体，制订各种律法、经济政策时，总是平民老百姓在吃亏。大约公元前6世纪时，雅典因为土地使用过度，作物生产力降低，许多农民为了应付生活和税收，不得已将土地抵押出去，向富人借款。因此还不出钱的大有人在，于是土地被债主并吞了，自身也沦为农奴。

在这波"农奴潮"中，到最后贵族和地主们也不算赢家。他们背负着民众们日积月累的愤怒，提心吊胆着，就怕雅典也和其他城邦一样爆发大规模抗争。正是在这种"不革新就等着被革命吧！"的紧张气氛中，梭伦被推举出来，一肩扛起拯救雅典的重任。他虽是贵族，却一向同情平民的处境；早年又曾从事城邦间的贸易事业，对于经济弊端与改革方向早就成竹在胸。梭伦上任后，果然不负众望，大刀阔斧地改革了数个不合理的律法传统。

梭伦的改革可以从三个层面来简单理解。在律法方面，他废除了前执政官德拉古（Draco）的残酷法典，只保留谋杀死罪的部分；这部法典有许多不利平民之处，且动不动就判人死刑。在政治方面，梭伦将雅典人依照财力分成四个阶层，并使每个阶层有其相应的权利和参政权。或许有人会觉得，依照财产分社会阶层未免太势利了。但之于当时的雅典，这却不失为破除贵族专政的良方。一部分有经济能力的平民得以踏入议会中，自然各种政策的制订也就不再只从贵族的立场出发。最后在经济方面，他统一币制和度量衡，让雅典的对外贸易更便利；又大快人心地废除土地和人身抵押制，不但从此不再有贫农沦为奴隶，过去沦为奴隶的贫农也可恢复自由。

在梭伦的改革下，雅典摆脱了贵族专制，开始走上民主之路。不过"雅典式民主"和我们今日理解的民主还是很不一样的。最明显的一点就是并非每个人都资格参政，起码妇女和从外国买来的奴隶就没有这种权利。即便如此，"雅典式民主"仍是在漫长的君主专制历史中一朵珍贵的奇葩。

延续五十年的帝国与城邦大战：希波战争的始末

自迈锡尼文明时期起，爱琴海沿岸的

大 事	时 代	地 区	公元前 单位：年
齐、鲁进行夹谷之会，齐人欲劫鲁定公，被孔子斥退。	东周 敬王二十年	中国	500
墨子在世，奠定了墨家"兼爱""非攻"的学说。			
孔子离开鲁国，开始周游列国。	敬王二十三年		497
吴王夫差出兵打败越军，越王勾践求和，卑身以事夫差，并卧薪尝胆以求复国。	敬王二十六年		494
雅典由伯里克利接任执政官，公民大会成为最高权力机构，雅典进入黄金时代。	城邦时代	希腊	495—429
波斯大流士大帝领兵三万攻打雅典。双方短兵交接于马拉松平原，雅典及其联盟最后获胜。此为第一次希波战争。	城邦时代 大流士一世	希腊 波斯	490

公元前	地区	时代	大事
490	埃及	新王国时期——第二十七王朝	于第一次希波战争同年，埃及亦起兵反抗波斯。
486	中国	东周敬王三十四年	吴国开凿邗沟，沟通江、淮水道，这是目前所知中国最早的运河。
484		东周敬王三十六年	吴王夫差赐伍子胥剑，令其自杀。
485—425	希腊	城邦时代	历史学家希罗多德出生，他所著的《历史》一书记载了波斯帝国兴衰和第一次希波战争的始末，是西方史学的经典名著。
480	波斯	薛西斯一世	大流士之子薛西斯一世领兵50万，进攻希腊，掀起第二次希波战争。8月，列奥尼达率斯巴达精兵300人死守温泉关，重挫波斯军。

单位：公元前 年

希腊城市一直都和小亚细亚诸国保持通商的平稳关系。公元前5世纪左右，小亚细亚地区的政局在几十年的混乱之后，由新兴的波斯帝国掌握了全局，连带的位于西亚一带的希腊城市也受到波斯的钳制。

公元前547年，以爱奥尼亚人为主的希腊诸城想摆脱波斯的控制，便说服了远在欧陆的雅典城派出援军，向波斯的大流士大帝发动叛变。爱奥尼亚人的"造反"以失败告终，也埋下日后二次希波战争的种子。借希罗多德的话来说，此即"不幸事件的开端"。

平定叛变后，大流士一直想找机会报复雅典。终于，在公元前490年的夏天，波斯帝国聚集了六百艘战舰和两三万左右的兵力，浩浩荡荡地渡过爱琴海向雅典进攻。这支大军在马拉松平原迎战雅典军。据历史记载两军的兵力相差悬殊，但人数众多的波斯军队中有一部分是被强迫服役的希腊人，因而军心不稳；而雅典军队则占了将帅对地形熟悉、善用兵法的优势。在这一优一劣的对比下，雅典最终取得了胜利，此即第一次希波战争。

关于这次战役，还有个脍炙人口的传说。相传雅典军在马拉松平原获胜后，一名擅长跑步的传令兵，不眠不休地跑了四十多公里回到雅典报捷。但不幸地，他在报喜之后便倒地气绝。这则典故也是日后马拉松长跑的由来。

虽然波斯在第一次希波战争碰了钉

子，但丝毫不减其吞并希腊的野心。公元前480年春天，大流士之子薛西斯率兵50万，再度向希腊半岛前进，掀起第二次希波战争。雅典城自知不是波斯人的对手，便紧急疏散了居民，将兵力集中到战舰上，行驶至萨拉米斯海湾与诸希腊城邦的海军会合。

由于这次战役攸关全希腊的命运，斯巴达也不像第一次希波战争时的置身事外，而是挺身聚集精锐部队和雅典并肩作战。由于薛西斯带来的是历史上绝无仅有的50万大军，希腊人决定在温泉关（Thermopylae）这易守难攻的显要之地部署精兵，务求重挫波斯军。

温泉关之役就是战争电影《斯巴达300勇士》的原型。电影虽有夸大之处，但壮士们的决心、战役的惨烈却与史实相去不远。当时，斯巴达国王列奥尼达一世率领本国精兵300人和雅典诸城邦的士兵约7000人，死守温泉关，让波斯军吃足了苦头。但因为出现希腊内贼带着敌军绕山径从后方攻来，列奥尼达一世只得让联军撤退，留下300名斯巴达精兵和少数志愿兵抗敌。这场以寡敌众的战役厮杀激烈，最终仍是全军覆没。但无可否认的，这些烈士的牺牲鼓舞了所有的希腊联军，促成团结，而后才有萨拉米斯海湾关键性战役的胜利。

希腊联军大胜波斯军后，双方签订了和约。波斯人允诺不再干预小亚细亚地区

大　事	时　代	地　区	公元前 单位：年
9月，希腊人的舰队集结萨拉米湾，计诱波斯军成功。波斯的舰队大乱，为雅典海军所败，只得暂时撤兵。			
薛西斯一世率军卷土重来，仍然被雅典与斯巴达的联军所败。之后，雅典主动反击，使小亚细亚地区受制于波斯的希腊联邦重拾独立地位。	城邦时代	希腊	479
孔子逝世，享年73岁。	东周敬王四十一年	中国	
雅典以防御波斯为由，与爱奥尼亚诸城缔结"提洛同盟"。	城邦时代	希腊	477
勾践大举出兵攻吴，吴大败，夫差自杀，吴国亡。	东周元王三年	中国	473

公元前 单位：年	地区	时代	大事
469	希腊	城邦时代	希腊三哲之一的苏格拉底出生于雅典，他一生致力于思辨哲学，对西方哲学史的影响甚为深远。他的对话录后由学生柏拉图等人编辑成书，流传后世。
460—445			米加腊城突然退出以斯巴达为首的伯罗奔尼撒联盟，投奔雅典。此件事端引发了"第一次伯罗奔尼撒战争"，战后，双方签订了和平条约，互诺承认对方的联盟和霸权地位。
460—396			修昔底德在世，撰写《伯罗奔尼撒战争史》，他为客观史学的创始者，此书亦成为历史编纂范例。
451			雅典通过法律，限制公民资格只有父母皆是雅典人才能拥有。

的希腊城邦之政权，并将武力撤出爱琴海与黑海地区。经过这场冗长的希波战役后，雅典与斯巴达确立了霸主的地位，而希腊文明也进入灿烂辉煌、向外远播的时代。

希腊霸权争夺战：斯巴达 VS. 雅典，Fight！

希波战争结束后，希腊文明进入黄金时期。在这期间雅典和斯巴达扮演着两大霸主的角色，明争暗斗从未真正地停歇。两强对峙时，冲突的契机总是慢慢地酝酿着，成熟时遂演变为一场霸权争夺战。

公元前 460 年，名为米加腊的城邦突然退出以斯巴达为首的伯罗奔尼撒联盟，投奔雅典。这事促发了雅典与斯巴达的军事冲突，历史上称为"第一次伯罗奔尼撒战争"。这次战役双方打成平手，并签下 30 年和平协定，互诺尊重对方的联盟关系。

在这之后，爱琴海的形势紧张依旧。生活在当世并记录这场冲突的雅典历史学家修昔底德，他在《伯罗奔尼撒战史》中描述：雅典与斯巴达人将城邦荣誉看得过重，他们热血沸腾，渴望参与战争。而希腊的多数城邦都等着看雅典与斯巴达较量，很多人站在斯巴达那一边，将斯巴达当成是希腊的解放者。多数城邦面对雅典都又怕又恨，渴望脱离控制。

维持没多久的和平后，战争的导火线又被点燃了。之前退出伯罗奔尼撒联盟的米加腊，又重回了斯巴达的怀抱；雅典的公民大会决定对其采取停止贸易的制裁。心有不甘的米加腊伙同其他对雅典有恨意的城邦，要求斯巴达维护伯罗奔尼撒联盟的尊严向雅典宣战。另一方面，雅典城内的领导人不约而同地也想借战争分散一些国内的政治危机，因此没有积极求和。再加上斯巴达忌惮雅典的富裕与强大已久，早就有大战一场的打算。于是第二次伯罗奔尼撒战争就这样揭开了序幕。

这场战争历时27年，牵动了希腊诸城邦，还有周围不同民族国家，称为"古代的世界大战"也不为过。在战事如火如荼进行的期间，两方阵营皆有极力主战的将领身亡。少了强硬派作梗，雅典与斯巴达便又签订了一次和约。可惜双方都不愿老实遵守协定内容，战事再度一触即发。

不能不提的是，在和约签订后的短暂休息期间，雅典的公民大会被巧舌如簧的策略家煽动，决议向西西里岛远征，好掠夺物资补足城内的亏空。但这场远征却是个彻底的灾难，派出去的海军舰队高达3万多人。但在这场战争中雅典却吃了大败仗，最终能回到家乡的人寥寥无几。从此雅典元气大伤，之前为它所控制的联盟成员接二连三叛逃。此时斯巴达秘密和波

大 事	时 代	地 区	公元前 单位：年
罗马制订了《十二表法》。此时期的罗马，开始慢慢整合意大利半岛的各部落，完成统一。	共和时期	罗马	450
波斯与雅典签订《卡里阿斯和约》，正式结束漫长的希波战争。	城邦时代	希腊	448
伯里克利以陶片放逐政敌修昔底德。			443
在政治利益的冲突下，雅典与斯巴达爆发第二次伯罗奔尼撒战争。			431
柏拉图生于雅典。柏拉图为苏格拉底的弟子，是古希腊著名的哲学家。			427—347
雅典与斯巴达双方签订《尼西亚斯和约》，暂时休战。			421

公元前 单位：年	地 区	时 代	大 事
414			斯巴达以雅典破坏《尼西亚斯和约》为由，主动进攻雅典。
415			雅典远征西西里，损兵折将无功而返。
414			雅典在斯巴达围城后，于春天投降，从此确立斯巴达霸权。
404—343	埃及	新王国时期——第二十八王朝	埃及终于摆脱波斯帝国的统治而独立。
403	中国	东周威烈王廿三年	威烈王命韩虔、魏斯、赵籍为诸侯，史称"三家分晋"。同时揭开战国时代的序幕。
384—322	希腊	城邦时代	亚里士多德出生于色雷斯。他是柏拉图的学生，也是著名的古希腊哲学家。

斯达成外交协议，拿到一笔资金扩建了海军。在斯巴达海陆军的猛烈夹击下，雅典于公元前404年的春天投降了。

这场战争虽然是伯罗奔尼撒联盟打赢了，但从长期看来，全体希腊人都是输家。战争结束后，斯巴达成了短暂的霸主，但国力已大不如前。希腊的黄金时代也进入尾声了。

哲学家皇帝亚历山大的东征与希腊化时代

"希腊文化"和"希腊化文化"虽然只差一字，意思可是大大不同。希腊会进入"希腊化时期"，这和亚历山大大帝携着希腊文明策马东征有关。想要了解这件事，还得从马其顿王国的崛起开始谈。

马其顿本是古希腊中北部的偏远地区，因文明落后被讥为蛮族。公元前6世纪，马其顿诸部落完成统一，开始实行君主制。当希波战争把全希腊都拖垮时，马其顿悄悄地壮大了。

公元前4世纪，菲利普二世以其铁腕实施了一连串富国强兵政策；又趁着希腊盟军内战连连时，挥兵南下，在喀罗尼亚战役中一口气打了大胜仗。此时包括雅典在内的希腊诸城邦，只得承认马其顿王国的霸主地位。

菲利普二世的野心不仅是君临希腊世

界而已，他还盘算着想称霸西亚。只是他壮志未酬身先死，遇刺身亡。而后，年仅20岁的亚历山大继承了王位。年轻的国王上任没多久，就组织了一支强大的远征军。此后十年间，亚历山大大帝几乎都在沙场上度过；换来的便是西方历史上首见的大帝国——东起希腊半岛和埃及，西到小亚细亚、波斯，甚至一部分的印度，都归属于马其顿王国的版图。它可谓不折不扣的"横跨欧亚非"的大帝国。

亚历山大大帝东征就是开启希腊化时代的主因。此时希腊文化吸纳了各方文明，有了显著的变化。比如原本讲究均衡与庄严美的古希腊艺术，忽然追求起华丽和铺张的雕饰。又比如擅长思考公共问题的哲学也"转性"了，开始对个人精神的解脱很感兴趣。名闻遐迩的伊壁鸠鲁学派就是此时期的产物，它的宗旨即"追求宁静的极乐"。

而有百年传统的"雅典式民主"如今又如何了呢？经过斯巴达和马其顿的干政后，城邦里的公民大会几乎不具实权了。甚至，连雅典的哲学家都不再赞成民主了，这可以从柏拉图的"哲学家皇帝"主张见其端倪。柏拉图的想法是：除非人们能让哲学家或学习了哲学的人担任国王，否则城邦永无宁日！他还在《理想国》里构想一种教育机构，专门培养"哲学家皇帝的种子"。后来，柏拉图的学生，同时也是亚历山大大帝的老师亚里士多德，进

大 事	时 代	地 区	公元前 单位：年
佛灭后一百年，佛教第二次毗舍离结集。佛教分裂为上座部和大众部，开启部派佛教时期。	多国并列时期	印度	383
罗马通过新法，规定两位执政官中，有一位必须是平民。	共和时期	罗马	367
商鞅获得秦孝公信任，开始"商鞅变法"。	东周显王十年	中国	359
摄政王菲利普二世罢黜幼主，自行登上帝位。	城邦时代	希腊	
菲利普二世趁希腊城邦间战乱之际，多次介入战争；并于喀罗尼亚之役战胜雅典及其同盟。			353

单位：年 公元前	地 区	时 代	大 事
347			亚里士多德应菲利普二世的召唤，成为其皇储亚历山大的老师。而后亚历山大致力于东征同时，也全力传播希腊文化。
343—332	埃及	波斯人二次统治时期	波斯再度占领埃及。
341—270	希腊	城邦时代	伊壁鸠鲁于雅典创立"伊壁鸠鲁学派"。此学派继承继承前哲的"快乐主义"，提倡"宁静的快乐"。
337	马其顿	菲利普二世	菲利普二世于科林斯召开会议，除了斯巴达、雅典及其他城邦都被迫成为马其顿的同盟，并承认其的霸主地位。
336			菲利普二世在女儿的婚礼上遇刺身亡；其子亚历山大继位，迅速平定内乱。

一步拓展了这个理念。

我们无须对这种"民主的倒退"的现象大惊小怪。雅典之所以输了和斯巴达的战争，由盛转衰，被擅长演说的政客煽动而做出错误决定的公民大会，的确得负很大的责任。见证了"民主之恶"，才会有"哲学家皇帝之善"的构思，这也算是此时期之政治思想的特色。

古罗马帝国的崛起：狼孩传说

当马其顿国力如日中天时，邻近的意大利半岛上，也有股新兴势力正在壮大，那就是古罗马王国。

相传希腊人攻伐特洛伊时，有些人逃出了城，经过长途跋涉后，他们来到意大利半岛的台伯河畔定居，并建立了名叫亚尔巴龙伽的国家。这就些人就是罗马的先祖。

关于罗马城的源起，还有一则"狼孩传说"。故事还得从亚尔巴龙伽王国说起。某一任亚尔巴龙伽国王被弟弟谋害篡位后，残暴的新王为杜绝后患，不但杀了哥哥的儿子，又把侄女送去当祭司，禁止她结婚生育。但人算不如天算，落难的侄女竟和战神玛尔斯结合，产下了双胞胎。新王知情后立即处死了侄女，又叫人把这对男婴扔进台伯河。

没想到，孩子们没有被河水冲走。他

们漂流到岸上, 饿得哇哇大哭。这时, 远远地走了一只母狼。说也奇怪, 它没有叼走小孩当晚餐, 反而用奶水喂哺他们。附近的牧羊人见状, 便把小孩带回家抚养。他把其中一个叫罗慕路斯, 另一个就叫勒莫斯。

罗慕路斯与勒莫斯长大后, 因缘际会和外祖父相认, 得知了自己的身世。两兄弟为了复仇, 便号召人马推翻恶名昭彰的新王。兄弟两人把政权交还给外祖父后, 便一同来当年被遗弃的地方, 想就地盖座新城。很不幸的, 在建城中, 兄弟俩为了该用谁的名字命名新城, 又该是谁来当家做主而大打出手。最后罗慕路斯杀了勒莫斯, 成了统治者; 而新城的名字, 也取自他的名, 就叫作"罗马"。

罗马最初实行王政体制, 王位在世袭七任后, 末代国王由于暴虐无度, 引发了贵族叛变。于是, 国王遭到放逐, 共和政府的时代便来临了。

共和体制是怎么运作的呢? 由于没有君主, 国政为"元老院""执政官"和"部族会议"等三大权力机构共同主持。"元老院"由三百位贵族代表组成, 每年都推举两位执政官来管理政务、军事与司法。国内的各种政策都得经过元老院决议, 再交由执政官执行。"部族会议"由贵族与平民组成, 罗马的每个部族都有代表参与其中, 他们也掌有部分的管理和选举权。

大 事	时 代	地 区	公元前 单位:年
亚历山大领兵东征, 标志着希腊文明进入希腊化时期。	希腊化时代 亚历山大大帝	马其顿	334— 333
亚历山大领兵攻打波斯帝国, 占领了小亚细亚。最后大流士二世兵败逃亡。			
随后远征叙利亚、埃及, 并于尼罗河出海口处建立亚历山大城。			
亚历山大继续东征, 长驱直入波斯本土, 占领首都。波斯灭亡。			331
亚历山大征服埃及, 建立托勒密王朝。	托勒密王朝 托勒密一世	埃及	330
张仪被任命为秦相, 推动连横, 使六国割地于秦。	东周 显王四十一年	中国	328

公元前 单位：年	地 区	时 代	大 事
327— 317	马其顿	希腊化时代 亚历山大 大帝	亚历山大征服印度河流域，但因士兵水土不服、感染疟疾等因素，不得不停止东征大业。
323— 298	印度	孔雀王朝	旃陀罗笈多创建孔雀王朝，将来自马其顿的亚历山大势力驱除出印度半岛。
324	马其顿	希腊化时代 亚历山大 大帝	亚历山大以巴比伦作为首都，横跨欧亚非三大洲的马其顿帝国宣告成立。
323			亚历山大大帝感染疟疾骤然离逝，年仅33岁。帝国顿时陷入解体的危机中。
306	马其顿	安提柯王朝	亚历山大大帝的部将安提柯占领马其顿的核心地带和希腊，建立安提柯王朝。

不论在哪个时空，最容易享有特权的就是贵族。在罗马，平民与贵族曾有过长期的抗争；最终，平民争取到了较公平的法律《十二表法》，甚至也能进到元老院竞选执政官。

佛光普照：印度历史上第一个统一帝国"孔雀王朝"

孔雀王朝的第一位君主是为旃陀罗笈多，他是阿育王的祖父。旃陀罗笈多在取得摩揭陀国王位之后的最大贡献，是率领印度当时各部落王国的领袖，将亚历山大大帝的希腊势力驱除出印度半岛，并逐步使印度半岛上的部落王国获得一定的统一状态。而后旃陀罗笈多正式登上孔雀王朝的王位。

王朝的第二位君主宾头娑罗。则从父亲已获得的疆土的基础上，扩大了孔雀王朝的统治版图，不过还是有些部落王国继续独立着。

而后继位的君主便是大名鼎鼎的阿育王。古印度时期的王座更迭，多是经由杀戮而达成。被佛教喻为转轮圣王的阿育王，原来只是宾陀沙罗的众多儿女中的其中一个，并不受宠，长大后被派到北印度一带的重要地区担任总督一职。据说宾头娑罗卧病之际，阿育王回到王城等待。待宾陀沙罗一驾崩，他很快地铲除自己的长兄独揽朝政。相传阿育王为了王位，杀害了99个异母兄弟。这个说法不见得可信，却也反映出王位争夺激烈的事实。

文献中记载，阿育王在登基八年之后出兵发动羯陵伽（Kalinga）战争，这个战争是孔雀王朝的转折点，也是阿育王个人人生的转折点。在羯陵伽一役获胜的孔雀王朝，国势达到极盛。但这是一场印度历史上前所未有的残酷战争，战场中杀人如麻、尸横遍野。阿育王在血流成河中所取得的胜利，赔上了至少10万人的性命，这使他终于体悟到征服所带给百姓与士兵的痛苦；之后受到佛教徒的异母兄弟的影响，阿育王转而皈依佛教，改采"法"（Darma）的征服。

阿育王放下屠刀之后，开始修改法律、设立医院、设置粮仓、布施贫民、建立农业灌溉系统，实施一连串对国家长远发展有益的措施。为使百姓了解他的政治理念，阿育王在领土境内树立许多石柱，刻上政府的诏敕，以为宣导之用。在宗教方面，阿育王深研佛教经典、教律，参访佛教圣地，也朝拜佛陀的圣迹，还建立许多佛塔，并率众在首都进行佛典的搜集与整理，这也就是佛教历史上的第三次结集。阿育王甚至亲自参与佛教组织与传教的工作。在一统君主的手中，佛教的地位不仅空前普及全印度，在毗邻孔雀王朝的地方，例如：克什米尔、尼泊尔、缅甸等等，甚至锡兰，都有阿育王派遣的传教使

大　事	时　代	地　区	公元前 单位：年
托勒密于埃及建立托勒密王朝。	托勒密王朝 托勒密一世	埃及	305
塞琉古则占据小亚细亚、美索不达米亚和叙利亚北部、部分的古波斯领土，建立塞琉古王朝。	塞琉古王朝 塞琉古一世	波斯	
宾头娑罗扩大孔雀王朝的领土版图。	孔雀王朝	印度	297—272
苏秦游说五国合纵反秦。	东周 赧王二十七年	中国	288
蔺相如使秦，成功"完璧归赵"，而后廉颇负荆请罪而将相和。	东周 赧王三十六年		279
阿育王在位，此为佛教的全盛时期，佛教第三次结集，出现经律论二藏。	孔雀王朝	印度	272—232

公元前 单位：年	地区	时代	大事
264— 241	罗马	共和时期	罗马与迦太基发生第一次布匿战争。战事持续23年后，迦太基承认战败，与罗马签下了赔款和约。
260	中国	东周赧王五十五年	赵国中了范雎的反间计，在长平之战中，秦将白起坑杀四十万赵军。
257		赧王五十八年	秦太子之子异人于赵国为质子，得商人吕不韦之助返秦。
256		赧王五十九年	周赧王过世，秦灭西周王畿，七年后又灭东周王畿，至此东周正式灭亡。
237— 219	北非	迦太基王国	迦太基大将汉尼拔于伊比利亚半岛境内屯垦，训练军队，预备反击罗马。

节。阿育王虽然积极弘扬佛法，但对婆罗门教、耆那教等其他信仰，都采取宽容并存的态度。

从旃陀罗笈多的出现到阿育王的善政，印度半岛有将近90年的和平统一时期。直到公元前232年，阿育王去世后的半个世纪，孔雀王朝的政局陷入土崩瓦解的境地。约在公元前187年，孔雀王朝最后一个君王被其部将所杀之后，印度半岛再度陷入群雄割据的状态。

帝国形成的前哨战：三次布匿战争

公元前5世纪左右，势力逐渐壮大的罗马开始在意大利半岛上扩张势力范围。不到300年，罗马俨然已是地中海西部的大国。罗马强大后，对地中海区的控制权十分在意。此时，位于北非、与罗马遥遥相望的富裕之国迦太基，不免就成了眼中钉。

迦太基是腓尼基人的国家，建国时间可以追溯到公元前8世纪左右。迦太基最强盛的时候，伊比利亚半岛、地中海区的大小岛屿和北非沿海一带都为其势力范围。国民精于农业、航海和经商，是经贸挂帅的大国。

历史向来有条潜规则：强国一旦有了利益冲突，十之八九就会出现战争。公元前263年，罗马终于沉不住气了，以保护西西里岛上的盟友为名义，袭击了迦太基位于西西里岛上的殖民地。迦太基多亏了名将哈米尔卡的指挥，和罗马打了个不相上下。但罗马坚持宣布自己得胜，而被打怕了的迦太基贵族们也倾向认输了事。双方便签下了赔款和约，结束这场打了23年的第一次布匿战争。

抱着对不平等条约的遗憾与悔恨，哈米尔卡的儿子汉尼拔，决心培养精锐部队，希望能让罗马人"全军覆没"，一雪前耻。汉尼拔先在伊比利亚半岛屯垦，训练军队。最后在公元前218年，汉尼拔见时机成熟了，便率领军队翻越比利牛斯山，击溃了罗马军在意大利半岛上的多处据点。传闻当时被灭的罗马军高达7万之多。

但罗马毕竟不是省油的灯，随后就集结了盟军，重振旗鼓。公元前212年，罗马军直捣迦太基国土，使分身乏术的汉尼拔不得不撤师回朝，保卫迦太基。不论再精良的部队经长途赶路后也会疲累，最后迦太基黯然输了这场仗。翌年，迦太基和罗马签下割地赔款协定：除了北非沿岸之外，所有的领地都归罗马所有，还被迫解散海军。此为第二次布匿战争，前后打了16年。此后，迦太基几乎无力与罗马再战。

不过，迦太基是个生命力强盛的国家。经过半世纪的休养生息后，军队又开始对外扩张领地。公元前149年，罗马终于决定斩草除根，发动了第三次布匿

大　事	时代	地区	公元前 单位：年
燕太子丹派荆轲刺秦王失败。	秦王政二十年	中国	227
秦始皇统一天下，建立秦朝。战国时代结束。	秦始皇二十年	中国	221—206
汉尼拔率军队翻越比利牛斯山，进攻意大利半岛，此为第二次布匿战争的开端。	迦太基王国	北非	218
马其顿和汉尼拔结盟合击罗马。马其顿获得小胜，与罗马签下《腓尼基和约》，此为第一次马其顿战争。	安提柯王朝腓力五世	马其顿	215—205
秦始皇采丞相李斯建议下焚书令，并坑杀400余儒生于咸阳。	秦始皇三十四年	中国	213—212
罗马大军直接进攻捣北非的迦太基本土，汉尼拔自意大利半岛撤军援救未果。	共和时期	罗马	212—202

公元前 单位：年	地 区	时 代	大 事
209	中国	秦二世元年	陈胜、吴广揭竿起义。
206		汉高祖元年	刘邦入关，子婴投降，秦亡。
202		汉高祖五年	项羽受四面楚歌包围，自刎于乌江。楚汉相争结束。
201	北非	迦太基王国	迦太基和罗马签下割地赔款。迦太基丧失了北非沿岸之外所有的领地，被迫解散海军，还背上巨额赔款。
200—196	马其顿	安提柯王朝腓力五世	罗马以马其顿毁坏互不侵犯条约为由，发动第二次马其顿战争。罗马取得胜利，并签订条约限制了其统治权。
192—188	波斯	塞琉古王朝安条克三世	塞琉古王朝的安条克三世出兵罗马战败，史称"塞琉古战争"。安条克三世签下割地赔款的《阿帕米亚和约》。

战争。迦太基人顽强抵抗三年后，仍是战败。这回罗马人采取残忍的"焦土政策"：捣毁港口，焚烧田地和城市，杀死所有看得到的迦太基人。于是，迦太基彻底亡国了。当迦太基城再次重建时，已摇身一变成了罗马帝国在北非的政教重镇。

罗马霸权形成：终结希腊化的时代

在罗马对战迦太基，抢夺环地中海霸权之时；邻居马其顿也虎视眈眈着想捞个渔翁之利。不过，此时的马其顿已非昔日马其顿。横跨欧亚非的帝国才刚建立，亚历山大帝便猝然病逝，帝国顿时陷入夺权的内战中。最后亚历山大的三位将领胜出，各自据地为王。其中，托勒密占领了埃及和叙利亚南部，建立"托勒密王朝"；而塞琉古囊括叙利亚北部、伊朗和美索不达米亚平原，建立"塞琉古王朝"；安提柯及其子占据了原马其顿的中心和希腊，建立了"安提柯王朝"。

安提柯王朝传了几世后，继位者鉴于罗马老是将干政的黑手伸入希腊化国家，便想反将其一军。当罗马为了第二次布匿战争焦头烂额时，腓力五世见机不可失，立马和迦太基签订盟约，准备夹击罗马。公元前215年，腓力五世对罗马展开攻击，最终获得小胜。双方签下《腓尼基和约》，划定各自的势力范围。此为第一次马其顿战争。

而罗马吃了败仗后，心有不甘；公元前200年时，又以安提柯王朝毁坏和约为由，发动了第二次马其顿战争。这回罗马很聪明地先与周遭的小国缔结盟约，使得对手陷入孤立。四年后胜负分晓了，和迦太基的命运一样，腓力五世也被迫接受割地赔款。这一战，使得马其顿的整体国力由盛转衰。

腓力五世过世后，其子珀尔修斯即位。他一上任，就迎娶了塞琉古王朝的公主，又和诸多希腊城邦重修盟约。这些建设性的动作，看在罗马人眼里很不是滋味；于是，战火重燃。罗马用的理由很没"创意"，又是指控珀尔修斯破坏和平云云，并借此挑起第三次马其顿战争。此次罗马大获全胜，他们罢黜了珀尔修斯，并将安提柯王朝分裂成四个附属于罗马的共和国。

战争过后，马其顿人不满罗马的统治，反抗情绪十分高涨。而此时又有个名叫安德里斯库斯的人，自称是珀尔修斯的儿子，三番两次企图夺回王位，这完全激怒了罗马。公元前150年，罗马发动第四次马其顿战争，这也是最后一次。安德里斯库斯一败涂地，被绑送回罗马城治罪。

另一方面，塞琉古王朝没有等到罗马出兵，国力便随着时日衰退，罗马顺理成章接手了这个王国。托勒密王朝在罗马

大　事	时　代	地　区	公元前 单位：年
罗马发动第三次马其顿战争。罗马将马其顿安提柯王朝分裂成四个附属于其下的共和国。安提柯王朝宣告终结。	共和时期	罗马	171—168
罗马为了平乱再次向马其顿派兵，此即第四次马其顿战争。马其顿战败，正式划归为罗马的行省。			150—148
罗马元老院发起第三次布匿战争。罗马人对迦太基采取"焦土政策"，迦太基彻底灭亡，罗马于此处设置阿非利加行省。			149—146
恺撒（Julius Caesar）出生，他是罗马杰出的领导者与军事家。曾辗转担任军团司令官、财务官、市政官、大祭司、大法官等职位。			100—44

单位：年

公元前	地区	时代	大事
64			塞琉古王朝长期陷于内战，罗马出兵接管此一地区。塞琉古王朝宣告终结。
60	罗马	共和时期	恺撒被推举为执政官，并与庞培、克拉苏结盟，史称罗马“前三雄”。
63			屋大维出生，被恺撒收为养子。为罗马帝国第一位皇帝。
58—50			恺撒出任高卢总督。于任期内发起战争，击败高卢联军，将高卢划归罗马行省。
49			恺撒不服元老院的派令，将军团带入意大利，直驱罗马城。此举引发了罗马内战。
48			恺撒于法萨卢斯战役，打败庞培，使庞培逃往埃及。

内战结束后也宣告瓦解。希腊化时代正式结束。

罗马终身独裁官恺撒：英雄的失败与伟大

共和时期的罗马，在打赢布匿战争和马其顿战争后，已然是环地中海区的霸主。但罗马要蜕变成稳定强大的国家，还有段“阵痛期”要捱过去。而与这段战乱史对应的大人物，就是恺撒。

恺撒出生于贵族世家。他早年曾辗转任职各种政务官，慢慢累积了名声。公元前 60 年，恺撒被推举为执政官。因为元老中的反对势力不小，恺撒便想拉拢一些人做后盾。正好曾任执政官的庞培和首富克拉苏都对元老院有些怨言，恺撒便说服了他们和自己结盟，史称罗马“前三雄”。此后果真没人敢和恺撒作对，他安稳地度过一年任期。

卸任执政官后，恺撒被任命为高卢总督，主要职务是“管秩序”。然而这位新总督，一上任就找了理由发动战争，目的竟是掠取高卢。九年后，高卢设为行省，归入罗马版图，每年还必须向恺撒进贡大量财物。高卢战争虽然莽撞，但最终有利于罗马，这使得恺撒的声望涨到了“前所未有的高度”。

此时“前三雄”之一的庞培，因为嫉

炉起恺撒的好运道，逐渐被元老院笼络，不再支持恺撒。当恺撒要求延长他的高卢总督任期时，元老院不但拒绝，还强硬地要他不带一兵一卒回罗马报到。恺撒当然不肯范，索性就把军队战车开进城内，并大胆地要求剩余的元老院成员推举他为"独裁官"。他这一举动吓跑了许多贵族，也包括了庞培。

庞培等人被迫出走时，并带走了足以抗衡的兵力。之后恺撒为了平定内乱，四处征战。公元前48年，法萨卢斯一役，庞培大败，远走埃及。埃及人为了讨好恺撒，便杀了庞培作为交换。埃及人希望恺撒能认同托勒密十三世的政权。但没想到托勒密十四世的姐姐克利奥佩特拉，以美色诱惑了恺撒，于是恺撒宣布埃及王应和其姐共享政权。埃及人失望之余，引爆了亚历山大战役。这一仗自然又是恺撒赢了，他带着著名的埃及艳后克利奥佩特拉班师回朝，据说庆祝凯旋的活动长达十天之久！

恺撒结束内战后，便对外宣布自己是"终生独裁官"。他大概没料到，这项决定有多令支持共和政体的贵族害怕，大家都以为离此人自命为皇帝不远了。于是元老院成员趁恺撒不备时，集体刺杀了他。这个戏剧性的场景，曾被莎士比亚写进《恺撒大帝》一剧当中。恺撒过世后，罗马又陷入了纷乱。但这次乱事没有持续太久，罗马帝国的新皇帝即将为恺撒复仇并带来稳定的和平。

大　事	时　代	地　区	公元前 （单位：年）
恺撒追击庞培进入埃及，开启亚历山大战役。	托勒密十三世	埃及	47
战胜后，宣布克利奥佩特拉为埃及女王，与其弟托勒密十四世共治埃及。	托勒密十四世		
元老院应恺撒要求任命其为"独裁官"；之后又任命其为"终生独裁官"。	共和时期	罗马	46—44
恺撒在元老院遭到暗杀。此时，恺撒的养子——屋大维，正在远方行军。			44
安东尼与克利奥佩特拉结婚，并将罗马部分的土地赠与克利奥佩特拉七世，与其子托勒密十五世共治。	托勒密十五世	埃及	36
屋大维与安东尼的军队对峙于阿克提姆海湾。安东尼战败后，逃往埃及，自杀身亡。			32

公元前 单位：年	地区	时代	大事
30			屋大维入主亚历山大城。埃及女王克利奥佩特拉自杀身亡。其子托勒密十五世亦遭杀害。托勒密王朝成为历史，埃及编入罗马的行省。
	罗马	共和时期	屋大维解散军队，安排议会选举，并当选执政官。
27	罗马	帝国时期	屋大维还政于元老院，欲重建共和体制。后元老院授予他"奥古斯都"的称号。
			奥古斯都卸任执政官，成为"终生护民官"。

罗马的第一位皇帝屋大维：8月的由来

屋大维出身古老的骑士家族，年纪很轻时就为恺撒所领养。恺撒认屋大维为养子，是为了培训他做继承人。我们不得不佩服恺撒的识人眼光，那么早就察觉屋大维是不凡之才。

恺撒遇刺时，屋大维才18岁。他记住了这仇恨，默默扩充实力。当屋大维回到罗马时，支持共和制的"暗杀者"们已把持了大权；他于是和握有实权的安东尼、雷必达合作，组成史称的"后三雄同盟"。这个权力集团，没多久就开始"清理"元老院；那些反抗势力和参与谋杀恺撒计划的人，都因此倒了大霉。据说前后约有300名元老院的成员，遭到杀害和没收财产。公元前42年，这场恐怖的肃清行动告一段落。屋大维回到罗马，而安东尼转往埃及。如此一来，两人也算是各自界定了势力范围。

接下来就进入经典电影《埃及艳后》所描述的情节了！进军埃及的安东尼本想给埃及女王来个下马威，却反而为其美色所倾倒，上演了段英雄难过美人关的风流韵事。另一方面，屋大维在罗马积极营造声望，还不忘暗中造谣，说安东尼迟早会和埃及人结盟对罗马不利。于是一场战争再次无法避免。

公元前32年，屋大维和安东尼的军

队在阿克提姆海湾对峙，安东尼吃了败仗逃往埃及。最终安东尼饮恨自杀，克利奥佩特拉也结束了自己的性命。至此，屋大维收回埃及、统一了罗马。

现在没人敢反抗屋大维了，但深谙政治手腕的他，并没有贸然称帝。他让议会进行选举，在此之前，还解散了自己的军队以示公平。不消说，屋大维当选了执政官。公元前27年，屋大维表态要还政于元老院，众人不但没接受，还颁予他对高卢等地的统治权，及绝对的权威者"奥古斯都"的称号。

一般认为，最迟于公元前27年，奥古斯都已是皇帝了。这位难得的明君于他统治的40年内，不仅修治法典、发展经贸和教育，还特别注重公共建设。他有句名言："一座砖城在我手里变成了大理石的城市"，可见他在罗马城下的苦心。而奥古斯都死后，立刻被封为神祇。而他过世时的8月，也更名为"奥古斯都月"。大家是否发现英语中的"8月"和"奥古斯都"的发音很像？"奥古斯都"正是它的语源呢！

公元3世纪危机：罗马帝国的东西分裂

奥古斯都大帝的精良建设为罗马帝国打下繁荣200年的根基。这段时期，罗马

大　事	时　代	地　区	公元 单位：年
王莽废汉少帝，改国号为"新"。	新 始建国元年	中国	9
奥古斯都逝世于诺拉，被尊崇为罗马神祇。罗马文明进入黄金时期。	四帝共治时期	罗马	14
奥古斯都的养子提比略即位。选举官员的权力，由人民移至元老院。	朱利亚克劳狄王朝	罗马	14—68
刘秀即位，定都洛阳，东汉开始。	东汉光武帝建武元年	中国	25
中亚的游牧民族进入印度，建立了贵霜王朝。著名的"犍陀罗艺术"也在此时出现。	贵霜王朝	印度	45—250
委奴国派遣使者来汉，为中日国家往来之始。	东汉光武帝中元二年	中国	57
明帝派遣蔡愔出使天竺求访佛学。	东汉明帝永平七年		64
暴君尼禄皇帝引发罗马焚城事件，罗马政局陷入混乱。	帝国时期	罗马	

单位：公元年	地 区	时 代	大 事
68			尼禄自杀，开始了四帝之年，加尔巴、维特里乌斯、奥托和苇斯巴芗相互争位。
69—96	罗马	弗拉维王朝	苇斯巴芗即位，结束四帝争位。
73			犹太人反抗罗马统治，遭到镇压，耶路撒冷的圣殿被摧毁，仅剩"哭墙"。
79			维苏威火山爆发，庞贝城被埋没。
89—91	中国	东汉和帝永元元年	窦宪、耿秉等人先后大败匈奴。匈奴西逃至乌孙与康居；但残余势力仍不时在汉朝边疆进行掠夺。
96—180	罗马	五贤帝时期	进入"五贤帝统治时期"。五贤帝为涅尔瓦、图雷真、哈德良、安东尼·庇护、马可·奥勒留等五人。为罗马强盛的巅峰。

文明迅速发展，不列颠南部和毛里塔尼亚一度都曾为其疆域。汉朝和罗马的交流也是这时候的事。当时中国人称罗马为"大秦"，双方都有派使者互相贸易往来，此为治世的巅峰。不过，这200年也非"一路平安"。帝国对外的征伐没少过，也曾爆发过惨重的死亡瘟疫；而大肆屠杀基督徒的暴君尼禄，更列位其中。

进入3世纪后，帝国开始衰落。这段期间军人拥兵自重，突然就黄袍披身的情形不在少数；边境地带和高卢人、日耳曼人的大小战事不断，国内则一直上演争夺王位的戏码，暗杀、篡位、夺权是家常便饭。甚至还曾发生过近卫军弑主，而后拍卖王位的离谱事件。在这种情况下，罗马的国力快速耗损，根基动摇。于是帝国的分裂也不那么让人意外了。罗马对高卢、非洲、西亚等区的行省控制力下降，这些区域亦有一部分率先独立。

而罗马为何最终分裂成一个东一个西呢？

公元284年时，近卫军的领导戴克里先造反，而后成为帝国的君主。此君推行了一种特殊的"四帝共治制"。首先，他将罗马划为东西二部，各设两个皇帝；其中一个是正首，称为"奥古斯都"，另一则是副首，称为"恺撒"。"奥古斯都"任职20年后，需让位给"恺撒"；所以，"恺撒"必须是"奥古斯都"的养子，此乃遵循罗马"养子继承"传统的缘故。

在戴克里先之后的君士坦丁大帝，曾一度统一罗马。但帝国太大了，为了不疲于奔命，君士坦丁将国土分封给他三个儿子管理。当君士坦丁过世后，历史又重演了——子嗣和权将们互相攻伐争夺，罗马再次处于分裂状态。

公元 4 世纪末，宣布基督教为国教的君王狄奥多西一世，辛辛苦苦地将帝国统一起来。但他临终前，又把罗马分为东、西部，分别由两个儿子继承。这一分就成了定局，罗马再也无缘统一。此后，东罗马和西罗马各自迎向自己的战场和命运。

帝国毁灭：匈奴来了！

罗马帝国分裂成东、西两边后，下一波更可怕的危机正窥视着木口帝国——此即匈奴与日耳曼人的侵略。

中国对匈奴并不陌生，在秦始皇和汉武帝时期，中国都有过大战匈奴的记录。东汉时，匈奴分裂成一南一北。南匈奴归顺于汉，居住于河套一带。北匈奴则维持一贯的顽强好战，多次和汉朝发生军事冲突。公元 1 世纪到 2 世纪间，历经窦固、窦宪、班勇、司马达等名将的讨伐后，匈奴溃散败走，不断向西迁移。许多专家相信，匈奴西迁对欧洲造成两个深远的影响：其一是日耳曼民族的大迁徙；其二是匈奴帝国的侵略。

大 事	时 代	地 区	公元 单位：年
西域都护班超派遣甘英出使大秦（罗马）、条支（伊拉克），到安息（伊朗），临大海（波斯湾）而返。	东汉和帝永元九年	中国	97
此时起任命班勇、斐岑等人出击匈奴，匈奴再次大规模西迁。匈奴一部分远走欧陆、一部分到高加索，另一些则到了阿富汗。	东汉安帝元初六年	中国	119—160
罗马奥勒留皇帝派遣的使者抵达汉朝。期间中国与大秦多有贸易往来，交易丝绸、玻璃器皿等商品。	东汉桓帝延熹九年	中国	166
日耳曼民族部落渐渐自行合并，且更积极地侵袭罗马边界。而后日耳曼人联军发动了马克曼战争。此役是日耳曼民族大规模迁徙的前兆。	欧洲		167—180

单位：公元（年）	地区	时代	大事
193—235	罗马	塞维鲁王朝时期	塞维鲁即位，而后死于叛变军队之手，此后，军人弑君造反、自立为王的情形愈来愈多。
220—589	中国	魏晋南北朝鲜	三国起始，中国开始了300多年的政治分合动荡时期。
235—305	罗马	军人皇帝时期	罗马帝国出现了一系列了"军人皇帝"，在位时间普遍不长。
249—251			第一次大规模迫害基督徒。
284—305	罗马	四帝共治时期	罗马帝国的近卫军领导戴克里先造反，而后成为皇帝。他对帝国进行了一连串的改革，另施行"四帝共治制"。此为罗马帝国分为东、西二部之始。

日耳曼民族是个统称，其内包含了许多支系。恺撒曾在《高卢战记》中使用"日耳曼人"一词，称呼莱茵河以东的所有民族。日耳曼人在公元2世纪到3世纪时，开始大规模南迁。也许气候和天灾都构成了这些蛮族迁徙的动机，但匈奴人西移，入侵高加索、多瑙河流域，恐怕才是主因。

而日耳曼民族中的哥特人，是影响西罗马国运最为剧烈的一支。公元405年，西哥特人领袖阿拉里克越过了罗马的莱茵河防线；而后西罗马皇帝和阿拉里克做了个愚蠢的交易：他要后者转去攻打东罗马。阿拉里克借机要求巨额的报酬。西罗马先是答应，后来又改口否认。阿拉里克于是挥军横扫意大利半岛北部，并且前后三次包围罗马城。哥特人最后一次围堵罗马城时，城内被权贵欺压已久的奴隶们，为了报复，竟不惜打开城门。长驱直入的蛮族大军，在城内洗劫三天后扬长而去。

公元418年，西哥特王国在高卢行省建立；另一方面，与哥特人产生冲突的汪达尔族人，南迁到了非洲，并于439年建立汪达尔王国。西罗马对于这些在境内擅自建国的蛮族，根本无力阻挡。帝国愈来愈衰弱，而致命的一击很快就到来了。

匈奴西迁后壮大的速度很快，当被史家称为"上帝之鞭"的阿提拉称王时，帝国的战力达到巅峰。短短数十年内，东起哈萨克的咸海，西迄大西洋岸，南自多瑙河，北到波罗的海，全都归属匈奴的疆域。阿提拉曾多次入侵东罗马和西罗马。沙隆战役时，因为西罗马与西哥特王国罕见地携手御敌，匈奴暂时收兵。隔年，阿提拉卷土重来，不但攻陷了西罗马的首都拉文纳，还放逐了皇帝瓦伦丁尼安三世。经此役的破坏后，西罗马几乎只剩一副空壳。公元 476 年，末代皇帝遭叛将罢黜，至此西罗马帝国终于走到了尽头。

基督教的诞生与转折：开启新生机的《米兰敕令》

基督教在公元 1 世纪由耶稣所创立，耶稣从 30 岁开始传教，陆续吸引相当多的信徒跟随。但在传教过程中，他却屡次受到罗马政府的打压和迫害。罗马帝国自创立以来在宗教上便是多神信仰，照理说要罗马民众再接受一个宗教的存在并不困难，但是坏就坏在基督教是虔诚的一神信仰。教徒信奉唯一的天主且不能敬拜其他偶像，这就是罗马政府不乐见的了。因为罗马帝国末期开始将皇帝神格化成为宗教上崇拜的对象，而不得崇拜偶像的基督教着实威胁到皇帝神格化的地位，令罗马政府不满而大肆迫害。罗马的法律中甚至有规定信仰基督教者可判处死刑的重罚，可见当时基督教徒在罗马帝国的处境有多艰辛。

然而随着时间的流逝，基督教信仰已经慢慢地深入罗马民众的心中。公元 3 世

大　事	时　代	地　区	公元　<small>单位：年</small>
戴克里先大肆迫害基督教，没收教会教产，禁止宗教仪式及处死教徒。			303
君士坦丁于米尔维安大桥战役，击败马克森提乌斯，成为帝国的西部统治者。	君士坦丁大帝	罗马	312
君士坦丁公布对基督教宽容的《米兰诏令》，使基督教在罗马帝国合法化。			313
琅琊王司马睿任祖逖为豫州刺史。祖逖率旧部渡江，发下"中流击楫"之誓。	西晋愍帝建兴元年	中国	
晋朝西都长安遭刘曜的军队围困，长安无粮，愍帝出城投降，旋即被掳至平阳，西晋亡。	西晋愍帝建兴四年		316

地区	时代	大事
318	东晋元帝 大兴元年	愍帝死讯传至建康，司马睿在建康称帝，是为东晋元帝。
320 印度	笈多王朝	旃陀罗笈多一世开启了笈多王朝盛世。
323 罗马	君士坦丁 大帝	再度统一罗马。
325		在尼西亚召开宗教会议，制定基督徒的信条，确立"三位一体"的概念。
中国	东晋成帝 太宁三年	明帝卒，太子司马衍即位，是为成帝，年方5岁。由庾太后临朝，以王导、庾亮等辅政。
330 罗马	君士坦丁 大帝	迁都拜占庭，并改名为君士坦丁堡，这被视为罗马分裂的开始。
337		君士坦丁大帝去世，在去世前完成受洗成为基督徒。君士坦提乌斯二世即位。

单位：公元：年

纪时，信仰人数甚至超过百万。此时，罗马皇帝也开始发现基督教的魅力和号召聚集的庞大力量。因为长期以来的多神信仰，让罗马人的生活变得没有明确的信仰中心可供寄托，人心容易涣散，不易凝聚成向心力，这对逐渐走向衰落的罗马帝国来说是相当危险的事，也连带影响到对帝王威权统治的信心，但是基督教信仰却可以改变这种情形。基督教徒对于上帝的信仰可说是一心一意，这种守贞服从的信仰，让罗马皇帝对基督教开始改变看法。

罗马帝王中最先改变态度的是君士坦丁一世（Constantinus I Magnus），虽然关于他信仰基督教的理由众说纷纭，但最为人所熟知的就是当他于公元312年的米尔维安桥战役中，因战情告急感到忧心之际，天空突然中出现了火焰般的巨大十字架，旁边还出现了"用此标记你将会获得胜利"的字样，他认为这是神明所给予的启示。所以他下令全部军队都挂上十字架的记号，在第二天战争中他的确获得了胜利。这道奇迹的出现，也让他开始改信基督教。但是一直到他去世前才正式受洗成为基督教徒。据说是因为基督教徒在经过受洗后，之前所犯的罪孽都可获得赦免，所以直到临终前他才接受洗礼，希望曾经犯过的罪孽和杀戮都被赦免。

公元313年，君士坦丁大帝发布相当重要的《米兰敕令》（Edict of Milan）。内容是保障基督教徒在罗马帝国的生命安全和信仰的自由，也确立基督教在罗马帝国中的合法性，并且归还之前迫害时所没收的教会财产。但是这道敕令也不是无条件的宽容，因为诏令中明确指出，虽然允许基督徒表达自己的想法和信仰的自由，但是一切行为和教义不可以违背帝国原本的法律规范，并且要尊敬罗马帝国的政权，也就是说要对皇帝心怀敬重不可忤逆。罗马帝国一直要到狄奥多西一世（Theodosius I）时才正式将基督教立为国教。

公元 325 年，君士坦丁一世更在尼西亚召开一场宗教会议，针对当时基督教内部对教义分歧的争议进行讨论。会议中不但为基督教订立详细规范，并且确立教会对于圣父、圣子、圣灵"三位一体"学说的观念。不过虽说是多名主教开会商讨的会议，但最终还是由君士坦丁大帝来主导，并且拍板定案。这场宗教会议也使得之后的东罗马帝国，宗教和政治紧密地联系在一起。基本上东罗马帝国的教权任用掌控在皇帝手中，皇帝也担任教会保护者的角色。虽然偶尔有皇帝不振而政权衰落的时候，但是教权甚少凌驾世俗政权之上。

民族大迁徙和日耳曼民族的建国

当西罗马渐渐走下坡乃至崩毁的这段

大　事	时　代	地　区	公元 单位：年
慕容皝自称燕王，史称前燕。	前燕元年	中国	
日耳曼受到匈奴的逼迫，使得日耳曼民族大迁徙。		欧洲	375
收容迁徙过来的西哥特人，引起帝国境内的叛乱。	瓦伦提尼安二世	罗马	376
西哥特人在亚得里亚堡击败罗马军队，随之罗马皇帝也战死沙场。		罗马	378
瓦伦斯的继位者狄奥多西一世受洗成为基督教徒，并且威胁异教徒在罗马境内的生存，大肆补杀异教徒。	狄奥多西一世	罗马	380

公元	地 区	时 代	大 事
381			再度确认尼西亚宗教会议的内容。
392			确立基督教的国教地位。
394			狄奥多西成为罗马帝国的唯一统治者。
395	罗马	狄奥多西一世	狄奥多西逝世，其子阿卡迪乌斯与霍诺留分统东西两部，为东罗马帝国和西罗马帝国。
401	欧洲		西哥特入侵，罗马主教极力劝阻西哥特王在罗马城进行屠杀劫掠的行为。
406			汪达尔人突破罗马帝国莱茵河上游防线，入侵罗马。
409			汪达尔人越过比利牛斯山征服西班牙。

（单位：公元年）

期间，诸多鞭长莫及的外省区域，不是遭到日耳曼人占领，就是自行宣布建国。以下就五个重要的日耳曼民族国家进行介绍：

·北非的汪达尔王国。汪达尔人原本是欧陆东部的日耳曼民族，4世纪末时，汇入了阿兰人等民族，便积极地向南寻找土地。5世纪初，这支民族作为罗马帝国的同盟者，遂定居于伊比利亚半岛西部和南部。公元426年起，西哥特人时不时地侵犯地界，汪达尔人领袖盖萨里克便将族人迁移到北非。最初，他们只是暂时居留在罗马的阿非利加省；但439年时，汪达尔人迅雷不及掩耳之势占领了省府迦太基市，宣布建立汪达尔王国。

·西班牙的西哥特王国。西哥特人最初居住于黑海一带，公元374年左右遭匈奴人袭击后，举族南迁至罗马帝国境内。不久，又因为无法忍受罗马人的欺压，其索性起兵造反。410年，西哥特军包围罗马城，攻陷后大肆抢掠了三天三夜，造成帝国莫大的惊恐。419年时，西哥特人得到罗马的认可，在南高卢和伊比利亚半岛东部成立了西哥特王国。

·意大利的东哥特王国。东哥特人也是哥特民族的一支，公元3世纪时曾在黑海区域建立东哥特王国，后为匈奴人所灭，族人不得已纷纷迁往罗马。5世纪中后叶，东哥特人的领袖狄奥多里克统御兵将侵略意大利半岛，时值西罗马帝国遭叛将奥多亚塞篡夺王位之际。狄奥多里克最终消灭了奥多亚塞的势力，建立东哥特王国。因此，准确说来，西罗马帝国最终是亡于东哥特人之手。

·法兰克王国。法兰克人指的是居住于莱茵河以北、法兰西亚一带的日耳曼民族。公元5世纪时，西罗马帝国衰颓，法兰克人便趁机扩张势力。公元486年左右，克洛维一世带领族人占领北高卢，也是在作为罗马国同盟者条件下，建立了法兰克王国。后来，又在公元507年将西哥特人驱逐到比利牛斯山以南，将其领土据为己有。在罗马灭亡后，法兰克王国逐步发展成中欧首屈一指的国家。

·不列颠七小国。罗马在最强盛的时期，疆域曾遍及不列颠南部；后来罗马国运走了下坡，便把军队撤出了不列颠。5世纪末，北方的日耳曼人一鼓作气地南移，先后成立七个小国。按民族来分别，依序是撒克逊人的萨塞克斯、埃塞克斯、威塞克斯等三国；盎格鲁人的东盎格利亚、诺森布里亚、默西亚等三国，还有及朱特人的肯特。

这些日耳曼国家几乎可以看作是今日欧洲诸国的前身，民族与国家的疆域大致有了雏形。历史的巨轮仍在缓缓地转动着，诸国的兴衰又将再次人洗牌。

大　事	时　代	地　区	公元 单位：年
西哥特人攻入罗马城，罗马遭到劫掠。			410
罗马军队退出南不列颠。北方的日耳曼人逐渐南下，打败并驱逐当地的凯尔人。			
西哥特人在高卢南部和西班牙地区建立西哥特王国。		西班牙	419
汪达尔人在北非建国。		北非	429

中古世纪：
骑士精神和欧洲黑暗年代

在西罗马帝国灭亡后，欧洲迎来了长达900多年的"黑暗时代"，这是欧洲的文明历史上发展比较缓慢的时期。一般称为"Middle Ages"即中世纪，或中古年代。被罗马人视为野蛮人的日耳曼民族一跃成为欧洲大陆的主角，在政治经济制度上都有很大的不同。当时的欧洲没有一个强而有力的政权统治，进而形成了封建制度，而封建割据也带来频繁的战争，造成科技和生产力发展停滞，在各项发展上远不如同期的阿拉伯和中国。直到11世纪后，欧洲才逐渐复苏。

而此时人们的生活和宗教紧密相连，政教合一的传统，让宗教拥有更多的主宰权。公元1世纪，承袭犹太教的信仰传统，并加以改革和创新的基督教创立，在历经了罗马帝国初期基督教徒屡遭打压和迫害的阶段后，基督教在3世纪后大为盛行。在君士坦丁大帝发布《米兰敕令》后，基督教正式合法化，而后正式成为国教，并成为欧洲中古世纪的实际领导者。

而另一个重要的宗教也于此时创立，那便是伊斯兰教。出生于麦加的穆罕默德于公元610年后开始以先知的身份传教，之后穆罕默德更进一步将伊斯兰教推广到整个阿拉伯半岛。通过宗教上信仰的统一，政治上也进入统一，阿拉伯帝国因此强盛，成为跨越欧、亚、非三洲的大帝国。

基督教和伊斯兰教两者虽然教义相似，但独尊一神的信仰，却在日后引发了冲突和圣战。11世纪末的十字军东征，便是宗教歧异下的产物。这十次大规模军事动员使各国人民损失惨重，高达数十万的十字军死于战争。战争带来的东西方交流，也加速了欧洲手工业及商业的发展，进一步带来了文艺复兴与商业城市兴起的契机。

1453年，东罗马帝国正式亡于奥斯曼帝国之手，宣告了中古世纪的结束。在黑死病的威胁和英法百年战争的大量伤亡后，欧洲从毁灭中重获新生，近代的欧洲文明也开始快速产生，并茁壮成长。

公元 单位：年	地 区	时 代	大 事
430	拜占庭	狄奥多西二世	哲学家兼神学家的圣奥古斯丁去世，其代表作为《忏悔录》。
431			第二次以弗所公会议结束教义之争，采取尼西亚会议强调基督神性面的主张。
432—434	匈奴帝国	鲁嘉	匈奴部落在鲁嘉的领导下完成合并。鲁嘉死后，由阿提拉和布莱达继承并共治匈奴。
438	日本	允恭天皇	日本国王再度遣使臣至中国东晋朝贡，被封为安东将军。
440—443	拜占庭	狄奥多西二世	阿提拉转向东罗马帝国，攻陷巴尔干半岛，包围了君士坦丁堡。狄奥多西二世不得以投降，并签下巨额的赔款条约。

中古世纪的欧洲社会：封建制度与庄园制度

提到中古欧洲，一般人脑海蹦出的便是如同电影一般的场景，高大俊帅的英勇骑士、翠绿的庄园、壮丽雄伟的城堡等。这些场景的确是中世纪生活写照的一部分，而这种生活是由复杂的封建和庄园制度所构成的。当时社会阶级大致可分成三种：最上层的当然是国王和贵族，中层则为骑士及传教士等，最下层的当属农民（或农奴），这些阶层间的人际关系支撑着中世纪的政治和经济。不过，虽然封建制度和庄园经济都与领主、附庸及土地有牵扯，但是两种制度并不能画上等号。

欧洲中古封建制度始于蛮族入侵后，沿用部落中分封战利品（土地、财宝等）给有功战士的习俗。到法兰克王国的"铁锤"查理时期更实行分封土地的"采邑制"，就是将占有的土地，连同居住在这块土地上的农民一同封给有功下属。而受封者当然也要有相对的回馈，就是提供军事上的服务作为交换。双方形成一种权利和义务，以及领主和附庸的关系，这也成为封建制度的基础。不过附庸必须对领主尽忠，立誓效忠和协助领主，领主也要担负起保护附庸的责任。

但是中世纪的领主和附庸间并不只是一对一的固定形式，因为附庸受封的土地可以留着自己用，当然也可分封给他人，成为别人的领主。而一地的领主也可以成为其他地位更高者的附庸，不过封建制度中地位最高的领主一定非国王莫属。而当地位高的领主间互起争执时，其下的附庸往往必须选边站，通常是忠于层层人际关系中最上位的领主，当然也会有跑票的情形出现。所以遇到大事时，各领主也必须确保旗下的附庸会支持自己。封建制度中的人际关系可说是错综复杂，和政治纠结在一起。

庄园制度则是中世纪欧洲封建制度运作下的经济形态，起源也是受到蛮族入侵的影响。战后人民没有土地可耕种，几乎无法过活。既要躲过战火的波及寻求保护，又要求得温饱的最有效方式，便是将自己献给领主以换取土地耕种和借此受到保护，形成庄园体系中领主和农民间的附庸关系。但是农民不一定就是农奴，有些仍然保有自由农的身份，只是按时缴交税赋给领主。庄园生活是政治和经济紧密结合的小型社会，它是个封闭的体系，内部运作就如同小型王国一般。领主在庄园中地位如同国王，平时住在庄园中央的城堡内，遇到战事时坚固的城堡就成为农民的避难所，可以保护属庄园的民众，这也是一种领主和附庸的关系。

中古欧洲的庄园生活其实是自给自足的。在庄园可及的范围内，人际关系都是互相串联的。农民从领主手中得到土地来耕作，定期缴交赋税。而生活中所需的用

大　事	时　代	地　区	公元 单位：年
瓦伦提尼安三世敕令确认罗马主教对西方的首席权。阿提拉成为匈奴唯一的统治者。	瓦伦提尼安三世	罗马	445
盎格鲁撒克逊人侵占不列颠。		英格兰	449
阿提拉挥军攻击意大利半岛，西罗马与西哥特王国携手御敌，匈奴人暂时收兵。	阿提拉	匈奴帝国	451
隔年，阿提拉攻陷西罗马首都拉韦纳，瓦伦提尼安三世出逃。			452
阿提拉骤逝，匈奴帝国顿时瓦解。			453
西哥特人订定《尤里克法典》，为日耳曼人最早的法律条文。	尤里克	西班牙	466

公元 单位：年	地区	时代	大事
476	罗马	罗慕路斯 奥古斯都	西罗马帝国灭亡。欧洲的历史进入中古时期。
	中国	北魏孝文帝 太和元年	魏献文帝卒，冯太后临朝称制。
481	法国	克洛维一世	克洛维在巴黎建立法兰克王国。
	中国	北魏孝文帝 太和五年	禅僧达摩抵达中国，为禅宗的第一代祖师。
486	法国	克洛维一世	苏瓦松之役，克洛维击败西格里乌斯，将罗马帝国势力驱离。
489	意大利	狄奥多里克	在东罗马帝国的默许下，东哥特人狄奥多里克统御兵将侵略意大利半岛，并消灭西罗马的奥多亚塞势力。占据其领地，建立东哥特王国。

品，都可以在庄园的铺子内采用以物易物的方式进行交换。因为庄园中有打铁铺、磨坊等铺子的存在，所以无须离开庄园就可完成必需的交易，偶尔会有外地商人来访，将外界的商品和消息带进庄园中。

不过庄园内一定不可缺少的建筑就是教堂，这是一般民众心灵和精神的寄托。他们平日勤奋工作，休息日上教堂进行礼拜，也成为庄园日常生活的一环。

基督教会的保护者：法兰克国王克洛维

法兰克人属于日耳曼民族的分支，在西罗马帝国解体之后，占据现今法国北部的高卢一带。刚开始这一民族仅仅是分散的部落形式，没有统一的领袖，而克洛维（Clovis I）的祖父墨洛维（Mérovée）所率领的部落算是其中翘楚。

公元 481 年，克洛维继位为首领，开始联合其他法兰克部落壮大自己的势力。当时克洛维统治的势力范围在莱茵河以南的滨海地区，于是他开始进行扩张。之后于苏瓦松之役击败了当时罗马派驻在高卢的将军西格里乌斯，将罗马帝国所残留的势力驱离高卢，疆域扩张至罗亚尔河以西。他也阻挡了另一支日耳曼部族安拉曼尼对高卢的侵略，并打败西哥特人，更迫使高卢东南部的勃艮第王国臣服，王朝势力扩展到高卢大部分地区和莱茵河东岸。开始建立法国第一个王朝"墨洛温王朝"（Merovingian Dynasty）。

克洛维最重大事迹莫过于皈依基督教，因为当时高卢的法兰克人大多信奉日耳曼的传统宗教。虽然克洛维的妻子（勃艮第王国的公主）一直劝他皈依基督教，但他并未接受。直到他在一场战役失利，才想起妻子的话，并虔诚地向上帝祷告，结果竟然反败为胜。从此，他开始信仰基督教。并在公元 496 年正式率领 2000 名法兰克人皈依罗马公教。他也因此得到罗马教会和教徒的拥戴，一时间声名大盛。因为和罗马公教结成同盟，他又被奉为基督教会的保护者。

由于当时法兰克人仍承袭原本的继承方式，所以克洛维去世后，土地由四个儿子平分，也使得墨洛温王朝的政权和土地一直处于分裂的局面。到了王朝末期，许多国王几乎不理朝政，而被戏称为"懒王"，也让日后王朝中的宫相（类似于首相）可以顺利掌握实权。

查士丁尼大帝：罗马帝国荣耀的昙花一现

查士丁尼大帝（Justinian I），被公认为是将东罗马帝国国势推向巅峰的伟大君王。他出身于农家，但是和当时的皇帝查

大　事	时　代	地　区	公元 单位：年
东哥特人狄奥多里克统治意大利，并禁止罗马人和哥特人通婚往来。			493
克洛维率领 2000 法兰克人皈依基督教，同时受洗，此后法兰克王国和罗马教会间日渐亲密。	墨洛温王朝克洛维一世	法国	496
孝文帝持续汉化政策，除了衣服、语言外，亦下诏改变鲜卑姓氏。同年拓拔恂因反对迁都，密谋回平城，因而被废黜。	北魏孝文帝太和二十年	中国	
克洛维进攻西哥特王国，将西哥特人赶到比利牛斯山以南的西班牙区域。	墨洛温王朝克洛维一世	法国	507
宣武帝亲自讲解《维摩诘经》，洛阳佛教兴盛，寺庙增多。	北魏宣武帝永平二年	中国	509

公元 单位：年	地 区	时 代	大 事
511	法国		克洛维去世，儿子们瓜分法兰克领土。
516	中国	北魏孝明帝熙平元年	胡太后笃信佛教，兴建永宁寺佛塔，增建石窟。
527	拜占庭	查士丁尼大帝	查士丁尼一世继位，成为东罗马帝国的君主。
529—565			编著著名的《查士丁尼法典》。 基督教教士圣本笃创立"本笃会"。要求修士做到"贞洁""安贫""服从"三誓言。
529	中国	梁武帝中大通元年	梁武帝舍身同泰寺，群臣以一亿万钱赎"皇帝菩萨还俗"。
532	拜占庭	查士丁尼大帝	发生尼卡暴动事件。平定后确立了皇帝政教合一的地位。 同年，与波斯订定"永久和平"条约，致力恢复西边领土。

士丁一世有亲戚关系，加上能力杰出，所以在查士丁一世尚未登基前便被收为养子，之后更被推选为东罗马帝国的皇帝。当时西罗马帝国已亡于蛮族之手。他自登基后便有一个远大的梦想，同时也是对自我的期许，就是希望可以从蛮族手中夺回失土，再度开创大一统的罗马帝国局面。所以他继位后，派遣手下大将贝利萨留斯陆续向西方蛮族发动战争，主动攻击哥特人，并且收复相当多的失土，例如：征服位于北非的汪达尔王国，取回北非地区；也自东哥特人手中夺回意大利及地中海沿岸的失地；最后更击败法兰克人。在他执政的 38 年间，东罗马帝国的疆域幅员相当广大，让罗马帝国有再度扬眉吐气的机会。

提到查士丁尼大帝的成就，就不能够忽略他身旁的贤内助——皇后狄奥多拉。虽然她的出身并不高贵，是位交际花（有一说高级妓女），但是她拥有过人的智慧及胆识，并且屡次在查士丁尼大帝面对危机和重要决策时给予建议，也是皇帝重要的精神支柱。特别是当东罗马发生尼卡暴动时，她冷静且坚决地要留在皇宫中不肯随皇帝一同出逃。她的勇气和坚定的决心，让查士丁尼大帝都为自己准备逃跑的决定感到汗颜，而决定留下来一同战斗。最后，他果然成功化解危机。查士丁尼甚至还将她提升到共同统治者的位置。也因为狄奥多拉出身下层社会，她深深了解到罗马女性的地位仍较为卑下且受压抑, 所以推行了许多对妇女有益的措施, 可说是女权主义运动的先驱。

查士丁尼大帝另一项为人熟悉的功绩为法典的编纂。在他登基后就以共和国时代的《罗马法典》为基础, 加上四处收集到的实际的案例、司法见解, 及皇帝诏令等资料, 召集当时著名的司法学者进行讨论、整理, 颁布著名的《查士丁尼法典》(又称《民法大全》), 虽然之后又陆续进行增补, 但仍以此版本为法典的中心。尽管东罗马帝国本身司法上的最高裁决权仍操控在皇帝手中, 但是这本以拉丁文编纂的法典确实成为欧洲各国制订法律的指标, 也成为后世欧洲民法的重要依据。

虽然如此, 东罗马帝国也因为查士丁尼大帝连年征战而消耗大量的国力, 留给后继皇帝一个空空如也的国库。在他死后, 曾经收复的领土又重新被夺回, 东罗马帝国只能保有原本的疆域。公元542年, 瘟疫大流行, 连查士丁尼大帝本人也身染重病, 也彻底重创了帝国境内的经济活动。这场瘟疫夺走帝国三分之一以上的人口, 让东罗马帝国元气大伤, 花了好长一段时间才逐渐复原。继任的帝王要恢复以前罗马帝国的荣景, 似乎变成了不可能的任务。

大 事	时 代	地 区	公元 单位: 年
查士丁尼大帝征服北非的汪达尔王国。 从哥特人手中夺回西班牙地中海区域。			533
取得达尔马提和西西里岛。			535
圣索菲亚大教堂完工, 之后历经数度破坏和重建。			537
查士丁尼大帝占领米兰。	查士丁尼大帝	拜占庭	539
隔年, 查士丁尼大帝继续进攻, 得到拉文纳地区。			540
拜占庭帝国发生瘟疫大流行, 查士丁尼也身染重病。			542
皇后狄奥多拉去世, 查士丁尼一世失去精神支柱。			548

公元	地 区	时 代	大 事
553			发动战争，击败东哥特人。
554			大败法兰克人。
558	法国	墨洛温王朝克洛泰尔一世	克洛维一世的第四子克洛泰尔重新统一法兰克王国。
562	拜占庭	查士丁尼大帝	查士丁尼和波斯签约议和。
570	阿拉伯半岛		伊斯兰教先知穆罕默德出生于麦加。
581	中国	隋文帝开皇元年	北周被隋王杨坚所篡夺，改国号为隋。
587	日本	崇峻天皇	贵族的苏我氏和物部氏两集团因为佛教信仰问题产生不同意见。
589	中国	隋文帝开皇九年	隋朝统一天下，结束了三百多年魏晋南北朝的乱世。

伊斯兰先知穆罕默德和阿拉伯帝国的崛起

　　崛起于阿拉伯半岛的阿拉伯帝国是一个以信仰伊斯兰教为基础的民族所建立起来的帝国，在相当短的时间内统一了阿拉伯半岛上的大半部落，并且消灭古老的波斯帝国成为中亚势力最强盛的统治者。他们以武力为真主安拉进行"圣战"，认为"为伊斯兰教而战者，就是为真主安拉而战"，而那些为圣战牺牲的人，死后将会上天堂。这使得阿拉伯人不停地扩张版图且侵略西方国家，不但占有东罗马帝国的许多领土和行政区，更于8世纪并吞了西哥特人所统治的伊比利亚半岛，也威胁到西欧的法兰克人。这一切战争的起源，都要从伊斯兰教的先知穆罕默德说起。

　　穆罕默德（Muhammad）出生于阿拉伯半岛相当繁荣且重要的商业中心——麦加，当时往来南北的骆驼商队都会在此地聚集交换货物。而穆罕默德家中是没落的贵族，所以自小便跟在伯父身边到各地经商换得温饱。但他平日的行为已表现出领袖特质，因为为人相当公正，除了在买卖交易上受到同业的信赖外，也经常调解大家的纠纷，并参与公共事务。25岁那年，他遇到一位富有的寡妇赫蒂彻。她对穆罕默德的能力相当欣赏，主动要求穆罕默德娶她为妻。这段婚姻为他带来大笔财富，也使生活不再匮乏。

当穆罕默德开始以先知的身份传教时，已经年届40岁了。当时他对于阿拉伯半岛上各部落间群龙无首的分裂情况感到担忧，希望可以找到有效的解决方式。于是他进入山洞过着隐居的生活，并且进行深度冥想。一天当他走出山洞时，宣称自己听到真主安拉的指示，自己是真主安拉派来人世间拯救阿拉伯人的代表。真主安拉称自己的宗教为"伊斯兰"，追随他的信徒则称为"穆斯林"（表示"顺从"之意）。刚开始他只得到妻子和亲戚的支持，但随着讲道和教义的传播，身边逐渐聚集越来越多的信众。只是这种情形让当时麦加的贵族们感到忧心，因为伊斯兰教信仰唯一的真主安拉，对阿拉伯部落中既存的多神信仰是一种挑战。且教义中关于人人平等的思想，更给贵族们的地位带来威胁。所以贵族阶层大肆迫害穆斯林，使得穆罕默德带领教众出奔至东北的雅特里布城。这个地方的人民以穷人居多，对伊斯兰教义中的平等思想、救济贫民等主张相当欢迎，也欣然接受伊斯兰教。穆罕默德遂将此地改名为"麦地那"，有"先知之城"的意思，建立起完全宗教属性的伊斯兰教国家。而他本身也成为国家中集政治、军事和宗教权力于一身的最高领袖。这年为公元622年7月16日，也同时是伊斯兰历的元年元旦的开始。这次出奔之事，在伊斯兰教中被称为"圣迁"。

大 事	时 代	地 区	公元 单位：年
苏我子马消灭物部氏一族，拥立推古天皇继位。	推古天皇	日本	592
基督教由罗马传教士传入不列颠南部。		英格兰	597
圣德太子改革，颁布《十七条宪法》。	圣德太子	日本	604
隋文帝在仁寿宫遭太子杨广杀害。杨广即位，是为隋炀帝。	隋文帝仁寿四年	中国	
穆罕默德在麦加传教，创立伊斯兰教。		阿拉伯半岛	612
隋军自涿郡出发攻高丽，号称两百万大军，当年损兵三十多万，炀帝下令退兵。	隋炀帝大业八年	中国	
唐王李渊称帝，改国号为唐，立世子李建成为太子，李世民为秦王，李元吉为齐王。	唐高祖武德元年	中国	618

公元 单位：年	地 区	时 代	大 事
622	阿拉伯半岛	回历元年	7月16日，麦加贵族镇压伊斯兰教，穆罕默德率教徒逃到麦地那，被称为"圣迁"，并以此年此日为回历元年元旦。
	日本	推古天皇	贵族苏我马子执政。
626	中国	唐高祖武德九年	李世民发动玄武门之变，之后继位为帝，是为唐太宗。
627		唐太宗贞观元年	改年号为贞观，创立初唐盛世，后世称其治世为"贞观之治"。
	阿拉伯半岛	回历七年	阿拉伯部落贵族和穆罕默德间发生"壕沟大战"。
629	中国	唐太宗贞观三年	玄奘法师西行取经。日本派遣唐使来中国。
630	阿拉伯半岛		穆罕默德向麦加发动攻击，清除神庙克尔白建筑中的所有偶像，只留下黑石。

不过，部落贵族们当然不会轻易放过穆罕默德，他们联合阿拉伯半岛上其他部落一同进攻麦加。战争持续约五年之久，到公元627年双方间的一场"壕沟大战"才为战争划上句点。穆罕默德下令在城墙外围挖出一条壕沟并且灌水，让联军无法进攻。时日一久，兵士开始厌战，再加上恶劣的气候来袭，逼得联军不得不退兵，双方进行议和。穆罕默德趁此机会蓄积武力，发动圣战向麦加出击。当时麦加贵族的势力都已因战争而大不如前，面对来势汹汹的大军只得投降，选择承认穆罕默德的先知地位和接受伊斯兰教。

之后在短短数年间，穆罕默德更进一步将伊斯兰教推广到整个阿拉伯半岛，通过宗教上信仰的统一让阿拉伯半岛在政治上也进入统一的局面。穆罕默德去世后，公元636年在哈里发（意为继承者）欧麦尔的带领下，攻打波斯帝国，又征服巴勒斯坦、埃及等地。之后继位的哈里发都秉持着伊斯兰教圣战的风格进行侵略。到了8世纪，广大的阿拉伯版图初步成形，东以印度和帕米尔高原为界，西边控有西班牙紧邻大西洋沿岸，北至里海，南边则包含了阿拉伯半岛本身及埃及，成为跨越欧、亚、非三洲的大帝国。

中古欧洲的捍卫者：东罗马帝国的兴盛年代

公元 330 年，罗马帝国的君士坦丁大帝，以希腊旧城拜占庭为基础建立新城，并命名为君士坦丁堡，将帝国的政治重心逐渐移至此。一般历史上将此年视为东罗马帝国的开端，但是直到狄奥多西一世去世后将帝国分给两个儿子，罗马帝国才正式分裂开来。

都城迁到拜占庭最重要的是经济上的考量，拜占庭一地有小亚细亚的丰富资源及人力可供运用，地理上又据守地中海和黑海间的重要交通枢纽，对于商业和经济相当有帮助。而当时罗马西部的都城，长期以来都是以军事、政治和文化为主。不事生产让它的经济力相当落后，必须依靠外地供给食粮，不适合继续发展。要开创新的局面便必须有所行动，就是搬迁都城。

当西罗马帝国亡于蛮族之手后，东罗马帝国开始以正统罗马帝国的继承者自居。东罗马帝国的领土以巴尔干半岛为主，包含小亚细亚、叙利亚、巴勒斯坦等地。在查士丁尼大帝统治时期，主动出兵攻击日耳曼、东哥特等蛮族夺回相当多的失地，将东罗马的国势推到巅峰，整个地中海区域都纳入帝国的腹地范围。然而，连年征战也使得国库空虚，又无法有效地抑制征服地区蠢蠢欲动的反抗力量，所以

大　事	时　代	地　区	公元 单位：年
西哥特贵族勾结外敌法兰克人反对国王斯文吉拉的统治。	斯文吉拉一世	西班牙	631
穆罕默德去世。其岳父被选为"哈里发"（意为继承者）重新统一国家。此时哈里发为选举产生。	哈里发时期阿布·伯克尔	阿拉伯半岛	632
唐太宗亲自审问囚犯，让被处死刑的三百余罪犯回到家中，约定明年秋末时回来服刑。隔年罪犯皆回，太宗下诏赦免其刑。	唐太宗贞观六年	中国	
阿拉伯人征服大马士革。	哈里发时期欧麦尔	阿拉伯帝国	635
征服叙利亚和巴勒斯坦。			636
阿拉伯军队占领耶路撒冷，并征服美索不达米业。			638

公元 单位：年	地 区	时 代	大 事
639	法国	墨洛温王朝	达哥伯特一世去世，交由两子分治，之后因诸王软弱，被称为"懒王"时期。
639	阿拉伯帝国	哈里发时期 欧麦尔	攻占耶路撒冷、叙利亚。
640			征服两河流域。
642			占领埃及。
643	中国	唐太宗 贞观十七年	拂菻国（即东罗马帝国）派遣使者东来唐。
645	日本	孝德天皇	孝德天皇即位。开始"大化革新"。
647	阿拉伯帝国	哈里发时期 奥斯曼	阿拉伯人攻占地中海区域，控制北非。
649			阿拉伯舰队占领塞浦路斯。
	中国	唐高宗 元徽元年	太子李治即位，是为唐高宗。

在他去世后，这些曾收复的土地又被再度夺回。

而东罗马帝国在7世纪时除了要抵抗西欧的日耳曼蛮族外，还必须面对东方以黑马之姿蹿起的外敌——阿拉伯帝国的来袭。因为东罗马所处的位置虽然从经济和贸易上来看相当优越，但是相对而言也具有危险性，因为每当东西方间有战事爆发时，就会成为首当其冲的目标。

当阿拉伯帝国向西方扩张时，此时的东罗马皇帝席哈克略（Flavius Heraclius），是位有谋略且英明的君王，曾数次击败其他蛮族对东罗马帝国的侵略，成功解决帝国的危机。不过令他感到意外的是，东方竟然窜出一个强大的帝国与之对抗，那就是信仰伊斯兰教的阿拉伯帝国。阿拉伯帝国在短时间内便因有共同的宗教信念团结起来，并发动先知口中的"圣战"，四处攻击邻近国家，从636年至640年间更陆续夺走原本属于东罗马帝国行政区的埃及、叙利亚、巴勒斯坦等地。然而阿拉伯的陆军虽然相当骁勇善战，但却屡次在海战中碰壁。公元678年，阿拉伯军队被东罗马海军打得落花流水几乎全军覆没，使得圣战受到阻碍。

但是自信有真主安拉庇佑的阿拉伯军队当然不可能轻易放弃，决定和原为将领但因野心太大而自立为王的利奥三世合作，帮忙出兵强占君士坦丁堡，让利奥三世顺利成为东罗马帝国的皇帝。但是战场上没有永远的朋友，利奥三世将阿拉伯人利用完后不肯履行约定，于是又和阿拉伯军队杠上了，不甘受利用的阿拉伯军队发动猛烈的回击。但利奥三世在公元718年，利用了叫作"希腊火"的武器，在海战中再度成功击退阿拉伯人，保卫了东罗马帝国的安全，也成功地保全西方世界不被异族统治。当然这也要归功于狄奥多西二世为君士坦丁堡增加了相当多的防御设施——城墙修建得更加坚固，让君士坦丁堡虽然经历数个世纪的战火摧残，却仍然屹立不倒，成为保卫西方世界抵抗东方异族入侵的一道屏障。

拯救基督教文明的法兰克战士"铁锤查理"

墨洛温王朝末期国王昏庸无能，使政权落到宫相手中，造成法兰克王国各地区上演宫相间的权力争夺战。最后由宫相赫斯塔尔·丕平（Herstal Pépin）夺得胜利，成为实际上的掌权者。他去世后，由其子查理·马特（Charles Martel）继任他的职务。

查理·马特在历史上又称为"铁锤"查理，这个名称来自于公元732年，他与阿拉伯军队对决的"图尔战役"（Battle of Tours）。由于法兰克人个个人高马大，即使阿拉伯轻骑兵队伍的行动相当迅速，面

大 事	时 代	地 区	公元 单位：年
大食国（阿拉伯帝国）首次派遣使者东来。	元徽二年		651
"船桅之役"中大败东罗马军队，之后因帝国内部继承纠纷，暂停向外扩张。	哈里发时期奥斯曼	阿拉伯帝国	655
哈里发时期结束。曾任穆罕默德秘书的穆阿维叶建立了倭马亚王朝，改世袭制，立都大马士革。	倭马亚王朝穆阿维叶一世	阿拉伯帝国	661—750
威尼斯产生第一任总督。		意大利	687
武则天称帝，改国号为周，是中国历史上唯一的女皇帝。	周圣神皇帝天授元年	中国	690
阿卜杜勒占领北非的迦太基。	倭马亚王朝阿卜杜勒	阿拉伯帝国	698
中宗遭皇后韦氏及女儿安乐公主毒杀，临淄郡王李隆基发动政变诛杀韦氏。	唐中宗景龙四年	中国	710

公元	地 区	时 代	大 事
711	西班牙	罗德里克	阿拉伯人入侵伊比利亚半岛，击败西哥特王国，征服西班牙大部分地区。
712	中国	唐玄宗先天元年	唐睿宗传位给太子李隆基，是为唐玄宗。
713		开元元年	镇国太平公主阴谋废玄宗，玄宗诛杀公主同党后，迫公主自尽。后改元为开元，为"开元之治"之始。
714	法国	墨洛温王朝克洛泰尔四世	法兰克宫相矮子丕平去世，"铁锤"查理继任宫相掌权。
715			"铁锤"查理开始进行改革，创立采邑制，并建立重装骑兵。
716	拜占庭	利奥三世	安纳托利亚的军区司令自立为王，是为利奥三世。他勾结阿拉伯势力，进攻君士坦丁堡。

单位：年

对法兰克军队也像是木棍碰到铁锤般的失去威力，因而使他被冠上了"铁锤"查理的称号。

图尔战役是"铁锤"查理生涯中相当重要的一场战役。这场战役是由阿拉伯人领袖阿卜杜勒（And-ar-Rahman）所挑起的。当时西班牙是阿拉伯人的势力范围，阿卜杜勒由西班牙北部率领回教徒越过比利牛斯山入侵法国。一开始双方军队实力悬殊，但"铁锤"查理利用熟悉的山林地形做掩护，一方面给予敌军人数众多的错觉，再悄悄地召集各地精锐步兵；另一方面由于山林地势不适合阿拉伯轻骑兵发挥功用，"铁锤"查理利用坡道布置成巨大方阵的作战方式，成功减弱阿拉伯人的攻击。双方都在等待对方主动进攻，使战事僵持在法国的图尔城附近（现今的阿基坦大区内）。

当时天气逐渐寒冷，长期居于寒冷地区的法兰克人相当适应天气变化，但是阿拉伯人面对欧洲的天气变化仍无法适应。虽然有帐篷御寒，寒冷的天气仍旧让他们相当吃力。最后阿卜杜勒趁着天气未到酷寒的地步主动进攻，但是面对法兰克人的斜坡方阵地形，就算骑兵冲入方阵中也仍然无法顺利地发动攻击。"铁锤"查理又派人从后方迂回突袭补给队伍，甚至扰乱敌军的营地。最后阿卜杜勒战死沙场，阿拉伯人也趁夜弃帐篷潜逃。法兰克人获胜，也成功阻止回教徒对欧洲的入侵，成功保护了基督教世界不被异教徒破坏，因此"铁锤"查理可说是拯救基督教文明的战士。

而在查理·马特不停的征战中，也促使两项影响欧洲中古世纪的重要制度产生。第一件就是"采邑制"的实施，他将在征战中被征服地区及各地教会手中没收占有的土地，连同土地上的农民一并分封给有功者，受分封者则有义务服兵役作为回报（这边的兵役主要是指骑兵役），但是要注意的是此时采邑制尚未成为世袭制度。但这种土地及农民的分封和服兵役义务的过程，促使中古欧洲的封建制度更加稳固。

另外，则是欧洲中古世纪骑兵队的推广。原本欧洲及法兰克人的传统军队是以步兵为主。但在图尔战役中，查理·马特见识到阿拉伯骑兵队的快速行动力。他领悟到法兰克应该也要拥有一支骑兵队，且更进一步需要的是建立一批重骑兵队。骑兵不但手持长枪，且披戴沉重盔甲。但是这样一支骑兵队的开支相当庞大，所以和采邑制结合，刚好由各领地供给所需的骑兵人力，以及所需要的开销。

不过"铁锤"查理一直到去世时都仍是宫相的地位，并未称王，直到他儿子丕平三世得到教皇的加冕后才算正式建立了法兰克王朝中的"加洛林王朝"（Carlovingiens）。

大 事	时 代	地 区	公元（单位：年）
利奥三世率军进入君士坦丁堡，正式揭开伊苏里亚王朝的序幕。			717
阿拉伯人占领西班牙之后西班牙展开长达700多年"收复失地运动"，直到1492年才成功。	倭马亚王朝 阿卜杜勒	西班牙	718
利奥三世以武器"希腊火"在海上击败阿拉伯入侵的舰队。	利奥三世	拜占庭	
皇帝颁布反对圣像崇拜诏令，开始"破坏圣像运动"。打击基督教会的势力。			726
利奥三世再度颁布诏令，销毁所有圣像，并且没收教会土地和教产，强迫教士还俗，缴纳税金给国家。			730
教皇格里高利三世宣布开除利奥三世的教籍。			731

公元 单位：年	地 区	时 代	大 事
732	法国	墨洛温王朝	"铁锤"查理大败阿拉伯军队于图尔。"图尔之役"的胜利，保全了西欧的基督教世界不受伊斯兰教徒的侵略。
741			"铁锤"查理去世，利奥三世将王国土地分封于于其二子，西部归矮子丕平，东部归卡洛曼。
	拜占庭	君士坦丁五世	利奥三世去世，君士坦丁五世继位。
747	法国	墨洛温王朝	卡洛曼进入修道院，丕平三世成为法兰克的统治者。
748	中国	唐玄宗天宝七载	玄宗赐安禄山免死铁券，杨贵妃姐姐分别封为韩国夫人、虢国夫人和秦国夫人，一时权倾天下。

查理曼大帝（上）：罗马人的皇帝

公元 800 年的圣诞日，查理曼于罗马圣彼得教堂进行礼拜时，受到教皇利奥三世亲自加冕。当时在场围观者都大声疾呼："上帝为查理曼加冕，查理曼是罗马伟大和平的皇帝！"此次加冕使他正式成为"神圣罗马帝国"的皇帝，也使法兰克王国成为"基督教王国"，他更被尊称为"查理曼大帝"。

然而，这个"罗马帝国皇帝"的头衔并非凭空得来，查理曼在扩张领土和帮助教皇复位的功绩是有目共睹的。他先收复伦巴第（今日意大利北部区域），当时伦巴第人经常骚扰罗马城，所以查理曼受到主教的邀请，对伦巴第展开征战。两个国家之间相隔一座阿尔卑斯山脉。原本伦巴第并不认为法兰克军队有多迅速，直到查理曼出其不意地越过阿尔卑斯山脉，将伦巴第王城团团围住，困于城中的伦巴第王只好出来投降。

此次查理曼本身一点伤亡都没有，还娶了伦巴第公主为妻，但第二年即借口没有怀孕而休妻。伦巴第国王勃然大怒宣誓起兵，双方战火再起。这次，查理曼出动更多的铁甲骑兵来征讨。据说伦巴第王远远看到这么强壮的队伍，和查理曼身着战甲的模样，便昏了过去。查理曼在城外只花了大约八小时就让手下在城外兴建了一座简便的教堂，让伦巴第人见识到法兰克军队的强壮和纪律。此次征战，法兰克人再度不战而胜，并且放逐了伦巴第国王。

此外，他也越过比利牛斯山驱逐阿拉伯军队，从回教徒手中收复西班牙的北部区域（今日巴塞罗那地区），也和日耳曼人的一支部族撒克逊人发生战争，将德国北部地区纳入自己领土中。透过一连串的征战，查理曼将领土自原本的高卢一地扩张成一个完整大帝国，领土包括了今日的法国、比利时、荷兰、卢森堡、德国、奥地利、西班牙的西北部、瑞士、意大利北部等区。他可以说是名副其实的"大帝"。

而在拯救教皇的危机上，他也有相当大的贡献。公元793年，罗马教皇利奥三世与教会内其他势力发生冲突，被监禁起来遭到虐待，得到法兰克使臣的救援。最后也因查理曼召开神职人员和贵族间的会议，帮助他复职。所以公元800年，利奥三世为他加冕并非意料之外。通过帝国的扩张，查理曼也将整个欧洲都纳入了基督教世界的范围。他也统一教会的教义和教规，又制订律法规定人民要缴交"什一税"给教会。虽然表面上看起来是君权胜过教权，但是教会却也在此时期实力逐渐增强，累积大量的财富。

大　事	时　代	地　区	公元 单位：年
阿拉伯帝国分裂，什叶派领袖阿布·阿拔斯自立为哈里发，迁都巴格达，控制原来的阿拉伯帝国版图，成立阿拔斯王朝。	阿拔斯王朝 阿布·阿拔斯	阿拉伯帝国	750—1258
节度使高仙芝和黑衣大食（阿拉伯阿拔斯王朝）对阵于怛罗斯。高仙芝战败，被俘兵士有造纸工匠，使造纸术西传。	唐玄宗 天宝十载	中国	751
"矮子"丕平废除墨洛温王朝末代国王，开创加洛林王朝，称"丕平三世"。	加洛林王朝 丕平三世	法国	751—987
僧人鉴真东渡日本。	唐玄宗 天宝十三年	中国	754
罗马教皇为丕平三世加冕。	加洛林王朝 丕平三世	法国	
君士坦丁五世召集君士坦丁堡主教，重申禁止主教崇拜圣像的禁令。	君士坦丁五世	拜占庭	

公元 单位：年	地区	时代	大事
756— 1031	西班牙	奥米亚王朝	被阿拔斯王朝推翻的奥米亚王室遗族迁徙至伊比利亚半岛，与阿拔斯政权长久对峙。
756	法国	加洛林王朝 丕平三世	丕平三世进军意大利，将意大利中部土地献给教皇，史称"丕平献地"。教皇开始拥有自己的土地，此年也被视为"教皇国"的成立年。
	中国	唐肃宗 至德元载	唐玄宗出逃，在军队的压力下，于马嵬驿缢杀杨贵妃。
757	日本	孝谦天皇	发生橘奈良麻吕之变，其后由藤原仲麻吕掌权。
759	日本	淳仁天皇	大伴家持编《万叶集》，为日本四至8世纪的诗歌总集。
760	中美洲	玛雅文明	玛雅城邦的多斯皮拉斯城被荒废遗弃。

查理曼大帝（下）："上帝之城"

　　查理曼除了有彪炳的战绩，也是虔诚的基督教徒，他最爱的书籍是公元4世纪罗马帝国末期的基督教神学家奥古斯丁所著的《上帝之城》一书。这本书是当时为了反驳异教徒对基督教徒的污蔑和攻击，而做的教义辩护。书中重新确立了教会的权威，认为现存的教会就是地上的"上帝之城"，且教会是上帝和人类之间的桥梁，经由教会的带领，信仰主的人就能够得到上帝的恩典。书中观念对日后中古欧洲教皇和帝王之间的权力争夺有相当大的影响。

　　当时欧洲分别为三大势力所占据，有阿拉伯的伊斯兰教帝国、拜占庭的东罗马帝国，以及查理曼所统领的区域。查理曼深信自己所统治的部分就是最光明的上帝之城，所以不遗余力地推广自己所居住的"上帝之城"。为了实现此一理想，他在各方面都有相当杰出的表现，特别是在法律、文化和基督教三方面。

　　当时的法兰克王国虽然信仰基督教，但仍被视为蛮族，而且民族传统就以依靠部族和征战来扩张势力，境内法纪相当败坏。查理曼除了本人相当好学之外，也开始积极在国内推行文化教育活动，兴建了皇宫学校专门负责教育贵族子弟；也广设修道院学校，让一般民众也有受教育的机会。而且他发觉一般民众的小孩学习效果竟然比起贵族子弟要好得多，便大加赞扬优秀的学童，又将贵族小孩召集起来训斥一番，告诫他们要上进用功。此外，他也从各地征召许多学者，提供给他们优秀的研究环境。这些做法对于保存当时的文学及学术的推广都起了相当大的功用。甚至有一度被视为"卡洛林文艺复兴"时期。

为了维持帝国境内的和平，他也制订许多法律，保障了民众的生命财产。其中，最重要的是制订了《庄园敕令》。由于当时采邑制度大肆分封领土，领主和居民间不免有纠纷产生。为了确保庄园制度的有效执行，他特别制订这个法令。法令内容多达70多条，例如："庄园只供查理曼大帝的需要，不为别人服务"；又"要求保证庄园内生产者所需要的生产和生活条件，不得让他们陷入破产的处境"；也详细规范庄园管理者（即领主）的各种责任及义务，农奴也对领主有应尽的义务，像是缴纳税款和农作物等。这道敕令将中古时期庄园制度的规范确立下来，也成为欧洲庄园经济的重要法律文件。

然而查理曼帝国并没有持续多久的时间，他去世后皇位由儿子路易一世（又称为"虔诚者"路易［Louis the Pious］）继位。路易在世时先将一部分的领土分封给了第二任妻子的儿子"秃头"查理（Charles the Bald），但也引起其他儿子们的不满，将路易软禁在修道院中。在他去世后余下的三个儿子洛泰尔（Lothaire）、"日耳曼人"路易（Louis the Grerman）和

大　事	时　代	地　区	公元 单位：年
阿拔斯王朝将都城建立在巴格达。	阿拔斯王朝曼苏尔	阿拉伯帝国	762
玄宗、肃宗相继过世，太子李豫即位，是为代宗。	唐代宗宝应元年	中国	
丕平三世去世，二子分治，查理曼治理王国北部，卡洛曼治理南部。	加洛林王朝查理曼大帝	法国	768
治理北部的卡洛曼一世去世，查理曼正式登基，成为全法兰克王国的国王。			771
查理曼和萨克森之间展开战争。			772
应罗马主教的邀请，进入意大利攻打骚扰罗马的伦巴第人。			773
当年6月，查理曼收复伦巴第。7月，并意大利北部入法兰克。			774

公元 单位：年	地区	时代	大事
787			巴伐利亚战争爆发，查理曼获得胜利，占领巴伐利亚。
793	英格兰		北欧人首次登陆英格兰，展开之后长达三百多年的侵扰。
794—1192	日本	平安时代	公家（文官）与武家（武士），两者贵族并存。
795	罗马	教皇利奥三世	利奥三世继位为罗马教皇。
796	法国	加洛林王朝查理曼大帝	出兵征服多瑙河中游，占有德意志西部、南部及奥地利等地。
799	罗马	教皇利奥三世	教皇利奥三世和内部起冲突，被囚禁，逃出后受到法兰克使臣的救援。

"秃头"查理开始进行内斗，直到843年才决定息战，三方面签订《凡尔登条约》，议定将帝国领土分为东、西、中三块，分别为洛泰尔所掌管的中部狭长地区和意大利北部，秃头查理的法兰克王国西部，以及日耳曼人查理的法兰克王国东部。条约大致确立了近代欧洲民族国家的国家轮廓。也使得法兰克王国的语言开始出现差异，西部以拉丁语为主，东部则为日耳曼语，逐渐形成近代的法国和德国的雏形。

基督教第一次大分裂：罗马公教与希腊正教

随着法兰克王国统治者的推波助澜，整个西欧在6世纪以后几乎都成为基督教国家。即便法兰克帝国解体，各国统治者仍不断传播基督教思想，甚至远达北欧和中欧；东欧和巴尔干半岛则有东罗马帝国。

然而自公元4世纪罗马帝国分裂以来，东西罗马帝国的社会和政治也开始产生分歧，无论是在文化（拉丁文化和希腊文化）、语言（拉丁文和希腊文）、宗教、礼仪上都逐渐产生差异。而东罗马帝国更于公元726年开始"破坏圣像运动"，时间长达110年之久。

东罗马帝国皇帝利奥三世（Leo III），在公元726年到730年间，颁布数道反对帝国境内祭拜和供奉圣像的命令，此举是针对当时帝国境内的修士人数剧增，教会除了在帝国中享有免税等特权外，还利用人民对圣像的崇拜心理大肆敛财而采取的措施。皇帝一方面打压教会的力量，再者趁机将教会财产没收，增加自己的财富，更可将收回的土地和钱财拿来分封给贵族和军队，巩固自己的权势。此外，他还将君士坦丁堡的总主教免职。

这些举动引起罗马教会的不满，因为罗马教会并未禁止圣像崇拜的行为，于是教皇格里高利三世（Pope Gregory III）宣布开除利奥三世和其他破坏圣像人员的教籍，希望可以停止这些破坏圣像的行为，但利奥三世父子仍然严格执行这一行动。直到伊琳娜女皇（Irene of Athens）统治时期才重新恢复对圣像的崇敬。但这次运动确实增加了东罗马帝国王室的财富和军权。

经过多年分隔，11世纪初，终于发生欧洲宗教历史上著名的第一次大分裂，基督教正式分裂成罗马公教（罗马天主教）和东正教（希腊教会）。其实东西两边的教会在教义上最基本的歧见在于对圣父、圣子和圣灵"三位一体"的观念。东教会认为耶稣基督具有人性所以地位比上帝低，对于"三位一体"持否定的观点；西教会则认为圣灵是来自于圣父和圣子，坚持"三位一体"才是正确的，双方互控对方为异端。

但导致分裂的导火线则是拜占庭总主教迈克尔（Michael Cerularius）和罗马教

大　事	时　代	地　区	公元 单位：年
查理曼率军护送利奥三世回罗马复位。 教皇利奥三世替查理曼加冕，成为"罗马人的皇帝"，称号：查理曼大帝。确立查理曼帝国继承古代罗马帝国的地位。	加洛林王朝 查理曼大帝	法国	800
朝廷官员分为庶民进士和世族两个阵营相互对抗，是为"牛李党争"。	唐宪宗 元和三年	中国	808
查理曼将帝国分给三子，但因其中二子早逝，之后才由虔诚者路易继承，统治整个法兰克王国。	加洛林王朝 查理曼大帝	法国	806
保加利亚人打败东罗马帝国军队，皇帝尼基弗鲁斯一世阵亡。迈克尔一世继位。	尼基弗鲁斯一世	拜占庭	811
维京人海盗出没，开始侵袭法兰克沿海。	加洛林王朝 虔诚者路易	法国	814

单位：公元 年	地 区	时 代	大 事
817			法兰克国王虔诚者路易将帝国分封三子。分别为：洛泰尔一世，丕平和日耳曼路易。
824	拜占庭	迈克尔二世	解除偶像崇拜禁令。
827	西班牙		撒克逊人骚扰西班牙沿海。
829	英格兰	埃格伯特	西撒克逊的爱格伯特统一七国，建立英格兰。
	法国	加洛林王朝虔诚者路易	虔诚者路易破坏法令，将阿勒曼尼亚分封给继室之子秃头查理。
830			隔年，诸子叛变，洛泰尔一世，丕平和日耳曼路易，因为不服路易的分封令而叛乱。
838			丕平死后，秃头查理取得其领地。

皇利奥九世（Leo IX）之间的教权争执。迈克尔首先关闭拜占庭境内所有拉丁教会，又煽动境内教徒反对拉丁教会，进一步质疑罗马教皇的权威和教会的仪式，例如：圣餐礼中罗马教会使用未经发酵的饼，这是属于犹太人的仪式，不合乎基督教圣礼。这些经年累月堆积出来的小冲突，在分裂时成为被大肆渲染的题材。罗马教皇利奥九世虽曾派使者前去拜占庭调解，但使者却和迈克尔发生冲突，调停以失败收场，迈克尔更当众将使者送来的教皇开除教籍并命令焚毁。双方互相开除对方的教籍，正式宣告基督教的分裂。

基督教分裂的原因，虽然基本上是教权争夺和对教义不同见解所引起，但也是因罗马帝国分裂后的社会、文化及语言的不同，使得分裂速度急剧加速。自此东罗马帝国自称为"东正教"，认为自己传承最基本的基督传统教义和指导，所以是"正统"的宗教，加上东罗马帝国位处东方，故称为"东正教"。自此后罗马公教以西欧和南欧为主，而东正教则据有西亚和东欧地区。

以武力加冕的"罗马皇帝"：奥托一世

东法兰克王国末期分裂成五个主要大公国，分别为萨克森、法兰克尼亚、施瓦

本、巴伐利亚和图林根，其中势力最强大
的为"萨克森公国"。待最后一位加洛林王
朝的君主去世后，萨克森公爵亨利顺利登
上王位，为日后的亨利一世，并创建萨克
森王朝（一般也被视为德国建立之始）。亨
利受到地方领主以及教会的支持，又有强
壮坚实的军队来巩固势力，这些都为他的
继承者奥托一世的丰功伟业奠下良好基础。

奥托一世在登基之初便面对境内巴伐
利亚公国的反叛。出兵成功收服后，他将
原本由地方领袖可以任命地区主教的权力
收回，由自己亲自任命，并且指派自己的
亲信身居要职，借此控制地方势力。当然
也不忘释放一些好处给各领主，例如特别
税金征收权。此外，也凭借着和其他公国
的联姻进行柔性的征服，例如：让弟弟娶
巴伐利亚公爵之女，又任命施瓦本公爵的
女婿（就是自己的儿子）继位。在鞭子和
糖果的双重政策下，帝国境内形势逐渐稳
定，他开始无后顾之忧地向外扩张。

他曾在951年首次进军意大利，攻陷
伦巴第王国获得"伦巴第国王"的称号。
接着击退侵犯德国的匈牙利人，又征服斯
拉夫人。在962年奥托一世接受教皇约翰
十二世的请求，帮助他平定罗马贵族的叛
乱。于是奥托一世第二次挥军进入意大
利，帮助约翰十二世重返教皇一职。为了
表示感谢，教皇亲自为奥托一世加冕，自
此被合法赋予"西罗马皇帝"的称号，成
为罗马的监护者，及罗马天主教世界的最

大 事	时 代	地 区	公元 单位：年
"甘露之变"发生，宦官集团战胜了文官体制。	唐文宗大和九年	中国	840
订定《凡尔登条约》，将法兰克王国分裂为三国。成为日后法兰西、德意志和意大利国家的雏形。	加洛林王朝	法国	843
东罗马政权和教会妥协，回复圣像崇拜。	尼基弗鲁斯一世	拜占庭	
武宗下令合并天下佛寺，拆毁佛像，僧尼还俗，被称为"会昌法难"。	唐武宗会昌五年	中国	845
来自北欧的丹麦人入侵英格兰，被西撒克逊国王埃塞尔伯特击退。	埃塞尔伯特	英格兰	865
日耳曼人路易和"秃头"查理共同瓜分东西法兰克间的洛林地区，签订《梅尔森条约》。	秃头查理	法国	870

单位：公元·年	地 区	时 代	大 事
871	英格兰	阿尔弗雷德大帝	埃塞尔雷德一世去世，其弟阿尔弗雷德大帝即位。
875	中国	唐僖宗干符二年	黄巢之乱发生，天下大乱。
881	德国	查理三世	东法兰克国王查理三世兼任意大利国王，称"西罗马皇帝"。
884			西罗马皇帝查理三世并兼任法兰克国王。
895			马扎儿人入侵东法兰克王国。
911	德国	"孩童"路易四世	发生内乱，东法兰克王国分裂为：萨克森、法兰克尼亚、施瓦本、巴伐利亚和图林根，加洛林王朝灭亡。
	诺曼底		维京人首领罗洛成为诺曼底公爵。隔年，诺曼底公国成立。

高统治者。

但是并非每一位继任的君主都可以得到"罗马皇帝"这个称号，只有直接进入意大利接受教皇加冕者才能算是罗马皇帝。由于奥托一世是以武力进军意大利帮助教皇的，所以也被视为以武力来取得加冕的皇帝，一般也被视为神圣罗马帝国建立之始。

其实自基督教成为中世纪欧洲人民的信仰中心后，教权和王权间就存在着矛盾的心结。有时双方相互结盟合作，有时又交恶，彼此间的角力持续几个世纪之久。一方面教廷需要帝国的保护以免受到骚扰或侵犯，另一方面君王也需要教会的帮助才能稳固诸侯和人民的信心及信仰。而当教皇需要世俗政权的帮助时，可以给予的最佳奖赏就是利用教会所赋予的权力，给君王最高的地位，赋予"罗马人的皇帝"这个称谓，故约翰十二世会为奥托一世加冕也是必然的结果。

但在隔年，奥托一世就罢黜约翰十二世的教皇职位，也不止一次另立教皇人选，这个举动成为神圣罗马帝国皇帝可以决定教皇人选的首例，也显示奥托一世将教皇和德国境内神职人员的任命权掌握在手中，在他的统治之下王权凌驾了教权。这种独断的行为当然会受到罗马贵族的反抗。为了平息叛变，他第三次进军意大利攻占罗马。这个"神圣罗马帝国"在奥托一世的扩张下领土涵盖了德意志、意大利的北部和中部、捷克、瑞士及奥地利等地。然而依靠奥托一世武力建立起来的帝国在他死后，帝国境内的封建诸侯又开始蠢蠢欲动，各自分裂。他积极对外的武力扩张，反而成为日耳曼国家统一的障碍。这个"神圣罗马帝国"的名称也备受争议，曾被法国的哲学家伏尔泰笑称："既非神圣，又非罗马，更非帝国。"

征服者威廉的诺曼底王朝与"末日审判书"

正当欧洲的法兰克帝国发展茁壮时，一海之隔的不列颠群岛也发展出自己的王国。公元 1 世纪时罗马帝国统治不列颠的中南部，随着帝国势力衰退，盎格鲁及撒克逊人等日耳曼民族相继入侵，当时各地小国林立。在 5 世纪到 9 世纪间经过不断的征战和合并，此地逐渐形成主要的七个王国分立，分别为南撒克逊、西撒克逊、东撒克逊、东盎格利亚、麦西亚、诺森伯利亚以及肯特王国，称为英国的"七国时代"。最后由西撒克逊的爱格伯特（Egbert）终结分立的局面，将国家正式命名为"英格兰"。

英格兰建国初期常受到丹麦人的侵袭，使得英格兰国王们必须常领兵出征，爱格伯特和阿尔弗雷德大帝（Alfred）等都是曾击败丹麦的英勇君主。虽然 10 世

大事	时代	地区	公元（单位：年）
康拉德一世去世，萨克森公爵亨利登基成为亨利一世，创立萨克森王朝。	萨克森王朝 亨利一世	德国	919
石敬瑭建立后晋，自称"儿皇帝"，割让燕云十六州给契丹。	后晋高祖 天皇元年	中国	936
国王亨利一世去世，奥托一世继位。	萨克森王朝 奥托一世	德国	
基辅大公伊戈尔率兵进攻东罗马帝国失败，签约允许基督教在俄罗斯传播。	伊戈尔大公	俄罗斯	945
奥托一世让弟弟娶巴伐利亚公爵之女，待公爵死后由其弟继承爵位，掌控巴伐利亚。	萨克森王朝 奥托一世	德国	947
奥托一世进军意大利，成为"伦巴第国王"。			951
奥托一世击败入侵的匈牙利人。	萨克森王朝 奥托一世	德国	955

公元 单位：年	地 区	时 代	大 事
960	中国	北宋太祖 建隆元年	陈桥兵变，赵匡胤建立宋朝。
961	德国	萨克森王朝 奥托一世	奥托一世应教皇之请再度进入意大利，占领罗马，巩固教皇的势力，并确立在意大利的统治地位。
962			奥托一世加冕成为罗马皇帝，建立"神圣罗马帝国"。
967	日本	冷泉天皇	武家平氏与源氏互争。关于官制和礼仪规范的《延喜式》开始施行。
969			发生安和之变。
980	英格兰	爱塞烈德	丹麦国王率军进攻英格兰沿海地区，英王征收"丹麦金"，想要以进贡方式换取和平。

纪末丹麦人曾成功占领英格兰，并建立大范围的帝国，但很快便被瓦解。

英格兰于公元 1066 年，由"贤人会"（由贵族和教士所组成的咨询机构，对国策有相当大的决断力，甚至可以推选新王）推举西撒克逊王国的"忏悔者"爱德华（Edward the Confessor）为王。去世后则推举哈罗德二世（Harold Godwinson）继位。

这个举动引起欧陆诺曼底公爵威廉（William the Conqueror）的不满，因为他和爱格伯特有远亲关系，又宣称爱德华曾亲口承认自己将成为英格兰王位继承者，再者他曾救过哈罗德，哈罗德曾发誓要将英格兰王位给威廉。威廉以此为借口进攻英格兰。

1066 年威廉率领诺曼底大军跨越英吉利海峡向英格兰前进。据说他刚下船一踏上陆地便跌了一跤，但他相当机智地说："上帝一开始就让我拥抱这片土地！"一句话化解了尴尬的场面。

威廉首先取得英格兰南岸的黑斯廷斯（Hastings），作为攻守进退的基地。起初英军势力占上风，虽然没有诺曼底军队强大的骑兵和弓箭手，但是利用特殊防守阵形组成盾墙来对抗威廉的军队，使得威廉军队中的弓箭手和骑兵无法发挥作用，甚至在作战中一度传出威廉已经被刺杀身亡的消息而军心动摇。但威廉很快出面澄清，并且采用诱敌之计，假装不敌而退兵到一定的程度后，从后方夹击英军成功瓦解防御。最终由威廉获得胜利，而哈罗德当场战死，之后兄弟也相继被杀。同年的12月25日，他在伦敦的西敏寺教堂加冕成为英格兰国王，史称"威廉一世"，开始英国的诺曼底王朝。

威廉一世登基后除了消剩余的反抗势力外，也将欧洲的封建制度彻底移植到英格兰。他没收反对者的财产，将原本领主罢免后任用自己的亲信取代，彻底铲除英格兰的贵族势力。在他任内进行了一件浩大的工程，完成对英格兰全国大规模的财产和土地调查书，这本"土地账册"历史上被称为"末日审判书（Domesday Book）"。账册内容帮助他了解境内分封的领土、税收和佃农数量及他们所拥有的财产（内容详细到连养了几头猪都要记录），并进而提高行政管理效能，强化他的封建制度。威廉可以说是将"全国土地都是国王所有"的观念植入英格兰的封建制度中，改变了原本英格兰松散的王室和贵族间的关系。而"末日审判书"之名，则表示里面所记录的情况不容许任何的狡辩或否认，就如同最终的末日审判一般。

叙任权之争：亨利四世的"卡诺莎悔罪事件"

神圣罗马帝国的皇帝亨利四世

大 事	时 代	地 区	公元 单位：年
宋军三路攻辽，曹彬败于岐沟关，潘美败于飞狐，杨业败于陈家谷且遭俘，绝食而亡，史称岐沟关之役。	北宋太宗雍熙三年	中国	986
加洛林王朝末代君王路易五世去世，罗伯特家族的于格·卡佩被拥立为王，开启法国的卡佩王朝时期。	卡佩王朝卡佩一世	法国	987—1328
弗拉基米尔一世娶东罗马帝国皇帝的妹妹安妮公主为妻，并受洗成为基督教徒。	弗拉基米尔一世	俄罗斯	987
弗拉基米尔一世废除俄罗斯境内的多神信仰，下命全体臣民改信基督教，受洗成为教徒。			988
紫式部开始着手撰写日本文学旦作《源氏物语》一书。	一条天皇	日本	1001

公元 单位：年	地 区	时 代	大 事
1004	中国	北宋真宗景德元年	宋辽两国议和，在澶洲订立盟约，史称"澶渊之盟"。
1013	英格兰	爱塞烈德二世	丹麦国王斯温一世率大军占领伦敦，统治丹麦和英格兰部分地区。
1017		卡纽特一世	丹麦王卡纽特成为英格兰国王。
1035	诺曼底	威廉公爵	威廉继位成为诺曼底公爵。
1037	土耳其	吐格利尔拜格	塞尔柱之孙，吐格利尔拜格建立塞尔柱王朝。
1042	英格兰	"忏悔者"爱德华	丹麦人于英格兰建立的帝国崩解，英格兰再度独立。
1048	中国	北宋仁宗庆历八年	毕昇发明活字印刷。
1049	罗马	教皇利奥九世	利奥九世担任教皇，开始致力教会的改革活动，禁止教士结婚和神职买卖。

（Heinrich IV）应该是历史上唯一在冰天雪地中赤脚恳求教皇原谅的君主，这一屈辱的事件历史上称为"卡诺莎悔罪事件（Walk to Canossa）"，也显示世俗政权和教权间白热化的斗争。要了解这件事的始末，要从当时亨利四世身处的环境说起。

亨利四世是亨利三世（Heinrich III）的儿子，4岁时先被主教加冕为国王，但由于6岁时父亲意外死亡，母亲代为摄政。当时的科隆大主教安诺二世挟持年幼的亨利四世，硬是抢走摄政位置独揽大权，并且擅自安排亨利的婚姻，使得亨利对安诺相当仇视。待他掌握权力后，便以其他大主教取代安诺的位置。而年轻时受到胁迫的遭遇，让他更迫切想要巩固自己的王权。但扩张王权的同时也让他面临境内诸侯势力增强、不肯臣服的危机。要同时对抗教会和地方诸侯的力量，对他来说是件相当吃力的事。

他修筑城堡，又派侍卫驻扎在萨克森地区，但此举引起地方势力的暴动。因此转而先对付教会。在1075年他和教会之间的冲突趋于紧张，亨利四世坚持要控制德意志和意大利北部主教的叙任权，也就是对神职人员的任命和授予权，同时拒绝教皇格里高利七世（Gregorius VII）所支持的米兰总教主任职，双方互相坚持不肯退让。

于是，亨利四世擅自召开会议，宣称格里高利七世是假圣职人员，要开除他。使得格里高利七世愤而宣布开除亨利四世的教籍，并逐出教会作为惩罚。对于基督徒而言，这是相当严重的惩罚，被称为"绝罚"。当时，地方上觊觎已久的诸侯，把握这个机会宣称：除非亨利四世重新获得教皇的原谅，不然就无法获得合法政权，他们准备要推选新国王。亨利四世面对诸侯和人民的双重背弃，只有一个方式可以挽救危机，就是乞求教皇的原谅让自己恢复教籍，否则不但会引起内战，王位也会不保。

于是公元 1077 年，冰天雪地的 1 月天，亨利四世以步行方式，赤脚到达卡诺莎城堡外。他在城堡外站了三天恳求教皇原谅他的罪过，最后终于被允许见教皇一面。教皇虽然仍对他感到不满，但总算取消了开除教籍的处罚，亨利四世也承诺会尊重教皇的仲裁。这起事件显示教皇的权力凌驾君王之上，也在西方被认为是屈辱投降的同义词。但这并非世俗政权和教权间竞争的结束。当亨利四世稳定政权后，也将格里高利七世罢黜，另选新任的教皇为自己的帝位进行加冕仪式。中世纪欧洲教会和世俗政权间的纷争一直互有消长，时而对立，时而联盟合作。直至 13 世纪末，教权势力才逐渐削弱。

大　事	时　代	地　区	公元 单位：年
基督教会第一次大分裂，分成西罗马的"罗马公教"和东罗马的"希腊正教"。	君士坦丁九世	东罗马帝国	1054
塞尔柱土耳其帝国崛起，吐格利尔拜格控制了巴格达城，统治西亚。	吐格利尔拜格	土耳其	1055
包拯为开封府尹。	北宋仁宗至和三年	中国	1056
"黑斯廷斯战役"发生，诺曼底公爵威廉入主英格兰，诺曼底王朝建立，英国建国。	诺曼底王朝威廉一世	英格兰	1066
以王安石为参知政事，开始改革，创置三司条例司，行均输法及青苗法。史称熙宁变法。	北宋神宗熙宁二年	中国	1069
塞尔柱帝国以占耶路撒冷。		土耳其	1070

公元 单位：年	地 区	时 代	大 事
1071	拜占庭	罗曼努斯 四世	"曼齐刻尔特战役"，塞尔柱帝国打败东罗马帝国，俘虏东罗马帝国皇帝罗曼努斯四世。
1072	英格兰	诺曼底王朝 威廉一世	威廉一世征服苏格兰。
1074	罗马	教皇 格里高利 七世	教皇格里高利七世开宗教会议，颁布"教皇敕令"。禁止俗人授权（即皇帝不得干预教会事务）。
1076	中国	北宋神宗 熙宁九年	王安石辞去相位，宣告变法失败。
1076	神圣罗马 帝国	亨利四世	神圣罗马帝国皇帝亨利四世和教皇格里高利七世发生冲突，被教皇开除教籍。
1077			发生"卡诺莎悔罪事件"，亨利四世前往意大利北部向教皇格里高利七世忏悔谢罪，获得教皇原谅。

吹响十字军东征的号角："曼齐刻尔特战役"

塞尔柱土耳其人（Seljuk Turks）是中亚突厥人的部族之一，原本居住在中亚的大草原，约公元1000年左右，部落首领塞尔柱（Seljuk）带领部族迁徙到锡尔河下游，要继续往南移动时和其他突厥人发生冲突，英勇善战的塞尔柱人获胜后取得呼罗珊一地（今天伊朗东部及北部区域）。1037年塞尔柱的孙子吐格利尔拜格（Tughril, Toghril）在此建立塞尔柱王朝。

而后，趁着阿拉伯帝国阿拔斯王朝内政混乱的同时，吐格利尔拜格进入巴格达城，当时他受哈里发卡伊姆（Al-Qa'im）所邀请进城平定内乱。但阿拉伯帝国引狼入室的结果是被迫赐给他"苏丹"这个称号，让他成为阿拔斯王朝的摄政者。虽然卡伊姆自己仍担任哈里发的角色，但仅保有宗教上的领袖地位，且哈里发人选的废立之后也由苏丹所操控。王朝实际的统治者已经是土耳其的苏丹了（"苏丹"一词代表回教地区的实权统治者），阿拔斯王朝实际上已经被塞尔柱土耳其人所掌控。但在内政上他并没有对原本的阿拉伯文化和制度做剧烈变更，相反的，他相当尊重帝国内阿拉伯人的传统。

随着版图扩张，土耳其人更加虎视眈眈觊觎西边富饶的君士坦丁堡。1071年，他们占领东罗马帝国的要塞曼齐刻尔特（Manzikert）。东罗马帝国国王罗曼努斯四世（Romanos IV Diogenes）希望能以协调方式讨回但遭到拒绝，加上当时小亚细亚已经有部分落入土耳其人手中，或时常受到他们的骚扰，罗曼努斯四世决定率领大军进攻想给土耳其人一个教训，开启了"曼齐刻尔特战役"。

一开始，东罗马帝国对敌方讯息认知有误，对敌人的形势完全不熟悉且误判形势，又因增加许多外族佣兵使得军纪不严谨；而土耳其人已经蓄势待发的准备好骑兵来对战，且善于利用地势隐蔽自己的身形。双方交战数日，最后罗曼努斯四世遭到俘虏。

据说当时敌方将领问道："如果是我被俘虏带到你面前，你会怎么做？"罗曼努斯四世回答："我可能会将你杀死，或带回去都城游街。"敌方将领回答："我的惩罚更严重，我要释放你并且宽恕你。"他也真的信守承诺，将国王释放。但当他被放回君士坦丁堡时，王位已由他的侄子继任。而罗曼努斯四世则因战败被处以弄瞎双眼之刑，并流放孤岛。

经此一役，东罗马帝国可说是元气大伤，不但领土仅剩下君士坦丁堡附近的范围，又失去了安纳托利亚一地。此后遇到征战，帝国只能依靠雇佣兵来打仗，也造成帝国财政的大负担。此役也被认为是东罗马帝国由盛转衰的关键战争。因为基督

大 事	时 代	地 区	公元 单位：年
苏轼遭逮捕入狱，史称"乌台诗案"。	北宋神宗元丰二年	中国	1079
教皇再度对亨利施行绝罚，但亨利四世自行扶植新的教皇，互相抗衡。	亨利四世	神圣罗马帝国	1080
亨利四远征意大利，占领罗马。			1083
"后三年之役"发生，清原家衡反叛，由源、义家协助平乱，之后源、义家被称为"天下第一武勇之士"。	白河天皇	日本	
亨利四世攻占罗马，另立教皇克雷芒三世，由他为亨利四世进行加冕。	亨利四世	神圣罗马帝国	1084
司马光编纂《资治通鉴》完成。	北宋神宗元丰七年	中国	

单位：公元年	地 区	时 代	大 事
1085	中国	北宋哲宗元祐元年	太子赵煦即位，太皇太后高氏垂帘听政，引旧党，逐新党，罢保甲、市易、方田、保马等新法。
1086	神圣罗马帝国	亨利四世	授予捷克公爵弗拉提斯拉夫二世国王的称号，此后捷克成为神圣罗马帝国的一部分。
	英格兰	威廉一世	"末日审判书"完成。
			威廉一世入侵法国时去世。威廉二世即位。
1088	欧洲		中古时期欧洲的大学开始出现，如意大利的博洛尼亚大学，和英国的牛津及剑桥大学。
1090	英格兰	威廉二世	英王威廉二世入侵意大利。

教圣地——耶路撒冷，也落入回教徒塞尔柱土耳其人之手。让历经十次征战的"十字军东征"揭开序幕。

克勒芒宗教会议的号召：十字与新月的战争

1095 年 11 月，罗马教皇乌尔班二世召开"克勒芒宗教会议"。他在会议中大声疾呼"土耳其人在上帝的东方国度中大肆破坏掠夺"，"我们要从异教徒手中夺回圣地耶路撒冷！"教皇极尽煽动之能事，将耶路撒冷当作圣经中充满丰饶物产的圣地迦南，呼吁欧洲各国君王、贵族和地主们摒弃眼前的私斗，相互团结一同参加拯救圣城的圣战。

教会、君主和贵族们看中在这场远征东方的战役中可能获取的庞大利益，纷纷响应。而教皇更宣称，在战争（或征战途中）死亡者，生前所犯的罪都可以获得赦免，死后直接进入天堂。这样的宣传对于信仰虔诚的民众而言相当具有号召力，人民乐于以此来替代缴交大笔救赎金给教会。

由于教皇出面号召，加上种种利益的诱因，1096 年秋天，一支由各地领主和骑士所组成，打着恢复圣地为口号的宗教军队，便浩浩荡荡启程前往君士坦丁堡集合，准备攻打土耳其人。由于参与者皆佩戴红色十字形徽章或标志，被称为"十字军"。远征军顺利到达拜占庭首都君士坦丁堡，但军队进城后却不急着出兵攻打土耳其人，反而待在君士坦丁堡尽情狂欢放纵，直到国王阿历克塞一世答应给予他们大笔钱财，十字军才离开继续向小亚细亚前进。十字军一路势如破竹，攻下尼西亚、埃德萨及小亚细亚。他们中间虽曾被困于安条克城，但最终还是抵达圣城耶路撒冷。但他们一进入圣城中便大肆进行杀伐掳掠，抢夺城内财物。虽然圣地成功收复并建立耶路撒冷王国，但圣城也被十字军的劫掠给破坏殆尽。

当土耳其人逐渐从战败中恢复气力后，又开始陆续收回失去的土地，并攻击耶路撒冷。因此十字军虽然前后进行八次东征，实际上成功收复圣地耶路撒冷的次数只有第一次，其他东征大多变成一盘散沙，纯粹是沿途掠夺各地财富。其中1204年的第四次十字军东征甚至受到威尼斯商人的诱导去攻打东罗马帝国，造成君士坦丁堡的浩劫。

而第七次的十字军则是由儿童和青少年所组成，被称为"儿童十字军"，由教会选出神童来带领其他同龄儿童渡海东征。此场战役当然以失败收场，甚至在船只航行到巴勒斯坦途中就遭遇船难，儿童军不是溺死，就是漂流到各处成为奴隶，都成为教会贪婪下的牺牲者。而1291年埃及军队占领基督徒在东方最后的堡

大 事	时 代 · 地 区		公元 单位：年
东罗马帝国向教皇求援，罗马教皇乌尔班二世召开"克勒芒宗教会议"，号召组成十字军东征，收复圣地耶路撒冷。	阿历克塞一世	拜占庭	1095
第一次十字军东征。	阿历克塞一世	拜占庭	1096—1099
十字军收复圣地耶路撒冷。 7月17日，由洛林公爵兼任耶路撒冷国王，建立耶路撒冷王国。		耶路撒冷	1099
徽宗以蔡京为相，蔡京立元祐党人碑，司马光、苏轼等人皆被列为奸党。	北宋徽宗崇宁九年	中国	1102
佛罗伦萨成为独立城市。		意大利	1115
耶路撒冷成立医院骑士团。	阿历克塞一世	拜占庭	1113

公元 单位：年	地 区	时 代	大 事
1120			由法国贵族帕英于耶路撒冷成立"圣殿骑士团"，保护基督教朝圣者。
1122	神圣罗马帝国	亨利五世	和教皇签订"沃姆斯宗教协定"。
1124	英格兰	亨利一世	英法间为诺曼底主权再度交战。
1127	法国	路易六世	琅城再度起义，路易六世颁发特许证。
	中国	北宋钦宗靖康二年	北宋"靖康之难"，钦、徽二宗被金兵所俘，北宋亡。
		南宋高宗建炎元年	钦宗之弟赵构于河南即位，史称南宋。
1128	葡萄牙	阿方索一世	阿方索率葡萄牙击败卡斯蒂利亚王国的军队，葡萄牙独立运动就此展开。

垒——阿卡后，十字军东征过程中曾经占领的土地又全部失守于回教徒手中。

就历史的眼光来看，十字军东征对欧洲的东西方都造成巨大影响，对东方的塞尔柱土耳其帝国而言，已经不复见当初击败东罗马帝国的强势及风光。连年征战也使得帝国日趋衰落，逐渐分裂成小国林立的状态，其中一支正是日后崛起的奥斯曼土耳其人。

对欧洲来说，原本信誓旦旦要收复圣城耶路撒冷只成功过一次，其余皆以失败收场，使得基督教会的威信受到质疑，教皇权力也逐渐衰退。但各国君王趁着战争，逐渐将各地分割的势力收归己用，强化王权集中，征战中掠夺来的财富也成为日后国家向海外发展的资金。随着征战的路途及东西间经贸交流，各地城市也逐渐发展起来，例如：位居航运枢纽的威尼斯、米兰等城市发展便相当成熟，成为日后孕育文艺复兴的温床。十字军东征促使欧洲世界产生剧烈改变，逐渐向近代欧洲迈进。

中亚草原的游牧民族：奥斯曼土耳其帝国的兴起

奥斯曼土耳其人也是突厥部族的一支，原本依附在塞尔柱土耳其帝国分裂出的罗姆苏丹国内，趁着帝国衰落时崛起于小亚细亚的安纳托利亚地区，在领袖奥斯曼（Osman I）的领导下占领土地。他是位相当有权谋的领导者，在位期间以蚕食鲸吞的手段逐渐将小亚细亚纳入版图中。1299 年建立奥斯曼土耳其帝国，成为称霸中亚的强大伊斯兰势力。

奥斯曼之子奥尔汗（Orhan），继承父亲的遗志以征服拜占庭为目标，而他同时具有东罗马帝国皇帝约翰六世（John V）女婿的身份，更方便进行对欧洲的侵略。当时约翰六世为了要顺利夺取王位，将女儿嫁给年纪将近 60 岁的奥尔汗换取援助。但奥尔汗也顺势打着约翰六世女婿的名义在欧洲进行征讨。他表面上是帮助岳父，实际则是趁机扩张自己的地盘，将占据的领地都收归己有，不肯交还拜占庭帝国。在军事上，他弟弟为帝国训练一支土耳其新军，有正规的管理制度和良好纪律，也有发放薪饷和生活的保障，为土耳其的军事立下坚实基础。在此之前的土耳其军队多为部族或附庸所组成，打完后随即解散没有完整的训练和管理。奥尔汗凭借强壮的武力，屡屡向外讨伐征战，几乎占领整个安纳托利亚的西北部。但他也不是仅凭武力治国的君王，在内政上他在占领区广建学校和清真寺传播伊斯兰文化，同时兴建许多公共设施供帝国的民众使用，使被占领区逐渐融入帝国生活和文化中，成为其中的一分子，借此消弥反抗力量。

奥斯曼土耳其帝国和拜占庭之间的战

大　事	时　代	地　区	公元 单位：年
西班牙收复运动中期，伊比利亚半岛的小国，继纳瓦拉并入阿拉贡后，此年再和加泰罗尼亚合并为统一的阿拉贡王国。	拉米尔二世	西班牙	1134
波兰国王波列斯拉夫三世病逝，由 5 个儿子瓜分波兰，形成独立的小国。		波兰	1138
岳飞于朱仙镇大破金兀尤兵，被高宗以 12 道金牌诏令回朝。隔年签下绍兴和议，宋向金称臣纳贡。	南宋高宗绍兴十年	中国	1140
葡萄牙和卡斯蒂利亚签订《萨莫拉条约》，自西班牙统治下独立。	阿方索一世	葡萄牙	1143
透过十字军东征，阿拉伯数字传入欧洲。			

公元 单位：年	地 区	时 代	大 事
1144	拜占庭	曼纽尔一世	土耳其人攻下埃德萨一地，耶路撒冷国王向罗马教皇求救，引发第二次十字军东征。
1145	罗马	教皇尤金三世	教皇尤金三世发布《十字军教令》。
1147—1149	拜占庭	曼纽尔一世	第二次十字军东征，历经两年，无功而返。
1150	神圣罗马帝国	康德三世	日耳曼商人建立波罗的贸易区。
1152	神圣罗马帝国	腓特烈一世	腓特烈的伯父康德三世去世，腓特烈继位，称号腓特烈一世。
1153			腓特烈一世进军意大利，而后开始长期的意大利侵略计划。
1154—1399	英格兰	金雀花王朝亨利二世	亨利二世即位，进入金雀花王朝。
1155	神圣罗马帝国	腓特烈一世	教皇哈德良为腓特烈一世加冕。

争直到统治者穆罕默德二世（Fatih Sultan Mehmet）于 1453 年攻陷君士坦丁堡，东罗马帝国正式宣告灭亡后才告一段落。他在君士坦丁堡建立首都，并改名为"伊斯坦布尔"，也控制住欧亚间的商贸航运要塞博斯普鲁斯海峡，掌控了两地间的经贸。传说穆罕默德二世相当聪明，不但会八种语言，也是位骁勇善战的君王。在灭掉君士坦丁堡后继续向西进攻，曾远征到意大利造成欧洲的恐慌，向北则扩展到黑海北岸，建立横跨欧亚的帝国，故被冠上"征服者"的称号。虽然连年征战，但他对境内的异端宗教则采取宽容的态度，征服君士坦丁堡后并没有强迫人民一定要信仰伊斯兰教，反而保留东正教的教会和牧首的职位。不论这样的作为是否为了让自己政权可以更加合法化，东正教确实受惠被保存下来。

穆罕默德二世之后的继任者仍相当积极扩张版图，甚至想向东征服伊朗地区，虽然遭到挫折，但曾经成功占领两河流域和巴格达城。更进一步染指非洲，最后击败埃及后成为横跨欧、亚、非三洲的大帝国。但这个依靠武力所建构的帝国，随着 17 世纪后欧洲国家大举向海外殖民拓展国家实力，再加上工业革命的浪潮，开始逐渐走向衰败一途。

日本幕府政权的建立，揭开武家天下的序幕

镰仓幕府于 1192 年由源赖朝成立于关东的镰仓，至此彻底改变日本的政治结构。在幕府创建之前，日本自 6 世纪从圣德太子开始便是以天皇为尊的中央集权统治方式，权力掌握在天皇和贵族组成的封建集团中，日本自 7 世纪便积极向中国的唐朝学习各种政治、经济制度和文化，孝德天皇推行"大化革新"时甚至派遣唐使至中国学习，这些改革措施都让日本的汉化及封建集权统治更加完备。仿唐代长安建筑也在奈良建立都城，之后于 794 年迁都至平安京（京都）开始日本长达四百年之久的"平安时代"，直到被幕府时期取代为止。

日本政治从贵族集团转变为由武士阶级把持的原因要从 9 世纪开始谈起，当时藤原氏一族倚靠外戚的身份以摄政方式把持朝政，时间长达二百年。但藤原氏一族掌权时朝政贪污腐败，曾发生数起百姓揭竿起义的暴力事件，许多地方庄园贵族开始培养自家武力以求自保，这些私家武力成为武士阶级的来源。虽然一开始武士和领主间的关系是封建社会中讲求的绝对效忠和服从。但随着人数增加，武士们慢慢集结成小团体。到了 10 世纪时，日本有两家武士集团势力最强大，分别为关东的源氏和关西的平氏。这两大集团因为藤原

大 事	时 代	地 区	公元 单位：年
颁布采邑法令，要求所有接受采邑者为皇帝服兵役。			1158
源氏和平氏相争，源义朝在平治之乱中战败被杀，其子源赖朝被流放于伊豆国。	白河天皇	日本	1159
腓特烈一世在教皇选举中支持味多四世为教皇，被教皇历山三世开除教籍。	腓特烈一世	神圣罗马帝国	1160
日耳曼人在维斯比开建立汉萨，意即行会。		德国	1161
腓特烈一世为征服西西里，再度入侵意大利。	腓特烈一世	神圣罗马帝国	1163
颁布《克拉伦登条约》，规定国王有权对教会的教职任命及司法进行参与。	亨利二世	英格兰	1164

公元 单位：年	地 区	时 代	大 事
1166	神圣罗马 帝国	腓特烈一世	腓特烈一世出兵征讨 意大利失利。
1167	日本	六条天皇	平清盛任太政大臣， 此时期为平氏全盛 时期。
1175	法国	路易七世	琅城的主教想要取消 城市自治权，市民们 贿赂国王再度得到 特许。
1177	神圣罗马 帝国	腓特烈一世	"蒙古萨之役"，圣殿 骑士团成功以少击多。 腓特烈一世签订《威 尼斯和约》，和伦巴第 联盟及西西里达成停 战协定。
1179	日本	高仓天皇	后白河法皇被平清盛 给软禁起来。
1184	日本	安德天皇	源赖朝在镰仓设公文 所（掌管行政）、问注 所（掌管司法）。

氏一族和天皇间的斗争而有了接近日本权力中心的机会，武士阶级也开始在朝廷中崭出头。

关东源氏支持藤原氏一族，而天皇和他所设立的院厅（监督治理国政的机构）则受关西平氏的支持。在两方人马斗争后，由平氏首领平清盛领导的关西集团击败关东的源氏。受到天皇信任的平清盛甚至获颁太政大臣的位置，一时权倾天下，但也因此招来祸端和猜忌。待平清盛去世后，平家的势力也逐渐走下坡。

公元1185年，平氏和源氏的军队于坛之浦再度对决，这次海战中关东源氏歼灭了平氏的军队，使得政权落入关东源氏手中。源赖朝自征战和平乱的当下又趁机从天皇手中取得各种权力，例如，可以在日本诸国（行政区域）设置地方官，又趁机派大名（军事将领）到各地进行监督和掌管地方的军政事务，管辖地税收也以兵粮税的名义缴到幕府手中。

虽然源赖朝因为势力过大，而受到当时白河法皇的挑拨，对弟弟源义经产生猜忌，使义经投奔藤原氏党羽以求保全性命，但后来仍被藤原泰衡所杀。之后，源赖朝再出兵灭掉藤原泰衡，将藤原氏余孽一网打尽。1192年他受封为"征夷大将军"，此时地位更加稳固，正式在镰仓成立幕府机构，而天皇则仍居住于京都的皇居中，受到他远距离的遥控。

虽然以源赖朝当时的权势，已足以掌

握整个朝政，甚至可以左右天皇人选，但当时朝廷中仍有相当多贵族拥有地方武力，如果团结反抗起来也是相当难缠的，倒不如将天皇位置给保留下来作为表面上的统治者，既可用来安抚人心，又可作为自己的傀儡。此外，他将幕府建在关东的镰仓，距离天皇居住的京都相当遥远，既可远端遥控京都的政治，又可避免那些朝廷贵族干涉自己的所作所为，何乐而不为呢？

镰仓幕府的成立象征着贵族统治时代的终结，武士阶级的抬头。在源赖朝建立幕府之前，政治由天皇和贵族集团所把持，武士地位相当低下，但源赖朝却靠着武力开创了日本政治的武家天下。

不务正业的"狮心"理查和签下《大宪章》的约翰

13世纪英国诺丁汉郡的夏伍德森林附近出现一位英勇的盗贼，领导追随者一同劫富济贫，挺身打击强征赋税的领主和抵抗当时英王约翰的暴政，而这位民间英雄就是传说中的侠盗罗宾汉。在英国中世纪的审判记录中，也确实有这个名字的纪录。民间既有英雄出现，必有其对应的时代背景。罗宾汉的传说，正可追溯到当时英格兰混乱多变的内政。

英国于1154年由亨利二世（Henry

大　事	时　代	地　区	公元 （单位：年）
坛之浦之战，平氏战败，源氏和平氏之争落幕。源赖朝随后诛杀有战功的弟弟源义经。			1185
佛罗伦萨成为独立的城市共和国。		意大利	1187
苏丹萨拉丁集结穆斯林军队发动圣战，和十字军哈特丁交战获胜，夺回耶路撒冷。		耶路撒冷	
蒙古铁木真任大汗。	南宋孝宗淳熙十五年	中国	1188
第三次十字军东征，由神圣罗马帝国皇帝腓特烈一世率领，他却于依科尼雍大胜后溺毙。		耶路撒冷	1189
亨利二世去世，理查一世（"狮心"理查）即位，参与十字军东征。	理查一世	英格兰	

公元 单位： 年	地　区	时　代	大　事
	日本	安德天皇	源赖朝发动奥州合战，攻灭了割据地方的藤原氏势力，统一全国。
1190	法国	腓力二世	琅城市民再度买收国王，使得公社继续存活到14世纪。
	耶路撒冷		条顿骑士团成立，主要目的为照护病患，后成为骑士团。
1192	日本	后鸟羽天皇	源赖朝任征夷大将军，建立镰仓幕府，开始300多年的武家天下。
	英格兰	理查一世	理查一世于雅法会战中战胜萨拉丁。他却于东征后，在回英格兰的途中，被奥地利公爵俘房。
1194			理查一世获释返回英格兰，将弟弟约翰流放。

II）继位，进入英国历史上的金雀花王朝年代，因为英王亨利二世在法国的安茹和诺曼底拥有多处领土，又具有安茹的贵族血统，所以王朝又被称为安茹王朝（House of Anjou）。他是位相当有谋略的君王，统治范围达苏格兰和威尔士等地，在位时因主张王权集中，和贵族间关系趋于紧张。而儿子们互相争权夺地的家庭问题，更让他伤透脑筋。他去世后由第三个儿子理查一世（Richard I）即位。

理查一世因为在战场上功勋显著，且骁勇善战犹如狮子一般，故被称为"狮心"理查。他从小受到扎实的王家教育及军事训练，骑术也相当卓越，更是位优秀的将领，曾带领英国军队参加第三次十字军东征。但这并不表示他有勇无谋，对于拉丁诗文他也相当擅长，且据说长相相当俊美，可说是当时中世纪完美的骑士典范。但他并没有花多少心力处理英国内政，征战期间将国家内政都交由亲信处理，所以给人只顾征战、不务正业（朝政）的形象；加上为了筹措战争的费用，他大肆出卖官位，及增加赋税的征收，使得之后英国财政陷入危机，让继位者伤透脑筋。

理查在十字军东征的回程中曾被奥地利俘房，当时英国反对党曾趁乱推举他的弟弟约翰登上王位，但以失败收场。但理查去世后因为无子嗣，约翰趁机囚禁自己的侄子夺得王位，即英国历史上所称的

"无地王约翰"（因为他年轻时未曾被册封任何封地），也就是罗宾汉传说出现的年代。

约翰被认为是英国历史上相当无能的君王，在位时对法国作战失败，丧失英国在法国的安茹及诺曼底等大片领地。战争的失败，以及英国内部财政问题，引起境内诸侯贵族的不满。于是 1215 年发生英国境内诸侯的叛乱事件，他们挟持约翰逼他签署英国历史上著名的文件《大宪章》（Great Charter）。

虽然约翰签署完毕后立刻毁约，也再度招致英国内战，但《大宪章》的签订仍成为英国历史上明文规定王权受到限制的里程碑，也被视为英国宪政的开端。条约中规定国王必须接受贵族所成立的国会所决定的事项，国王的财政支出也必须经过国会的表决同意，将国王对财政赋税的权力完全架空，使得王权也受到法律的限制。大宪章保障贵族和教会的权力，也让一般民众得到接受司法审判的权力，国王无法再因个人喜好或私欲任意进行裁判，必须依照法律程序。可以说，这是英国历史上王权第一次明文受到法律的规范和限制。

东罗马帝国的沦亡首部曲

东罗马帝国位居亚洲和欧陆的交通枢

大 事	时 代	地 区	公元 单位：年
英诺森三世当选教皇，在位期间教廷的权力达到巅峰，实现"教权至上"的观念。	教皇英诺森三世	罗马	1198
理查一世去世，弟弟约翰（即"无地王约翰"）继位，掌握跨有英格兰和部分法国领土的"安茹王国"。	约翰一世	英格兰	1199
曼科卡帕克为传说中阿兹特克帝国的开国者，开始阿兹特克帝国。	阿兹特克帝国曼科卡帕克	中美洲	1200
第四次十字军东征。由法王亨利六世领军。		欧洲	1202
法王腓力二世召集境内诸侯会议，要求英王约翰参与，被拒绝后，将英国位于法国安茹和诺曼底的领土收回。	腓力二世	法国	

单位：公元年	地 区	时 代	大 事
1204	拜占庭	阿历克塞五世	东罗马君士坦丁堡被第四次东征的十字军攻陷，并建立拉丁帝国。
1206	中国	南宋宁宗开禧二年	蒙古统一各部族，铁木真被尊为成吉思汗。
1209	英格兰	约翰一世	英王约翰被罗马教皇驱逐出教会。
1212	欧洲		教会成立儿童十字军。贩奴商人将上千儿童从马赛运到亚历山大。
1215	英格兰	约翰一世	英王约翰签署限制王权的"大宪章"。
1217—1221	欧洲		第五次十字军东征，神圣罗马帝国皇帝腓特烈二世出征，因瘟疫而迅速折返。而后因征战不力，被教皇施以绝罚。

纽，因地利之便成为东西方的贸易转运站，为国家创造巨大财富。但是"水能载舟亦能覆舟"——也因位于交通要冲，使得欧亚间一旦有战事发生，容易成为首当其冲的受害者。特别是多次的十字军东征几乎都要借道东罗马帝国到耶路撒冷，许多次十字军以收复圣地为借口，但实行劫掠财物的盗贼行为。

其中尤其以 1204 年，第四次十字军东征所受到的劫掠最为严重，连土地也一并被拉丁教会占领，直到 1261 年才收复。这场战争除了十字军受到威尼斯商人的诱导而去攻打东罗马帝国之外，还牵涉到帝国本身王位继承之争。流亡的前东罗马帝国国王之子小阿历克塞（Alexios IV Angelos）和十字军领导者教皇英诺森三世（Pope Innocent III）密谋，要求帮助自己复位，并答应事成后让东正教归罗马教皇的领导。而威尼斯总督更从中斡旋，因为长久以来威尼斯和东罗马帝国在商业上互为竞争对手。

于是第四次十字军东征，在密谋策划下将攻击目标由收复圣地转向攻击东罗马帝国。但固若金汤的城池让十字军的陆地战吃了败仗，不过靠着威尼斯人在海上的援助找到空隙，让军队攻入君士坦丁堡，国王阿历克塞三世（Alexios III Angelos）逃亡出城。由小阿历克塞继位，但是因为付不出十字军所要求的报酬，只能搜刮城内财物和没收贵族及教会的财产来凑数。

他们的统治和引敌人入城的叛国行为引起城内人民群起反抗，暴动后推翻国王，另立阿历克塞三世的女婿为阿历克塞五世（Alexios V Doukas）。

阿历克塞五世上台后宣布将十字军赶出君士坦丁堡，并且拒绝实现小阿历克塞对教皇的承诺。这使得威尼斯趁隙煽动十字军再度进攻君士坦丁堡，不过这次目标则是将城内的金银财宝洗劫　空。威尼斯甚至和十字军领袖签订密约，另外推举新的拉丁皇帝在此建立拉丁帝国。之后，直到 1261 年东罗马皇帝的后裔才重新夺回政权。

西方世界的震撼弹：蒙古人西征

"蒙古西征"为欧洲投下一颗震撼弹，在此之前，欧洲人从来也没有想过亚洲人竟然可以远征到欧洲的波兰及匈牙利一带。13 世纪的蒙古帝国曾进行三次西征，且建立了四大汗国。第一次西征打开联结欧亚间的通道，之后两次西征则分别侵略至中欧和中亚地区。蒙古帝国将一连串西征所侵占的版图分别建立为四个汗国：察合台汗国、窝阔台汗国、钦察汗国和伊利汗国。虽然这些汗国一开始属于蒙古帝国的领土，但随着蒙古统治者间的继承纠纷，及各地风土民情的不同，之后各自发展为独立的国家。

大 事	时 代	地 区	公元 单位：年
蒙古西征，成吉思汗第一次西征，入侵中亚，灭花剌子模。	南宋宁宗嘉定十二年	中国	1219—1223
镰仓幕府由北沐氏执掌。	顺德天皇	日本	1219—1233
教皇霍诺留三世下令西欧各教会建立宗教裁判所。	教皇霍诺留三世	罗马	1220
蒙古于回程侵略钦察部族和俄罗斯联军。	南宋宁宗嘉定十五年	中国	1222
成吉思汗死后，由术赤、察合台、拖雷和窝阔分配继承领土。	南宋理宗宝庆三年		1227
第六次十字军东征，遭绝罚的腓特烈二世进军阿卡，通过谈判和埃及苏丹签订和约，获得耶路撒冷、伯利恒等地。		欧洲	1228

单位： 公元	地区	时代	大事
1230	西班牙	斐迪南三世	莱昂王国合并于卡斯蒂利亚王国，奠定伊比利半岛由卡斯蒂利亚王国、安拉贡王国和葡萄牙王国三强鼎立的局面。
1234	中国	南宋理宗端平元年	南宋联蒙古灭金，金亡。
1236	中国	南宋理宗端平三年	第二次蒙古西征，由拔都领军入侵东欧，震惊全欧。
	西班牙	斐迪南三世	安拉贡王国攻占科尔多瓦，完成了初步的复地运动。
1237	中国	南宋理宗嘉熙元年	拔都进攻灭钦察诸部，攻陷莫斯科城。
1241	中国	淳祐元年	蒙古向西征战，波兰、立陶宛、波西米亚、匈牙利、奥地利、东北意大利和安纳托利亚都被攻下，史称"黄祸"。

蒙古第一次西征发生在1219年至1223年间，成吉思汗派遣使臣和商队到中亚的花剌子模，但被守城将领给杀死。成吉思汗要求花剌子模道歉和赔偿却遭拒绝，他咽不下这口气，于是整顿军备进攻花剌子模。当时花剌子模在中亚势力颇为强大，但国家内部因为斗争而紊乱，又低估了蒙古军的实力，被蒙古狠狠修理一顿到几乎亡国的地步。但是王子札兰丁逃到高加索山地区，招募军队屡次反击，最后终究以失败收场，因为不愿被俘跳瀑布自尽。成吉思汗认为人已死便打道回府，在回蒙古途中顺手灭掉西夏。而同时间另派军队往西北进攻，成功击破钦察部族和俄罗斯的联军。虽然札兰丁得到突厥人帮助重新建国，蒙古知道后又再度出兵将他彻底消灭。

蒙古第二次西征则始于1235年，也是蒙古初次远征中欧地区。窝阔台任大汗时因为觉得西部疆域仍有发展空间，并且钦察部族又再度蠢蠢欲动，所以派拔都领兵出征。此次征战由蒙古各族的长子或长孙领兵，所以又称为"长子西征"。西征路径一路从钦察部族、经俄罗斯，打到中欧的波兰、匈牙利和罗马尼亚一带。窝阔台可汗又另外派军队南进，攻打至亚得里亚海域，让欧洲各国人人自危。而当蒙古军队进攻到多瑙河沿岸时，遇到奥地利和波西米亚联军的阻挡，但这时窝阔台去世的消息也传过来，碍于大汗的继承问题拔都只能于 1242 年拔营回蒙古，这才解除欧洲的大危机。这次西征建立了疆域辽阔的钦察汗国，东起额尔齐斯河，西至匈牙利和波兰。

第三次西征，又称为"旭烈兀西征"。西征的原因是蒙哥继任大汗后想继续扩张领土，以位于伊朗的木剌夷国不肯归顺为借口而出兵攻打。他派弟弟旭烈兀率领约十万大军征讨，旭烈兀命令将领怯的不花为先锋，一路为蒙古军队开道，势如破竹地攻下多个城池，而旭烈兀本人则带领军队绕路包抄。1256 年蒙古军队成功占领木剌夷国进行屠城，再继续进攻伊斯兰教的阿巴斯王朝，并于两年后攻陷巴格达城造成阿巴斯王朝的灭亡。

接着占领大马士革，更于 1260 年攻下叙利亚的阿尤布王朝。整个中亚都掌握在手中后，西行进入小亚细亚战胜巴尔干联军，使当时东罗马帝国和西欧各国都争相派遣使者和蒙古联盟以求自保，但老天爷好像就是要和蒙古军队过不去似的，同样的情形又出现了！在要进军埃及的当下，旭烈兀收到蒙哥汗去世的消息，决定停止西征班师回蒙古。这次西征中止也让蒙古扩张的野心告一段落。此次占领的疆域成立"伊利汗国"，范围包含伊朗、叙利亚、伊拉克、沙特阿拉伯等地。

13 世纪蒙古二次的西征对欧洲而言，并非只带来攻城略地的劫掠和屠杀，相反的，对欧洲文化上有更大助益。中国的火

大 事	时 代	地 区	公元 单位：年
蒙古侵略塞尔维亚、克罗埃西亚和保加利亚。因听闻窝阔台死讯，军队结束第二次西征。	淳祐二年		1242
条顿骑士团和俄罗斯发生"冰湖战役"（又称为"楚德湖战役"）。	亚历山大公	俄罗斯	
拔都以伏尔加河为中心，建立"金帐汗国"，即"钦察汗国"。	南宋理宗淳祐三年	中国	1243
穆斯林攻占耶路撒冷，基督教世界至此，真正地失去了圣地耶路撒冷。		耶路撒冷	1244
第七次十字军东征。		欧洲	1248
法王路易九世率领十字军东征，但遭到俘虏，最后交付赎金才获释。	路易九世	法国	

公元 单位： 年	地　区	时　代	大　事
	西班牙	斐迪南三世	卡斯蒂利亚人收复塞维尔，使阿拉伯人在西班牙的领土仅剩下南部的格瑞纳德一地。
1249	中国	南宋理宗淳祐九年	法医学家宋慈过世，其著作《洗冤集录》为世界上最早的法医专书。
1250	中美洲	玛雅文明	此年前后位于尤卡坦半岛北部出现了玛雅潘城邦。
1252	意大利		佛罗伦萨铸造了佛罗林钱币，在地中海地区通行使用。
1253	中国	南宋理宗宝祐元年	第三次蒙古西征，旭烈兀领军，侵略中东地区，直达波斯及美索不达米亚等地，并攻占波斯，建伊利汗国。
1258	中国	南宋理宗宝祐六年	蒙古征服巴格达，打败阿巴斯王朝。

药、印刷术和指南针等发明，通过蒙古西征传到欧洲，间接影响欧洲的文艺复兴运动及后来的地理大发现。火药的使用更震摄了全欧，成为之后欧洲战争中不可缺少的武器。印刷术则刺激了德国谷登堡发明活字印刷术，对文艺复兴时期的思想及文学作品的传播有莫大帮助。指南针的使用更让欧洲航海技术有长足的进步，对日后欧洲大航海殖民时代相当有帮助，蒙古西征可说是东西间文化交流的推手。

圣殿骑士团的末路：腓力四世的"三级会议"

　　腓力四世（Philippe IV）是法国卡佩王朝时期将王权提升于教权之上的君主，他本人身材高大、容貌俊美，是中世纪出名的美男子。但他并不是空有脸蛋无脑的统治者，他继位后延续之前历代君王的政策，更加积极扩张法国领土。在他任内夺得法国的香槟区、里昂等地，并且曾出兵参加十字军东征。但是连年的征战也使国库日渐空虚，入不敷出的财政让他伤透脑筋。他便将主意打到教会身上，想课征教会的财产税，但遭到教皇波尼法爵八世（Pope Boniface VIII）的强烈反对。腓力四世为了可以合法向教会征税，召开了任内第一次三级会议。

　　法国的"三级会议"并不是常设机

构，而是国王针对具争议性决策的需要才召开。成员分成三种阶级，分别为第一级的教士（神职人员）、第二级的贵族和第三级的城市民众，三种阶级各自选派代表参加会议。但投票表决的议题则由各阶级分别讨论出统一的结论，一个阶级只有一票，如果三个阶级和国王的利益一致，国王就可以顺利得到希望的结果。在这次会议中，腓力四世得到城市民众和贵族的支持顺利通过提案，使他可以合法向教会征税，这次的会议增加法王的王权，也使得法国境内教会实力大为削弱。腓力四世集权的下一步骤是向蓄积大量财富的"圣殿骑士团"下手。

"圣殿骑士团（Knights Templar）"是僧侣骑士团的组织之一，原本只是第一次十字军东征后为了保护到耶路撒冷的朝圣者由私人设立的修会骑士组织，后来逐渐受到教廷重视，正式承认他们的地位，成为十字军东征的主力，也是直属教廷的军事组织。骑士团的人身穿绘有红色十字标志的白长袍，初期成员多为法国贵族骑士，后来逐渐扩张成两万人左右的庞大组织，但大部分的成员是补给的后援部队。实际上真正的战力大约只有300人左右，但个个都是受过严格训练的精英。骑士团直属教会，只对教皇负责，无须听从地方领主或国王的指挥，也享有许多教会专属特权，像是免税权，又有大批领土，可收取领地的什一税等权利。到12世末，

大　事	时　代	地　区	公元 单位：年
亨利三世被迫接受议会的《牛津条例》。	亨利三世	英格兰	
蒙古侵略立陶宛、波兰。	南宋理宗开庆元年	中国	1259
在热那亚的支援下，皇帝以尼西亚为据点，推翻拉丁王朝。	麦克尔八世	拜占庭	1261
蒙古袭击保加利亚和巴尔干半岛东部。	南宋理宗景定五年	中国	1264
路易斯战役，亨利三世及其子被以小孟福尔为首的贵族俘虏，英国政权受到控制。	亨利三世	英格兰	
英国小孟福尔创立议会制度，成为英国议会制度的起源。 小孟福尔兵败被杀，亨利三世恢复王位。			1265
第八次十字军东征，因路易九世染病身亡而退兵。		欧洲	1269

公元 单位：年	地 区	时 代	大 事
1271	中国	南宋度宗咸淳七年	蒙古帝国改国号为元。
1276	西班牙	佩德罗三世	佩德罗三世继位，他在位其间征服了西西里与撒丁岛，使安拉贡王国成为地中海的强国。
1279	中国	南宋卫王祥兴二年	崖山一役，宋军大败，南宋正式灭亡。
1273	神圣罗马帝国	鲁道夫一世	鲁道夫在奥格斯堡会议上获选为神圣罗马帝国皇帝，号称鲁道夫一世，开启哈布斯堡王朝时代。
1274	中国	南宋度宗咸淳十年	蒙古征伐日本，因遇强风大浪，沉船无数，无功而返。
1282	意大利	查理一世	西西里晚祷事件爆发。西西里人反抗法国的暴虐统治。其口号缩写"Mafia"，为黑手党的由来。

骑士团的财产几乎富可敌国。但这也是他们为教廷立下汗马功劳而换来的成果，例如：1177年的蒙吉萨之役，仅有百人的骑士团大败伊斯兰教苏丹萨拉丁的两万大军，为中世纪骑士团传奇的战绩再添传奇。

但这一切看在腓力四世眼中，无疑是对王权集中的一大阻碍。因为圣殿骑士团忠于教皇而不服从国王的命令，财富也为集团骑士私有，而因为有免税特权，所以国王也无法向他们征税。所以，他决定大刀阔斧铲除圣殿骑士团。1307年10月13日，腓力四世宣布这些骑士团成员为异端，并且秘密发动行动大肆屠杀这些骑士团成员。由于事前相当保密，骑士团成员都措手不及地被逮捕并处以死刑。此外，腓力四世又没收这些骑士团成员的财产。

1312年，腓力四世逼迫教皇克雷芒五世（Pope Clement V）将圣殿骑士团解散。当时克雷芒五世能当上教皇都归功腓力四世的帮助，而腓力四世为了有效控制教权，甚至将教廷由罗马迁到法国南部的亚维农，即历史上有名的"亚维农之囚"事件。之后法国国王可以左右教廷，形成王权高于教权的局面。而一旦骑士团被教会解散，所享有的一切特权也随之消除。法国以外各地的圣殿骑士团，也逐渐转成一般的修会组织，成立200多年的骑士团从此销声匿迹。而法王腓力四世则从中获得大笔财富，以及凌驾教权之上的王权。

黑死病：是灾难也是重生的开始

14 世纪中叶，一场恐怖的黑暗风暴席卷欧洲，短短四年间夺走欧洲 2000 万人的性命，约为当时欧洲三分之一的人口数量，这场风暴就是俗称"黑死病"的鼠疫。因患病者身上会出现黑青的痕迹，且几乎活不过三日，故被称为黑死病。

这场疾病的起源被认为是从亚洲传入，可能的传入途径有二：一是十字军东征时由亚洲传入；二可能为蒙古人西征所带来。最先开始发病的地区为意大利，之后逐渐往北和南散布到邻近各地，法国、西班牙、北非、瑞士、德意志等地都受到波及，甚至北欧、莫斯科及有一海之遥的大不列颠也都无一幸免。

黑死病带来的死亡，对不了解如何预防和治疗的中世纪欧洲人来说造成大恐慌，甚至被认为是世界末日的来临，也是上帝对人类的处罚。但即便不断祈祷，或有人甚至互相用皮带捶打以自虐方式进行惩罚，希望借此获得上帝的怜悯，但死亡还是不放过他们，就连服侍上帝的教士也染病身亡。上帝的拯救变得不可信任，信众对宗教的信仰开始产生动摇。人们面对命运的不确定对人世感到悲观，成日饮酒作乐用来逃避无法避免的死亡。

意大利作家薄伽丘（Giovanni Boccaccio）的《十日谈》就是以此时期的佛罗伦萨为背景写成。内容描述了黑死病入侵时，

大　事	时　代	地　区	公元 单位：年
佛罗伦萨共和国成立，采民主制，由各基尔特共同领导执政团。			
通过《温彻斯特法案》，加强警察制度，维护公共秩序。	爱德华一世	英格兰	1284
《罗德兰法令》的通过，确立英格兰对威尔士的统治权。			1285
埃及苏丹占据十字军位于小亚细亚的最后一处据点阿卡。		小亚细亚	1291
召开英国议会，此次议会被称为"模范议会"，平民代表和贵族共聚一堂。	爱德华一世	英格兰	1295
国会提案经国王同意后成为法律，自此后国王定期召开国会。			1297

公元 单位：年	地 区	时 代	大 事
1298—1382	意大利		威尼斯和热那亚共和国进行四次海战，战后威尼斯垄断了整个地中海东部的贸易市场。
1299	土耳其	奥斯曼一世	奥斯曼土耳其帝国建立。
1302	法国	腓力四世	法国国王腓力四世召开三级会议。
1304	英格兰	爱德华一世	苏格兰发生动乱，民族英雄威廉·华莱士起义失败，遭处决。
	意大利		彼特拉克出生，被视为人文主义之父和文艺复兴的先驱。
1307	法国	腓力四世	腓力四世大举逮捕圣殿骑士团成员。
1309			法国将教廷由罗马迁至亚维农，被称为"亚维农之囚"，显示王权凌驾教权之上。

佛罗伦萨的十名男女到山上避难，为了度过漫长的时间，每人每天说一则故事，总共说了十天的故事。故事中有关宗教上的角色，如：修女、神父、传教士等，多半贪财好色且作恶多端的，对于诸如教会的黑暗面、贵族的恶势力等都加以讽刺，但对爱情、市井生活和商人智慧等表现则大加赞扬。例如：描述地位低下者凭借自身努力和智慧战胜贵族，得到富贵的完美结果。

但对教会来说，书中内容既难堪又有丑化教会之嫌，薄伽丘在世时也因此受到教会刁难，死后坟墓还遭到捣毁。不过本书可以反映出当代的社会思想，对信仰开始产生怀疑，思想开始脱离教会束缚转向个人的解放，进而促使文艺复兴时期人文主义的崛起。此外，书中也可看出当时社会阶级的封建势力结构逐渐瓦解，中下层阶级开始崛起和发展。

黑死病席卷的年代，欧洲人数大幅下降，造成城市和乡村劳动力的减少，连带导致生产力下降，使当时欧洲发生相当多起饥荒事件。原本依靠农业为主要生产来源的欧洲庄园经济也面临相当大的冲击，人力不足使得雇工不易找寻，必须提高薪资才能留下人力，让农民有机会可借此累积自身财富，成为之后用来支付田产或发展其他行业的资本，有了脱离农奴身份成为中产阶级的机会。庄园经济结构的改变，使得欧洲长期倚赖的农奴制度因此崩坏。虽然，黑死病对欧洲来说是一场莫大的灾难，但对长期僵化的欧洲社会结构而言，却也是带来重生的新契机。

历史上最长的战争: 英法百年战争

英法两国虽然数度通过联姻方式进行政治和利益的交换，但仍无法消弭长期敌对的局面，公元 1337 年终于爆发了号称历史上最长战争的"英法百年战争"。虽说是时间长达百年，但并非每天持续打仗，而是大小不断的战役持续约 100 多年之久。这场战役的原因可追溯至英王爱德华三世（Edward III）企图以近亲身份想继承法国的王位，但后来由腓力六世（Philippe VI）得到继承权。当他继承王位后，又宣布要收回英王在法国的领地，此举当然引起英王的不快。

而战争导火线则为法国北岸的城市佛兰德斯地区的贸易问题。这座富庶且繁荣的城市，虽然隶属法国领土，但对于贸易必需的羊毛则仰赖英国进口。而英王为了报复法国，决定切断对城市的羊毛供应。为了生存，佛兰德斯转而投靠英国，法国将此举当作是英国的宣战。

这场战役将英法原本局限于继承相领土的政治斗争，扩大到商业层面。而百年的战争，实际上可以约略分成四个阶段。

大 事	时 代	地 区	公元 单位: 年
腓力四世逼教皇克雷芒五世解散圣殿骑士团。			1312
但丁去世，其著作《神曲》呈现最后审判的世界观。		意大利	1321
《马可·波罗游记》出现，记载马可·波罗于中国的所见所闻。		意大利	1324
传说中阿兹特克帝国的创造者特诺奇于墨西哥特斯科科湖建立特诺奇提特兰城。	阿兹特克帝国特诺奇	南美洲	1325
查理四世去世，英王爱德华三世和法兰西瓦卢瓦伯爵腓力争夺王位，最后由腓力继位，开创"瓦卢瓦王朝"。	腓力六世	法国	1328
法国占领毛纺业重镇佛兰德斯，英王因此禁止羊毛出口，使佛兰德斯转而倒向英国。			

单位：公元 年	地 区	时 代	大 事
1329	英格兰	爱德华三世	为保住英格兰在法国境内的最后根据地阿基坦，向法王腓力六世行封臣礼。
1335	日本	后醍醐天皇	足利尊氏建立室町幕府于京都。
1337—1459	英格兰法国	爱德华三世腓力六世	英法百年战争揭开序幕，英王爱德华三世进攻法国。
1347 1352	欧洲		欧洲黑死病开始大流行，瘟疫持续至1352年，约三分之一人口死于黑死病。
1347	英格兰	爱德华三世	夺取法国的军事要塞加来一地。
1349			颁布《劳工法令》，否决劳工提高工资的希望。
1350			民间传说《罗宾汉》于12世纪中叶开始口头流传，其作者不详。

在刚开始的战争中，英国暂居上风，英军以长弓为兵器，加上训练有素的军队，很快便占领法国沿岸军事要塞的加来港，以此地为攻打欧洲的据点，又在1356年擒获法王约翰二世。法国只能求和，并且和英国签订了《布勒丁尼和约》。英王获得法国的领土作为报酬，暂且放弃觊觎已久的法国的王位，英法第一阶段的战事就在此画下休止符。其中1348年开始，欧洲黑死病大爆发，双方均受到波及，也让战事一度中断十年左右。

第二阶段战事再起的时间约为1369至1380年间，法王查理五世（Charles V）继位，他在英法停战时期重新整顿军队，增加新的佣兵、炮兵和舰队。在各方面强化法军的阵容后，查理五世对英国发动攻击。这次战事由法国拔得头筹，收复之前的失地，换成英国要求议和，且法国也因内部的内政问题接受议和。

到了第三阶段，法王查理六世（Charles VI）继位，内部分成奥尔良和勃艮第两派集团，其中勃艮第甚至和英国进行联盟，使英军趁机入侵占领大半法国土地，法国再度被迫议和。

随着百年战争进入尾声之时，"圣女贞德"出现了。她宣称受到神的启示，带领法军将英军赶出法国领土。最终于1431年，她被俘虏后卖到英国，被英军以异端处以火刑，而此举更激起法国军民的士气和气愤。最后法军终于成功收回除了加来港外的全部失地，英国也因内政不稳而撤军回英国本土，使得胶着约百年的英法战争画下休止符。

在长达百年的战争过程中，双方无论是土地或人民都因战火受到相当大的波及和损失。对于法国而言，倒是因此趁机整顿王朝内政和贵族集团间的问题，朝向日后统一的基础迈进。对英国来说，进攻欧陆的失败，使得英国转变向外发展的方向，逐渐将目标放到对海外的拓展上。

转变中古经济体系的商业革命：汉萨同盟的出现

中世纪黑死病的流行造成欧洲庄园经济崩解，使原本牢不可破的封建阶级产生巨变。农奴得到解放后可以转往城市发展，新兴城市涌入大量人潮，商业开始繁荣起来，为欧洲经济注入一股新活力。这种因经济结构改变所产生的商业活动就是"商业革命"。一些商人、银行家、企业家甚至纷纷成为君主结交的对象，是君王对付封建贵族的最佳盟友，且这些新兴中产阶级也成为国家税收的主要来源。但为了防止政治势力过于干预商业贸易，以及保障商业贸易的自由，商行间开始组成行会组织和商业同盟，同业间结合起来，由统一的对外窗口来保障商业的权益并作为自我发声的管道。

大　事	时　代	地　区	公元　单位：年
文学家薄伽丘完成《十日谈》。		意大利	1353
百年战争中，法王约翰二世于普瓦捷会战被擒，法国陷入内战。	约翰二世	法国	1356
颁布"金玺诏书"。	查理四世	神圣罗马帝国	
法国北部农民起义运动，称为"扎克雷起义"。	约翰二世	法国	1358
北部沿海城市的汉萨合并为"汉萨同盟"。	查理四世	德国	
英军进攻至巴黎，和法国签订《布勒丁尼和约》，释放法王约翰二世。	约翰二世	法国	1360
成吉思汗的后裔帖木儿自称可汗，建帖木儿帝国，以撒马尔罕为首都。	帖木儿	帖木儿王国	

单位：年 公元	地 区	时 代	大 事
1361	土耳其	奥斯曼帝国	土耳其侵略东罗马帝国，仅剩君士坦丁堡仍顽强抵抗。
1364	法国	查理五世	约翰二世去世，其子查理即位，称号查理五世。
1368	中国	明太祖洪武元年	朱元璋称帝，建立明朝。
1369—1380	法国	查理五世	法军向英军发动攻击，英法百年战争进入第二阶段。
1370	神圣罗马帝国	查理四世	签订斯特拉桑和约，规范丹麦国王必须得到汉萨同盟的认可。北方十字军对抗海盗运补兄弟会。
	帖木儿王国	帖木儿	帖木儿征服花剌子模帝国。
1372	法国	查理五世	法国舰队掌控英吉利海峡。

中世纪著名的商业同盟为 1356 年德国北部沿海城市为主所成立的"汉萨同盟（Hanseatic League）"。"汉萨"在德文中代表"集团"的意思，其实在汉萨同盟之前德国一些城市为了和邻国交易，也会结成小型同盟。但 13 世纪末因为波罗的海海盗猖獗，所以德国北部一些主要的贸易城镇像吕贝克、汉堡、不来梅、科隆等地，为了贸易航线的安全，成立更为稳固团结的汉萨同盟。同盟中有自己的法庭和会议，加入同盟的城市必须遵守议会的规定和决策。权力范围相当大，不局限于商业，甚至跨足到政治和军事上，对外还可以进行条约的缔结，也有外交和宣战的权力。虽然汉萨同盟在最鼎盛的时期有超过 160 个城市加入，但随着新航路的发现，工商业中心转移至葡萄牙、西班牙、英国、荷兰等地的城市，汉萨同盟所据具有的优势也逐渐消失。到了 1669年，其正式结束成立达 300 年之久的同盟组织。

而各行业为了争取自身的权益，维持行业的价值和利益，也逐渐发展出行会制度，类似于现代的同业公会，这种颇具规模的互助工会形式称为"基尔特（Gilts）"。不过基尔特原是以手工业为主的行会组织，之后范围扩大到各行各业。每个基尔特有自己固定的制度，内容从一开始加入的资格、徒弟的招募、学徒的学习、训练到出师都有详细规范，可以说基尔特不仅仅是利益合作的组织，甚至发挥了传承手工艺的教育功能。而对于工作的时数、产品的数量和品质也都有相关规定，甚至同业者彼此间的竞争也要根据规定进行，以确保公平和合作利益，各种基尔特组织甚至有自己行业的圣人和祭拜圣人的节日。

而银行的设立也是商业革命中相当重要的一环，银行最早出现在意大利，由美第奇（Medici）家族所设立，逐渐在欧洲各地开设分行。当时银行的基本功能是提供借贷、汇兑、转账、取现等服务。由于商业交易仍以钱币为主，既笨重又不易携带，银行的设立方便旅行商人进行交易，解决商旅的问题。但不只是意大利，德国也有富可敌国的富格尔家族（Fuggers），甚至神圣罗马帝国的皇帝也曾向富格尔家族借贷。而随着新航路的发现，黄金等贵金属大量从殖民地运回欧洲，铸造成货币后使得欧洲产生货币大量贬值的现象，物价也跟着上涨，造成通货膨胀，这些也是欧洲商业革命的后遗症。

圣女贞德的政治象征与历史意义

"一位来自法国东北部的农家女孩到达希农城，宣称奉神的旨意来帮助法国击退英军。当她在宴会中晋见查理王子时，竟不对坐在王座上的王子行礼，反而对屈

大 事	时 代	地 区	公元 单位：年
结束"亚维农之囚"事件，基督教大分裂。异端与迷信盛行。	查理五世	法国	1378
佛罗伦萨发生梳毛手工业暴动。		意大利	
威克里夫首度将《圣经》译为英文。	理查二世	英格兰	1380
丞相胡惟庸以谋反罪遭处死，之后废丞相，宰相制度因而废止。	明太祖洪武十三年	中国	
帖木儿帝国占领伊朗、钦察汗国。	帖木儿	帖木儿帝国	
瓦特泰勒，领导农民起义运动。	理查二世	英格兰	1381
查理六世精神失常，法国由勃艮第与奥尔良公爵摄政。	查理六世	法国	1382
平定云南，复行科举，并设立锦衣卫。	明太祖洪武十五年	中国	1382

单位：公元年	地 区	时 代	大 事
1387	英格兰	理查二世	乔叟的《坎特伯雷故事集》出版，为英格兰文学之始。
1389	土耳其		经科索沃之役，奥斯曼帝国势力范围扩展至西起多瑙河，东至幼发拉底河。
1391	日本	后龟山天皇	明德之乱，由山名氏清和山名满幸所发动的反室町幕府叛乱，以失败收场。
1392	日本	后龟山天皇	10月南北朝鲜统一，北朝获胜。
	朝鲜半岛	太祖李成桂	李氏于朝鲜建国。
1394	日本	后小松天皇	足利义满担任太政大臣。
1396	英格兰法国	理查二世查理六世	英法两国缔结"百年战争"期间的20年停战协定。

居角落身着侍从衣饰的男子行大礼。原来这位男子的身份正是为了测试贞德是否真能认出自己的正牌王子。"这个画面是吕克·贝松的电影《圣女贞德》中的一景，也是贞德和日后的法王查理七世（Charles VII）初见面的场景。她落落大方的态度给这群原本准备要嘲笑这位农村女孩的法国贵族们留下深刻的印象。

贞德（Jeanne d'Arc）原本是法国的农村少女。她16岁时宣称得到神的旨意，要她带领法国对抗敌人的攻击。当时奥尔良正受到英军炮火的猛烈攻击，此城一旦失守的话，英军便可以轻易攻入法国南部，法国全境都可能成为英国领土。

1429年，贞德独自晋见王子查理，查理赐给她军旗、马匹和一把剑，授予兵权，让她解奥尔良城的危机。虽然她并不识字，也不懂得战略技术，但她有对神的强烈信心和坚定的信仰。贞德到战地后先是给英王一封和平信件，要求英国退兵。而后，她下令法军突破英军的围城，身先士卒地突破英军的防守闯入奥尔良城中，使城中法国百姓精神为之一振。她在入城后数度指挥军队向城外发动攻击，虽然贞德在战争中也曾受伤，但奥尔良全体军民士气大振，经过仅仅九天的突围和攻防，竟成功击退英军。这场战役是贞德的第一场胜战，也鼓舞长久以来士气低迷的法国军民，可说是扭转英法胜负的关键性战役，她也一跃成为法国的民族英雄。

之后的战争，贞德也取得胜利的佳绩，1429 年收复了兰斯等城池后，她支持查理王子在此登基成为查理七世。在之前因为 1420 年，英法签订的和约中法国王权被转让给英王，法国在战事中处境被动；但现在查理的地位稳固下来，对英国也持续进行猛烈攻击。

但接下上帝似乎对她有了别的安排，1431 年，圣女贞德被勃艮第贵族所俘虏，被转卖给英国，接受宗教法庭的审判，最终被认为是女巫处以火刑致死。但贞德为法国牺牲的事，让法国民众更加群起激愤对抗英军。到了 1453 年，除了加来一地以外，法军终于将其余失土全部收复，并将英军赶出法国境内，结束英法间的百年战争。虽然 1456 年，罗马教廷重新翻案，洗清贞德是女巫的罪名，但迟来的正义无法改变牺牲的事实。

有关贞德的事迹历史记载相当稀少，但她被查理七世重用的背后，具有政治目的却是不争的事实。当时王子查理虽空有王室头衔，但没有实权可用。法国内部和敌军英国挂钩的勃艮第贵族集团不认同他的地位。查理认为贞德的存在在精神上既代表上帝的旨意，又是法国军民众望所归，受到她的支持便等同合法表示自己是神所托付的君王；而且在对抗英军的战争中，她的存在就是军民的希望。但贞德被俘虏后，法王查理七世并未积极去营救，也可看出如果贞德受死刑，对法国军

大　事	时　代	地　区	公元 单位：年
足利义满在京都北山建造金阁寺。	后小松天皇	日本	1397
室町幕府建立三管、四职的官制。			1398
理查二世出征爱尔兰受挫，北部地区趁机立兰开斯特家族的亨利四世为王，开启"兰开斯特王朝"。	亨利四世	英格兰	1399—1476
燕王朱棣不满惠帝削藩，起兵平叛，"靖难之变"开始。	明惠帝建文元年	中国	1399
燕王攻入南京，惠帝失踪，燕王即为成祖。	明惠帝建文四年	中国	
进入新帝国繁盛期，托尔特克人组成玛雅潘联盟，征服玛雅各城。	玛雅文明	中南美洲	1400

单位：公元年	地 区	时 代	大 事
1402	帖木儿帝国	帖木儿	帖木儿领军救援东罗马帝国，迎战奥斯曼帝国。安卡拉战役后，奥斯曼帝国向帖木儿帝国称臣。
1404			帖木儿率军发动圣战，欲东征明朝，但在路途中病死。
1405	土耳其	奥斯曼帝国	帖木儿死后，奥斯曼帝国再度复国。
	中国	明成祖永乐三年	郑和第一次下西洋，郑和于1405年到1433年间，陆续七次下西洋。
1407	意大利		热那亚的圣乔治银行成立，是欧洲第一家公众银行。

心将会更有震撼的影响，更加团结一致的抗敌；加上贞德的出现和战绩，早就让朝中贵族嫉妒不满。查理七世为巩固自己朝政，更加不会出兵救援。而对英国来说，贞德的存在表示神是站在法军那边，英国的侵略变成神所不容许的非法之事，当然想尽办法一定要以异端来对她进行裁决，才能将自己的攻击合理化。所以贞德的死亡可视为英法双方政治和战争的角力下必然的结果。

商业城市的兴起；文艺复兴运动的起源

14世纪到16世纪间欧洲社会文化出现相当大的转变，也就是文艺复兴运动的产生。"文艺复兴（Renaissance）"，一词是从意大利文Rinascimento转化而来，有"再生"或"复兴"的意思，摆脱欧洲中世纪长期封闭的封建社会和宗教文化的束缚，要求重新恢复古希腊和罗马时期的古典文化，产生新文化和创造力。但是文艺复兴运动并不是凭空出现的，背后那股不可小觑的经济力量是文艺复兴运动能够成功的主因。

因为14世纪初黑死病的大流行，造成欧洲庄园经济崩解，社会阶级产生流动，新兴中产阶级崛起，随之而来的商业经济活动也蓬勃发展。这股新兴的经济力

量正是支持文艺复兴运动的幕后推手。文
艺复兴运动从意大利开始发迹，逐渐传播
到日耳曼、荷兰、英国、法国和西班牙等
地，影响整个欧洲的文化发展。而意大利
能够成为孕育文艺复兴运动的摇篮，就是
受到蓬勃的商业活动及资本主义发展的
影响。

14世纪的意大利并非统一的国家，
而是城市林立的地区。各城市都是自治区
域，而城中势力最庞大的家族理所当然地
成为掌权者。

北部城市以水上之都威尼斯为主，因
地处西欧、拜占庭和北非间的航运枢纽成
为东西方的交易门户，通过转运东方奢侈
品的贸易聚积雄厚资本。

中部则以佛罗伦萨为主，佛罗伦萨是
靠手工、编织、银行金融等行业起家的商
业城市，素有"文艺复兴的摇篮"之称，
这要归功于美第奇家族（Meidci）的推波
助澜。

美第奇家族的权势相当大，不但出过
三位教皇，并且和欧洲王室都有牵连，也
是佛罗伦萨的实际统治者。特别是家族的
银行业在欧洲各地分布广泛，掌握欧洲的
大笔资金。由于商业的繁荣，物质生活得
到满足后，这些有钱有闲的中产阶级便开
始追求生活上的精神层次。他们当然也希
望能通过和贵族相同的嗜好，例如：欣赏
艺术等活动，提升自己的社会地位；但无
论是出于炫富心态，或是心灵上的充实，

大　事	时　代	地　区	公元（单位：年）
郑和第二次下西洋，驶抵锡兰山。	明成祖永乐六年	中国	1408
因米兰战事失败，佛罗伦萨原执政家族阿尔贝蒂家族失势，逐渐被美第奇家族取代。		意大利	1409
贞德出生于法国东北部农村。	查理六世	法国	1412
英王亨利五世利用法国内乱，联合法国勃艮第公爵为内应，进攻法国，进入百年战争的第三阶段。	亨利五世	英格兰	1415

公元	地 区	时 代	大 事
单位：年			
1416	中国	明成祖永乐十四年	郑和第四次下西洋，最远航行东非麻林迪国（肯尼亚境内），而后，麻林迪特使曾两次来中国进献"麒麟"（即长颈鹿）。
1417	罗马		教廷举行"康斯坦斯宗教会议"，目的在解决教会纷争和改革教会。
1419	意大利		乔凡尼·美第奇，委任菲利波·布鲁内莱斯基重建圣罗伦佐教堂。
1420	英格兰法国	亨利五世查理六世	英法签订《特鲁瓦条约》，法国王权被转让给英王。

这些新兴中产阶级都开始将资金投入艺术和文化的发展上。

其中美第奇家族对文艺复兴时期的艺术和建筑方面的发展及援助可说是不遗余力，特别是将家族推上事业巅峰的乔凡尼·德·美第奇（Giovanni di Bicci de' Medici），他重建了圣罗伦佐教堂，并且开启家族支援艺术和科学的先例。之后的家族成员也陆续支援多位艺术家，包括著名的米开朗基罗（Michelangelo）和达·芬奇（Leonardo da Vinci）等人；在科学研究上伽利略（Galileo Galilei）也曾受到援助。

而德意志地区的文艺活动也有富格尔家族（Fuggers）的援助。这些财力雄厚的家族金援各方面的艺文活动或科学研究，都显示出新兴中产阶级和城市经济力量所产生的新文艺生活已成为当时城市生活不可分割的一部分。

拜占庭帝国的最终末日

1453 年，东罗马帝国（即拜占庭帝国）的寿命随着最后一任统治者君士坦丁十一世（Constantine XI Palaiologos）的战亡而结束，千余年的统治终结在奥斯曼土耳其人手中。然而在东罗马帝国最后几百年的岁月里，无论在内政还是经济上都因对外战争和内斗变得满目疮痍。帝国要面对的攻击不仅仅是异教徒的土耳其人，甚至还包含了身负保护基督教重任的十字军。

东罗马帝国到末期，内部的政治分裂更加严重，甚至影响到国家的完整性。原本帝国统治下的省份表面上虽然仍效忠东罗马帝国，但实际上已经没有继续缴税或服从的义务，几乎已经脱离帝国的管控成为独立区域，对于这样的情形东罗马帝国也无计可施。加上帝国富庶的区域几乎被奥斯曼土耳其人所占领，在帝国的兵源和粮食都不足的情况下，既然各省不上缴税金，便只能在君士坦丁堡内征税，并且向外借贷，甚至必须变卖皇家土地来弥补开销。而兵源问题也只能以雇用佣兵的方式来护卫君士坦丁堡。

1451 年，奥斯曼帝国的穆罕默德二世即位，对于攻下君士坦丁堡是势在必得。他在攻打前先和邻近国家商议，使威尼斯和匈牙利都处于中立，以免他们援助东罗马帝国或趁机攻击土耳其。

1453 年，穆罕默德二世使用大炮作为武器。经过连月的炮轰，君士坦丁堡的城墙被彻底破坏。在他率军攻入君士坦丁堡前曾向君士坦丁十一世提议："如果现在放弃君士坦丁堡，你就可以保全生命，还可以获得领土。"但是君士坦丁十一世拒绝这项提议，坚持留守君士坦丁堡到最后一刻，在攻城的战争中身亡。东罗马帝国千年的统治就此结束。

大　事	时　代	地　区	公元 单位：年
法王查理六世和英王亨利五世均于此年去世。由英王亨利六世兼任法国国王。 法国王太子查理出逃至卢瓦河以南地区，成为查理七世。	亨利六世 查理七世	英格兰 法国	1422
土耳其占领君士坦丁堡以外的拜占庭领土。	土耳其 穆拉德二世	拜占庭	1424
英法百年战争第四阶段。当年 10 月英军包围奥尔良城。	查理七世 亨利六世	法国 英格兰	1428— 1453
圣女贞德解除法国奥尔良城之围。 7 月，查理七世于兰斯大教堂加冕，确立王位继承的合法化。	查理七世	法国	1429

璀璨帝国阿兹特克的毁灭

单位：公元 年	地 区	时 代	大 事
	意大利		乔凡尼·美第奇过世，他带领梅迪奇家族走入银行业，成为欧洲最富有的家族，并在文化和政治领域崭露头角。
1430	法国 英格兰	查理七世 亨利六世	圣女贞德被勃艮第公爵俘虏，卖给英国。
	南美洲	阿兹特克帝国 伊兹科阿图	伊兹科阿图成为各族的共主，成立三城联盟。
1431	法国 英格兰	查理七世 亨利六世	5月30日圣女贞德被英军俘虏，以女巫罪名被处以火刑。
1433	神圣罗马帝国	西吉斯孟	枢机主教库萨的尼古拉主张各阶层和皇帝同享立法与行政权。

当西班牙人首度进入阿兹特克首都——特诺奇提特兰城时，他们对城内规划和建筑感到相当惊讶，因为这座城比起当时欧洲的城市还要井然有序。城中建筑物大多是兴建在湖中的木桩上，城内各处交通主要以水道相通，可说是座水上之都。城内有相当多的花园和公共建筑，公共建筑物上饰有白色石膏，让建筑在太阳照射下散发出耀眼光芒。西班牙人对这座城市冠以"世界花园"的美名。除了宫殿外，城中还有约四十座的金字塔作为宗教祭祀的场所。

这个中南美洲强盛一时的王国，原居住于墨西哥北部区域，直到1325年，才定居于墨西哥的特斯科科湖旁。他们在此建立首都特诺奇提特兰城，开启了阿兹特克帝国的传说。最繁荣的时期，光是首都就居住了约25万人口。

宗教是阿兹特克人生活的中心，他们信奉多神信仰，主神是太阳神，另有月亮神、羽蛇神、雨神、玉米神等神明。祭祀除了祈求平安外，也为了确保自然的正常运作，如：气候的干旱、暴雨等，都必须献上祭品，才可平息神明的愤怒。而祭品就是活人的心脏和鲜血，战士俘虏的鲜血和心脏更是最好的祭品。在1450年至1454年期间，就因为连年干旱，使得国王蒙特祖马发动数次战争，才能掳获足够战俘为祭品。战俘被带到金字塔最高处（也是最接近太阳神之处），被活生生地挖出心脏献祭，只见大量鲜血干涸在金字塔的阶梯上，对于亲眼目睹的西班牙人而言，是相当大的文化冲击。

而阿兹特克的灭亡也和信仰有关。他们的古老传说中有位"羽蛇神"教导他们各种必要的生存技术和知识，其形象为白皮肤金头发的高大男子。他在完成使命离开前，曾说过会再度乘船回来。当1519年，西班牙人科尔特斯领军乘船而来时，便因此受到阿兹特克国王和人民的热烈欢迎。一开始，阿兹特克人对科尔特斯是否为传说的羽蛇神，也持存疑的态度，但看到他带来没见过的武器枪械，以及驾驭马匹的技术等，便带着信服欢喜地将西班牙人引进城。国王蒙特祖马二世甚至致以相当热诚的招呼，但随即便被科尔特斯囚禁起来，科尔特斯还在帝国内大肆搜刮黄金和杀害阿兹特克人。西班牙人最后引起人民的暴动，人民投石将国王砸死，将西班牙人赶出帝国。而后，由国王的侄子库伊特拉华克继承。但仅维持四个月，他就因为西班牙人带来的疾病而去世，由另一位侄子库赫特莫克登基。

1521年，科尔特斯重新整顿军备后，再度联合其他反对阿兹特克的印第安部族一同进攻，这次直接以武力进攻首都采取围城的策略，当时城中已因饥饿和传染病而伤亡惨重。根据纪录，因传染病，帝国

大　事	时　代	地　区	公元 单位：年
佛罗伦萨的美第奇家族夺取政权。		意大利	1434
美第奇家族中的老科西莫委任布鲁内莱斯基修建的圆顶圣母百花大教堂完工，为当时世界最大的穹顶。		意大利	1436
玛雅人起义，驱逐托尔特克人，迁回危地马拉。	玛雅文明	中美洲	
颁布《布尔日国事诏书》，加强皇权。	查理七世	法国	1438
第9任皇帝帕查古提，开始大肆扩张领土。	印加帝国	中美洲	

单位：公元 年	地 区	时 代	大 事
1439	俄罗斯	瓦西里二世	罗马教皇在佛罗伦萨召开解决东西方教会分歧的会议，引起俄罗斯境内大公不满。俄罗斯另立国教，莫斯科教会正式脱离君士坦丁堡。
1440	法国	查理七世	查理七世之子路易十一发动叛乱，受到镇压。
	南美洲	阿兹特克帝国蒙特祖马一世	蒙特祖马一世登基，并且积极拓展领土。
1440	意大利		美第奇家族有"祖国之父"之称的老科西莫资助彼特拉克与薄伽丘，成立了柏拉图学园。
1441	日本	后花园天皇	嘉吉之乱，足利义敦遭到杀害。

人口由千万人，骤降至 300 万，而后国王亲自投降，使得 14 世纪至 16 世纪，称霸中美洲的阿兹特克帝国正式宣告灭亡。西班牙人在原地重新建立自己的殖民统治政权——"墨西哥城"。

想来阿兹特克的祖先们应该未曾想过，古老的信仰竟帮助了西班牙的入侵，也使得阿兹特克成为被殖民者，加上西班牙人自欧洲带来的传染病，终于造成帝国灭亡。实际上，军事力量强盛且人口高达千万的阿兹特克帝国，又岂是区区西班牙的军队就可以轻易消灭的。

玛雅文明：消逝于丛林中的奇迹

中南美洲的印第安文明中，最充满神秘色彩非"玛雅文明"（Maya Civilization）莫属。当西班牙人到达美洲大陆时，许多玛雅城市虽然已成为废弃的死城，但是那些巨大且雕饰精美的石造祭坛和完整的城市规划，仍然让欧洲人感到无比的震撼。虽然玛雅文明仍然令人费解，但石碑和纪念碑上以玛雅文字记载的战争、宗谱等重要事件和年代随着文字之谜陆续被解开，让我们可以进一步了解玛雅的历史和文化。

玛雅文明主要分布在墨西哥的尤卡坦半岛，但是在洪都拉斯、危地马拉和萨尔瓦多等地也可以发现残留的遗迹。根据玛雅历法长纪历的记载，玛雅文明从公元前5000年就开始发展了，远比中南美洲的阿兹特克帝国和印加帝国还要早。但当西班牙人进入美洲大陆时，玛雅文明已进入衰败的后古典期（约10世纪至16世纪）。虽然关于玛雅文明为什么会从全盛走向衰弱，甚至弃城出走或集体迁徙。至今虽有相当多的推论，像战争、粮食不足、人口密集等因素，但仍然无法有确切的答案。

玛雅文明并非我们想象中独立的大帝国，而是大小城邦所组成，彼此间因为有共同的语言、文化及宗教信仰结合在一起组成的文化圈，统称为玛雅文明，并由城邦力量强大者成为政治上的领导者。当西班牙人16世纪来到这里时，玛雅已是群龙无首的混乱情形，加上西班牙人带来的天花或瘟疫等欧洲疾病，在中南美洲横行肆虐，使得无抵抗力的玛雅人大量死亡。到1697年西班牙人消灭玛雅人在佩腾湖的据点后，玛雅正式成为西班牙的殖民地。

玛雅采用原始的部落生活方式，最令人赞叹的就是石造金字塔建筑上精美的雕刻和刻工，没有铜器或铁器等工具的玛雅人，如何建造出如此精密的巨型建筑，至今仍是令人费解的谜团。玛雅城市的构造便是围绕着石造金字塔建立，这个仅是宗教祭坛，也是玛雅人的生活重心。社会分为四种阶级：贵族、祭司、平民及奴隶，

大 事	时 代	地 区	公元 单位：年
以玛雅城邦的乌斯马尔为首聚集许多小城邦，合力反抗玛雅潘城邦的统治，但也造成日后玛雅城邦分崩离析的局面。	玛雅文明	中美洲	
意大利艺术家波提切利（Sandro Botticelli）诞生有《维纳斯的诞生》《春》等作品。		意大利	1445
路易十一再度煽动起义，逼迫查理七世交出王权，再度以失败告终。	查理七世	法国	1446
尼古拉五世创立梵蒂冈图书馆。		意大利	1447

单位：年 公元	地 区	时 代	大 事
1449	中国	明英宗正统十四年	英宗亲征瓦剌遭俘，史称"土木堡之变"。英宗弟即位，是为代宗。
1450—1454	中美洲	阿兹特克帝国蒙特祖马一世	发生大饥荒，蒙特祖马一世不断发动光荣战争，用俘虏来祭祀神明。
1450	南美洲	印加帝国	修建马丘比丘古城，但因为不知名的原因很快废弃不用。

祭司则由贵族中选出，专司宗教仪式、解读预言和天文现象等职责。

玛雅人另一个令人惊叹部分就是天文历法。玛雅人在天文历法和数学上的成就，是其他古文明所望尘莫及的。玛雅人将一年分成 18 个月，一个月有 20 天，每年另外加 5 天，等于现今一年的 365 天，在历法上可以达到几亿年以上的概念和计算。在没有任何辅助工具下，可以精算到这种程度实在令人讶异。可惜在西班牙传教士到达此处时，已将所有纪录几乎焚烧殆尽，仅有三份文书留存下来。而西班牙人又将认识玛雅文字的贵族给屠杀殆尽，让玛雅成为名副其实"失落的文明"，西班牙人的到来可说是中南美洲文明浩劫的开始。

变革的年代：
文艺复兴与大航海时代

15世纪到16世纪，这短短百年间，可说是欧洲文化发展的黄金时期。在东罗马帝国灭亡以后，大批的知识精英和传教士逃到西欧避难，特别是意大利一带。他们带来了古希腊罗马时代大量的文献和知识，让文艺复兴的序幕就此揭开。从原本中古世纪以基督教义为中心，思想备受限制的氛围中，露出了自由的曙光，而商业城市国家的兴起，如：威尼斯、热那亚……更促使中产阶级的出现。当生活获得改善，对文学、艺术和音乐的需求出现，变革也就此开始。

在北欧各国，文艺复兴开始得比较晚，而变革更从文化层面扩大到了宗教议题。宗教改革运动的领袖马丁·路德，长期以来，对教廷的腐败感到不满，于是提出了改革。当时欧洲各国的君主们也因不满教皇对各国的控制，希望加强君权的控制力，所以新教势力崛起，也迅速得到了欧洲各国君主的认同。新旧教的争议，让各国产生动乱，也因此加速了王权扩张的趋势。而教会势力的衰微，让哲学和科学思想有了空间，于是近代科学渐渐浮出水面。

而另外一件重要的大事为"地理大发现"。最初因为地中海航线长期被威尼斯和热那亚等地的商人垄断，欧洲人为了找寻可取代地中海航线到达亚洲的经商路线，于是葡萄牙和西班牙开始积极推进航海探险。1483年，迪亚士运回了大量香料及货物，经计算其获利是远征费用的60倍，因此激励了欧洲各国，开始了出现大量的航海探险。从哥伦布发现新大陆到麦哲伦航行世界一圈，欧洲人的足迹开始遍布美洲、非洲大陆。不同于15世纪初郑和下西洋的性质，他们除了贸易，更有殖民扩张的野心。为了利益，欧洲采取殖民政策。中南美洲的三大古文明皆毁于欧洲人之手，而欧洲各国的争霸，也从陆上延伸到了海上。

与此同时，近东和亚洲地区也有了变化，奥斯曼土耳其帝国在攻下君士坦丁堡后，成为横跨欧亚非的大帝国，而号称是帖木儿子孙的莫卧儿帝国也在印度称雄，伊斯兰势力也因此扩张。

地 区	时 代	大 事
单位：公元 年

1451	西班牙		著名航海家哥伦布出生。
1452	意大利		"文艺复兴三杰"之一的达·芬奇诞生，著名作品有《蒙娜丽莎的微笑》《最后的晚餐》，同时也是著名的科学家、发明家。
1455—1485	英格兰	亨利六世	英国领主兰开斯特家族和约克家族争夺领导权爆发内战，史称"玫瑰战争"。
1456	罗马	教皇卡里斯特三世	罗马教廷撤销对贞德的异端判决。
	法国	查理七世	路易十一投奔勃艮第公爵的"善良"腓力。
1457	中国	明英宗天顺元年	英宗被拥立复辟，代宗卒，史称"夺门之变"。
1460	意大利		意大利文艺复兴运动达到全盛时期。

文艺复兴的发展：以"人"为本的人文主义

文艺复兴时期无论在哲学、文学、艺术、教育和自然科学等各方面学科都有相当出色的表现，而这些学科被通称为人文主义。人文主义所表现的内容主要在歌颂世俗，因为以"人"为中心，所以肯定现世生活。提倡"人道"的观念，用来反对中古封建社会中长期以来被宗教"神道"观念所把持的社会思想。以人性来对抗宗教的禁欲观念，也从原本对"神"的研究转而变成对"人"的研究。人文主义希望艺术和文学可以表现出人类的思想，以及将情感从宗教的束缚中解放。

中世纪时期不可能出现的裸体和异教题材也成为文艺复兴的主题，但这些作品是以欣赏和追求情感解放的态度进行创作，虽然要从宗教束缚中解放个人情感，但并不表示文艺复兴运动是反对宗教、上帝，或否定基督教的存在。它所要反对的是宗教内封建的教会组织，以及那些盲目不理性的崇拜和信仰。这一点从文艺复兴时期许多作品都还是以宗教为题材可以看得出来，例如：拉斐尔的《圣母像》、米开朗基罗为西斯廷教堂所绘制的壁画《最后的审判》等宗教名作。

意大利可以作为文艺复兴发源地，除了归功于中产阶级经济力的支援以外，也要归功于梵蒂冈图书馆保存了古希腊罗马时期的典籍。电影《达·芬奇密码2：天使与魔鬼》中符号学教授罗伯特·兰登就曾要求进入梵蒂冈图书馆，从古老文献中寻找解密线索，也可以想见梵蒂冈图书馆中收藏了多少珍贵典籍。无论是古希腊或拉丁文手稿等，这些典籍都成为文艺复兴时期师法古希腊、罗马文化的重要资料。而思想的解放促使《圣经》被翻译成各种语言，不再以艰涩的拉丁文为主，也间接促进了各国方言文学的展开，加上印刷术的发明，使得文艺复兴的传播突飞猛进。

玫瑰战争：兰开斯特与约克家族的王位继承权之争

英法百年战争后，两国都受到战火摧残，虽然战争发生在法国本土，但英国内政也在战争中受到影响，贵族和封建领主拥兵自重，建立专属武力。所以百年战争结束没多久，1455年英国就爆发了持续约30年的内战。这场内战是由兰开斯特（House of Lancaster）和约克（House of York）两个具有金雀花王朝血统的家族，为了英国的王位继承权所开启的。因为红玫瑰和白玫瑰各为两家族的家徽，所以这场内战在莎士比亚的剧本《亨利六世》中被称为"玫瑰战争"，成为后人所熟悉的名称。

百年战争期间，英国贵族间的内斗

大 事	时 代	地 区	公元 单位：年
7月，在"北安普顿战役"中兰开斯特家族失败，亨利六世遭俘。	亨利六世	英格兰	
12月，"韦克菲尔德战役"中兰开斯特家族获胜，约克公爵查理战死。			
英国约克家族爱德华占领伦敦，为爱德华四世，开始英国的"约克王朝"。	亨利六世 爱德华四世	英格兰	1461—1485
法王查理七世去世，在外流亡的路易十一即位。	路易十一	法国	
莫斯科大公伊凡三世即位。	伊凡三世	俄罗斯	1462
英王亨利六世再度战败被俘。	亨利六世	英格兰	1465
路易十一对勃艮第公爵"大胆"查理发动战争。	路易十一	法国	

公元	地区	时代	大事
单位：年			
1467	日本	后土御门天皇	"应仁之乱"爆发，战争虽于 1477 年结束，但日本从此进入混乱的战国时代。
1469	西班牙		阿拉贡王子斐迪南和卡斯蒂利亚的伊莎贝拉公主联姻，完成西班牙的初步统一。
	意大利		美第奇家族中高贵的洛伦（Lorenzo il Magnifico）在意大利推动和平政策，其宫廷聘用了波提切利与米开朗基罗等艺术家，对文艺复兴贡献良多。
1470	英格兰	爱德华四世 亨利六世	爱德华四世被驱逐，亨利六世被拥立为王。
1471			爱德华四世复辟，亨利六世死于狱中。

时有所闻，但真正趋于白热化的王位争夺战则在亨利六世（Henry VI）继位后展开。他是兰开斯特家族所支持的国王，但当时刚好为百年战争的尾声，英国已经面临战败的窘境，几乎失去所有曾占领的法国领土。亨利六世患有癫痫，且个性又懦弱，朝政被亲信大臣把持，所以他被视为无能的傀儡国王。而约克家族的理查公爵（Richard Plantagenet）则对王位觊觎已久，认为自己才是最佳人选。国王的无所作为，加上战败后低迷的气氛，连带的使民众对王室也产生不信任感，使得英国内战逐渐加剧。

兰开斯特家族的支持者多为英国西北部地区的旧贵族，以威尔士地区为主；约克家族则多集中于南部和东部的英格兰地区，以新贵族和工商阶级为后盾。1455年，理查公爵以"清君侧"为名和亨利六世正式冲突，双方军队在伦敦北边相遇。对决中，兰开斯特家族处于弱势。在双方家族议和后，理查公爵得到摄政大权，一时间约克家族在伦敦的势力如日中天。

而后，亨利六世和王后趁着出巡中英格兰的同时，另外于此建立新朝廷，并且解除了理查公爵的摄政王职位，于是战争再起。1459 年初期战争由兰开斯特家族获得优势，但接下来一连串的战斗中则由约克家族占上风。特别是 1460 年的北安普敦战役中，兰开斯特家族大败，亨利六世遭到俘虏，连伦敦也被约克家族攻下。

不过同年他的死对头理查公爵也在战争中去世。亨利六世的儿子爱德华继续领导家族推翻亨利六世的统治建立约克王朝，继位为爱德华四世（Edward IV）。

兰开斯特家族几乎被爱德华四世给消灭殆尽，并且将一度复辟的亨利六世谋杀于伦敦塔内。他和之后的继位者统治方式都相当残暴，又大肆没收贵族领地。这些举动也引起约克家族内部权贵的不满，使得两家族的党羽暗中联手，最后内战终结于兰开斯特家族的远亲亨利·都铎手中，就是日后建立都铎王朝的亨利七世（Henery VII）。他曾受到约克家族的迫害流亡到法国，在法王的帮助下回到英格兰成为兰开斯特家族的领导人，杀死当时的英王理查三世（Richard III）后继承英格兰王位。1486年，亨利七世又迎娶约克家族的伊丽莎白·约克为妻，这场联姻正式宣告英国玫瑰战争的终结。

这场战争对英国有相当大的帮助，政治上将旧贵族势力几乎肃清殆尽，为日后都铎王朝的君主专制政体立下基础。再者对英国本土的农业和工商业发展也有帮助。由于贵族势力衰弱，受到封建制度控制的农民逐渐有自由发展的机会，可以累积资本投入英国的手工业和工业。工商业的充分发展，连带着英国也产生一些新的资产阶级新贵，有更多的余力可以投入英国本土的文艺复兴运动中。

大　事	时　代	地　区	公元 单位：年
文艺复兴时期的自画像之父阿尔布雷希特·丢勒（Albrecht Dürer）诞生，著有《人体解剖学原理》《绘画概论》。		德国	1471
伊凡三世和拜占庭帝国君士坦丁十一世的侄女结婚。	伊凡三世	俄罗斯	1472
天文学家哥白尼（Nicolaus Copernicus）出生，他是第一位提出太阳中心说的天文学家，并著有《天体运行论》一书。		波兰	1473
"文艺复兴三杰之一"的雕塑家米开朗基罗（Michelangelo）诞生，有《大卫》《哀悼基督》等作品。		意大利	1475
勃艮第公爵"大胆"查理去世，路易十一占领勃艮第。	路易十一	法国	1477

地区	时代	大事
日本	后土御门天皇	平定应仁之乱，京都受到战火摧残，几成废墟。
意大利		威尼斯画家吉奥乔诞生，著名作品为《暴风雨》《沉睡的维纳斯》等。
西班牙 1478	卡斯蒂利亚伊莎贝拉女王	罗马教皇准许伊莎贝拉女王设立宗教裁判所。
英格兰	爱德华五世	政治家和社会主义学者的托马斯·莫尔爵士，被天主教会封为圣人，著有《乌托邦》一书。
法国 1479	路易十一	奥地利大公麦西米伦击败路易十一，尼德兰被哈布斯堡家族夺走。

単位：公元 年

法兰西的统一：高张王权的路易十一

百年战争后，法王必须面对境内贵族的分裂局面，特别是勃艮第公爵与法国王室长期处于敌对状态。事实上勃艮第公国几乎是独立的统治，就差没有自行封王，但这个难题终结在查理七世的儿子路易十一手中。路易十一是位心机很深的人，年轻时曾不止一次策划推翻父亲查理七世。他在遭到父亲切断经济来源时，还投奔敌对的勃艮第公爵麾下。这样一位迫切渴望王位权力的人，登基后曾骄傲地发下豪语宣称："我就是法兰西！"他的目标就是要建立王权的威信及统一全法兰西。

路易十一素来有"蜘蛛"的称号，显示他狡猾多谋的智慧。在统一过程中，他运用许多外交政策来取代武力的征服。当时勃艮第公爵为"大胆"查理（Charles le Téméraire），一直想要建立一个足以和法兰西王室匹敌的王国，双方可说势如水火。路易十一曾暗中煽动勃艮第领地进行叛乱。而"大胆"查理也曾联合反抗路易十一的安茹、波旁等家族成立反路易十一的联盟，并且拥戴路易十一的亲弟弟查理进攻至巴黎。战败后，路易十一签订和约并将诺曼底给他弟弟，将索姆河地区给勃艮第；但之后随即毁约，又重新夺回诺曼底。

第二次，"大胆"查理又联合了英格兰的爱德华四世来攻击路易十一。而路易十一则转而和瑞士合作，不但资金援助瑞士，又给予英格兰钱财诱使爱德华四世退兵。1477 年"大胆"查理在战场死去，路易十一趁机占领勃艮第大部分领地。

1479 年他被"大胆"查理的女婿奥地利大公麦西米伦（Maximilian I）击败，尼德兰地区落入哈布斯堡家族手中。紧接着，路易十一陆续将安茹、普罗旺斯等地收复。接下来，他将女儿嫁给奥尔良和波旁领地的继承者。直到路易十一去世前，除布列塔尼一地尚未收复，及加来港附近仍为英国属地外，其余都已在法王的控制下。

内政上，路易十一罢黜查理七世时期对自己有意见的老臣，并从中下层贵族或中产阶级内提拔忠于自己的人才任职，不但建立新势力，也巩固自身王权。在经济上，他体会到财富对于王权集中是相当必要的工具，有了资金可以培养自己的军队，外交上也可有效发挥作用，所以他对于法兰西的商业及手工业相当注重，也鼓励境内中产阶级的资本发展，例如：里昂一地成为重要的养蚕和丝织业发展区及市场集散中心，马赛和普罗旺斯也成为负责地中海沿岸贸易的海港。法国虽然因百年战争而元气大伤，但也非全无益处，圣女贞德激发了法国民众的民族意识。而且因为勃艮第公爵和英国挂钩，贵族阶级给予民众自私软弱的印象，认为国家安全需要国王的领导。路易十一趁此扫平境内贵族势力的同时，也逐步集中王权，使 15 世

大　　事	时　代	地　区	公元 单位：年
斐迪南即位为阿拉贡国王，签订《阿尔卡索瓦和约》和卡斯蒂利亚王国合并，西班牙王国成立。	卡斯蒂利亚 伊莎贝拉 女王 阿拉贡 斐迪南二世	西班牙	
伊凡三世驱逐蒙古军队，俄罗斯脱离蒙古统治。	伊凡三世	俄罗斯	▶ 1480
4 月，爱德华四世去世，爱德华五世即位	爱德华五世 查理三世	英格兰	▶ 1483
6 月，摄政王查理篡位，称号查理三世。			
8 月，法王路易十一去世，查理八世即位。	查理八世	法国	
马丁·路德出生于艾斯莱本。		德国	
"文艺复兴三杰"之一的艺术家拉斐尔（Raffaello Sanzio）诞生，著名作品为《雅典学院》《西斯廷圣母》等。		意大利	

公元 单位：年	地　区	时　代	大　事
1484	罗马	教皇 英诺森八世	教皇英诺森八世颁布敕令，谴责巫术迷信，欧洲开始猎捕"女巫"运动。至 18 世纪，约有上百万妇女遇害。
	日本	后土御门 天皇	山城国起义。
1485— 1603	英格兰	查理三世 亨利七世	"玫瑰战争"结束，亨利七世成为英国国王，建立都铎王朝。
1488	葡萄牙	若昂二世	葡萄牙人迪亚士抵达非洲好望角。
1489	日本	后土御门 天皇	银阁寺建造完成。
1490	意大利		威尼斯画家提齐亚诺·维伽略（Tiziano Vecellio）诞生，又叫作提香。他被视为现代油画之父，有《圣母升天》《维纳斯的崇拜》等作品。

纪末的法兰西帝国不但完成领土的初步统一，且成为君王专制政体。

西班牙收复失地运动：驱逐异教徒，完成统一

西班牙地区自公元前即受罗马帝国的统治，直到公元 417 年西哥特人在高卢南部和西班牙建立西哥特王国后才有国家的雏形。但公元 718 年，他又被入侵的阿拉伯人所统治，历经七个世纪之久在异教徒统治下度过被压迫的岁月。直到 1492 年在阿拉贡王子斐迪南（Fernando II）和卡斯蒂利亚的伊莎贝拉女王（Isabel I）的联合统治下西班牙才完全驱逐阿拉伯人，收复失去的土地，这一连串过程被称为"收复失地运动（Reconquista）"。

西哥特王国建立后沿用罗马帝国的封建制度，社会阶级分明，但也因此导致贵族势力坐大，甚至影响到王权的存续，曾有贵族和法兰克人勾结反对国王统治的事件发生。公元 711 年，西哥特贵族和阿拉伯将领联合起来攻击西哥特王国，使西哥特军队在战役中全军覆没，从此基督教的西班牙领土陷入阿拉伯帝国的统治。不过因为阿拉伯帝国本身的内讧，西班牙最后落入阿拉伯人分立出的奥米亚王朝之手，并在拉赫曼三世（AbdarRahman III）统治时期王权达到巅峰。拉赫曼是位奢侈的

君王，将金钱大量花费在修筑宫殿和建立军备上。当时阿拉伯人对于西班牙境内人民采取高压统治，凡伊斯兰教徒必须缴纳庞大税金，农奴收成的大部分需交给领主，人民生活困苦。西哥特人在阿拉伯人的统治下艰辛过活的同时，部分逃亡的西哥特贵族于公元718年建立阿思图里亚斯帝国，开始漫长的西班牙收复失地运动。

国家后来几经迁都改名，到11世纪分裂成一些小国共同对抗阿拉伯人，并陆续夺回部分失土。其中以卡斯蒂利亚王国较强大，成为打击阿拉伯人的主力。但阿拉伯人的统治并非全无优点，他们为西班牙引入先进的农业、手工业技术，以及科学文化，例如：开凿运河、种稻、采矿、纺织等，为日后统一的西班牙立下经济基础。而10世纪时，阿拉伯人统治下的西班牙首都"科尔多瓦"甚至和中国的"长安"、阿拉伯的"巴格达"、及东罗马帝国的"君士坦丁堡"并列，被赞誉为世界四大城市。

13世纪下半叶，伊比利亚半岛经过多年的分合和征战，形成由卡斯蒂利亚、阿拉贡和葡萄牙三个天主教国家，和伊斯兰教徒的阿拉伯人剩余势力对抗的局面。其中，葡萄牙原本是卡斯蒂利亚管辖的地区，但在1143年和卡斯蒂利亚签订条约后正式独立。卡斯蒂利亚在经济上有稳固的牧主同盟组织，政治上有城市议会，军事上的实力也很坚强，比起来阿拉贡境内

大　　事	时　代	地　区	公元（单位：年）
西班牙将回教势力逐出，结束长达七个世纪的收复失地运动。	斐迪南二世	西班牙	1492
航海家哥伦布发现新大陆——美洲。			
贝海姆设计出第一个地球仪。			
哥伦布第二次航行至美洲。	斐迪南二世	西班牙	1493
作家弗朗索瓦·拉伯雷（François Rabelais）诞生，他著有《巨人传》一书。	查理八世	法国	
麦西米伦一世在位，掌握哈布斯堡王室领地，成为欧洲最重要的统治者。	麦西米伦一世	神圣罗马帝国	
《托尔德西里亚斯条约》确立"教皇子午线"，西班牙和葡萄牙划分殖民地范围。	斐迪南二世曼努埃尔一世	西班牙葡萄牙	1494

公元 单位：年	地区	时代	大事
	意大利		法国入侵佛罗伦萨，美第奇家族受到驱逐。
			那不勒斯国王去世，法王查理八世宣布有占领权。
1495	意大利		1月，罗马教皇宣布查理八世为那不勒斯国王。而后查理八世占领那不勒斯。
			7月，威尼斯、米兰、神圣罗马帝国、西班牙和罗马教皇组成神圣同盟联军，和法军交战，法国撤兵。
	神圣罗马帝国	麦西米伦一世	沃姆斯城帝国会议举行，宣布国土永久和平，并设帝国枢密院为最高法院。
1497	葡萄牙	曼努埃尔一世	葡萄牙人达·伽马开始起航往印度。

则大小纷扰不断。但为了收复失地，1469年两国以联姻方式进行联合统治，阿拉贡王子斐迪南和卡斯蒂利亚伊莎贝拉公主的婚姻完成西班牙初步的统一。1492年，当西班牙攻下阿拉伯人在伊比利亚半岛所占据的最后一块区域格林纳达后，终于完成西班牙的收复失地运动，也被认为是天主教战胜伊斯兰教的象征。

哥伦布发现新大陆：殖民扩张的启动

欧洲对新航路的探索，最初是为了找寻可取代从地中海航线通往亚洲的经商路线，因为地中海航线长期被威尼斯和热那亚等地的商人垄断；陆上丝绸之路不但路途遥远，又被阿拉伯人把持。如果可以找到不经地中海或内陆沙漠到达亚洲的新航线，就可以打破阿拉伯香料的独占市场，获取庞大利益。15世纪的欧洲在航海术、造船业和地图绘制上也到达一个水平，这些技术水平的提升都有助于新航线的探索。

最先开始往海外发展新航线的国家为葡萄牙。他们在航路探索中发现了非洲岛屿，并以武力取得对撒哈拉沙漠的控制权，之后又发现通往印度的新航线。而后葡萄牙从海外殖民地中获得大笔财富，让刚完成统一的西班牙也起而效法。所以当哥伦布向西班牙的伊莎贝拉女王提出向西航行到达印度洋的航海计划，女王相当有兴趣。计划虽曾被天主教会议给否决，但最终还是得到西班牙国王斐迪南二世的支持，哥伦布于 1492 年开始第一次远航。

哥伦布在启程前事先和西班牙国王签订《圣大菲协定》(*Capitulations of Santa Fe*)，内容言明：登陆的领土为西班牙属地，财富为西班牙国王所拥有。但哥伦布本人可受封为海军将领的头衔，也可得到部分财富作为报酬。当哥伦布初到新大陆时，他认为自己所到达的地方就是印度大陆。但登陆后，他却感到失望，因为除了玉米、棉花等经济作物以外，没有他所期待的遍地香料或黄金。因为他到达的是中南美洲的巴哈马群岛一带，并非他所认为的印度大陆。虽然哥伦布曾三度航行到中南美洲，但依旧未发现金银财宝，却使得美洲大陆沦为西班牙的殖民地。但新大陆的经济作物传入欧洲，的确为欧洲地区增加粮食生产，也为西班牙带来财富。

新航路的发现对欧洲各国来说是一本万利的好生意，不但可以从海外获得大量的资源和财富，更可利用殖民地扩张自己的领土。对于商人而言，殖民的开发一旦有政府的支援和保护，可以不用担心受到原住民的攻击，和新大陆间货物的互通有无和转手贸易更可大赚一笔。欧洲贸易由原本的区域体系，转而进入世界体系，欧、亚、非三洲和美洲形成一个联结的经济体系。而欧洲的知识分子认为大航海是

大 事	时 代	地 区	公元 单位：年
画家小荷尔拜因（Hans Holbein the Younger）诞生，曾任亨利八世的宫廷画家，为英国油画的传播者，有《墓穴中的基督尸体》《大使》等作品。		德国	
达·伽马到达印度，发现东印度航线。	曼努埃尔一世	葡萄牙	1498
哥伦布第三次航行到美洲，抵达南美海岸。	斐迪南二世	西班牙	
远征意大利，占领米兰和伦巴第。	路易十二	法国	1499
瑞士拒绝缴纳帝国"普通税"，于士瓦本战争后独立，并签订《巴塞尔和约》。	麦西米伦一世	神圣罗马帝国	
瑞士成为独立共和国。		瑞士	
巴西成为葡萄牙殖民地。	曼努埃尔一世	葡萄牙	1500

地 区	时 代	大 事
西班牙	斐迪南二世	哥伦布第四次航行，到达中美洲的洪都拉斯等地。
葡萄牙	曼努埃尔一世	达·伽马二次远航至印度，经过非洲的东海岸时，占领基尔瓦成为葡萄牙领土。
西班牙 斐迪南二世 法国 路易十二		西班牙和法国因为对那不勒斯的利益分配不均而开战。
教皇尤利乌斯二世		教皇尤利乌斯二世，委任布拉曼特、拉斐尔、佩鲁奇和米开朗基罗等人，兴建罗马的圣彼得教堂。
西班牙	斐迪南二世	西班牙占领古巴。
		在巴哈马建立殖民地。于印度西北岸击败阿拉伯军队，攻占马六甲。

左侧年表：单位：公元年

1502 西班牙 / 葡萄牙
1503 意大利
1506 罗马
1508 西班牙
1509

传播耶稣基督光荣的机会，让天主教福泽遍布未开化的殖民地区。但对于领土被侵略的原住民而言，原本的文化和信仰被破坏，生活受到外来者的奴役，却是被压迫统治的开端。

教皇子午线：西班牙和葡萄牙的黄金年代

葡萄牙是最早开拓海外殖民地的欧洲国家，所获得的丰厚报酬早被其他各国艳羡已久，所以西班牙自收复领土运动后便积极向海外发展。自从哥伦布发现新大陆后，西班牙海外扩张势力有后来居上的趋势，也成为葡萄牙在海外殖民地的强劲对手。双方为了殖民地的统治权屡起冲突，到1494年终于通过《托尔德西里亚斯条约》（Treaty of Tordesillas）的签订初步划分海外势力范围。

葡萄牙在15世纪中叶已经控制非洲海岸，并且统治当地的原住民。甚至教皇尼古拉五世（Pope Nicholas V）在1455年颁布命令，将非洲博哈多尔角及南角的全部区域（包括岛屿和港口）都划归葡萄牙的统治之下。1487年，葡萄牙船只更航行到非洲南端的好望角，远至东非和印度地区。

哥伦布发现新大陆时，一度认为自己登陆了亚洲的印度群岛。虽然现在大家都知道他发现的是美洲，但当时就连葡萄牙都如此认为，所以觉得西班牙破坏教皇赋予自己国家的统治权，甚至准备动用武力来捍卫自身的权力。但西班牙此时尚不愿发生战争，所以请求教皇亚历山大六世（Alexander VI）进行协商。1494 年 6 月 7 日两国经教皇的协调，在西班牙的托尔德西里亚斯一地签订条约议和。条约让两国共同垄断瓜分欧洲以外的世界，这就是《托尔德西里亚斯条约》。条约以佛德角群岛（非洲西岸的大西洋岛国，是葡萄牙的殖民地和重要港口）以西的 1770 公里为两国的势力范围分界，以西归西班牙，以东则由葡萄牙分得，因为由教皇居中协调签订，这条分隔线也被称为"教皇子午线"。从这条"子午线"也划分出之后两国的殖民地分布范围，葡萄牙海外殖民地以非洲和远东地区航线为主，而西班牙多以西半球为殖民地。

1512 年，葡萄牙在太平洋航线上发现了大量香料。极具经济价值的马鲁古群岛（又称香料群岛），让西班牙相当垂涎。当 1521 年麦哲伦的航海队伍在环球航行时也到达此地，葡萄牙和西班牙再度交锋，开启第二次的谈判。双方于 1529 年签订《萨拉戈萨条约》（Treaty of Saragossa），再度修订势力分布范围。这次则是针对太平洋所划分的分隔线——以马鲁古群岛以东为分界，西班牙退出这块区域，但是它也从葡萄牙手中获取巨额的

大 事	时 代	地 区	公元 单位：年
于印度西北岸击败阿拉伯军队，攻占马六甲。	曼努埃尔一世	葡萄牙	
葡萄牙占领印度的果阿地区。	曼努埃尔一世	葡萄牙	1510
三浦之乱，又称为"庚午倭变"，为朝鲜半岛的日本人发生叛乱，被朝鲜所平定。	后柏原天皇	日本	
威尼斯、米兰、西班牙、英国和罗马教皇等国组成"神圣同盟"，共同对付法国对那不勒斯的侵略。		意大利	1511
法军撤出意大利的伦巴第。		意大利	1512
科隆帝国会决议赋予帝国会议最高权力，可审议皇帝提案，与会者有选帝侯、诸侯与帝国直辖市三类。	麦西米伦一世	神圣罗马帝国	

公元 单位：年	地区	时代	大事
1513	英格兰	亨利八世	英格兰于弗洛登战役击败了苏格兰军队。
	意大利		佛罗伦萨人马基雅维利出版《君王论》一书。
	罗马	教皇良十世	教皇良十世委任米开朗基罗创作西斯廷教堂壁画、圣彼得大教堂的拱顶。
	南美洲	印加帝国	皇帝卡帕克征服基多，即今日厄瓜多尔。
1514	中国	明武宗正德九年	葡萄牙商船驶达广东，为第一批由海路直达中国的欧洲人。
1515	法国	路易十二 法兰索瓦一世	法兰索瓦即位，称号法兰索瓦一世，法国再度进攻意大利。
	神圣罗马帝国	麦西米伦一世	麦西米伦一世通过儿子的婚约和继承合约，取得西班牙、波西米亚和匈牙利，为哈布斯堡帝国的基础。

款项作为补偿金；以西的菲律宾区域则归西班牙统治范围。条约的签订轻松瓜分了欧洲以外所有的海洋资源，西班牙和葡萄牙各自以强大的海军航行到各海域，强行劫掠财富和奴役当地人民，掠取各种资源，如：象牙、黄金、白银、香料等累积国家财富。

西班牙更从中南美洲的阿兹特克、印加等帝国夺得大量黄金，并且屠杀美洲原住民。从 15 世纪末到 16 世纪，可说是这两国海外竞争最激烈的时代，海外殖民地的扩张也成为国家较劲的主力。直到 1580 年葡萄牙国王去世，葡萄牙被西班牙以军事吞并，西班牙才成为名副其实的海上霸主。又直到 1588 年它的无敌舰队被英国海军打败，西班牙才逐渐自海上霸主退位下来。

开启日本战国乱世序幕的应仁之乱

15 世纪的日本政局仍由幕府所把持，但已从镰仓幕府转为足利尊氏于室町所建立的足利幕府时期。足利幕府第八代将军足利义政统治时期，因为后嗣继承问题，使得内部家臣分裂，分别拥立义政的儿子足利义尚和弟弟足利义视为下任将军，再加上守护大名的家族内部也因继承产生纠纷，一时间日本各地大名也因为自身利益而纷纷投入这场因继承问题而引发的战争，日本历史上称为"应仁之乱"。战后让幕府原本统一的政权再度分崩离析，进入日本的战国时代。

室町幕府时期建立有"三管四职"的辅政职位。"三管"指三位管领，职务是辅佐将军处理军政事务。将军下达的命令也透过管领传达给各国大名，"三管"由足利家族麾下的细川氏、斯波氏及畠山氏三个家族出任。"四职"指的是管领下的侍所职位，负责司法、财政等各类不同事务，则由赤松氏、山名氏、京极氏及一色氏这四个家族担任。足利义政当上将军时年仅八岁，因为前任将军早逝，在管领畠山持国的辅佐下让他以幼龄即位。幼主即位使外戚和权臣权柄在握，就算之后元服亲政，政权仍把持在母方势力的日野氏及三管领手中。他亲政后曾动过要抑制这些权臣势力的念头，但是成效不彰，也让他对政治感到心灰意冷。

另一方面，义政因为到29岁都尚未有子嗣，难免受到各方的压力。他原本打算让已经循入僧门的弟弟足利义视继承将军职位，并说："之后即使生男孩也让他进入僧门，不会继承家督（家族之主）之职。"然而就在弟弟义视返回朝政后不久，1465年，义政的正室日野富子竟然生下足利义尚。如此一来将军继承人的问题又引起朝野内外的争端，对于下任将军的人选分为两派意见，一派以支持日野富子和

大 事	时 代	地 区	公元 单位：年
卡洛斯一世继承西班牙、那不勒斯和西西里亚王国的王位。	卡洛斯一世	西班牙	1516
法兰索瓦一世和罗马教皇利奥十世签订《博洛尼亚宗教协定》，法王可以自由任命法国高级神职人员。	法兰索瓦一世	法国	
土耳其入侵埃及，击败马穆鲁克军队，占领叙利亚，后又攻下开罗，消灭马穆鲁克王朝，埃及成为奥斯曼帝国的一省。	奥斯曼帝国谢里姆一世	土耳其	
教皇利奥十世下令，贩卖赎罪券。	教皇利奥十世	罗马	1517
10月31日，马丁·路德于维滕贝格大学教堂的大门，公布《九十五条纲领》，开启宗教革命。		德国	

公元 单位：年	地 区	时 代	大 事
1518	意大利		威尼斯艺术家丁托列托（Tintoretto）诞生，有《圣马可的奇迹》《崇拜金牛》等作品。
1519	中美洲	阿兹特克帝国 蒙特祖马二世	西班牙人科尔特斯到达墨西哥的阿兹特克。
	西班牙	卡洛斯一世	西班牙国王卡洛斯一世获得富格尔家族的支持，当选为神圣罗马帝国皇帝，又称号"查理五世"。
			麦哲伦开始绕行地球一圈的航行。
	意大利		著名艺术家兼科学家达·芬奇去世。
	德国		马丁路德在莱比锡和教会进行辩论，指出《圣经》是唯一的权威。
1520	土耳其	苏莱曼二世	奥斯曼帝国苏莱曼二世即位。

足利义尚的山名持丰为首，另一派则为拥护义视的管领细川胜元。

而其他的管领和四职本身家族内部也有类似的继承问题，主要是因为当时长子继承家督的制度尚未确立，三管中斯波氏的斯波义敏和义廉，以及畠山家的畠山政长和义就都为谁来继承家督而产生内斗，并且分别向山名持丰和细川胜元寻求支援。斯波义敏和畠山义就向山名持丰求助，而斯波义敏和畠山政长则找上细川胜元。日本各地大名也因为利害关系自动分边站，一边是支持山名氏的西军，另一边则为细川氏的东军，虽然将军义政曾经下令要各地大名不要蹚这趟浑水，但是没有大名愿意遵守规定，也显示将军说话没有分量。

1467 年（应仁元年），长达十年的战事就此展开。双方兵马在京都地区交战。虽然各有地区大名助阵，但战事僵持不下。直到 1473 年，双方的领导者山名持丰和细川胜元先后过世，才使战局有缓和的迹象。而足利义政在这年也决定退位，让儿子足利义尚继承第九代将军。隔年，山名和细川两家的新继任者和谈达成停战的协议。到 1477 年，双方兵马才完全撤退。

经此一役，幕府将军势力更加衰微，而细川氏更在战争期间把将军和天皇囚禁在自己的辖区内，可见将军威权的低落。虽然内战主因是幕府大臣间争夺家族内部的继承权，但是上头一乱，下面便开始作怪，统治各国的大名也开始发展和积极扩张自己的力量。九州、中国地区、四国、近畿、东海道、北陆等地相继起事的结果，让大名底下的守护代、国人有了夺权的机会，守护代如尾张的织田信长，国人则有北近江的浅井亮政为代表。或是一些原本身份低下的浪人，像是美浓的斋藤道三等，都是此时期崛起的人物。而原本势力就强盛的一些大名则成为战国大名，例如：甲斐的武田信玄。应仁之乱为日本长达一百多年混乱的战国时代掀开序幕。

宗教改革：赎罪券与马丁·路德的《九十五条纲领》

　　教会经过长期发展已成为欧洲人不可或缺的精神中心，随着天主教徒人数逐年增加，教会和修士人数也随之大幅激增。教会本身在社会上就享有相当多特权，诸如：无须缴纳税金给政府，人民必须另外缴交什一税给教会等，使得教会财产日渐丰厚，上下层级的神职人员都借宗教名义大举敛财。1517 年教皇利奥十世（Pope Leo X）假借重新翻修梵蒂冈圣彼得大教堂的名义筹措资金，派教士到各国贩卖"赎罪券"，标榜有罪的人买了赎罪券，死后就可以消除生前罪孽而上天堂。甚至为

大　事	时　代	地　区	公元 单位：年
麦哲伦进入南美洲的南端海峡，此海峡被命名为"麦哲伦海峡"。	卡洛斯一世	西班牙	
马丁·路德将教皇开除教籍的诏书给烧毁。并发表改教三书。		德国	
发表《保卫七项圣礼》，反对马丁·路德的宗教改革，受到教皇颁赠"信仰保护者"的名号。	亨利八世	英格兰	1521
4 月 27 日，麦哲伦于菲律宾群岛卷入土著战争中被杀身亡。	卡洛斯一世	西班牙	
神圣罗马帝国皇帝查理五世（即卡洛斯一世）和教皇缔结同盟，对抗法国。	查理五世	神圣罗马帝国	
西班牙人科尔特斯率兵灭阿兹特克帝国。	蒙特祖马二世	中美洲	

公元 单位：年	地 区	时 代	大 事
	土耳其	奥斯曼帝国 苏莱曼二世	攻占贝尔格勒。
1522	西班牙	卡洛斯一世	麦哲伦船队完成环绕世界一周的创举。
	德国	查理五世	马丁·路德开始将《圣经·新约》自希腊文翻译成德文，此版本后被称为《路德圣经》。
			发生德意志农民战争，为农民反抗地主的起义。
	土耳其	苏莱曼二世	打败罗德斯的圣约翰骑士团，控制热那亚和威尼斯的贸易。
1523	日本	后柏原天皇	"宁波之乱"，日本细川氏、大内氏之争均派使节到明朝，双方在宁波发生冲突。
1525	法国	法兰索瓦一世	法王在意大利的帕维亚战役中战败被俘，被押送到马德里。

了增加卖出的数量，还宣传可以帮死者购买赎罪券，死者的灵魂就可以脱离地狱上天堂，可见修士和教会为了敛财已经无所不用其极。身为天主教神学家的马丁·路德，因为无法忍受教会腐败极致的做法，于是挺身而出，开始批判赎罪券。

他出生于德国境内，大学毕业于法律系，原本家人希望他可以在宫廷中任官，但他却选择进入奥古斯丁修道院，并且拿到神学博士成为神学家。但他时常思考"如何才能获得上帝怜悯"，最后疑问终于在《罗马书》中得到解答，即"因为神的义，正在这福音上显明出来；这义是本于信以致于信。如经上所记：义人必因信得生"——这就是马丁·路德之后的宗教思想中心"因信称义"的理论依据，即只要内心坚定对神明的信念，就可以从中得到神明给予的救赎。自此他心中对教会的繁复仪式，和教会身为人与神明中间媒介者的这个身份产生更多疑惑。

当教会开始发售赎罪券时，马丁·路德再也看不下去。他只身对抗教会这个庞大的利益集团，发表著名的《九十五条纲领》，但其实正式名称为"关于赎罪券的意义及效果的见解"，因为文章里面针对赎罪券和教会的辩论共有九十五条，所以俗称"九十五条纲领"。原本这是他私下寄给当时枢机主教的密信，但不为主教所采用。气愤之余，他依照神学辩论的传统，将文章张贴于威丁堡大学的教堂大门，希望和其他学者进行辩论。印刷术的发明使得这份文件广为流传。马丁路德主张只要虔诚的信仰上帝，死后的灵魂便可以得到上帝的救赎，无须花钱购买赎罪券，也无须繁复的教会仪式，更主张要彻底地改变教会，建立不以敛财为主的廉洁教会，这些对教廷而言无疑是个震撼弹。1520 年，他更提出要建立不受教皇所统治的德意志教会。

教廷当然不可能坐视不理，提出要他认错并撤回《九十五条纲领》的要求。但马丁·路德坚持除非可以用《圣经》内容证明他的错误，否则绝不撤回也不认错。他的宗教见解虽然受到教廷的压迫，但却广受当时各国领主及新兴中产阶级的欢迎，因为这样不但可以打压教会在境内的势力，也可趁机没收教会的财产。所以当马丁 路德受到教会迫害的同时，也受到当时德国诸侯们的庇护。在他躲避教廷审判的同时，也着手将《圣经》从希腊文翻成德文，使民众可直接阅读《圣经》而无须借助教会和修士，更借此削弱教会存在的价值。宗教改革从一开始在德国带头反对赎罪券的小火种，到蔓延全西欧成为巨大火焰吞噬庞大的教会组织，却是马丁·路德始料未及的。宗教改革给天主教带来相当大的打击，不再保有独尊的地位，之后加尔文教派等新教的出现，更促进欧洲宗教走向多元化的发展。

大 事	时 代	地 区	公元 单位：年
尼德兰画家布勒哲尔（Pieter Bruegel the Elder）诞生于此年，他又有农民画家之称，有《农民婚礼》《尼德兰箴言》等作品。		荷兰	
神圣罗马帝国的查理五世逼法兰索瓦一世签《马德里条约》，法国被迫放弃对那不勒斯和意大利的领土。	法兰索瓦一世 查理五世	意大利	1526
成吉思汗和帖木儿的后代，巴布尔建立莫卧儿帝国。	莫卧儿帝国 巴伯尔	印度	
打败匈牙利，史称摩哈赤之役，而后签订和约，匈牙利东部成为帝国行省。	苏莱曼二世	土耳其	

单位：公元年	地 区	时 代	大 事
1528	意大利		艺术家委罗内塞（Paolo Veronese）诞生，他是威尼斯画派最具代表性画家，有《迦拿的婚礼》《利未家的宴会》等作品。
1527	南美洲	印加帝国	卡帕克亡，其子瓦斯卡尔与阿塔瓦尔帕，分治库斯科与基多，互争帝位。
1529	西班牙 葡萄牙	卡洛斯一世 若昂三世	西班牙和葡萄牙签订《萨拉戈萨条约》，再度修订海外殖民地的分布范围。
1529	神圣罗马帝国	查理五世	土耳其人首度围城维也纳，而后签订和约，瓜分匈牙利。
1531	西班牙	卡洛斯一世	西班牙将领皮萨罗登陆南美洲，意图征服印加帝国。
1532			皮萨罗杀死印加国王阿塔瓦尔帕。

麦哲伦航行世界：16世纪横渡太平洋的航海王

知名的航海家麦哲伦（Ferdinand Magellan）出身于葡萄牙没落的贵族家庭。讽刺的是他虽然是葡萄牙人，却是因替西班牙出航探险而闻名于世。1519年他受到西班牙国王卡洛斯一世（Carlos I）的资助进行环球世界的航海探险。但令人惋惜的是，当他到达菲律宾时，却因为参与当地原住民的纠纷，在战斗中受伤去世。但他的船员们则完成接下来的航行，成功回到欧洲，完成绕世界一圈的壮举。

麦哲伦年轻时就对航海具有莫大的兴趣，曾在葡萄牙的航海事务局工作，且有多年出航经验。也曾到过当时的印度和马六甲等地，当他看到马鲁古群岛东面是一片汪洋大海时，便猜测地球应该是圆的，大海以东是美洲，所以沿着美洲海岸线往南走，绕过美洲大陆南端的话，就能联结亚洲盛产香料的马鲁古群岛。为此他曾跟葡萄牙国王曼努埃尔一世（Manuel I）报告这个想法。但并未受到青睐，反而受到西班牙国王卡洛斯一世的支持。

1519年，麦哲伦率领一支由266人、共5艘船组成的探险队伍，自西班牙扬帆起航寻找新航线。麦哲伦顺着哥伦布的路线花了70天到达南美东岸，沿着海岸线往南行。但越往南方气候越严峻，除了气候酷寒外, 船员也开始浮躁起来, 船队甚至发生船员叛变的危机, 还好靠着麦哲伦的机智解决了。船只航行到现今南美洲的智利以南, 发现了一个海峡, 穿越海峡后他们终于到达了美洲大陆的西岸的南海区域, 这个海峡就是我们现在所熟悉的"麦哲伦海峡"。这片被称为"南海"的大海, 因为一路航行时都风平浪静, 所以被麦哲伦称为"太平洋"。在太平洋航行途中, 只见一片汪洋, 见不到可靠岸的岛屿。船队曾遇到断粮的危机, 幸好后来沿途发现不少岛屿, 才解决粮食和饮水的问题, 最后在 1521 年 3 月到达菲律宾群岛。但是他却因为要招降太平洋岛屿的住民臣服西班牙, 而参与岛上原住民的战争, 最后在战争中受伤而亡。剩下的船员则继续航行, 并经过香料群岛的马鲁古海域, 载满香料返回欧洲。船队终于在 1522 年回到西班牙港口, 但只剩下一艘船只和 18 位生还的船员。即便如此, 他们所带回的香料仍为西班牙带来相当大的利润。

虽然麦哲伦本人没办法享受回到西班牙后的荣耀, 但这段绕地球一圈的航程却仍被后人归功于他的远见和领导, 并被视为第一位绕行世界一圈的伟大航海家, 他的发现对后世影响深远。在地理上, 他以实际行动证明地球是圆球形的说法, 打破长期以来认为地球是"天圆地方"的观念。也让世人了解到地球大部分的区域

大事	时代	地区	公元 单位：年
西班牙征服秘鲁, 印加帝国灭亡。			1533
亨利八世与教皇决裂, 创立英国国教派, 国会通过《最高法令》, 国王为英国教会的最高领导者。	亨利八世	英格兰	1534
大主教克兰麦宣布亨利与凯瑟琳的婚姻无效。			
罗耀拉成立耶稣会, 志愿担任传教的服务, 推动了世界性的传教活动, 范围远至美洲、中国、印度和日本。	卡洛斯一世	西班牙	
国会通过《威尔士法案》将威尔士并入英格兰, 并指定英语为其官方语言。	亨利八世	英格兰	1536
亨利八世以通奸罪处死王后安妮·博林。十天后和侍女珍西摩结婚。			

公元 单位：年	地 区	时 代	大 事
	日本	后奈良天皇	因宗教上对立产生的天文法华之乱。
	瑞士		加尔文发表《基督教原理》，开始基督教改革运动。
1535	西班牙	卡洛斯一世	皮萨罗建立利马城。
			皮萨罗派人杀死玻利维亚的征服者阿尔马格罗。
1540	法国	法兰索瓦一世	法国建立宗教裁判所。
1541	西班牙	卡洛斯一世	印加帝国的征服者皮萨罗被人谋杀身亡。
	土耳其	苏莱曼二世	接收波斯，将巴格达降为省会。
1542	中国	明世宗嘉靖二十一年	爆发"壬寅宫变"，宫女欲勒杀皇帝，后以失败收场。
	日本	后奈良天皇	葡萄牙人漂流到日本九州附近的种子岛，传入火绳枪。

是相连且完整的一片广大海域。而当麦哲伦行经太平洋岛屿时，这些未见过白人的原住民对于麦哲伦出示的东西都感到相当新奇，并且也受到欧洲火器等军备的震慑，而臣服于西班牙。他也传播天主教信仰，许多岛民甚至受洗成为天主教徒，如：菲律宾群岛的天主教信仰便相当根深蒂固。

英国国教成立，为了离婚不惜杠上教皇的亨利八世

都铎王朝到亨利八世（Henry VIII）时代，君王权力变得更加强大。为了婚姻问题，他和罗马教廷发生严重的对立和冲突，甚至于 1534 年创立以英国国王为最高领导者的英国国教。

亨利八世的情史应该是他最广为人知的事迹，他的一生中有过六任妻子和多位情妇。第一任妻子凯瑟琳皇后是西班牙国王卡洛斯一世的姑母，也曾是亨利的嫂嫂，因政治考虑被亨利七世安排再嫁给小自己 12 岁的亨利八世，这是场标准的政治婚姻。两人所生的小孩只有女儿玛丽公主顺利成长，其余都夭折。因为亨利八世需要儿子继承皇位，打算休妻后迎娶当时身为侍女的情人安妮·博林（Ann Boleyn）。然而国王的离婚必须要有教皇批准，而凯瑟琳背后有西班牙国王做后盾，教皇两方都不想得罪，对于亨利所提

出的离婚申请一再拖延，此事也成为亨利八世和教皇决裂的主因。其实在离婚问题发生前，他和罗马教廷关系相当良好，也曾发表过维护教廷的文章来对抗马丁·路德的宗教言论，还曾被教皇封有"信仰捍卫者"的名号。

不过，亨利八世对离婚一事相当坚决，因而不耐烦教廷的一再推拖。1534年经过一连串经年累月的国内会议后，终于通过成立英国国教派（被称为新教，罗马天主教则被称为旧教）的决定。虽然被称为新教，但新教中的仪式、教义和组织等仍大多沿袭天主教的旧制，但是内容更加简化。和旧教的最大不同处在于不承认教皇的权威，而是以英国国王为最高领袖，此外教会的主教必须由国王来任命；而境内教会原本要上缴给教廷的什一税，则改为上缴给教会最高领导者——国王；要原本给罗马教廷的献金因为宗教不同，当然无须缴纳。虽然在玛丽一世时期，曾短暂的将境内的新教恢复成旧教并屠杀新教徒，但到了伊丽莎白女王又再度恢复新教信仰。

虽然因为婚姻问题才另创新教，但是亨利八世也趁机解散教会，没收英国境内教会、修道院的土地和财产。除了充实国库和扩张君王权力，他顺便将土地转卖，或赠与贵族或是商人。一旦这些人接受教会财产，感受到宗教改革的好处后，反对力量便会减弱，他也可以得到这些新兴工

大事	时代	地区	公元 单位：年
詹姆士五世过世，其女玛丽·斯图亚特，出生仅六日便即位为女王。	玛丽一世	苏格兰	
伊凡四世举行加冕典礼，此后俄罗斯君王都以"沙皇"为尊称。	伊凡四世	俄罗斯	1547
亨利八世去世，由其子爱德华继位为爱德华六世。	爱德华六世	英格兰	
文艺复兴时期代表文学家塞万提斯出生，著有《堂吉诃德》一书。	卡洛斯一世	西班牙	
文艺复兴时期的思想家和哲学家，乔尔丹诺·布鲁诺（Giordano Bruno），因为支持宣扬哥白尼的太阳中心说，被教会视为异端烧死。		意大利	1548

公元 单位：年	地 区	时 代	大 事
1549	英格兰	爱德华六世	诺福克郡农民因圈地运动发动起义。
	日本	后奈良天皇	耶稣会教士沙勿略进入日本，为欧人在日传教之始。
1550	中国	明世宗嘉靖二十九年	鞑靼部俺答汗围攻北京，大掠而去，史称"庚戌之变"。
	意大利		画家瓦萨里首度引用"文艺复兴"一词标明艺术史的分期。
1552	中国	明世宗嘉靖三十一年	倭寇首领汪直侵扰沿海，史称"壬子之变"。
1553	英格兰	爱德华六世	爱德华六世过世。 7月10日，亨利七世的外孙女简·格雷被拥立为女王，仅九日就被罢黜，史称"九日女王"。

商业者及贵族对自己和新教的支持。

突如其来的改革引起天主教徒的不满，所以他用武力手段镇压英国境内的反抗势力，又订立《叛逆法》，规定："凡在背后非议国王的作为，不承认国王为宗教上的最高领袖，以及对国王婚姻加以否认者，都要以叛逆罪处以死刑。"当时这个规定处死了许多英格兰境内的天主教徒。虽然他任内搜刮了不少教会的财产，但也因将钱财投入法国和西班牙的战争中，搞得血本无归。种种错误的外交政策使得英国国库空虚，继承者也被财政问题搞得焦头烂额。

成功结束和凯瑟琳的婚姻后，他迎娶安妮·博林为后，但生下的依旧是个女儿（即日后的伊丽莎白女王）。而后为了迎娶第三任妻子，他将安妮·博林以叛国通奸罪处死。最后，第三任妻子珍·西摩（Jane Seymour）终于不负期待为他生下儿子，为日后的爱德华六世（Edward VI），但生下小孩后，她即因产褥热而死。之后亨利八世的婚姻也大多以不好的结局收场。

他的执政生涯对英国最大的影响，就是英国国教的创立，他的果决和专制独断，树立君主专制的最佳典范。英国之前未有正规的海军，但他建造的军舰，却为之后伊丽莎白时代奠下英国海洋实力的基础。

被消灭的印加文明：黄金帝国的太阳之子

　　印加帝国（Inca）是 11 世纪至 16 世纪位于南美洲印第安人建立的强盛帝国，国力最高峰时的领土包含今日的哥伦比亚、厄瓜多尔、秘鲁、玻利维亚、阿根廷和智利等地，东西宽超过 1200 公里，南北长约四千多公里，横跨今日的安第斯山脉和亚马逊雨林区，估算当时印加帝国最庞大时总人口数甚至高达 600 万以上。

　　"印加"一词在印第安语中代表"太阳之子"，印加人建造高耸的神殿来祭祀太阳神。根据印加的古老传说，太阳神的一对子女原本居住在的的喀喀湖的小岛，结成夫妇后带领子孙根据太阳神的指引迁移到库斯科一带定居，印加文明自此开始发展茁壮。印加国王又称作萨帕·印卡（Sapa Inca），含有"独一无二的君王"之意。在印加人民眼中，国王是太阳神的代理人，操控所有权力。虽然宗教仪式由祭司来主持，但重要祭典仍须国王亲身参与。中南美洲文明的建筑技术都相当高明，印加也不例外。首都的库斯科虽建于高原盆地上，但是堡垒和神庙都由巨石堆砌而成，达百吨重的石块却可以精准密合，连接处几乎找不到细缝，显见技术的高明。然而任凭再高明精准的技巧和工艺，面对欧洲的火药炮弹还是无力反抗。

　　在西班牙人眼中的印加是位于南美深

大　事	时　代	地　区	公元 单位：年
7 月 19 日，玛丽一世登基为英格兰女王。	玛丽一世	英格兰	
她和西班牙王子腓力结婚，改信罗马公教。同年，伊丽莎白公主被囚禁于伦敦塔。			1554
玛丽女王使用残酷的手段，迫害新教徒，被称为"血腥玛丽"。			1555
颁布《奥格斯堡宗教和约》，规定神圣罗马帝国境内的公国可以决定自己的宗教，不过仅限天主教和路德教派。	查理五世	神圣罗马帝国	
战国大名武田信玄和上杉谦信，发生川中岛之战。	后奈良天皇	日本	
法国和西班牙签订和约，结束多年的意大利战争。	亨利二世 腓力二世	法国 西班牙	1558

地 区	时 代	大 事
英格兰	伊丽莎白一世	11月，玛丽一世去世，英国女王伊丽莎白一世即位。
神圣罗马帝国	斐迪南一世	查理五世退位，由其弟斐迪南一世即位。
法国（1559）	法兰西二世	法国新教"胡格诺教派"的成立。
英格兰	伊丽莎白一世	议会通过《至尊法令》，宣布女王为英国教会和教士的最高领导。
		同年，伊丽莎白一世拒绝西班牙国王腓力二世的求婚。
日本（1560）	正亲町天皇	桶狭间之役，织田信长讨伐并击败今川义元。
英格兰（1561）	伊丽莎白一世	哲学和政治家培根（Francis Bacon）诞生，提出"知识就是力量"的口号和归纳法的理论。

单位：公元年

处神秘的黄金国度。带领西班牙军队入侵的将军皮萨罗曾说过："上帝的爱是有血腥味的"，他也毫无顾忌地以残酷手段屠杀印加人民。原来，皮萨罗年轻时曾参加海外殖民的远征队，后来定居于巴拿马，因而发现了印加帝国的存在。1532年，比萨罗带领不到200人的军队南下，这时印加帝国内部也因为继承问题产生内斗。当时印加国王瓦伊纳驾崩，原本继位的太子，被庶子阿塔瓦尔帕给囚禁起来。而后，阿塔瓦尔帕自立为王。皮萨罗抓住这个机会，假意邀请国王来聚会。他表面上要帮忙平乱，实际上却将国王抓起来，要求用装满整间囚室的黄金和白银作为赎金交换。但印加人付了赎金后，皮萨罗却毁约杀死国王。并攻进首都库斯科，并始殖民统治。

西班牙人能够如此快速地攻下印加帝国归功于几项因素。首先，印加帝国军队人数虽然庞大，但却使用矛、斧和弓等原始武器。而西班牙人则携带火药和枪弹，兵器上立分高下。最讽刺的是西班牙人善用了印加帝国完善的交通系统。由于中南美洲境内大多为丘陵、山脉、雨林等地形，印加人为了有效管理帝国建造多条四通八达的道路，反为西班牙人平乱所用。而西班牙人所带来的传染病造成印加人大量死亡，也帮了西班牙一个大忙。印加文明就此消失在西班牙人的手中。

英国"黄金时代"的推手: 童贞女王伊丽莎白

伦敦塔阴郁地耸立在泰晤士河畔，这座曾关过无数英国政治犯的高塔，被关入塔中者无人可生还。只有一位，她不但安全从塔中释放，还登上英国王位，她就是都铎王朝最后一任女王伊丽莎白。在她的带领下，英国逐渐航向大航海时代，向海外发展和拓展殖民地，取代西班牙成为海上霸主，其所统治时期也被称为英国历史上的黄金时代。

伊丽莎白一世是亨利八世第二任妻子安妮·博林之女，为王位的第三顺位继承人。她本身是新教徒，而她同父异母人称"血腥玛丽"的姐姐玛丽一世则为虔诚的天主教徒。伊丽莎白曾因宗教而受到玛丽囚禁，甚至被迫改信旧教等恶劣对待。

玛丽一世去世后，伊丽莎白以25岁的年纪登基为英格兰女王。在登基典礼时，她将一枚戒指戴上手指，宣称自己嫁给了英国，此后终身未嫁。虽然她有相当多国内外君王和贵族的追求者，其中追求最积极者为西班牙的腓力二世。但她是位相当聪慧的女王，给予追求者希望却不给予承诺，巧妙利用各界的追求来平衡他们对英国的觊觎，并为英国寻找新的发展机会，在她眼中英国的利益才是最优先的事。

伊丽莎白继位时，英国正处于内外交

大　事	时　代	地　区	公元 单位：年
法国宗教战争"胡格诺战争"的开始。此后，前后约发生了八次战争。	查理九世	法国	1562— 1598
著名的航海家约翰·霍金斯将捕获的非洲黑人运到美洲贩卖给西班牙殖民者，换取大量货物，被称为"罪恶贸易"。	伊丽莎白一世	英格兰	1562
俞大猷、戚继光大破福建沿海的倭寇主力，隔年，剿灭其残部。	明世宗嘉靖四十三	中国	1563
科学家伽利略诞生，他被誉为科学之父，除了使用望远镜来观测天体运行，也支持哥白尼的太阳中心说。		意大利	1564
约翰·霍金斯第二次航行，此次受到英国女王的资助，十次年满载而归，接受女王的勋章表扬。	伊丽莎白一世	英格兰	

公元 单位：年	地 区	时 代	大 事
			英国文学家兼剧作家威廉·莎士比亚诞生，他著有《亨利六世》《罗密欧与朱丽叶》《威尼斯商人》等多部影响深远的作品。
			英国国会通过三十九条教规，确认英国国教派规范。
1565	西班牙	腓力二世	西班牙占领菲律宾群岛。
1566	荷兰		尼德兰资产阶级革命。揭开反抗西班牙统治，争取独立的序幕。
1567	英格兰 西班牙	伊丽莎白一世 腓力二世	约翰·霍金斯再度出航，进行贩卖奴隶的贸易，和西班牙船只发生正面冲突，死伤惨重。
1568	英格兰	伊丽莎白一世 腓力二世	英国和西班牙间因海上贸易问题，局势开始趋于紧张。

困的动荡局面，对内英国新旧教间的争端方兴未艾；对外则有西班牙、法国等欧洲强国虎视眈眈，可说是风雨飘摇的年代。但在这样的局势下她仍能开创盛世，过人能力可见一斑。首先要归功她自小良好的皇家教育训练，对各国语言都有涉猎。这在外交上让她可以如鱼得水地发挥所长。其次，她知人善任，在政治上请政治家威廉·塞西尔（William Cecil）做顾问；军事上则放胆任用原为英国海盗的德雷克（Francis Drake）协助建立英国海军壮大海防实力，甚至授予他爵士封号。而作为回报，德雷克将劫掠来的财富贡献给女王以表忠诚。女王利用非法海盗为英国赚进了大量的钱财，成为她兴建海军和向海外发展殖民地的资金。而她继位后也立即下令恢复玛丽一世所禁止的新教信仰，这样的举动使她得到国内新兴中产阶级势力的支持。

1588 年，颠覆欧洲航海史的重要战事发生了，英国打败西班牙无敌舰队夺得海上霸主之位。两国之间的海战本就是无法避免的，虽然西班牙国王腓力二世曾追求过伊丽莎白，但宗教及海洋贸易的问题却横亘其中。而双方嫌隙加深，也和苏格兰的玛丽女王有关。当时苏格兰由玛丽·斯图亚特（Mary Stuart）所领导。她是天主教徒，因受到境内新教徒的叛变而逃到英格兰。在英格兰的天主教徒趁机暗中支持玛丽，希望她能取代伊丽莎白登上王位，而西班牙也伺机在一旁支援且鼓动叛变。最后迫使伊丽莎白下令处死玛丽才解除王位被颠覆的危机。而在海上贸易方面，伊丽莎白积极发展英国海军和军舰，大有和西班牙互别苗头之意；放纵英国海盗打劫西班牙的船只，严重影响西班牙海上贸易。此外，英国也暗中支援尼德兰的反西班牙革命运动。新仇旧恨交织起来，双方的战争是可以预期的结果。

伊丽莎白时代对海军的训练和战舰的建造，为英国海上贸易奠定坚实的基础，也为英国赚进大笔财富。都铎王朝历代君王都相当重视商业政策，使境内的工商业积极发展，让这段时期英国贸易快速成长。东印度公司也在此时成立，成为对外贸易的交易管理机构。除此之外还有银行等金融机构的设立，这些商贸经验对英国之后无论是工业革命或海外殖民都有相当大的帮助。

伊丽莎白女王在 1603 年结束光辉灿烂，长达 45 年的统治。死后她因为无子继承，由苏格兰国王詹姆士六世（James VI）即位，即斯图亚特王朝的詹姆士一世。

法国的宗教自决，从"胡格诺战争"到《南特敕令》

16 世纪，法国境内发生持续约 30 年之久的"胡格诺战争"。表面上这是场

大　事	时　代	地　区	公元 单位：年
当地贵族发生叛变，苏格兰女王玛丽·斯图亚特将王位传于其子詹姆士六世，后出逃至英格兰，而后被软禁达 18 年。	詹姆士六世	苏格兰	
奥地利的哈布斯堡王室向奥斯曼帝国进贡。		土耳其	
将军足利义昭召织田信长入京。	正亲町天皇	日本	
理想社会主义者托马斯·康帕内拉（Tommaso Campanella）诞生，著有《太阳城》一书。		意大利	
美第奇家族受到西班牙的帮助，建立托斯卡纳公国，定佛罗伦萨为首都。			1569
镇压北部天主教的反抗势力。	伊丽莎白一世	英格兰	

公元 单位：年	地 区	时 代	大 事
	日本	正亲町天皇	织田信长征服堺（大阪湾区域）。
1570	法国	查理九世	太后凯瑟琳签署《圣日耳曼敕令》，允许胡格诺教派的信仰自由。
1571	日本	正亲町天皇	织田信长火烧比叡山。
	德国		天文学家开普勒（Johannes Kepler）诞生，发明了开普勒定律。
	英国	伊丽莎白一世	伦敦证券市场开始交易，开启资本主义的新页。
	土耳其	奥斯曼帝国	和西班牙王国为主的欧洲基督教国家联盟发生勒班托海战，土耳其战败。

天主教和新教的胡格诺教派间的宗教战争，实际上是法国境内封建贵族和王权再度交锋的内战。马丁·路德在德国所掀起宗教改革的火焰蔓延到全欧洲的同时，法国境内也有卡尔文（Jean Calvin）提出类似的宗教观念。在教义方面他和马丁·路德都强调信仰的重要性，认为只凭买赎罪券并无法得到救赎。但两人最大的不同点为卡尔文提出的"预选说"观念，认为只有上帝事先选定的少数人能够获救。信徒所能做的就是勤俭，不受诱惑过着圣洁的生活，努力工作荣耀上帝是人生的目的。这种宗教观念鼓舞资本主义的成长，也广受工商业者欢迎。而这些法国境内的卡尔文信众于1559年举行大会，正式成立的法国新教又称为"胡格诺派"（Huguenot）。

胡格诺派盛行于法国南部普罗旺斯等地，信徒多为新兴中产阶级，又结合波旁贵族的支持，以波旁家族为领导；北部和东北部则多为天主教的势力范围，由以王室近亲吉斯公爵和红衣主教为主的吉斯集团来带领。当时正值法国王位政权动荡不安的年代，多位法王都年纪尚轻就登基，政权操控在母家亲戚手中，而吉斯集团正好趁机把持王权，铲除威胁政权的波旁贵族势力。亨利二世（Henery II）就曾以异端为名对胡格诺教徒进行宗教审判和处决。到1562年吉斯集团抢先出手，于西瓦一地对胡格诺派进行出其不意的屠杀，开启战火的序幕。

双方经历十次战役，战事互有消长。而这些战争不全是针对宗教歧见所产生的，而是两派贵族互相争权所造成。天主教的吉斯集团因为和王室亲近，且法国境内还是天主教徒占多数，再加上邻国西班牙的腓力二世也为自己的利益介入双方间的战火，帮助法国的天主教徒，所以大部分战争仍是天主教徒占有优势。虽然双方也曾数度签订短暂的停战和约，但多数则片面毁约，两派教徒间仍处于剑拔弩张的局势。在法国境内延续 30 年的宗教战争，先后经历四任国王的统治时期，最后终结在波旁家族的亨利四世（Henery IV）手中。

亨利四世是胡格诺教徒，即位前也曾多次受到天主教迫害，甚至经历过危险的圣巴托洛缪大屠杀事件。但登基后他为了巩固自己的势力及得到巴黎天主教徒的支持，在 1593 年改信天主教。而 1598 年为了维持境内宗教和平，也为了让胡格诺教派在法国可以免受威胁地生存，他发布《南特敕令》，在敕令中宣布天主教为法国国教，但是却也承认法国境内胡格诺教派有信仰的自由。他们可在法国境内建造教堂及公开召集教务会议，而且在政治上也和天主教徒同样享有担任官职的权利，更进一步允许南部一些信仰胡格诺教派的城镇可以拥有自己的武力。《南特敕令》使法国成为欧洲第一个实行宗教宽容政策的

大 事	时 代	地 区	公元 单位：年
8 月 24 日爆发"圣巴托洛缪大屠杀事件"，卡特琳利用其女和那瓦尔的亨利的婚礼，使胡格诺教派受到大屠杀。	查理九世	法国	1572
冒险家兼海盗的德雷克在巴拿马偷袭西班牙的运输船，满载而归，受到英国民众的欢迎。	伊丽莎白一世	英格兰	
颁布《亨利王约》，国王改为选举制。此约扩张了贵族的权利。		波兰	
法王签署《拉罗谢尔和约》，胡格诺教派再度获得宗教信仰的自由。	查理九世	法国	1573
织田信长追击足利义昭，室町幕府结束。	正亲町天皇	日本	
织田信长同时对代表佛教净土真宗的一向宗暴动进行了残酷的镇压。			

单位：年 公元	地 区	时 代	大 事
1575			长篠之战，织田信长和德川家康联合击败武田信长之子武田胜赖。
1574	俄罗斯	伊凡四世	沙皇奖励商人开发西伯利亚。
1576	荷兰		尼德兰北方代表召开三级会议，公布《根特条约》，南北要共同对抗西班牙争取独立。
	日本	正亲町天皇	织田信长出兵讨伐本能院寺。
1577	荷兰		鲁本斯（Peter Paul Rubens）诞生，他是巴洛克时期代表人物，经典作品为《基督戴荆冠》《劫夺留西帕斯的女儿》等。

国家，这场宗教内战也终于告一段落。

"圣巴托洛缪大屠杀"与推动法国霸权的亨利四世

1572 年 8 月 24 日是法国的圣巴托洛缪节，这天在巴黎正同时举办着胡格诺教派领袖亨利·波旁，与法王查理九世的妹妹玛格丽特公主的婚礼。但当教堂悠扬的钟声响起时，惨叫声也随之四起，原本的喜事演变成遍地哀号的惨剧，这起震惊法国的惨案被称作"圣巴托洛缪大屠杀事件"。约 2000 多名胡格诺教派信徒被屠杀身亡，然而这起宗教悲剧的主因却是政治所引起的。成为这次攻击目标的主人公就是瓦拉纳王国的领导者亨利·波旁，即日后开启法国波旁王朝的亨利四世（Henery IV）。

亨利·波旁是波旁家族的统治者，从小跟随母亲信仰胡格诺教。1572 年，法王查理九世的母亲凯瑟琳为了平息境内天主教和胡格诺教派的纷争，决定将女儿玛格丽特公主嫁给亨利，凭借这桩政治婚姻来消弭两派的战火。史诗电影《亨利四世：为爱宣战》便是以此事件为主轴。电影中所描述的美女玛格丽特皇后，便是这位即将成为新娘的玛格丽特公主。然而这场婚礼却是凯瑟琳和天主教徒请君入瓮的阴谋。当亨利·波旁在巴黎欢喜地为婚礼作准备时，大批的胡格诺教徒也纷纷涌进巴黎要庆贺这场婚宴。天主教徒以教堂钟声为攻击信号，当巴黎教堂的钟声一响起，军队便开始大肆屠杀无招架之力的胡格诺教徒。而亨利·波旁为了自保只得先改信天主教，人也被囚禁在皇宫中。此事件后法国各地的胡格诺教徒也陆续遭到屠杀，原本有机会议和的婚礼却让战火再起。

随着教派战争的展开，被牵连进来的法国王位之争也白热化地浮上台面。当时牵扯进王位之争的三位主角都名叫"亨利"，所以又被称为"三亨利之争"。分别为采取中庸政策的法王亨利三世（Henry III）、天主教吉斯公爵亨利（Henry I, Duke of Guise），及身为胡格诺派领袖的亨利·波旁。三人斗争相当激烈。讽刺的是，当国王亨利三世命人谋杀吉斯公爵亨利后，自己也被吉斯集团刺杀，仅剩下亨利·波旁渔翁得利，顺利获得王位继承权。但当时大部分法国民众，尤其是巴黎地区仍为天主教徒的大本营。他只得再次改信天主教，才得以在1594年进入巴黎，顺利登基成为法王亨利四世。

亨利四世初执政时，法国内外都尚待整顿，国内教派间大小争执不断，连年战争导致经济发展迟缓，甚至有农民起义事件爆发；对外则有邻国西班牙的侵扰。而后，亨利四世以大规模的武力镇压行动对付暴动和外敌入侵，方法虽然残酷但也相

大 事	时 代	地 区	公元 单位：年
德雷克开始环绕地球的航行，到1580年才完成，成为继麦哲伦的船队后，第二位环绕世界一周的航海家。	伊丽莎白一世	英格兰	
葡萄牙入侵摩洛哥，史称"三国王之战"，最后以塞巴斯蒂昂失踪，葡萄牙战败告终，此后国势大为衰弱。	塞巴斯蒂昂一世	葡萄牙	1578
英国殖民势力入侵印度。	伊丽莎白一世	英格兰	1579
西班牙并吞葡萄牙。	腓力二世 恩里克一世	西班牙 葡萄牙	1580
张居正推行一条鞭法。	明神宗 万历九年	中国	1581
三级会议正式通过《誓绝法案》，宣布脱离西班牙独立。新组成的国家又称"荷兰共和国"。		荷兰	

公元 单位：年	地区	时代	大事
1582	日本	正亲町天皇	明智光秀发动本能寺之变，导致织田信长自杀。 而后，其部属羽柴秀吉发动山崎之战（又称"天王山之战"），讨伐明智光秀，明智光秀自尽，其势力完全灭亡。
1583	西班牙	腓力二世	扣押英国在伊比利亚半岛的船只。
	中国	明神宗万历十一年	利玛窦抵达广东，开始传教。
	日本	正亲町天皇	发生贱岳之战，此为羽柴秀吉和柴田胜家间，因为织田家的继承问题而产生的权利争夺战。
1584	英国	伊丽莎白一世	在北美弗吉尼亚建立第一个英国殖民地。

当有效。此外，发布带有宗教宽容意味的《南特敕令》，以减少教派间的斗争。政治上则进行君主专制的统治，扫除不利于己的贵族势力。他信奉《共和国论》一书中的观念，认为"君主是一切权力和权利的泉源"。他也体认到农耕和畜牧是法国的经济支柱，所以降低农民的税金，也免除欠税，又引进新作物和整修水利工程，有效提高土地使用率和生产力。他对扶植国内手工业也不遗余力，例如：为保护本国产品的商业利益，限制国外产品进口；又在巴黎大举兴建公共工程。所以任内让原本百废待兴的法国，只花了十年光景就焕然一新，跻进欧洲强国之列。

西班牙衰落的开端：无敌舰队的惨败

西班牙无敌舰队（Spanish Armada），又称为"击不败的舰队"，是16世纪时西班牙为了保护海外殖民利益建立强大的海军。和英国进行海战时，无敌舰队的数量虽然高达130艘，但军舰数量只有60艘，其余多为运输补给用船。英国皇家军舰数量更少，刚开始仅有34艘，但战争期间陆续增援达百余艘，双方战舰的数量相差无多。但是西班牙的无敌舰队败在英国海军手上却是不争的事实，此后欧洲海上霸主的地位也随之转移，促成日后有"日不落国"之称的大英殖民帝国的诞生。

不列颠群岛四面环海，英国认识到想要进一步发展，必须积极朝海洋着手，所以都铎王朝的历代君王对海上军备发展相当热衷。到伊丽莎白一世统治时期，更加紧推动英国的皇家海军建设，并且任命海盗德雷克为将领，训练英国海军。虽然表面上打击横行英吉利海峡的海盗，但暗中却放纵他们对西班牙的商业船只进行劫掠，特别是针对那些装载金银财宝的船只下手。这对向来以海上霸主自居的西班牙而言特别难以容忍，加上当时两国在政治上的纷争方兴未艾，新仇旧恨的交集下，西班牙和英国于 1588 年 7 月 23 日，终于在英吉利海峡爆发欧洲最重要的海上战役。

战争开始是因为前一年，英勇善战的西班牙海军将领圣克鲁斯侯爵（Marquis of Santa Cruz）去世，西班牙国王指派了新将领梅迪纳·西多尼亚公爵（Duke of Medina Sidonia）。但他对海战并不熟悉，据说在面临决战时甚至晕船没办法指挥军舰。而英国将领则由查理·霍华德伯爵（Charles Howard）和原为海盗现已受封英国爵士的德雷克担任。据说德雷克听到西班牙舰队来袭时，正和朋友在打网球，随即轻松地回应说："玩完这一局再去收拾那些西班牙人。"

此次战役中，西班牙采取传统海战策略，打算靠近并登上敌舰后再以步兵进行肉搏战，所以载有相当多的步兵和适合近

大 事	时 代	地 区	公元 单位：年
德雷克在女王的支持下组成舰队偷袭西班牙船只和西班牙在美洲的殖民地，等于是对西班牙的公然挑衅。			1585
爆发与王位有关的"三亨利之战"。亨利三世派人谋杀吉斯公爵亨利，自己也被暗杀。	亨利三世	法国	1585—1589
羽柴秀吉摄政，被赐姓丰臣。	正亲町天皇 后阳成天皇	日本	1586
伊丽莎白一世迫于王位继承争议，处死苏格兰的玛丽女王。	伊丽莎白一世	英格兰	1587
荷兰共和国和英、法结成同盟，共同抗击西班牙。		荷兰	
丰臣秀吉平定九州地区，并驱逐大主教传教士。	后阳成天皇	日本	

公元 单位：年	地　区	时　代	大　事
1588	英格兰	伊丽莎白一世	英国击败西班牙无敌舰队，成为海上新霸主。
1589	法国	亨利四世	法王亨利四世继位，波旁王朝开始。
	中国	明神宗 万历十七年	免除升授官员面谢皇帝之例，自此万历皇帝上朝次数减少，为30年不上朝之始。
1590	日本	后阳成天皇	丰臣秀吉讨伐小田原，消灭北条氏。
	中国	明神宗 万历十八年	李时珍著有《本草纲目》一书。
1592		万历二十年	丰臣秀吉进攻朝鲜，朝鲜向中国求援，引发"中日朝鲜之役"（日本称"文禄之役"）。

距离射程使用的大炮；但英军却不让西班牙军舰有贴近的机会，采取远距离发射口径小但射程远的火炮，配合英国军舰体积小、移动迅速的特点进行攻击，使得交战开始就让英国抢得先机，西班牙军队根本没机会接近并登陆敌舰。英军远距火炮的密集式攻击加上战术使用得宜，让西班牙军舰受到严重损害；英国船只持续增援，更使得无敌舰队处境窘迫。最后，残存的西班牙军舰想趁着风势绕道北方逃亡，却被海上风浪打沉，而海难中冲上岸的船员也被英军俘虏后杀死。回到西班牙的船只仅剩43艘，折损万名士兵和船员；英国军舰全数归来，船员死伤仅百余人左右，双方死伤差距相当悬殊。当腓力二世在西班牙港口看到军队回归的惨状，表面上虽慰劳剩下的军队和人员，回到宫中却气得将自己关在房间内，无人敢跟他交谈。

无敌舰队的失败注定了西班牙衰落的命运，也开启了英国成为海上新霸主的契机。而法国虽然在战争中采取观望的态度。但西班牙海战失利对法国而言却是发展的良机，法国在经历动荡的宗教内战后，国内资源受到损伤，正迫切需要开发海外。而荷兰也积极往东南亚地区，像印尼、马六甲等地进行海外贸易。至此，欧洲海外势力重新洗牌，开创新的战局，海外殖民地的冲突也不断地上演。

日本丰臣秀吉攻打朝鲜: 明朝出兵救援成功

这场发生在 1592 年到 1598 年间的两次日本侵略朝鲜的战争并没有统一的称谓, 依照各国年号不同而有不同名称——中国称为 "万历朝鲜战争", 朝鲜称 "壬辰卫国战争", 在日本则为 "文禄庆之战"。

丰臣秀吉自 1590 年统一日本后, 有了称霸亚洲的野心, 第一步就是将脑筋动到邻近的朝鲜及中国上头。隔年丰臣秀吉遣属下告知当时朝鲜国王宣祖李昖, 日本将在隔年借道朝鲜攻打中国, 需要朝鲜协助。据说此讯息并未传达给宣祖, 也未获得任何允许, 但日本正好以朝鲜不愿帮忙作为入侵的借口。

1592 年 4 月, 丰臣秀吉先发动攻击进军朝鲜。他进攻朝鲜前已做好万全准备, 从日本各地的大名集结约 30 万大军。朝鲜虽然在亚洲也算是颇有分量的国家, 但当时国内严重的党争使政局不稳, 加上军队疏于训练, 长久以来武备废弛, 面对日本突如其来的侵略可说是兵败如山倒, 毫无招架的余地。日军首先于釜山登陆攻占此地后继续进击, 朝鲜几个重要城市都相继沦陷。后来日本甚至进逼至首府的汉城, 宣祖只好弃城逃到平壤。但在日军节节紧逼的情况下, 他只得再度出逃躲到边境的义州地区。同年 6 月, 朝鲜行政区的八道, 仅剩下平安道以北的义州一带

大 事	时 代	地 区	公元 单位: 年
莎士比亚的戏剧《亨利六世》在伦敦戏院首演。	伊丽莎白一世	英格兰	
亨利四世改信天主教, 战争终止。	亨利四世	法国	1593
解析几何学之父笛卡尔 (René Descartes) 诞生, 他著有《方法论》《哲学原理》等书。			1596
庆长之役, 第二次中日朝鲜战争。	后阳成天皇	日本	1597
法王亨利四世发布《南特诏令》实行宗教宽恕, 法国宗教战争的结束。	亨利四世	法国	1598

地区	时代	大事
中国	明神宗万历二十五年	日本战败，中日朝鲜战争结束。
日本	后阳成天皇	丰臣秀吉去世，德川家康将在韩国军队召回。
英格兰	伊丽莎白一世	英国成立东印度公司。
日本	后阳成天皇	关原之战爆发，德川家康获得胜利，开启日本的江户时代。
中国	明神宗万历二十九年	意大利耶稣教会传教士利玛窦来传教至北京，并建教堂。
荷兰		荷属东印度公司成立。
日本	后阳成天皇	德川家康为征夷大将军，江户幕府成立。

单位：年（公元）

1600 / 1601 / 1602 / 1603

尚可保全。日军仅花将近三个月就掌握大半的朝鲜领土，还包含了首都的汉城及重要的平壤等城市，宣祖只得向中国的明朝求援。

对中国来说，朝鲜如果真的成为日本领土，中国便是下一个被侵略的目标，边疆外患的增加并非朝廷所乐见的。在唇亡齿寒的情况下，明神宗决定出兵帮助朝鲜。虽然明军和朝鲜军队对于领军将领和战略上互有歧见，联军内也互有不信任和冲突产生。但明朝军队的援救，确实使得朝鲜战况逐渐好转。到了1593年朝鲜陆续收复平壤、汉城等城市，并将日军驱逐到朝鲜南部的沿海一带。

此外，海上的战争则在朝鲜水军节度使李舜臣的带领卜屡创佳绩。依靠优良的海上战略及龟船等船舰设备，他不但击败丰臣秀吉的海军部队，并且切断日本军队运输粮食和兵源的补给线。这一胜利对依靠海运补给的日军来说无疑是重大打击，眼看补给线被切断，曾经占领的土地又逐渐被夺回，日本开始跟中国进行议和。

1597年，因为议和进行不顺利，双方谈判破裂战事再度爆发战争。这次丰臣秀吉先使反间计让宣祖罢黜擅长海战的李舜臣，之后集结约16万名的海陆军队再度入侵釜山。明朝也二度派兵前往助，虽然兵力明显不足，一开始吃了多次败仗。但到后期战局开始逆转，次年逐渐有击败日军的趋势。海战上也因为朝鲜军屡战屡败，宣祖重新任用李舜臣来指挥海军，日本的运输线再度被截断。这次双方联军将日军逼退至朝鲜东南地区，此时日本方面又传来丰臣秀吉已死亡的噩耗，日军也萌生退兵之意。趁着日军撤退之际，中国和朝鲜军队伺机追击一举击败日军，亚洲三国多年缠斗就此画下句点。

这场战役是 16 世纪亚洲相当重要的跨国战争。战后的朝鲜经济萧条、满目疮痍，几乎灭国。而日本也因丰臣秀吉的去世，各地大名间再度开始势力争夺战，直到德川家康将日本再度统一才安定下来。中国的明朝在战争中也受到相当大的损伤。万历年间接二连三的征战，使得国力消耗大半，对于崛起的后金势力，没有力量去围剿，使女真族有壮大势力的机会和空间。

海权对经济和政治实力的影响：东印度公司的成立

自西班牙无敌舰队被英国海军打败后，欧洲各国海外殖民地的分配重新洗牌。东方贸易航线的美味大餐，大家都想分一杯羹。特别是英国、法国和荷兰这三个欧洲海权强盛的国家，纷纷在海外的印度、马来西亚、印尼等地建立起专门负责海外殖民地的商业贸易机构，名称都叫作"东印度公司"。这和哥伦布发现美洲大陆

大事	时代	地区	公元 单位：年
3月，伊丽莎白一世逝世，王位由苏格兰王詹姆斯一世即位，开始英国的斯图亚特王朝时代。	詹姆斯一世	英格兰	1603—1649
因立储问题，爆发"妖书案"。	明神宗万历三十一年	中国	
法国成立东印度公司。	亨利四世	法国	1604
取得葡萄牙的安汶岛、帝利岛等殖民地。		荷兰	1605
对奥地利战争失败，签下《席特瓦托罗克和约》，从此奥地利不需再向土耳其纳贡，奥斯曼国势开始衰微。		土耳其	1606

单位：公元（年）	地 区	时 代	大 事
1607	英格兰	詹姆斯一世	英国开始北美大陆殖民活动，在弗吉尼亚建立殖民地。
1608	法国	亨利四世	在加拿大建立魁北克城。
	英格兰	詹姆斯一世	英国诗人弥尔顿出生，著有长诗《失乐园》。
	荷兰		荷兰在直布罗陀打败西班牙海军。
1609	荷兰		荷兰和西班牙签休战协定，西班牙承认荷兰独立地位，尼德兰革命获得胜利。
	日本	后阳成天皇	开始和荷兰进行贸易，于平户建立商馆。

有关。当时哥伦布宣称自己发现的是"印度"，而后为了和真正的印度有所区别，将真正的印度称为"东印度"（还包含东南亚地区），美洲大陆称为"西印度"，所以管理印度和东南亚的商贸公司都以"东印度公司"为名。

英国是欧洲最早成立东印度公司的国家，这是由伦敦商人们在1600年合资建立，专门管理东印度贸易的商业公司，因得到伊丽莎白女王授予的皇家特许证，可以垄断东印度的商业贸易权。公司成立初期因资金不足，在商业上受到荷属东印度公司的排挤。所以英国将矛头转向印度，陆续在印度的苏特拉、马德拉斯、孟买等地建立管辖区，又买下盛产经济作物的加尔各答当作据点将印度的物资运回英国，繁荣宗主国的工商业。也在印度雇有佣兵，方便他们在印度的殖民统治并且成为实际侵略的执行者，像是劫掠孟加拉国库。此外又垄断印度境内的鸦片、盐和烟草等商品，并走私到中国进行贸易。疯狂的劫掠和压榨一直持续到1858年，贸易垄断权被英国政府收回为止。

荷兰共和国各省在1602年，为东南亚贸易联合组成一个跨国贸易公司，称为"荷属东印度公司"，是股份有限公司的形态。公司于建立初期就有自治权，除了自组军队外，也有签约、宣战等权力，甚至还发行货币。荷兰在东南亚的贸易上垄断了胡椒、香料、丝绸等在欧洲具有庞大利益的商品。为了维持贸易权的独占，他们在驻在地建立碉堡或商馆，作为转运贸易的中继站，并派兵防守，防止其他国家对当地商贸染指。

法国东印度公司成立时间最晚，到1664年才成立，由三个商业公司合并成立，得到法王路易十四的特许权，在殖民地有建立防卫军队之权。在此之前法国主要的殖民政策是往美洲大陆和非洲发展，例如：魁北克、加勒比海、塞内加尔等地都有殖民地。但在东印度公司成立后才朝向印度发展，占领孟加拉等地成为贸易据点。

这些东印度公司的成立显示东南亚的海上贸易对欧洲各国经济相当重要，东南亚的香料、丝绸和茶叶等在欧洲有庞大商机，而且工业革命发展之际需要大量的棉花等经济作物。广大的殖民腹地可以解决原物料不足的问题，加上价格低廉又有现成的劳力可供使用，对欧洲国家的经济发展相当有利。且殖民地的多寡也显示了各国的政治实力。政治实力强，海上贸易便可一帆风顺，一旦转而变弱，海权便有被夺走的可能。

大 事	时 代	地 区	公元 单位：年
虔诚的艾哈迈德一世，下令将索菲亚大教堂，改建蓝色清真寺。	艾哈迈德一世	土耳其	
发表宗教自由诏书，保障匈牙利和波西米亚的信仰自由。	鲁道夫二世	神圣罗马帝国	
法王亨利四世去世，由九岁的路易十三继位，因年幼由母后摄政。	路易十三	法国	1610
大阪夏之阵，丰臣氏灭亡。为了统治武家制订《武家诸法度》。	后水尾天皇	日本	1615

转折的年代：
启蒙运动和民族主义的兴起

17世纪开始，因为宗教改革让信仰多元化、教会民族化，也让近代的民族国家顺势兴起。欧洲从一个统一的基督教世界，变成了列国分立的"国际社会"，但也因为宗教改革，各国间的关系更加形复杂紧张。

"三十年战争"就是其中的代表，在这场从宗教问题引发争议，演变成牵动全欧的战争之后，各个民族国家雏形的初步形成。战后所签下的《威斯特伐里亚和约》也明文规定，神圣罗马帝国分立出来的国家拥有各自的主权。荷兰和瑞士正式具有独立地位，法国取代西班牙成为欧陆霸主。君主独裁成为欧洲大陆的普遍现象，尤其以法国路易十四为代表，而神圣罗马帝国则成为有名无实的帝国。

在此期间资本主义制度取代了封建制度，而不断扩张的殖民地促进了商业组织的变革，并加速了现代科学的崛起，形成了"科学革命"。而各国政府也动用国家的力量提倡科学发展和应用，如"英国皇家学会""法兰西学会"，牛顿便是在此期间发表了万有引力和运动三大定律。这些科学带来的新思潮，则进一步改变了西方人的思想，转向理性主义，为接下来的"启蒙运动"奠定了基础，而最后在工业革命中到达高峰。

在理性主义抬头下，启蒙运动时代的哲士们，开始对君权神授的说法产生质疑。当时重要的思想家如洛克，就提出"人民拥有自由、生命与财产，这是与生俱来的基本权利，政府的设立是为了保障人民的基本权利"的论述，以抨击君主专制政权，呼吁保障个人自由。

由于这些哲学家也曾是各国君王的座上客，使得当时强国君主，如：普鲁士的腓特烈二世，俄罗斯的凯瑟琳二世，相继标榜开明专制，试图以理性来建设国家。英国更在光荣革命后，由国会取代国王拥有国家大权。而这些国家成为了新的列强，使当时的政治风向为之一变，为接下来的巨变埋下了伏笔。

公元 单位:年	地 区	时 代	大 事
1609	荷兰		眼镜商人利珀希发明显微镜。
1610	德国		开普勒发明天文望远镜。
1611	中国	明神宗 万历三十 九年	东林党争之始。
1612	英格兰	詹姆斯一世	英国舰队在印度击败葡萄牙海军,占领葡萄牙在印度的据点。
	日本	后水尾天皇	下令禁止基督教。
1613	俄罗斯	米哈伊尔	罗曼诺夫王朝成立。
	日本	后水尾天皇	首次派遣使节至欧洲。
1614			大阪冬之阵开始,此为江户幕府为了消灭丰臣家剩余势力的战争。
1615	中国	明神宗 万历四十 三年	发生明末三大案之一"梃击案"。

文艺复兴的反动：华丽的巴洛克登场

文艺复兴运动发展到末期，艺术开始流于形式，17世纪的意大利掀起一波反动运动，相对于文艺复兴运动所追求的平衡、对称的古典均匀之美，反动运动所讲求的便是夸张华丽的风格和气氛，被称为"巴洛克风格"（Baroque）。"巴洛克"这个名称可追溯自葡萄牙文"Barroco"，原意指"不规则的珍珠"，引申有怪异、格调变坏、不整齐等意思。

这时期的作品注重情感上的表现，大量强调戏剧性、夸张、华丽等特色，打破了文艺复兴时期美感的平衡，以曲线、斜线等线条特色呈现在雕塑和建筑上。当然巴洛克文化的兴起也受到当时政治环境的影响。当时君主专制逐渐抬头，而华丽雄伟的建筑刚好可以彰显出君王的功绩和夸耀的象征。例如法王路易十四的凡尔赛宫便是这时期的作品，富丽堂皇的装饰、椭圆大厅的设计，户外有广场、拱门、喷泉等相互搭配，都显示出雄伟的气势。

而在服装上，也以极尽华丽为宗旨，夸张的假发、蕾丝、马甲和及膝灯笼短裤都在欧洲蔚为时尚。高跟鞋更是男女皆爱的风尚，男子身着鞋跟很高、装饰大量花朵或是缎带的鞋子，想来是数千年来最华丽妩媚的男子形象。

而巴洛克的绘画风格，则充满了弧

形、斜线、夸大和戏剧性的光影及色彩，以荷兰的鲁本斯和伦勃朗为代表。另一点值得注意的是音乐上的发展，巴洛克时充满华丽和激情的音乐形式，对后世有很大的影响，音乐家巴赫和亨德尔都是巴洛克时期的重要代表人物。

"三十年战争"：从内战演变成全欧启动的战争

神圣罗马帝国在 10 世纪左右成立，以德意志为中心，领土包含现今的奥地利、捷克、瑞士和意大利北部等地，可说是叱咤风云的大帝国，但随着时光流逝到 13 世纪末帝国已名存实亡，逐渐分裂成各小国。

16 世纪以后，以奥地利的哈布斯堡家族势力最大，当神圣罗马帝国并吞波西米亚（即今日的捷克）后，任命奥地利家族的斐迪南（日后的斐迪南二世，Ferdinand II）为捷克国王，但却因对新教徒的迫害引发"掷出窗外事件"，这粒因宗教而引起的小火种演变成将全欧洲都袭卷进去的熊熊大火，并燃烧了约 30 年之久。

波西米亚被神圣罗马帝国并吞时，奥地利国王曾承诺，任何哈布斯堡家族成员接管后都会尊重境内原本的法律、宗教、议会等各方面的自主权。但斐迪南完全不

大 事	时 代	地 区	公元 单位：年
努尔哈赤以"七大恨"告天，建立后金。	万历四十四年		1616
限定平户和长崎两地为欧洲船只停泊处。将军德川家康去世。	后水尾天皇	日本	
神圣罗马帝国的加尔文教派争取信仰自由，发生"掷出窗外事件"，引发欧洲三十年宗教战争。	腓力三世	神圣罗马帝国	1618—1648
东印度公司在爪哇建立殖民地，建城巴达维亚城。		荷兰	1619
神宗卒，光宗即位，爆发明末三大案之一"红丸案"，光宗卒。	明光宗泰昌元年	中国	1620
英国清教徒乘坐"五月花号"前往美洲大陆。	詹姆斯一世	英格兰	
熹宗即位，发生明末三大案中最后的"移宫案"。	明熹宗天启元年	中国	1621

公元 单位：年	地 区	时 代	大 事
	荷兰		成立西印度公司，垄断西非和美洲的贸易。
1622	中国	明熹宗 天启二年	耶稣会传教士汤若望来中国。
1623	德国		契克卡德（W. Schickard）发明计算机，可进行六位数的加减乘除运算。
1624	法国	路易十三	红衣主教黎塞留进入法国宫廷担任首相，辅佐路易十三。
	英格兰	詹姆斯一世	首度制定专利法，刺激新发明的产生。
	中国	明熹宗 天启四年	荷兰人入侵台湾南部，并于隔年于现今台南安平建热兰遮城。
1626		天启六年	宁远大捷，袁崇焕击退努尔哈赤。而后努尔哈赤因伤而亡，皇太极即汗位。

理会，将原本规定改变，人员也换成自己的亲信，又大肆迫害境内的新教徒，人民累积已久的怒气终于爆发开来。

1618 年的 5 月 23 日，愤怒的民众冲入布拉格皇宫。斐迪南吓得躲了起来，他身旁两位作恶多端的大臣则被民众包围，突然人群中有人冒出一句："把他们丢出窗外！"大家纷纷响应将两人给丢出去，成为著名的"掷出窗外事件"。

这起事件让欧洲掌权者们紧张起来。斐迪南趁机煽动哈布斯堡家族出兵。波西米亚民众听到消息后决定先发制人，组成义勇军抢先攻入奥地利。起义运动让奥地利境内长期受到压迫的新教徒纷纷响应，一路进攻到维也纳城下。义勇军派代表和奥地利国王斐迪南谈判。他假意接受谈判，但暗中向同为天主教国家的西班牙求援。起义军受到斐迪南和西班牙军队的内外夹攻，死伤惨重，加上内部出现背叛者，使得起义在 1620 年被血腥镇压。战败后，波西米亚全体民众被强迫改信天主教，引起新教联盟国家的不满。

当时欧洲各国心理各怀鬼胎，看到哈布斯堡家族重新掌权后，怕他们会恢复之前的荣景。新教亦不愿天主教势力再度复活，连带着对自己的处境也相当忧心。所以由信仰新教的丹麦打头阵，带领新教同盟出兵攻打哈布斯堡家族为首的神圣罗马帝国，但被帝国将领华伦斯坦（Wallenstein）打败。战争的胜利让斐迪南更加嚣张, 进一步扩张波罗的海的商业贸易, 又公布要新教将占领的土地还给旧教, 这些举动让北欧的新教国家瑞典倍感威胁, 决定参加新教联盟, 再度开启战争, 但仍被华伦斯坦打败。这时候法国虽然与哈布斯堡家族向来有姻亲关系, 但因四面疆界被哈布斯堡家族包围, 渴望扩展边境领土, 加上和西班牙长期以来处于不睦的关系, 决定加入战局。

这次战争中, 丹麦、瑞典和法国纷纷搅和进来, 直到哈布斯堡家族集团战败后 1648 年签订《威斯特伐利亚和约》(*Peace of Westphalia*) 才终止这场持续 30 年之久的欧洲内战。条约的签订被视为民族国家雏形的初步成形, 明文规定神圣罗马帝国分立出来的国家拥有各自的主权 (例如: 宣战、议和之权)。荷兰和瑞士正式具独立地位, 法国也如愿得到阿尔萨斯区域, 成功扩张国土的东部疆界。各国可以决定宗教信仰的宗教自决原则, 新教 (加尔文教派和路德教派) 的合法性也获得承认。战后日耳曼元气大伤, 使德意志的民族统一运动要到 18 世纪才有结果。而战后的法国也取代西班牙和哈布斯堡家族, 一跃身成为欧洲的强权国家, 改变 17 世纪欧洲的国际局势。

大　事	时　代	地　区	公元 单位: 年
西班牙进攻台湾, 占据北部, 开启统治。			
思想家培根逝世, 著有《培根随笔》。	查理一世	英格兰	
英国国会通过《权利请愿书》避免查理一世的专制王权。			1628
长崎的天主教徒被下令处死。	明正天皇	日本	
哲学家斯宾诺莎 (Baruch de Spinoza) 诞生, 为理性主义者, 著有《伦理学》一书。	腓力四世	西班牙	1632
哲学家约翰·洛克 (John Locke) 诞生, 主要著作有《政府论》, 为后世政治哲学有相当大的影响。	查理一世	英格兰	

单位：年 公元	地 区	时 代	大 事
1630	中国	明思宗 崇祯三年	袁崇焕因为皇太极的反间计蒙冤下狱，遭凌迟极刑。
1633	日本	明正天皇	首次颁布锁国令，至1639年止一再颁布锁国令。
1635	法国	路易十三	创立法兰西学院，借此以国家的力量，推动艺术和科学的发展。
1636	中国	明思宗 崇祯九年	皇太极改后金国号为清。
1637	法国	路易十三	笛卡尔出版《方法论》。
	日本	明正天皇	岛原之乱，天主教徒暴动事件。
1638			岛原之乱结束。
1639	日本	明正天皇	禁止葡萄牙人赴日，完成锁国政策。

启蒙运动：欧洲人破除迷信，进入光明时代

18世纪一群被称为"启蒙运动者"（Philosophes）的文人作家与散播文化的饱学之士出现。他们崇拜培根、笛卡尔、斯宾诺莎、洛克与牛顿等人提倡的科学方法与原理，因为他们认为这些科学方法能带领他们离开愚昧、迷信与宗教偏激进入光明时代。他们认为自己所处的是一个"启蒙时代"，必须利用普及的文字介绍科学知识给普罗大众，将此改革运动称为"启蒙运动"。

启蒙运动虽遍及整个欧洲，但法国是这个运动的中心，巴黎名媛的沙龙更是造就这个运动的场所。启蒙运动者可以在这样沙龙中讨论各种问题，参与者更可因其机智而声名大噪，有时也可以在这些沙龙得到经济援助，或是认识上流社会与欧洲权贵们。像伏尔泰（Voltaire）就曾在蓬帕杜夫人（Pompadour）沙龙的声名大噪，并透过她的引荐进入法王路易十五的朝廷，与普鲁士的腓特烈二世成为密友。

在这些沙龙中，启蒙运动者们认真地用科学方法研究各类事物，以经验进行理性思考。17世纪科学革命成熟后产生的理性主义，在此时期成为关注的焦点。他们认为理性能取代迷信与无知，为所有知识的根源，能引导人们去掌握支配大自

然和人类。当时的启蒙运动者们对理性与科学精神的赞美与追求，反映在狄德罗（Denis Diderot）所编的《百科全书》书中，此书集结伏尔泰、孟德斯鸠、卢梭等人著作，汇集了当时的科学、技术与历史知识，以怀疑与理性的精神，对当时的社会与制度多家批评。因此《百科全书》一出版便在国际间热卖，让理性思想对当时的社会造成很大的影响。

在理性主义抬头下，启蒙运动者们开始对君权来自上帝的说法产生质疑。尤其当法王路易十四时期，长期的对外战争失利造成经济问题后，法国重要的启蒙思想家孟德斯鸠（Montesquieu）、伏尔泰（Voltaire）与卢梭（Rouseau）等人就开始以洛克（Locke）提出的"人民拥有自由、生命与财产的基本权利是与生俱来的，政府的设立是为了保障人民的基本权利"说法抨击君主专制政权，呼吁保障个人的自由的基础。

由于这些哲学家也曾是各国君王的座上客，使得普鲁士的腓特烈二世与俄罗斯的凯瑟琳二世不再以君权神授为名，标榜自己是开明专制的君主，试图以理性来建设国家，并认可国家非私人财产，而是由一群公务员共同掌管的非个人权威体制。在此观念下，腓特烈二世甚至认为自己是"国家的第一公仆"。启蒙运动这种追求理性与自由的观念，更随着出版物的流传影响到当时人们，因而成为1776年美

大　事	时　代	地　区	公元 单位：年
葡萄牙从西班牙统治下独立。	腓力四世 若昂四世	西班牙 葡萄牙	1640
议会通过《大宪章》。	查理一世	英格兰	1641
将原本在平户的荷兰商馆，迁至长崎。	明正天皇	日本	
英国发生"清教徒革命"。	查理一世	英格兰	1642—1649
法王路易十四即位，他被称为"太阳王"，在位期间共七十二年。	路易十四	法国	1643
李自成攻入北京，崇祯皇帝上吊自缢，明朝亡国。满清入关，建立清朝。	明思宗 崇祯十七年	中国	1644
清教徒将领克伦威尔在马斯顿荒原之战获胜。	查理一世	英格兰	
克伦威尔在纳西比战役获胜。			1645

单位：公元年	地 区	时 代	大 事
1648	欧洲		30年宗教战争结束，签订《威斯特伐利亚和约》，确立宗教宽容。
	西班牙荷兰	腓力四世	《海牙和议》中，西班牙承认荷兰的独立共和国地位。
	法国	路易十四	发生"投石党运动"。
1649	英格兰	查理一世	英国国会处死英王查理一世，宣布英国进入共和时期。
	俄罗斯	阿列克谢	颁布《会典》，法律上确认农奴制度。
1651	英国	共和时期	克伦威尔率军进攻苏格兰，苏格兰军队投降。
			英国议会通过新的《航海条例》，规定输入英国的货物必须由英国船只载运。

国独立和1789年法国大革命发生的重要思潮。

从君主专制到君主立宪：落实英国议会政治的《权利法案》

英国于17世纪发生一场由中产阶级所主导的内战，又称为"清教徒革命"。战争后英国的资本主义制度确立，历史上也将这场革命视为迈向世界近代史的开端。最后国王被送上断头台，使英国的帝王统治短暂终结达11年之久，这位倒霉的君主就是斯图亚特王朝的查理一世（Charles I）。他跟父亲詹姆士一世都有着顽固的个性，且有强烈君主专制思想，不重视议会的存在，只在自己有需要时才召开议会。

1625年，他召开任内第一次会议，目的是希望议会同意加收税金。但当时他宠信权臣白金汉公爵，而前任国王对西班牙的战争又以失败收场，王室令人不满的作为使议会拒绝给予国王征税特权。多次会议中的冲突造成两者间对立加剧。1628年，查理一世再度向议会提议要增加税收，议会上下两院联合要求他签署《权利请愿书》。内文规定："无议会同意，国王不可任意向人民征税或借债；未经同意不可随意动员军队；未经法院判决不可逮捕或责罚人民"等。虽然查理一世为了解决紧急的财务问题，不情愿地签请愿书，但之后却不愿遵守，并且隔年动用武力强行解散国会，开始他的专制统治。之后长达11年的时间，英国未曾召开过会议。

英国国教和专制君权紧密结合，同时也产生许多反对封建统治的英国国教徒，这些教徒希望可以由教徒自身来自治和管理教会。这些"不信从国教"的教徒又被称为"清教徒"，由于身份多为新兴中产阶级，所以这场因迫害清教徒引发的革命又称为"中产阶级革命"。

查理一世在位时，大肆迫害清教徒。1638年，苏格兰因为被强迫改信宗教发生叛乱，国王为筹措军费再度召开会议。但国王和议会无法达成共识，双方种种的不合和歧见，导致英国内战爆发。战争中出现一位杰出的清教徒将领，带领军队和议会站在同一阵线与国王进行抗争，他就是日后被封为"护国主"的克伦威尔（Oliver Cromwell）。在他的领导下，军队屡次击破国王的军队。国王查理一世失败后被囚禁起来，1649年由议会通过以叛国罪处死，送上断头台。

在1649年到1660年间，英国出现短暂的共和政体，实际掌权者为这位护国有功的克伦威尔。直到1758年克伦威尔去世后，议会迎回流浪在外的查理二世（Charles II），斯图亚特王朝再度复辟。他开始清算旧账，甚至将已经去世的克伦威尔等人的尸首挖出来鞭尸。

大　事	时　代	地　区	公元 单位：年
霍布斯（Thomas Hobbes）出版《利维坦》，为日后西方政治哲学发展奠定基础。			
发生计划推翻幕府事件的庆安之乱（又称"由井正雪之乱"）。	明正天皇	日本	
荷兰在好望角建立殖民地。		荷兰	1652
发生第一次英荷战争，双方从贸易对战，发展至争夺制海权的决战。		英格兰荷兰	
克伦威尔就任共和国护国主，实行独裁统治。	护国主克伦威尔	英格兰	1653
清廷册封达赖五世为达赖喇嘛。	清世祖顺治十年	中国	

公元 单位：年	地 区	时 代	大 事
	日本	后西天皇	江户大火。
			德川光国开始编纂《大日本史》，到明治时期才完成。
1654	英格兰	共和时期	签订《威斯敏斯特和约》，荷兰承认英国的海上霸主地位。
1656			天文学家埃德蒙多·哈雷（Edmond Halley）诞生，他著有《彗星天文学论说》一书，预测哈雷彗星的到来时间。
1660	英格兰	查理二世	克伦威尔病死。查理二世即位，重新恢复君主制，英国斯图亚特王室复辟。
			伦敦成立皇家学会，提倡科学研究。
1661	法国	路易十四	掌权首相马扎然去世，法王路易十四亲政。

其子詹姆士二世（James II）继位后，也继续专制政治。但与查理二世不同，詹姆士二世是天主教徒，而英国国教和清教徒组成的议会为了避免宗教迫害事件再度发生而密谋叛变，暗中请詹姆士二世的女儿玛丽和身为荷兰执政官的女婿威廉出兵英国。当威廉的军队登陆英格兰时，受到英国军民热烈的欢迎。此时詹姆士二世见大势已去，急忙逃亡海外。议会于1689年宣布由两人共同统治英国，称号"玛丽二世"和"威廉三世"。由于这次革命不流一滴血地和平收场，所以被称"光荣革命"。但同时为了避免再有不顾议会同意的君王专制出现，议会草拟一份《权利法案》，由威廉签署同意书。法案中规定国王未经议会同意不可片面停止任何法律的效力；不经议会同意不能征税；天主教徒不能担任英国国王；国王不能与天主教徒结婚等。议会希望可以彻底限制天主教在王室家族中的势力，避免宗教迫害事件再度发生。而法案的通过也被视为英国议会政治的落实，不再是形同虚设的组织。

君主专制的巅峰：太阳王路易十四与马基雅维利的《君主论》

有"太阳王"称号的路易十四（Louis XIV）将法国专制王权发挥到极致。即位之初，他因年纪尚幼由母后安娜摄政，红衣主教黎塞留（Armand Jean du Plessis de Richelie）辅政。

在他成年后，决心推行个人统治，不再任用首相，也不再将君王的职务交与他人之手来办理。而后，他开始兴建当时欧洲宫殿建筑中最富丽堂皇的凡尔赛宫，又将较具权势的贵族迁徙到宫殿附近居住，让他们离开原本治理的地区，只能在国王的眼皮底下办事。这样一来，不但便于路易十四掌控行踪，还能降低发生叛乱的可能性。而军事和财政的控制权，也理所当然地操控在自己手中。为了将法国打造成军事强国，他将大量金钱花费在军事武备上，并招募庞大军队。路易十四大刀阔斧地建立专制王权，所使用的政治手段和奉行的准则来自于他所钟爱的《君主论》。

《君主论》是意大利文艺复兴时期重要哲学及政治家马基雅维利（Niccolò Machiavelli）的作品。当时意大利处于政局混乱的时期，不但被其他强国入侵，教皇更把持庞大权力。马基雅维利以自身从政经验写出这本政治学名著。他认为要结束动乱的政局，唯有强而有力的君王统治才能办到。书中探讨了君主国的重要性，且分章节教导君王如何取得及扩张自身权势，也提到国家军队的重要，以及君王所需奉行的行为准则。不过书中也有受争议的部分，例如：君王为了达到巩固统治的目的，无论行使任何狡猾或不正当的手段都是合理的，必要时可放弃传统的道

大 事	时 代	地 区	公元 单位：年
顺治皇帝卒，其子玄烨即位，鳌拜等大臣受命辅助。	清世祖 顺治十八年	中国	
郑成功打败荷兰人，结束荷兰在台38年的统治。	清圣祖 康熙元年		1662
重申《武家诸法度》，禁止公武通婚、禁基督教和禁止殉死。	灵元天皇	日本	1663
虎克（Robert Hooke）用自制显微镜观察软木塞，发现生物组成的最小部分"细胞"。	查理二世	英格兰	
爆发第一次奥土战争，奥地利战败，被迫签下《沃什和约》，需向土耳其进贡。	利奥波德一世	奥地利	
法属东印度公司成立。	路易十四	法国	1664

单位:公元年	地 区	时 代	大 事
	英格兰	查理二世	伦敦发生严重鼠疫,王室也逃出伦敦避难。
1664—1667	英格兰荷兰	查理二世	发生第二次英荷战争,因相互争夺海外殖民地而爆发,而后英国被荷兰击败。
1666	法国	路易十四	巴黎科学院成立。
1667—1668	西班牙法国	卡洛斯二世路易十四	法国和西班牙间发生王位继承战争。
1667	英格兰荷兰	查理二世	签订《布雷达和约》,英国在贸易权上让步,并重新划定海外殖民地主权。
1669	神圣罗马帝国	利奥波德一世	汉萨同盟结束。
	中国	清圣祖康熙八年	康熙擒鳌拜,终于掌握实权。南怀仁被任命为钦天监。
	法国	路易十四	成立北方公司。

德观。这本书对路易十四的施政影响相当大。

除了专制统治之外,路易十四的另一个愿望就是扩张法国领土,这一野心在外交上一览无遗。当时正逢神圣罗马帝国衰微,统一的领土变成小国林立,邻近的西班牙也因海洋霸权被英国夺走而衰落,英国和荷兰又互相争夺海外殖民地,给予法国极好的发展机会。在他任内先后发生几次主要的战争,有和荷兰间的法荷战争,和英国、荷兰及神圣罗马帝国联军间的"大同盟战争",又参与西班牙的王位继承战争,以及其他数场大小战役。法国在这些战役中不乏夺得新的领地,像埃诺省、弗兰德及法国东部的弗朗什-孔泰等地,但更多战役则是以条约议和收场。而西班牙王位继承战争的失败也使得法国称霸欧洲的美梦破碎。连年征战对法国财政造成相当大的负担,加上路易十四热爱奢华的舞会和注重外表衣饰的华美,使国库亏空更加快速,补救措施只能是持续增加对农民和中产阶级的税收,沉重的赋税也为日后的法国大革命埋下伏笔。

但是,路易十四也不是全然无贡献的。1685 年他颁布《黑人法典》(Code Noir),使法国殖民地的黑奴也有些微享受人权的机会。法典中有禁止奴隶主拆散夫妻,或迫使黑奴父母和未成年子女骨肉分离的规定,违反者需受罚。但相较之下里面关于奴隶的规定和禁忌仍属多数,例如：规定黑奴必须受洗为天主教徒，即便是自由的奴隶仍属于法国的物品等。虽然法典中的规定不一定会被实行，且即便违反规定，奴隶主只要罚钱了事即可，跟黑奴所必须受到的身体处罚大为不同。但不可否认的是，此法典给予黑奴一个明确的规定和保障。

印第安人传说：北美的易洛魁联盟和苏族文明

风行一时的电玩游戏《世纪帝国Ⅲ：群酋争霸》，游戏设计就是以17世纪至18世纪时的北美大陆为背景，并以两大原住民族群为角色，东边为易洛魁（Iroquois）文明，西边则是苏族（Sioux）。在历史上，这北美大陆曾经称霸的两大文明中，易洛魁文明是在1570年左右，位于美洲东北地区，即现今的纽约州附近的印第安部落联盟，此联盟起初由莫霍克、奥奈达、奥农达加、卡尤加与塞尼卡等五个印第安部落组成，后来加入图斯卡罗拉。这个联盟虽由六部落组成，但却有相当紧密的政治组织。平时各部落彼此间和平共处，内政由各族自主，不过对外事务，尤其是与外的战争则由联盟代表决定。事务在族与村首领公共会议，以投票方式表决，实行全体一致裁决的原则。

易洛魁联盟虽生活在多山且森林密布

大事	时代	地区	公元
法国成立东地中海公司。			1670
法王和英王签订《多佛密约》，英国加入法荷战争，法王以支付酬金作为答谢。	路易十四 查理二世	法国 英格兰	
颁布《布雷达宣言》，给予天主教徒及非英国国教徒宗教自由。	查理二世	英格兰	1672
英法联合对荷兰宣战，战后荷兰不得不将转口贸易的地位让出给英国。	查理二世 路易十四	英格兰 法国	
荷兰政治领袖被推翻，奥兰治的威廉三世成为终生执政者。	威廉三世	荷兰	
清廷准平南王尚可喜、平西王吴三桂、靖南王耿精忠请求，解除三藩权力。开始长达八年的三藩之乱。	清圣祖 康熙十三年	中国	1673— 1681

单位：年

公元 单位：年	地区	时代	大事
1674	法国	路易十四	布瓦洛出版《诗的艺术》，奠定了法国古典文学的基本规范。
1678	意大利		维瓦尔第（Antonio Lucio Vivaldi）诞生，他是巴洛克音乐的代表人物，有知名曲目《四季》。
1679	英格兰	查理二世	颁布《人身保护令》，保障个人自由免受无故羁押逮捕。
1682	法国	路易十四	路易十四将宫殿迁至凡尔赛宫。
1683	中国	清圣祖康熙二十二年	施琅攻台，台湾收归清廷版图。
		康熙二十三年	清廷在台湾设立一府三县，并撤销海禁。
	荷兰		列文虎克（van Leeuwenhoek）透过显微镜观察到细菌的存在。

的地区，但他们的生活以农业为主，并且是母系社会，居住在长屋中。女性为部落中主要的生产者，种植玉米、豆子与南瓜；男性则为战士、渔夫、猎人或是贸易商人。举凡大自然的动物、植物、风、雨、树木等皆为他们信仰的对象，属于自然崇拜者。他们所在地区为欧洲人最早进入北美之地，因此这个联盟也是最早与欧洲白人接触的印第安人。当时的欧洲人喜爱用海狸皮毛做成的帽子，易洛魁人捕捉到的海狸正好满足当时的欧洲人需求，让法国、荷兰皆愿意用火药武器来与易洛魁人交换海狸皮毛。所以这个联盟可说是最擅长、也是最早会使用欧洲人武器者。到了1675年前后，此联盟利用从欧洲人手中换来的步枪，让自己的势力拓展到达巅峰，领域东起哈得逊湾，西抵密西西比河与伊利诺河，北到安大略湖，南至俄亥俄河和波托马克河间的广大区域，为北美东部最强大的部落集团。邻近的休伦、伊利等部落皆纳入联盟中。

而生活在北美西部地区的苏族，则可根据语言与文化上的差异分为三个部落。其中居住在美西大平原上的苏族是最著名，也是我们所熟悉的北美印第安人的模样，他们的主要经济活动是狩猎；东部有少数的农业耕种，女性在家务农，狩猎为男性的工作；西部则完全以狩猎为主，男女皆为狩猎的高手。对他们来说野牛的肉可食用，皮可以做衣服与帐篷，所以是他们最爱猎捕的对象。1500 年左右，西班牙将马匹带进美洲，改变了苏族的生活方式。他们成为重要的马上民族，拥有精湛的马术，因此成为欧洲移民者头痛的对象。苏族相信大自然中有一股神秘的力量，通过巫师主持的斋戒与舞蹈的方式，就能获得这股力量，让他们在战争中获得保护。然而随着殖民者的脚步，这些印第安人被屠杀和奴役，最后被赶入印第安保留区。在今日美国，印第安人仅占总人口的百分之一。

大不列颠王国诞生：《威尔士法案》与《联合法案》

现今我们所认知的英国本土疆域，包含了英格兰、威尔士和苏格兰等地。但罗马不是一天造成的，英国也不是一天内就完成统一的，中间曾历经多次的分合和战争。要了解大不列颠王国的诞生过程，可从 13 世纪互相纠结的历史开始看起。

首先是威尔士和英格兰间的关系，早期两者在罗马帝国统治下都被划归为大不列颠行省的一部分，而罗马帝国衰亡后变成小国林立的七国时代。各地领主据地为王，直到 1066 年诺曼底公爵威廉才将英格兰地区统一起来。

13 世纪初，金雀花王朝的爱德华一世曾对威尔士和苏格兰发动战争，顺利征

大　事	时　代	地　区	公元 单位：年
第二次奥土战争开始，奥斯曼帝国攻打维也纳，延续约 16 年的时间。战争结束后奥地利成功并吞匈牙利、克罗地亚和波西尼亚等地。	利奥波德一世	奥地利	1683—1699
牛顿发表万有引力说。	查理二世	英格兰	1684
中俄发生雅克萨之役，俄军不敌清军，撤离雅克萨城。	清圣祖康熙二十四年	中国	1685
康熙下达禁止圈地令，停止入关来持续的圈地运动。			
颁布《黑人法典》(Code Noir)，使殖民地的黑奴也有些微人权。	路易十四	法国	

地区	时代	大事
德国		音乐家巴赫（Johann Sebastian Bach）诞生，他将巴洛克音乐发展到巅峰，留有作品达1200多首，有音乐之父的美名。
		音乐家亨德尔（Georg Friedrich Händel）诞生，他有著名的神剧《弥赛亚》《水上音乐》组曲和《皇家烟火》等作品。
日本	灵元天皇	将军德川纲吉发布《怜悯生类令》，直到1709年才废止。
英格兰	詹姆斯二世	詹姆斯二世即位，恢复天主教信仰。
法国	路易十四	废止《南特诏令》，新教徒再度受到迫害。

单位：公元

服威尔士并且纳入英格兰的王权下，又在1284年发布《罗德兰法令》，确立英格兰对威尔士的统治。而爱德华一世也将长子封为威尔士亲王，立下英王长子受封威尔士亲王头衔的传统。时至今日，英国的查尔斯王子也依循这个传统受封威尔士亲王。但是这时候的英格兰国王仅仅对威尔士公国地区有控制权，其他领主所拥有的威尔士土地则不受英王的统治。

直到16世纪亨利八世时期颁布《威尔士法案》。法案中将威尔士划分成13个郡，并且规定英格兰法律也适用于威尔士全境内，还规定要以英语为官方处理政事的统一语言。此外，既然成为英格兰的一部分，当然也可派员参与议会的议事和投票。法案的通过完成了英格兰和威尔士两地在政治和行政上的统一。

威尔士的问题顺利解决，紧接着就是苏格兰的部分了。英格兰和苏格兰两地长期以来都处于分裂的局面。由于英王爱德华一世曾大举进攻苏格兰，大肆进行掳掠残杀，使苏格兰对英格兰的敌意加深。两地虽由不同王室领导，但彼此间因为联姻等行为，不免互为亲戚、有血缘关系。所以当都铎王朝没有子嗣的统治者伊丽莎白一世过世后，1603年，苏格兰国王詹姆士六世成为英格兰国王，称号为詹姆士一世。这也是英格兰和苏格兰初次受到同位君王的统治。

但两地却仍保有自己的议会和行政制

度，在政治、宗教、经济等方面都还是各自独立。查理一世曾尝试要在苏格兰推行英国国教，结果不但引起叛乱导致苏格兰独立，甚至引起英国内战，直到克伦威尔出兵攻下苏格兰，两地再度短暂统一。但是透过战争夺得的统治权，只会让被征服者产生怨恨。查理二世复辟后，苏格兰再度独立出来。

而光荣革命后，英格兰迎接威廉二世和玛丽二世两人共同统治英国，苏格兰议会也同意两人的统治，两地间再度形成联合的状态，由同位君王管理，但议会仍是独立的。1707年两边议会通过了《联合法案》，使得英格兰和苏格兰正式合并。虽然苏格兰民众不完全赞成，但出于经济、政治上各方面的考量，苏格兰议会仍坚持让法案通过。法案使得英格兰除去北方随时可能遭到攻击的心腹大患，也使得欧洲的外交势力无法通过双方的交恶或矛盾，趁机挑拨两地的战火，更为之后英联邦的日不落帝国奠定了稳固的基础。

粗鲁的彼得大帝与俄罗斯帝国的西化

位于欧陆北方的俄罗斯原本对欧洲列国而言只是地处偏远的农业国，但在彼得大帝（Peter the Great）手中开始蜕变。在他强势作风下，俄罗斯进行西化的建设和

大　事	时　代	地　区	公元 单位：年
			1687
颁布第一次《信仰自由宣言》，企图恢复天主教信仰。	詹姆斯二世	英格兰	
牛顿发表《自然哲学的数学原理》一书。			
匈牙利召开普雷斯帝国会议，决议将王位将交付奥地利的哈布斯堡王室。	利奥波德一世	奥地利	
			1688
英国发生"光荣革命"，放逐詹姆士二世，迎回其女玛丽二世及其夫婿荷兰王威廉。	詹姆斯二世威廉三世	英格兰	
英国政府公开支持圈地法规。			

公元 单位：年	地 区	时 代	大 事
1689	英格兰	威廉三世 玛丽二世	英王威廉三世签署《权利宣言》，由威廉三世和玛丽二世共同执政，象征英国专制王权的结束，由君主立宪代替君主专制。
	法国	路易十四	孟德斯鸠（Montesquieu）诞生。曾发表三权分立说，对后世的宪法有很大的影响。
	中国	清圣祖 康熙二十八年	清朝和沙皇彼得一世签订《中俄尼布楚条约》。
	俄罗斯	彼得一世	彼得一世登基，后又被称为彼得大帝。
1690	英格兰	威廉三世 玛丽二世	洛克出版《政府二论》。
	中国	清圣祖 康熙二十九年	康熙第一次率军亲征平定准噶尔部，击败噶尔丹。

改革，让原本穷困务农为主的俄罗斯向工业国家迈进，跻身强国之林。彼得大帝的继位并非一路顺遂，父亲沙皇阿列克谢（Alexei Mikhailovich）在他四岁时去世，在和众多兄弟姊妹的继承争夺战中，他与伊凡五世（Ivan V）于1682年共同执政。但弱智的伊凡五世只是傀儡皇帝，实权则由亲戚掌握。两人执政期间曾发生暴动，由他们的异母姐姐代替摄政，直到1689年才正式将政权夺回。

重新掌政后的彼得大帝致力于翻转俄罗斯的穷困命运，开始他的改革计划。改革内容从军事、经济和政治三方面齐头并进。

首先，军事上他改制俄罗斯的军队，建立正规且终身服役的陆海军，又向欧洲国家购买当时最先进的武器。没有足够金钱时他就征收税金，例如：洗衣盆、蓄胡、钓鱼等，各种五花八门的名目都成为征税项目，也因此引起国内一些反抗运动，但都被军队强行镇压下去。

经济方面，俄罗斯向来为农奴制的农业国家，但在彼得的带领下逐渐发展工商业。他同意让企业家买进整村农奴进入工厂工作，提供发展工业所需的劳动力。且进行关税保护的政策，保护国内产业不受到外来商品的价格打压。

政治上，他划分行政区域实行行省制，改进停顿不前的行政体系，并同时采取削弱旧贵族势力的措施。因为旧贵族的保守观念和他要推动的西化运动截然不同，具有新观念的臣民是推动西化运动不可或缺的力量。他曾在一次宴会中亲手将旧贵族的胡子给剪掉，而当时在俄罗斯东正教的传统社会中，蓄胡被认为是上帝所赐予的美好装饰，也是引以为豪的象征。他的这种举动等于不给贵族留情面，也象征他不畏向传统习俗挑战的决心。此外他也鼓励贵族（无论男女）喝酒、抽烟，希望除了政策的西化之外，贵族也要学习西方的生活习惯。虽然措施多以强硬手段进行，但也因此让俄罗斯甩开沉重的传统包袱往前直行。

彼得大帝被公认为俄罗斯帝国杰出的沙皇，本身性格也不喜奢华，可说是近乎小气的节俭。平日作息相当规律，和俄罗斯的农夫差不多。每日清晨他 5 点起床，工作将近 14 个小时才休息，这在俄罗斯历代沙皇中难得一见。但是他本身性格却相当令人诟病，据说他曾强迫随侍吞下活的乌龟，也不止一次使用武器或赤手空拳地殴打亲友，种种暴力的行为让他有"野蛮人"的称号。虽然他的个人作为为俄罗斯的旧贵族所不耻，甚至被视为粗鄙野蛮，但对于西化的学习却是不遗余力。他深知俄罗斯要在国际上能有所作为，就必须设法打入欧洲市场且进行海外殖民活动，而得到出海港口让运输交通不受制于他国，正是开创生机的必要条件。所以他在黑海与土耳其争夺港口。战役中，他认识到海军的重要性，甚至在 1697 年亲赴

大　事	时　代	地　区	公元 单位：年
文学家伏尔泰诞生，他反对君主制度，主张言论自由。曾留下名言："我并不同意你的观点，但是我誓死捍卫你说话的权利。"	路易十四	法国	1694
北京设立俄罗斯馆。	清圣祖康熙三十三年	中国	
民营的英格兰银行创立。	威廉三世玛丽二世	英格兰	
康熙第三次率军亲征平定准噶尔部，最后以噶尔丹病亡告终。	清圣祖康熙三十六年	中国	1696
启蒙运动的先驱贝耶尔（Pierre Bayle）编著的《历史与批判辞典》出版，他对封建宗教提出怀疑，并捍卫科学研究的自由。	路易十四	法国	1697
彼得大帝到欧洲考察西化。	彼得一世	俄罗斯	

公元 单位：年	地 区	时 代	大 事
1698			国内部发生叛变，彼得一世自欧洲返回俄罗斯镇压平乱。
1699			俄国彼得大帝开始力图西化革新。
1700	西班牙	卡洛斯二世	卡洛斯二世去世，腓力五世即位，成为西班牙王位继承战争的导火线。
1700—1721	俄罗斯 瑞典	彼得一世 查理十二世	俄国和瑞典间的北方大战开始。最后俄罗斯取代瑞典获得波罗的海强权。
1701	德国	腓特烈一世	神圣罗马帝国皇帝将普鲁士由公国升为王国，普鲁士王国建立。
	英格兰	威廉三世	英国国会通过《王位继承法》，对王位继承权做出限制，规定天主教徒不得担任英国国王。

欧洲观摩考察两年，彼得大帝亲自乔装到荷兰的造船厂学习制造船只的技术，并且大量延揽各方面的人才到俄罗斯进行改革。俄罗斯认真西化和建立军队的成果终于在和瑞典的"北方大战（Great Northern War）"中显现出来。

北方大战是俄罗斯帝国崛起的重要战役，时间长达21年之久，主因是与当时欧洲兴起的强国瑞典争夺波罗的海出海口所起的冲突。俄罗斯和丹麦及萨克森结盟，和瑞典进行战争。刚开始俄罗斯居于战败的劣势，之后彼得重新整顿俄罗斯军队卷土重来。历经多年战事，俄罗斯终于并吞包括爱沙尼亚、拉脱维亚，及芬兰附近的区域，成功取得波罗的海的出海口。俄罗斯的这场胜战，为自己取得进入欧洲列强的门票；而战败后失去优势的瑞典则退出强国的行列。

欧洲诸国势力消长之战：西班牙王位继承战争

西班牙自从无敌舰队败给英国后，海外及欧洲的势力都逐渐减弱、大不如前，1700年具有哈布斯堡和波旁王室血统的西班牙国王卡洛斯二世（Carlos II）去世后，因为没有后嗣，悬空的王位成为各国觊觎的目标。其中又以法国波旁王室，和奥地利哈布斯堡家族间的竞争最为激烈。虽然曾有遗嘱要将王位传给路易十四的孙子安茹公爵腓力，但其中也特别强调需维持西班牙的独立地位，不可和法国合并。1701 年，路易十四宣布由腓力继承王位，成为西班牙国王腓力五世（Philip V）。

但奥地利的利奥波德一世（Leopold I）却希望王位由自己的儿子查理大公（即日后的查理六世，Charles VI）继承，对王位继承者的歧见成为战争导火线。

原本仅为法国和奥地利间对西班牙王位的竞争，但演变到后来竟然连其他欧洲国家也一同搅和进来。英国因为长久以来和法国不和，当然不乐见法国在欧洲势力越来越强，更加不希望法国有机会掌握西班牙的海外殖民地，所以和荷兰结盟支持奥地利的查理大公继承西班牙王位。其他欧洲国家如普鲁士、葡萄牙等也因不愿见到法国势力坐大，陆续加入支援的行列。而西班牙的腓力五世和巴伐利亚等选帝侯国则和法国站在同一阵线。1701 年西班牙王位继承战争（War of the Spanish Succession）正式开打。

战争初期可说是一面倒的形势，法国和西班牙联军在战场上数度失利，甚至在 1704 年，英国还从西班牙手中夺得直布罗陀海峡。而西班牙内部也出现反对腓力五世，转而支持奥地利的查理大公入主西班牙的声浪。

但在 1711 年，因为奥地利国王约瑟

大 事	时 代	地 区	公元 单位：年
播种机的发明，拉开英国农业机械化的序幕。			
西班牙王位继承战争，法国、西班牙、奥地利、普鲁士都牵扯进这次继承战中。	西班牙 腓力五世 奥地利 利奥波德一世 普鲁士 腓特烈一世 法国 路易十四 英国 威廉三世	西欧	1701—1714
为了反抗对加尔文教徒的迫害，发生卡米尔起义。	路易十四	法国	1702
女王玛丽二世过世，由其妹安妮即位。	玛丽二世	英格兰	

单位：年	地 区	时 代	大 事
1704		安妮女王	英国从西班牙手中取得直布陀罗。
1705	中国	清圣祖康熙四十四年	教皇颁布禁令，不准中国教徒祭祖与祭孔。
1706		康熙四十五年	康熙下令驱逐外国传教士。将教廷特使逐至澳门。
	英国	安妮女王	科学家兼政治家富兰克林（Benjamin Franklin）诞生。他发现电，并发明避雷针，并曾起草美国的《独立宣言》。
1707	英国	安妮女王	英国通过《联合法案》，英格兰和苏格兰正式合并为"大不列颠联合王国"。
1709	俄罗斯	彼得一世	俄罗斯军队在波尔塔瓦打败瑞典军队。

夫一世（Josef I）去世，由弟弟查理大公继承奥地利王位和神圣罗马帝国皇帝的头衔成为查理六世，这一继承使战局产生变化。英国和荷兰都不愿奥地利的势力更加庞大，所以不再支持他争取西班牙王位。荷兰更私下和法国签约，承认腓力五世西班牙国王的地位。于是这场纠结的西班牙王位继承战争在各国企图寻找均势平衡点的情况下，以外交上的条约议和宣告结束。

各国于 1713 年年签订《乌德勒支和约》（Treaty of Utrecht），承认腓力五世为西班牙国王的政治地位。但是西班牙拒绝和法国合并，腓力五世也放弃原本具有的法国王位继承权。1714 年其余各国间也陆续互相签订对自己有利的各种条约，以求取得欧洲势力的均衡，造成战后欧洲诸国势力重新洗牌。奥地利在战后得到西属尼德兰（即今日的比利时），及意大利的米兰、那不勒斯及萨丁岛等地，得到了北海和地中海的出海口。

英国则除了直布罗陀海峡外，又得到大片原本为法国所占据的西班牙美洲属地，巩固了海上霸权和殖民地势力。法国虽然成功扶植波旁家族成员坐上西班牙王位，但因为无法合并西班牙所以领土并无增加，反而将部分殖民地让给英国；而法国内部经济在战争中也元气大伤，可说是赔了夫人又折兵，也打碎路易十四成为欧洲霸主的梦想。荷兰也在战争中消耗部分强大的海军，贸易业也因战争受到影响使得国力大不如前，但也得到法国不再侵略的保证。

波兰王位继承战争：尔虞我诈的《维也纳条约》

身为波兰国王和萨克森选帝侯的奥古斯特二世（Augustus II the Strong）于1732年因病去世，波兰王位因此悬空。因为波兰为共和体制，王位并非世袭，乃是贵族选帝侯所推选出的。虽然奥古斯特二世生前一直希望可以确立王位世袭制，但都未曾实现。此时可以入主波兰王位的候选人有两位，分别为斯坦尼斯瓦夫（Stanislaw I）和奥古斯特二世的儿子弗里德里希·奥古斯特二世（Frederick Augustus II）。

斯坦尼斯瓦夫曾受到瑞典的支持，在俄国和瑞典的北方大战期间一度登上波兰王位。虽然战败后他被罢黜，但他的另一身份是法王路易十五的岳父，所以背后有法国及西班牙势力为他撑腰，法国也希望借此削弱俄国和奥地利在中欧的影响力。而奥地利和俄国则希望辅佐奥古斯特二世的儿子弗里德希为波兰王。所以这场"波兰王位继承战争"（War of the Polish Succession）的背后完全是法国、西班牙、奥地利及俄国等欧

大　事	时　代	地　区	公元 单位：年
俄军占领芬兰。			1710
国王约瑟夫一世去世，查理大公继位为查理六世。通过《萨图马雷和约》，准许匈牙利行政独立。	查理六世	奥地利	1711
成立南海公司，专门经营美洲和太平洋的贸易。	安妮女王	英国	
爆发江南科考案。戴名世著《南山集》，后被弹劾遭处死，为清初的三大文字狱案之一。	清圣祖康熙五十年	中国	
彼得一世将首都迁至圣彼得堡。	彼得一世	俄罗斯	1712

地 区	时 代	大 事
法国	路易十四	卢梭（Jean-Jacques Rousseau）诞生，其思想对法国大革命有重大影响，著《爱弥儿》《社会契约论》《民约论》等作品。
西欧 奥地利 法国 西班牙 英国	查理六世 路易十四 腓力五世 安妮女王	法国和奥地利签订《乌德勒支和约》，结束西班牙王位继承战争。
奥地利	查理六世	查理六世颁布"国事诏书"。
波兰		丹尼尔·华伦海特（Daniel Gabriel Fahrenheit）发明水银温度计，并订定华氏温标。

单位：公元 年

1713

1714

洲国家的势力分配之争。

1733 年，斯坦尼斯瓦夫在波兰贵族的投票下得到高度支持，高票当选波兰国王，但战争随之展开。俄国军队很快占领华沙，斯坦尼斯瓦夫在不敌的情况下跑到波兰北部沿岸的海港格但斯克避难。1734 年，俄国逼迫波兰议会重新选举，由弗里德里希当选波兰国王，称号奥古斯特三世（Augustus III）。同年，俄军再度进逼攻陷格但斯克并消灭法国军队。面对俄军一再的穷追猛打，斯坦尼斯瓦夫最后逃亡到法国，投靠女婿路易十五。

虽然波兰的战场上，俄国已经大致获胜，且推选出波兰国王，但是不要忘记欧洲还同时存在另一战场，就是法国和西班牙对抗奥地利的战争。法国表面上以保护岳父斯坦尼斯瓦夫为借口，实际上是希望可以削弱奥地利的势力。奥地利在战场上可说是孤军奋战，因为当时俄国全力投入波兰战场中，无暇顾及法奥间的战事，而英国和荷兰又都处于中立立场。此外奥地利国王查理六世又无法信任普鲁士提供的帮助，使得战事对奥地利相当不利。法国对奥地利的战事则是大获全胜，占领莱因河畔诸多地区。西班牙也在意大利击败奥军，并征服那不勒斯和西西里岛。

1735 年两方阵营达成初步的共识，并在 1738 年 11 月于维也纳签约议和，双方承认奥古斯特三世为波兰国王的政治地位。这次签订的《维也纳条约》可说是欧洲各国尔虞我诈的外交角力战。条约中斯坦尼斯瓦夫虽然没有登上波兰王位，但是得到了洛林公国作为补偿，不过在他去世后洛林则落入女婿路易十五手中。原本的洛林公爵则成为托斯卡纳公国的继承者。法国则希望和奥地利间的关系可以缓和，所以和约中承认查理六世所颁布的国事诏书（不过却又不守信用地在奥地利王位继承战中支持西班牙国王争取王位）。奥地利则被迫割让出位于意大利的那不勒斯和西西里王国给西班牙国王腓力五世的儿子查理公爵，但也取得帕尔马公国一地作为交换。各国外交的势力分配让战争顺利画下休止符。

奥地利王位继承战争：不公平的《亚琛和约》

奥地利在查理六世统治时期，领土相当广大包含奥地利、波西米亚及匈牙利王国。不过波西米亚及匈牙利虽然属于奥地利领土，但拥有各自的议会和法律，彼此间是因为有共同君主的统治而形成的联合王国。查理六世在世时因为没有儿子，怕死后王位成为各方觊觎的目标，当时曾颁布一道"国事诏书"（Pragmatic Sanction），内容宣示：奥地利的领土不可分割，以及女性可以继承王位。就是为了让自己的独生女玛丽娅·特蕾莎（Maria

大　事	时　代	地　区	公元　单位：年
安妮女王去世，由于没有后嗣，由汉诺威选帝侯乔治即位，称号乔治一世，开启英国的汉诺威王朝。	安妮女王乔治一世	英国	1714—1901
法王路易十四去世，曾孙路易十五继位，但因年幼由奥尔良公爵的腓力二世摄政。	路易十五	法国	1715
法国成立第一家国家中央银行。			
长崎贸易的限制令。	中御门天皇	日本	
德川吉宗继任将军，进行《享保改革》。			1716
发生第三次奥土战争，奥地利战胜，使得哈布斯堡帝国的版图大增。	查理六世	奥地利	1716—1718
《康熙字典》完成。	清圣祖康熙五十五年	中国	1716

单位：公元年	地 区	时 代	大 事
1717		康熙五十六年	制定商船出洋贸易法，除日本外，吕宋等地皆不许往。
1719		康熙五十八年	颁布《皇舆全览图》。
1721	中国	清圣祖康熙六十年	台湾朱一贵兴兵反清失败，遭俘后处死。
	北欧	彼得一世	结束瑞典和俄罗斯的北方战争，获得波罗地海的出海口。
1722	法国	路易十五	路易十五回到凡尔赛宫正式接受加冕。
	中国	清圣祖康熙六十一年	康熙皇帝过世，四子胤禛即位，是为清世宗。
1723		清世宗雍正元年	正式颁布天主教禁教令。全国西洋人，除通晓技艺者外，皆送往澳门安置。

Theresa）可以顺利继承王位，这道诏令受到奥地利大部分选帝侯和贵族的支持。

当他去世后，年仅 23 岁的特蕾莎顺利继承王位成为奥地利女王，但仍有其他野心者觊觎王位，像西班牙国王腓力五世、萨克森及巴伐利亚选帝侯等都蠢蠢欲动。但真正掀起这场奥地利王位继承战争（War of the Austrian Succession）的却是普鲁士的腓特烈大帝（Frederick the Great）。他希望用承认特蕾莎的女王地位，来和奥地利交换矿产丰饶的西里西亚（Silesia）一地。在被拒绝后，他便自行于 1741 年占领此区，并且支持巴伐利亚选帝侯继承王位，开启奥普两国间第一次的西里西亚战争。特蕾莎虽年轻但却非等闲之辈，相当聪慧有才能，而且外交手腕也相当灵活。在她的统治下，奥地利国势被推上巅峰。她在战争前已经和匈牙利谈好条件，用自治权来交换战争中奥地利内部的团结，也从英国借贷金钱来充实武备。战争中训练有术的普鲁士军队一开始便夺得先机，虽然后期遭遇奥地利军队的反击，但终究取得胜仗。之后腓特烈大帝更加积极地和法国、西班牙等结成反奥联盟投入战争中。这次战火中奥地利遭到实力坚强普鲁士军队的攻击，受到相当大的损伤，1742 年被迫停战议和，将西里西亚让给普鲁士。

但奥地利当然不甘将土地拱手让人，所以和英国、荷兰等国家联合起来，密谋夺回失地并对付法国。除了普鲁士以外的反奥地利国家开打，奥军势如破竹顺利地攻进法国。普鲁士见苗头不对，怕西里西亚会被要回，又想要战后分一杯羹，所以再度投入战争，开启第二次的西里西亚战争。虽然奥国在战争中曾数度抢回失地，且让普鲁士军队节节败退，但经不起普鲁士一再突袭的战略攻击，战争仍旧以失败收场。1746 年，双方议和结束战争。这场因奥地利王位所起的战争延宕 8 年之久，但实际上双方阵营都并非要将敌军赶尽杀绝，目的是希望可以占领敌方的领土，可说是注重军事战略的战争。

1748 年双方阵营签订《第二亚琛和约》（Treaty of Aix-la-Chapelle，又称为《爱克斯·拉夏贝尔和约》）。条约中承认玛丽娅·特蕾莎和她之后的子孙对哈布斯堡家族领地的继承权。又因为奥地利的哈布斯堡家族自 16 世纪便开始兼具神圣罗马帝国皇帝的身份，但这个身份没有女性担任的前例，所以由特蕾莎的丈夫弗兰茨（Francis I）来继承。而普鲁士战后正式获得西里西亚和格拉茨公国，西班牙则得到奥国在意大利的领地，法国放弃所占领的荷兰属地，且将印度部分土地割让给英国。但和约中仍无法将英法的殖民地问题解决，两国在印度群岛、非洲和西印度群岛间仍有贸易纠纷。一般普遍认为这次两国悬而未解的争议，导致之后两国在遥远的海外殖民地上，演出

大 事	时 代	地 区	公元 单位：年
德国古典哲学创始人康德（Immanuel Kant）诞生，他著有《纯粹理性批判》《实践理性批判》和《判断力批判》等书。将启蒙运动带上了顶峰。		德国	1724
实行耗羡归公和养廉银制度。	清世宗雍正二年	中国	
彼得大帝逝世，妻子凯瑟琳一世继位。	彼得一世凯瑟琳一世	俄罗斯	1725
中俄签订《恰克图条约》。	清世宗雍正五年	中国	1727
颁布《大义觉迷录》。	雍正七年		1729
因为关西以西地区有大量虫害，发生享保大饥荒。	中御门天皇	日本	1732

单位：年	公元	地 区	时 代	大 事
		奥地利	查理六世	音乐家海顿（Franz Joseph Haydn）诞生，又被称为"交响乐之父"。他和莫扎特、贝多芬，皆为维也纳古典时期的代表。
	1733	英国	乔治二世	英国农民约翰凯伊发明了助长纺织业成长的"飞梭"。
	1733— 1738	波兰	斯坦尼斯瓦夫	选帝侯奥古斯特二世去世，王位悬空，爆发波兰王位继承战争。
	1734	波兰	奥古斯特三世	波兰会议重新选举，由弗里德里希当选波兰国王，称号奥古斯特三世。
	1735	中国	清世宗雍正十三年	雍正辛，其子弘历即位，是为高宗。
	1738	中国	清高宗乾隆三年	泉州移民于台湾艋舺兴建龙山寺。

军事对决的场面。

腓特烈大帝：从易北河边的小选帝侯到普鲁士王国

位于普鲁士地区东部的普鲁士公国，在中世纪时期原为勃兰登堡，是神圣罗马帝国用以防守斯拉夫人的选帝侯之一。1415 年，神圣罗马帝国皇帝将此地授予霍亨索伦家族（the Hohenzollerns），从此家族便利用婚姻关系扩张土地。

"三十年战争"前夕，因为普鲁士公国没有男性继承者，而女性继承者为勃兰登堡选帝侯之妻，因而由勃兰登堡选帝侯继承普鲁士公国，因此从 1618 年到 1701 年此地以勃兰登堡－普鲁士形态存在。不过 17 世纪的勃兰登堡－普鲁士，乃是由三块不相连的土地构成，一块是在勃兰登堡及其相连的波美拉尼亚（Pomerania）与易北河地区大主教的土地；一块是在东边的普鲁士公国；一块是在西边的莱茵河流域。因此如何将这三块土地连接起来，一直以来都为霍亨索伦家族的家族使命。

1640 年，正当"三十年战争"正如火如荼地在勃兰登堡地区进行时，人称"大选帝侯"（the Great Elector）的腓特烈一世继承此地。由于勃兰登堡正好位居瑞典军队与哈布斯堡军队两军交战的战场，因此遭受到战争严重的摧残。在"三十年战争"后，柏林人口从 1 万多人少到只剩下 6000 人，乡野间到处可见到野狼的踪迹。新任的国王腓特烈一世认识到一支能干有效率的军队，是没有天然疆域的小国必要的工具。因此他首要任务就是强化军队，废除军队私有制，设置常备军，将维持军队视为国家经济政策。因此在他在位的短短 40 年时间，勃兰登堡·普鲁士建成军事强国，此后军队扩充便为普鲁士君王的重要任务。

普鲁士军国主义之父腓特烈一世，在欧洲各国都竞相扩军备时，节省一切开支，将所有资源拿来扩充军队。他在位时普鲁士的军队增加了一倍，而且他还想办法让土地贵族与军队结合为一体，以军队来激发爱国心。这支军队在腓特烈二世即位后，正好已经茁壮到让他有表现的机会。于是腓特烈二世的第一步是参与奥地利王位继承战争，借此并吞奥得河上游的西里西亚。此地是欧洲重要的纺织工业中心，也是最富裕的地区，让普鲁士的人口增加了一倍以上，且经济快速成长。

不过，普鲁士虽然获得胜利，却在与英国签订友好条约时，触怒了长久以来与英国竞赛的法国。此事给予想报复普鲁士夺走西里西亚的奥地利以机会，奥地利成功地游说法国路易十五与俄国女王一起对付普鲁士，准备收回西里西亚。腓特烈二世在获悉奥法俄结盟一事，便决定率先发动攻击，攻打萨克森。此一攻击后普鲁士

大　事	时　代	地　区	公元 单位：年
普鲁士的腓特烈二世，即后世的腓特烈大帝即位。	腓特烈二世	德国	1740
查理六世去世，玛丽娅·特蕾莎继位成为奥地利女王。	玛丽娅·特蕾莎	奥地利	
第一次西里西亚战争爆发，普鲁士出兵夺取西里西亚，也为奥地利王位继承战争的展开序幕。	普鲁士 腓特烈二世 英国 乔治二世 法国 路易十五 西班牙 腓力五世 奥地利 玛丽娅·特蕾莎	欧洲	1740—1748
第一次西里西亚战争结束，奥地利和普鲁士签订《柏林和约》，西里西亚大部分归普鲁士。	玛丽娅·特蕾莎	奥地利	1742

单位：公元年	地 区	时 代	大 事
1744	欧洲	奥地利 玛丽娅·特蕾莎 普鲁士 腓特烈二世 英国 乔治二世 法国 路易十五 西班牙 腓力五世	第二次西里西亚战争爆发。
1745			第二次西里西亚战争结束，签订《德累斯顿和约》。
1748			《亚琛和约》签订，结束奥地利王位继承战争。
	法国	路易十五	孟德斯鸠《论法的精神》一书出版，内容提出行政权、立法权与司法权，三权分立的思想。

就面对奥法俄与瑞典的联盟。经过 7 年时间的大战与多次面临亡国的危机，腓特烈二世终于保住西里西亚，也为他自己赢得"大帝"的称号，也将普鲁士带进欧洲列强之列。

"七年战争"：欧陆海外殖民地的战争

"七年战争"是欧洲诸国为争夺西里西亚一地再度掀起的战火。西里西亚地区有丰富的矿产和发达的工业，原为奥地利属地，但在奥地利王位继承战后被割让给普鲁士。奥地利一直未曾放弃收复失土这块土地，所以积极寻找同盟国想伺机夺回此地。关于这场战争的起源另有一种说法，就是腓特烈大帝将当时欧洲的三位名女人——俄国的伊丽莎白女王、奥地利的特蕾莎女王，以及法国路易十五的情人蓬帕杜夫人，比喻为"妓女"加以议论，因而引起这些国家的不满。但无论原因为何，战争于 1756 年由普鲁士首先正式展开。

依据当时欧洲的政局，战争分为两大阵营，一方为普鲁士和英国的联军（还包含葡萄牙、汉诺威等国），另一方则为奥地利、法国和俄国的联军（包含萨克森、西班牙及瑞典）。俄国一直视普鲁士为国家西进的阻力，所以加入奥地利阵营与之对抗。而英国和普鲁士合作是因为和法国一向交恶，且双方在海外殖民地也有冲突，两国都希望可借此机会取得对方的海外殖民地，使得战场在欧洲和北美、印度三地同时展开。但北美和印度则主要是英法两国的军队在作战，这场战争也被视为欧洲政治外交的角力赛。由于参加国家众多且战场分散三大洲，所以英国的丘吉尔首相曾将此次战役比喻为第一次世界大战。

1756 年，由腓特烈大帝率领普鲁士军队进攻奥地利属地的萨克森地区，普鲁士在战事上接连获胜，但面对俄国军队的攻击时却节节败退，但这时被视为扭转战局的奇迹出现了，1762 年，俄国伊丽莎白女王去世，由彼得三世（Peter III）继任沙皇。他一直相当崇拜腓特烈大帝，竟然亲自穿着普鲁士军服跪在腓特烈大帝面前，并尊奉他为主人愿意供他差遣使唤，并且将俄国所占领的土地奉还，此后俄国转为和普鲁士联手。这个转变对奥法联军相当不利。

1763 年，"七年战争"终止，双方阵营签订《胡贝图斯堡和约》（Treaty of Hubertusburg）议和。普鲁士被迫放弃萨克森，却再度获得西里西亚。普鲁士的国力虽然在战争中受到相当大的损伤，但腓特烈大帝却也因此整顿国家的内政和经济，王国基础更加稳固，让普鲁士得以晋升欧洲强国之列。

大 事	时 代	地 区	公元（单位：年）
狄德罗所编的《百科全书》出版。			1751
大英博物馆创立。	乔治二世	英国	1753
爆发法英间的北美洲殖民地战争。	乔治二世 / 路易十五	英国 / 法国	1755 / 1763
英法七年战争爆发，由英国和普鲁士联合对抗奥地利俄国和法国联军。	奥地利 / 玛丽娅·特蕾莎 / 普鲁士 / 腓特烈二世 / 英国 / 乔治二世 / 法国 / 路易十五 / 西班牙 / 腓力五世	欧洲	1756—1763
音乐神童之称的莫扎特诞生，他的创作包含了奏鸣曲、协奏曲、交响曲、歌剧，有知名的歌剧《魔笛》《唐璜》等作品。	玛丽娅·特蕾莎	奥地利	1756

单位：年 公元	地 区	时 代	大 事
1757	英国	乔治二世	英国击败孟加拉，印度沦为英国殖民地。
	中国	清高宗乾隆二十二年	关闭各地的通商口岸，仅留广州一地的对外贸易港口。
1758	日本	桃园天皇	宝历事件，竹内式部因鼓吹尊王受到幕府的镇压。长州、熊本等藩开始进行改革。
1790	日本	光格天皇	宽政异学之禁。限制荷兰贸易。
1759	英国	乔治二世	英国攻占加拿大的魁北克。

在海外殖民地的战场上，其实"七年战争"之前，法国就已经在印度和北美展开战争。1756年，英国正式向法国宣战，所以英法参加欧陆的七年战争可以说是两国海外殖民战争的延续。但法国无论是在印度还是北美的战争，虽然初期占有优势，但后期则连连败退。在1759年，英国又于加拿大的魁北克击败法军，之后也陆续夺得印度的多处据点。1763年，法国被迫签下《巴黎和约》（*Treaty of Paris*），条约中将法国在印度、加拿大，以及密西西比河以西的殖民地让给英国，被法国历史上视为屈辱的条约。

法国可说是"七年战争"中最失败的国家，既无法从欧陆战局中得到利益，又丧失北美殖民地。而英国成功的原因在于君臣间的团结。英国原为重商主义的国家，君王和贵族对殖民地和商业活动带来的利润都相当重视，所以对殖民地战争可说是竭尽所能提供资源。相反，法国贵族对殖民地的商业活动向来不积极，且将战争主力投入欧陆战场，成为英国在殖民地"七年战争"中可以战胜法国，且建立日不落殖民帝国的成功因素。

工业革命：影响近代西方文化的重要革新

18世纪工业革命发生在英国的原因

很多：丰富的煤铁与便宜的水力；商业活动的兴盛，聚集大量资本的商人，与便于资金调节的银行制度；而且英国不仅有国内市场，还有北美、非洲、亚洲与欧陆市场。此外，国会制定了禁止垄断和妨害自由竞争的法规，更加促使工商业蓬勃发展，使得原有的家庭式作坊无法满足贸易上的需求，便致力于改变生产技术与生产模式，以增加产量。而最主要的影响因素，莫过于 17 世纪以来的农业革命。

　　17 世纪的英国就与欧陆各国一样，农地被划成长条状，按土地肥力、水源状况等不同条件，平均分配给许多不同的农民。每位农民的土地都呈块状分散在村庄四周，无法有效地利用。地主为了能有效利用土地，提高农业产量，就控制国会通过《圈地法规》，允许地主圈有旧公地与空地，让土地所有权其中在少数地主的手中，以便大规模的农耕。这一连串的农业改革活动后，大大提高土地的生产力，增加了粮食供应，但也出现农业劳动力过剩的现象。这些剩余劳力不得不寻找新出路往工业方向发展。

　　早期的工业革命是因为需求才产生一连串的技术革新，像从印度带回来的棉花织布技术迅速成为欧洲人的新宠。商人见到有利可图之下，试图找寻在最短的时间内生产更多棉布的方法，因而出现了种种新发明。1733 年飞梭的发明，使织布速度加快，造成纺纱的供不应求。为了满足

大　事	时　代	地　区	公元　单位：年
英国取得蒙特利尔，加拿大成为英国属地。	乔治三世	英国	1760
1 月 15 日，彼得三世即位。7 月 10 日，俄国女皇凯瑟琳二世即位，在俄国实行开明专制。	彼得三世 凯瑟琳二世	俄罗斯	1762
卢梭出版《民约论》和小说《爱弥儿》。	路易十五	法国	
英国人瓦特发明蒸汽机。	乔治三世	英国	
英国政府通过针对北美十三殖民地的文件期刊与书籍课税的印花税法。			1765

公元 单位：年	地区	时代	大事
1766			因受到北美十三州殖民地强烈的抗议，英国取消印花税，以各项进口税代替。
1767	俄罗斯	凯瑟琳二世	俄国禁止农奴控诉主人，但是允许主人可以任意将农奴流放至西伯利亚。
1767	英国	乔治三世	哈格里夫斯（James Hargreaves）发明纺纱机，并以女儿为名，即著名的"珍妮纺纱机"。
1769			阿克莱特（Richard Arkwrigh）发明使用水力的水力纺纱机，因为需使用较多的资本及大的场地，也促成工厂制度的产生。

需求，水力纺纱机问世了。机械纺纱机生产出大量纱，产生了制造动力织布机的动力；动力织布机的出现对棉纱需求更是大增，在此情况下出现了迅速去除棉籽的轧棉机。这些纺织机械出现后，面对的第一难题就是对动力的需求，因而造就瓦特的蒸汽机出现。然而蒸汽机的使用需要煤、铁，基于采矿与炼铁的需要，又发明了鼓风炉与制钢方法。同时煤铁需要运输也造就了交通运输上的革新，也由于蒸汽机的问世出现了火车与轮船等，这种种都促使工业化更加迅速发展。

发生于英国的工业革命，19世纪逐渐传播到欧洲大陆与北美洲，首先受到英国工业革命影响的是与英国一海之隔的法国与比利时，渐渐地往东传到德国与俄国，往南到意大利。整个欧陆可说皆受到其影响，而后影响了全世界迈向了新的世界。

三次瓜分波兰：普鲁士、奥地利和俄罗斯的侵占

1918年《凡尔赛和约》中，在美国总统威尔逊的"民族自决"政策下，于18世纪末在世界地图消失的波兰终于又在东欧的版图中出现了。18世纪时处于普鲁士、奥地利和俄罗斯三强之间的波兰，有个相当特别的政治制度，国王由贵

族组成的议员选举产生, 只是贵族们大都为个人利益选举国王, 使得每次的国王选举都接受外国贿赂, 选出一个傀儡国王。再者贵族在议会享有否决权, 只要有一个议员反对, 法案便无法通过, 使得国家无法实现有效的统治。而这种特殊的政治制度, 让俄罗斯在 1764 年新波兰国王选举时贿赂贵族, 选出一位亲俄的傀儡国王, 借此把持波兰的内政, 并将俄罗斯的影响力扩张到整个波兰。

1771 年, 俄土战争中, 因俄罗斯的获胜, 获得部分巴尔干半岛土地, 使得东欧权力平衡产生变动。奥地利担心东欧的权力平衡遭到破坏后, 威胁到哈布斯堡王朝的利益, 因此明确反对俄罗斯的进一步扩张, 并有武力干涉的举动。面对奥地利的抗议, 俄罗斯决定牺牲保护国波兰, 并说服普奥两国, 由普鲁士、奥地利和俄罗斯三国瓜分波兰, 让普奥两国君王相信, 瓜分波兰领土会比占有奥斯曼帝国, 更能维持东欧权力平衡。1772 年, 俄、普、奥三国于维也纳签署瓜分协议, 并压迫波兰国会同意交出土地, 波兰失去了大约 30% 的土地与一半的人民。第一次瓜分行动之后, 波兰实际上仍由俄罗斯控制, 不过这次的瓜分行动也促使波兰的民族主义情绪的产生。1788 年, 波兰新国王趁着俄罗斯与土耳其再次开战的机会, 且受到法国大革命的影响, 更希望进行一连串的改革运动复兴国家, 并于 1791 年通过新

大　事	时　代	地　区	公元 单位: 年
俄土大战开始。	凯瑟琳二世	俄国	1768—1774
波士顿发起对英国货品的抵制行动。	乔治三世	英国	1770
3 月 5 日爆发了波士顿屠杀事件。			
普鲁士联合俄国和奥地利趁波兰内政危机, 开始瓜分波兰领土。	普鲁士腓特烈二世 俄罗斯凯瑟琳二世 奥地利玛丽娅·特蕾莎	波兰	1772
"波士顿倾茶事件"爆发, 英国政府为此封锁港口。	乔治三世	英国	1773
发生农民暴动。	凯瑟琳二世	俄罗斯	

公元 单位：年	地 区	时 代	大 事
1774	英国	乔治三世	费城举办第一次大陆会议，北美十三殖民地代表决定停止对英贸易，直到法律恢复到 1763 年前为止。
1774	法国	路易十六	路易十五因患天花病逝于凡尔赛宫，由孙子路易十六继位。

宪法。然而波兰的改革行动遭到俄罗斯的反对，因此 1792 年俄土战争一结束，俄国女皇凯瑟琳就派军进入波兰占领华沙，普鲁士也以防止法国大革命扩张为借口进军波兰。1793 年，俄普两国签署协议，要求波兰取消新宪法，并从波兰手中夺取两块土地。

经过两次的瓜分行动，波兰已面临存亡的关键。1794 年，波兰民族英雄柯斯丘什科（Thaddeus Kosciuszko）领导起义，建立革命政权，发表农民解放宣言。然而此革命政府很快就被俄、普、奥三国镇压下去，并以防止残余势力所带来的动荡为由，决定再度瓜分波兰，让波兰彻底地消失。1795 年，俄、普、奥三国再度签订瓜分条约，将剩余的波兰国土吞食殆尽。

革命的年代：
近代民主政治的发源

在启蒙运动的影响下，西方的政治有了巨大的变化，各种革命相继发生，激烈的社会、政治和经济变革成为时代的巨轮下无法抵抗的风潮。率先打破局势的，便是美国独立运动。北美十三州因为征税问题和宗主国英国发生冲突，最后在美国国父华盛顿的领导下脱离殖民，成立世界上第一个民主共和国。美国《独立宣言》中的第一句便宣示了"人生而平等"的主张，这无疑是来自启蒙运动的启发。

而在美国独立之后，原本对美国独立出力甚多的法国，也因财政的问题，爆发了法国大革命。人民的愤怒推翻了王室的统治，成立了法国第一共和国，同时发表了《人权宣言》，高喊平等和自由。但革命也引发了动乱，不久就再度被拿破仑以帝国取代，也使法国在后来一直处于动荡的气氛中。

拿破仑虽然以军事强人的身份称帝，又挟着强势的兵力横扫了全欧洲，但最后却在英国和俄罗斯身上踢到铁板。他先是针对英国的大陆封锁政策失败，接着则在冬天的莫斯科惨败，最后在反法同盟的联手下，不得吞下战败的苦果。

而后，欧洲的政治版图，在 1815 年的维也纳会议上再度重新划分。会议中以奥地利首相梅特涅为主导的保守阵线，希望能恢复 1789 年前的版图分配，而开始了保守主义和改革力量的对抗。

在欧洲各国苦于新旧势力对抗，无暇顾及海外殖民地之时，这时拉丁美洲诸国开始纷纷宣布独立。美国也在此期间宣布《门罗宣言》，强调美洲不再开放欧洲成立殖民地，要求要求欧洲各国不插手美洲事务，此为美国以美洲老大哥自居的开始。另外由于民族主义的盛行，意大利和德国也在此时进行复兴和统一运动，最后顺利地成立了希望重现"古罗马光荣"的意大利王国，和贯彻"铁血政策"的德意志帝国。

然而随着欧美各国因为工业革命带来的利益而日渐强大，对亚洲和非洲的殖民和侵略就更势不可挡了。"新帝国主义"的发展，让非西方世界面临严重的危机。其中日本和暹罗虽通过改革和维新，免于被殖民的命运，但包括中国在内的亚洲、大洋洲及非洲诸国，则成为"新帝国主义"下的牺牲品。

单位：年 公元	地 区	时 代	大 事
1775	英国	乔治三世	4月，莱克星顿的枪声揭开美国独立战争的序幕。
			5月，在费城召开第二届大陆会议，并委任华盛顿为总司令。
			英国国会宣布北美的马萨诸塞州发生叛乱，派军队镇压。
	中国	清高宗乾隆四十年	派兵平定准噶尔部的叛乱。
	法国	路易十六	法国发生大饥荒。
1776	英国	乔治三世	7月4日，由杰斐逊负责起草的《独立宣言》在大陆会议发表，正式宣布美国独立建国。
			通过弗吉尼亚的权利法案。
			亚当·斯密发表《国富论》。

美国独立战争之始：印花税与波士顿倾茶事件

1763 年，英国终于在与法国争夺北美商业权战争中获得胜利，成为北美唯一霸主。只是英国政府万万没想到，对法战争的获胜却是英国与殖民地居民冲突的开始。首先，从法国拿到的土地因印第安人的威胁，让英国政府不得不禁止移民者越过阿巴拉契亚山，造成英国与殖民地者间的摩擦；其次，法国在北美洲的威胁消失了，让英属十三州殖民者认为他们不再需要英国的保护；再者，因为战争带给英国的庞大债务，政府认为战争是为了将法国逐出北美而进行，英属十三州居民应该要帮忙负担，这点让殖民地人民相当不满。

因此当英国政府在北美十三州殖民地颁布了如《税务法》（糖税法）、《通货法》等一系列高额税收的法令时，引起英属十三州居民的强烈反对，认为这些征税的法令都是英国为了维护宗主国利益而强加在殖民地者身上的。尤其是 1765 年的《印花税》要求殖民地的印刷品如法律文件、许可证、商业契约、报章、小册子和纸牌等都要贴印花税，更加引发殖民地居民强烈抗议，让英国与北美殖民地间的争端更加白热化。殖民地居民引用 1764 年，波士顿律师奥提斯（James Otis）出版的《英国殖民地的权利》中提倡"无代表权而纳税为虐政"的论点，认为他们在英国国会中没有代表权，因此英国政府无权要求他们缴税，宣布"无代表，不缴税"原则，并对英国政府颁布的法案多加批评。

与此同时，英国国会又通过《唐森德税法》（*Townsend Acts*），对一些进口到殖民地的日常用品，如玻璃、颜料、铅、纸和茶等征税。这时纽约、费城与波士顿等地的商人开始抵制英货，使英商蒙受损失，导致英国向波士顿调兵。此举让殖民地居民更加不满，冲突一触即发。1770年3月5日爆发了波士顿屠杀，五名波士顿平民在与英军的冲突被打死。虽然这次的冲突最后以射杀民众的士兵接受审判而落幕，但英属十三州居民对英国政府的不满仍存在着，且在1773年爆发了"波士顿倾茶事件"。

1773年，英国政府允许英属东印度公司免缴高额的关税，将滞销茶叶运往英属十三州，试图垄断北美十三个殖民地的茶叶贸易，并禁止殖民地贩卖"私茶"，此举引起北美殖民地人民的极大反感。因此当东印度公司将茶叶运到波士顿时，愤怒的波士顿茶党成员偷偷潜上船，将货轮上的茶叶全都倾倒入波士顿港，以此表示殖民地人民的愤怒。但此举却触怒了英国政府，随后英国政府为了加强控制马萨诸塞殖民地，通过一连串"强制法案"，并将波士顿港封闭。这种种行径更让殖民地

大　事	时　代	地　区	公元 单位：年
瓦特的新式蒸汽机正式启用。			
平定四川大、小金川乱事。	清高宗乾隆四十一年	中国	
萨拉托加大捷，成为北美独立战争的转折点。	乔治三世	英国	1777
11月，北美大陆会议通过《邦联条例》，成为建立美国的基准。			
美法签订同盟，法国正式承认美国。	路易十六	法国	1778
恢复中俄贸易。	清高宗乾隆四十四年	中国	1779
克隆普顿发明加速纺织工业发展的"骡机"。	乔治三世	英国	
西班牙与荷兰加入美国的独立战争，对英国宣战，使得独立战争变成国际性战争。	乔治三世	英国	1780

公元 单位：年	地 区	时 代	大 事
	中国	清高宗 乾隆四十 五年	乾隆第五次南巡。 班禅六世到承德避暑山 庄祝贺乾隆皇帝七十大寿。
1781	西班牙	卡洛斯三世	海地爆发黑人反西班 牙殖民地事件。
	英国	乔治三世	美国独立战争结束， 美国获胜。
	奥地利	约瑟夫二世	废除农奴制度。
	中国	清高宗 乾隆四十 六年	和珅率军镇压信教回 民起事。
1782	中国	乾隆四十 七年	《四库全书》编纂完成。
1783	英国	乔治三世	美英两国代表在巴黎 签订《凡尔赛和约》， 英国宣布承认美国独立。
	法国	路易十六	法国于《凡尔赛和约》 取得塞内冈比亚及多 巴哥，但财政危机却 未获得缓解。

居民无法忍受，双方的冲突加剧，终于在1775 年爆发战争。

美利坚合众国的诞生：标榜人权的独立宣言

1774 年英国国会通过《强制法案》后，殖民地居民为了商讨对策，于同年的 9 月 5 日在费城召开第一届大陆会议。会议决定建立大陆议会，向英王递交请愿书，要求取消对各殖民地的各种强硬经济限制措施。不过，这时的大部分殖民地居民仍希望和平解决与英国政府的问题。

直到 1775 年 4 月 10 日，英国驻波士顿指挥官得知有叛乱分子在康科德镇（Concord）私藏武器，便派一小支军队前往没收私藏武器。4 月 19 日英军与反英民兵发生武装冲突，波士顿民兵开了关键的第一枪，双方爆发激战。民军虽有将近百人的伤亡，但英军也死伤惨重。而这枪声，也震动了英属十三州殖民地，拉开美国独立战争的序幕。

战争初期并非所有殖民地人民都支持独立，仍有部分人是效忠英王的。不过1776 年，潘恩（Thomas Paine）出版《常识》，提出人生而平等，并无需向英王效忠，开始奠定美国独立思想的形成。而后，在 1776 年 6 月 14 日，第二次大陆会议中除了决定建立各殖民地联合武装力量（即大陆军），以华盛顿为总司令，还于 1776 年 7 月 4 日，正式通过由托马斯·杰斐逊（Thomas Jefferson）起草的《独立宣言》，至此宣告美利坚合众国的诞生。

美国独立战争并非只是美洲殖民地人民与英国政府的战争。殖民地人民为了获得外来的支援不断地争取国际的支持，而欧洲各国则因与英国多年缠斗的新仇旧恨，先后加入战争，纷纷承认美国为独立的国家。也由于各国的加入，战争终于在 1783 年 10 月结束。同年，英、美在巴黎签订条约，宣布美国是一个完全独立自主的国家。

美国独立战争结束后，行政机构发现根据第二届大陆会议通过的《邦联条例》建立起来的美国，并没有强有力的政府机构来行使统治权，保护国家的利益。有鉴于此，1787 年，邦联国会邀请各州代表于 5 月到费城召开制宪会议。国会经过长时间的秘密会谈，终于在同年的 9 月 7 日通过美国的新宪法草案，制订了世界第一部成文宪法。这个宪法加强中央权限，举凡征税、外交与国防等皆归属中央政府，让美国成为一个由拥有主权的各州组成的联邦国家，并由联邦政府统合处理国家事务。

大　事	时　代	地　区	公元 单位：年
财政部长加隆的经济改革方案无法获得显贵们认同。国人对政府的批评日益剧烈。			
派遣波将金在克里米亚创建新俄罗斯，成立黑海舰队。	凯瑟琳二世	俄罗斯	
通过《东印度法案》将东印度公司的控制权由国会转到政府。	乔治三世	英国	1784
甘肃回民田五起事，遭阿桂与福康安等派兵平定。	清高宗乾隆四十六年	中国	
废除所有英格兰与爱尔兰间的关税。	乔治三世	英国	1785
卡特莱特（Edmund Cartwright）发明动力织布机。经过改良渐渐取代手工织布机。			
林爽文领导台湾天地会起事反清。	清高宗乾隆五十一年	中国	1786

单位：公元年	地区	时代	大事
	法国	路易十六	与英国签订贸易和约。来自英国商业的竞争与国内的动乱与饥荒，让法国的产业危机加剧。
1787	美国		费城召开制宪委员会，同意美国为总统制的联邦共和国。
			起草签署美国宪法，并通过《西北土地法》。
	荷兰	威廉五世	发生反威廉五世的爱国者革命，普鲁士的腓特烈二世，帮助荷兰威廉五世平乱。
	俄罗斯	凯瑟琳二世	第二次俄土战争开战，俄罗斯和奥地利结盟，共同对抗土耳其。
	中国	清高宗乾隆五十二年	因闽浙总督常青无力平乱，清廷命福康安赴台，督办军务。

法国大革命之始：财务无底洞与启蒙运动的推波助澜

在卢梭《论人类不平等的起源和基础》中提到，人原本生活的自然环境并没有不平等，但随着人开始过上家庭生活、出现财产的观念，问题便由此而生。有钱与有权的人为了保护自己的财产和权益，制定许多利己的法律，各种不平等就逐渐产生，而18世纪的法国正如卢梭所述。

大革命前的法国是西欧最繁荣的国家，商业与工业也高速发展，然而当时的法国却遭遇了财政困难的大问题。这主要因为自18世纪以来，法国接二连三地对外作战，尤其是路易十五时参加的七年战争与美国独立战争，让国家债务剧增，政府的税收有一半须支付这些高额的战债。

再者，从1783年开始天灾频现，尤其是1787年至1788年气候恶劣，农作物遭受严重的损失。农产业歉收造成粮食短缺、价格急速上涨。快速的通货膨胀让社会的购买力下降，贵族们为了维持生活品质，向佃农索取所欠的债务，这让问题更加严重。此外，大革命前的法国赋税制度极度不公平，在当时，占全国人口数不到百分之五的贵族与教会负担的税赋相当轻，有些贵族还利用各种名目避税。这些特权阶级甚至认为缴纳直接税代表社会地位的低下，因此大部分的税赋都落在农民身上。

面对困境，路易十六与其政府知道唯一解决方法，是向贵族与教会征税与进行一连串财政改革。然而这些改革计划意味着权贵们将失去他们的特权，所以并不被权贵们接受。此外，他们还进一步要求路易十六召开三级会议，提到只有三级会议才有增税的权力。依传统是三个阶级的代表分别开会，投票时再以阶级为表决的单位。这表示会议将被第一阶级与第二阶级的权贵控制，代表平民百姓的第三等级并无决定权。路易十六与政府官员担心三级会议被贵族控制，因而对于三级会议要如何召开一事与贵族权贵争论不停。

1788 年，凡尔赛在召开三级会议前，有些贵族要求以控制政权为报酬换取他们在赋税上的特权，这当然不为第三等级者所接受，连带使整个第三等级对贵族产生厌恶与猜忌。而启蒙运动时期的思想家伏尔泰、孟德斯鸠等人，对封建与阶级制度的反动，和"自由"与"平等"口号的提出，更启发人们反对封建传统思想和宗教束缚，这些都成为法国大革命的重要思想因子。1789 年西哀士出版的《什么是第三等级》，指出第三等级的重要性以及在政治上的被忽略，更加速了法国大革命的发展。

大　事	时　代	地　区	公元 单位：年
国家财政破产，准备召开三级会议。	路易十六	法国	1788
福康安平定林爽文之乱，林爽文被捕。	清高宗乾隆五十三年	中国	
乾隆命两广总督孙士毅前往安南平定乱事。			
英国开始殖民澳大利亚。	乔治三世	英国	
浪漫主义诗人拜伦诞生，他曾参加希腊独立运动，其著名作品为《唐璜》。			
美国新宪法正式出现，华盛顿被选为第一任总统。	华盛顿总统	美国	1789
凡尔赛宫召开三级会议，第三等级要求个别表决并未得到认同，因而宣布召开国民会议，并发表《网球场宣言》，以此拉开法国大革命的序幕。	路易十六	法国	

地 区	时 代	大 事
		7月14日，巴黎群众攻陷巴士底监狱，发生法国大革命。
		8月底，发表《人权宣言》。
		10月初，妇女们为了面包游行到凡尔赛宫。在群众的压力下，国王与国民会议成员被迫转移到巴黎。
中国	清高宗乾隆五十四年	安南阮文惠袭击清军，后阮文惠派使乞和，清廷册封为安南国王。
奥地利	利奥波德二世	约瑟夫二世过世，利奥波德二世被加冕为神圣罗马帝国皇帝。
美国	华盛顿总统	美国将首都设于华盛顿，并开始向西部移民。
英国	乔治三世	柏克在《反思法国大革命》中展现保守理念，对英国与欧洲都造成影响。

单位：公元 年

1790

法国大革命进行曲：从攻陷巴士底监狱到人权宣言

巴黎凯旋门上方的著名浮雕"马赛曲"是一座赞扬法国大革命的作品。艺术家运用浪漫主义的象征方法显示人民的反抗力量，而这股产生于1789年的反抗力量确实颠覆了法国政权，改变了整个法国历史。

延宕已久的三级会议总算在1789年5月召开了，只是开会后表决问题成为争论的焦点。第三等级的律师代表们决定抵制三院分立，坚持第三等级应该与其他两个阶级代表共处一室开会，并施行个人投票方式。然而大部分的教士与贵族阶级对此并不同意，双方互不让之下形成僵局。6月中旬第三等级代表离开三级会议，宣布"国民会议"成立，并邀请特权阶级代表参与。路易十六在贵族的压力下，关闭"国民会议"的会场。于是第三等级代表改于附近的室内网球场继续开会，同时签署《网球场宣言》宣称"国民会议"的存在，立下制定宪法前绝不解散的宣誓。面对此困境，路易十六虽试图挽救，但为时已晚，情况已经非他所能控制。第三等级完全不相信权贵们，也拒绝妥协。在无计可施之下，路易十六只好承认国民会议存在，同时也调集军队驻扎凡尔赛宫，这使整个局势更加紧张。

这时的法国正处于经济不景气的时

代，工资下跌，普遍性失业物价上涨。尤其是面包价格的飙涨，让全国各地不断地发生暴动。从 1789 年 6 月开始，巴黎就流传着国王准备进行反革命政变的言论。当时巴黎街头不断出现离乡背井的游民，害怕暴徒与军队威胁的巴黎人开始武装自卫。为了获得武器，7 月 14 日，他们攻陷了象征封建统治的巴士底监狱，并组织国家自卫队维持秩序。面对巴黎的新局势，路易十六在无计可施下只好接受，并组织公民委员会，遣走原先召集的军队，命令贵族与教士加入国民会议，并视国民会议为立法机构。

不过在七八月时农村已经陷入"大恐慌"，到处流传着贵族阴谋发动的"盗贼将至"的传言。这些流言最后演变成全国的农民大暴动，让农民们纷纷聚集武装保护自己的家园，并攻击地主的住宅，焚毁他们的房子。暴动让少数开明的贵族们意识到唯有放弃若干特权，国民会议通过法律消除阶级制度，废除封建制度，让所有的法国人在法律面前一律平等，才能使社会恢复秩序。因而贵族在 8 月 4 日夜晚发表了一份废除封建消除特权的"八·四公告"。国民会议也决定草拟一份宣告自由的宪章，此即是《人权宣言》（ the Declaration of Human Right ）。此宣言确立了法律规范与主权在民的原则，规定人人"生而自由、权利平等"。这种反对特权和专制的宣誓，对整个欧

大　事	时　代	地　区	公元 单位：年
乾隆八十大寿，免除天下钱粮。	清高宗乾隆五十五年	中国	
加拿大分为法语区的下加拿大与英语区的上加拿大。	乔治三世	英国	1791
路易十六与皇后决定逃离法国，在瓦伦被截回。	路易十六	法国	
法国新宪法出现，使法国成为君主立宪国家。			
神圣罗马帝国利奥波德二世与普鲁士国王腓特烈二世同时联合发表支持法国路易十六的《波尔尼兹宣言》。		欧洲	
乾隆出兵平定西藏廓尔喀乱事。	清高宗乾隆五十六年	中国	
西藏廓尔喀请降。	乾隆五十七年		1792

地 区	时 代	大 事
法国	路易十六	反法国大革命的普奥同盟成立。
法国	第一共和国民公会时期	8月，发生了第二次革命，法国成为共和国，第一共和国成立，建立革命政府，成立国民公会。
		9月，废除君主立宪，改为共和政体，路易十六被拘提在寺院，发生"九月屠杀"。
		12月，路易十六上断头台。
英国	乔治三世	潘恩发表的《人权论》受到柏克的批评与挑战。
		惠特尼（Eil Whitney）发明轧棉机，可迅速分离棉籽与棉絮，使棉花产量大增。

洲都产生了巨大的吸引力。

法国大革命的尾声：上断头台的君王与拿破仑崛起

1789 年 9 月，国王对于"八四公告"与《人权宣言》的出现仍相当迟疑。贵族们纷纷逃往国外，企图要求欧洲其他国家协助镇压革命。贵族与国王的种种举动，使得到处都充满了国王准备采取高压镇压的传言。当年 10 月，由妇女组成希望政府解决食物短缺问题的游行队伍，与革命激进派一同前往凡尔赛。更为了方便监视，民众逼迫国王回到巴黎。不过路易十六回到巴黎并不自由，觉得自己像囚犯一样，感到非常不安，因而试图逃离法国与流亡贵族会合，以寻求外国势力的帮助。但最后在边境的瓦伦，他与其他王室成员不幸被截回巴黎。

法国大革命不仅在国内掀起风浪，也引起周边国家不安。逃跑的路易十六与玛丽皇后成为阶下囚之事，更让普、奥两国君王关切。1791 年两国君王发表了《波尔尼兹宣言》，宣称欧洲君王需联合恢复法国秩序与君主政体。此宣言被法国激进分子解释为外国试图干涉法国革命而愤怒不已。希望发动战争的想法，不仅在激进分子间流传，路易十六与主张君主制的人们也认为发动战争可使国王恢复名望。

这么一来战争似乎无法避免。1792年，普奥联军攻进法国时宣称，假使路易十六与其王后遭遇伤害，巴黎将会受到严厉的处罚。此宣言让法国国会中的激进份子，像罗伯斯庇尔（Robespierre）和丹东（Danton）等认为国王通敌，于是煽动群众反对国王，要求废除君主立宪制度，并建立革命市政府。然而随着法国对外战争的失败，巴黎也产生暴动，进入无政府状态。激进分子宣称要先清除巴黎内的通敌者，才愿意再度加入战争，结果发生了著名的"九月屠杀"。临时法庭审判并处决 1000 多位反革命分子，同年的 12 月，更以叛国名义将路易十六推上断头台。

路易十六上断头台在欧洲引起极大的反响，英、荷、西、奥、普、萨等国组成一个大同盟对法国宣战。1793 年，法国对外战争的失败，让政局再度陷入不稳的状态。国民公会决定为了消灭反革命分子与控制经济，成立公共安全委员会，施行恐怖统治，设立断头台，以镇压方式消除反对势力，在短短的一年内有 4 万多人丧命。不过随着法国军事上的胜利，人们对恐怖统治开始感到厌烦。尤其是当委员会成员之一的丹东被清算并处死后，其他委员们也开始害怕自己有一天也面临同样的命运，便在国民公会颁布的革命新历"热月"（即 7 月）决定合力驱逐罗伯斯庇尔

大　事	时　代	地　区	公元 单位：年
英、荷、西、奥、普、萨组成"第一同盟"对法宣战。	第一共和国民公会时期	法国	1793
法国成立国民公会，罗伯斯庇尔掌权，实行恐怖之治。			
俄普奥三国第二次瓜分波兰。	普鲁士 腓特烈二世 俄罗斯 凯瑟琳二世 奥地利 玛丽娅·特蕾莎	波兰	
英使马戛尔尼来华要求通商。	清高宗乾隆五十八年	中国	
废除基督教，以"理性崇拜"取代，采取新历法。	第一共和国民公会时期	法国	1794
发生热月政变，罗伯斯庇尔上断头台，恐怖时期结束，废除革命法庭及政治社团。			

单位：公元年

地 区	时 代	大 事
波兰	普鲁士腓特烈二世俄罗斯凯瑟琳二世奥地利玛丽娅·特蕾莎	波兰人民全面起义，最后被苏沃洛夫所带领的普鲁士与俄罗斯军队镇压。
		俄、普、奥，三国第三次瓜分波兰。国家彻底瓦解。
		东布罗夫斯基带领波兰军队继续抵抗。
法国	第一共和督政府时期	制定新宪法，组成督政府。
		拿破仑恢复巴黎秩序，也开启他的政治之路。
中国	清仁宗嘉庆元年	乾隆皇帝退位为太上皇帝，永琰即位，为仁宗。

1795

1796

将他处死，并解散国民公会。此被称为"热月政变"，控制国会者被称为"热月分子"，他们多为律师与公职人员等温和派的中产阶级。

1795 年，热月分子再度制定宪法，成立一个被称为"督政府"的五人执行委员会，与由两院组成的立法机构，此为第一共和下的督政府时期。不过这一时期掌控政府的资产阶级者多重视个人的利益，并非全国人们的利益。因此在1799 年，随着经济的恶化与人民情绪的不安，保皇党找到机会煽动并在巴黎引起骚动。除此之外，督政府与英奥俄三国组成的同盟间的战争失败，让拿破仑于 1799 年 11 月，也就是革命历的 2 月（雾月）有机会发动政变即"雾月政变"建立执政政府。

革命的背后：民族主义与自由主义的萌生

法国大革命发生的主因在于国家财政问题，不过在 1789 年至 1799 年这段期间，法国经济仍不见起色。人民在面对商人的囤积居奇、物价飞涨与粮食短缺的问题时，为获得改善，出现许多政治上的要求，这些要求与法国传统以来的政治观相当不同。因此让人们知道自己的要求并非一种叛乱；让人民了解自己是国家的一分子，要效忠的对象应该是国家，而非单一贵族或王室，是十分重要的事。

所以在革命发生之际，革命领袖们让有政治自觉的公民组成了一支国民自卫队，并提倡将法语定为国家的语言，要求所有的公民说法语，建立了许多公立小学教授法语，以此建立人民的认同感。此外还大量出版通俗易懂的报纸、小册子与期刊，灌输人民对国家的热爱，方便革命政府以争取自由为理由，动员群众动摇传统社会及王室统治。当革命发生弑君行为，面对外国的干涉时，人们也能坚定而不怕死地奋力作战，以此保卫国家的安全，此为法国民族主义的变化。

而影响法国大革命至深的自由主义，开始是由启蒙运动的哲士们，像是孟德斯鸠、伏尔泰等人所倡议的。这种自由的观念是要人们去做应该做的事，而并非强迫人们去做任何事。强调人有言论、思想的自由，与经济的自由，更要有宗教宽容。这种观念在法国大革命时发酵，所以于1789年发布的《人权宣言》，第一条就规定"人生而自由，权利平等"。

在法国大革命初期，也有许多自由主义者要求政治公开，坚持舆论与结社的自由。他们认为最好的政府体制应该是君主立宪或是议会共和，反对任何特权的出现。在1789年的"八月法令"中，更推翻了许多依靠出身的特权地位，而让所有公民皆能获得工作。妇女在此时虽没有参

大 事	时 代	地 区	公元 单位：年
白莲教在湖北、陕西与四川等地起事，被称为川楚教乱。			
拿破仑首度率军远征意大利。	第一共和时期 督政府时期	法国	
凯瑟琳女皇去世，由其子保罗一世即位。	保罗一世	俄罗斯	
英国医生詹纳（Edward Jenner）发明牛痘疫苗，有效防治天花。	乔治三世	英国	
拿破仑瓦解第一联盟，在《坎波福来奥和约》中于米兰建立阿尔卑斯山南共和国，在热内亚建立利古里亚共和国。	第一共和 督政府时期	法国	1797
莫兹利（Henry Maudslay）发明车床。车床可使钢材依照设计图样裁制成各种机器组件，使机械制造更加便利。	乔治三世	英国	

公元 单位：年	地 区	时 代	大 事
1798			英国结束为期一年的爱尔兰叛变。
	法国	第一共和督政府时期	拿破仑率领军队远征埃及，在地中海与英相遇，占领马耳他，并在亚历山大港登陆埃及。
			法国海战上受挫于英国，让英国切断法军与法国本土的联系。
			英、俄、奥、与土耳其成立对法战争的第二同盟。
1799	法国	第一共和第一执政时期	拿破仑发动"雾月政变"取得政权，推翻督政府。
			拿破仑被选为第一执政。
			现实主义作家巴尔扎克（Balzac）诞生，他著有《人间喜剧》《高老头》等作品。

政权，但她们拥有财产的继承权。此外在法国革命期间，巴黎许多具有政治色彩的俱乐部，如国民公会时期的雅各宾派与吉伦特派，这些俱乐部皆在日后法国政治圈中有重要的影响。

这种反特权的自由思想，与争取建立独立自主的国家的想法，随着法国与欧洲各国爆发战争，也随之传到欧洲各地，刺激了普鲁士、意大利、波兰、爱尔兰等国的人民民族情绪；让欧洲各国的特权阶级受到威胁，如英国国会中较激进分子希望重整国会，开始与巴黎国会互通讯息。英国的浪漫诗人威廉·华兹华斯（William Wordsworth）也曾歌颂法国国民会议的成就，认为这种成就将赋予欧洲人很大的希望。

拿破仑的火与剑：法兰西人的皇帝诞生

发动"雾月政变"执政的拿破仑，出生于科西嘉岛（Corsica）上没落的贵族之家。他的崛起与其领导的意大利光荣战役有关。他屡次击败奥地利与撒丁联军（意大利），将奥地利逐出意大利，与撒丁国王卡洛·伊曼纽尔签约，获得萨伏伊与尼斯，并在意大利建立起法国式的共和体制国家。在意大利的成功让拿破仑成为法国人的新英雄，也让法国督政府感到受威胁。

不过当时对英战争仍持续着，因此督政府仍授权他对英作战。不过他认为对英伦三岛的作战时机还未到，因此他假意准备攻打英国，却将军队带往埃及，攻下亚历山大港，并攻取开罗。拿破仑的埃及行动对欧洲各国造成恐慌，因而在 1798 年英俄奥与土耳其结盟成立第二同盟。英国舰队将拿破仑军队困在埃及，切断法军在埃及的补给路线。虽然拿破仑的埃及军事行动受阻，不过他的对外辉煌的军事战争已经将他塑造成一位英雄。因此当他将军队留置在埃及，独自回到法国时被视为救星。他发动"雾月政变"，建立"督政府"，自己成为第一执政。

拿破仑在取得第一执政时，与第二同盟间的战争虽仍持续着，不过俄国已经退出战争，因此拿破仑实际上只需注意奥地利的行动。他随即率兵前往意大利，在马伦哥之役（battle of marengo）击败奥地利军队，与奥地利签订条约。他在隔年与英国签订和平协议，瓦解了第二同盟，让他允诺法国人的和平得以实现，使得他成为法国最受欢迎的人。

1801 年，拿破仑以安定为借口，要求立法机构更改执政制度，并经由公民投票方式让拿破仑成为终身第一执政且有权指定继承者。在 1804 年颁布的新宪法中，拿破仑要求立法机构拥护他建立新帝国，由元老院与咨议院上尊称他为"拿破

大　事	时　代	地　区	公元 单位：年
物理学家伏特（Alessandro Volta）发明世界第一个电池，又称为伏特电池。		意大利	
乾隆驾崩，嘉庆派人抄和珅家，并赐死和珅。	清仁宗 嘉庆五年	中国	
清廷擒杀白莲教主刘之协。	清仁宗 嘉庆六年	中国	◀ 1800
建立法兰西银行，通过保护关税、铺设新街道，逐渐恢复工商业盛况。	第一共和 第一执政 时期	法国	
英格兰、苏格兰、威尔士、爱尔兰正式合并为大不列颠与爱尔兰联合王国。	乔治三世	英国	◀ 1801
拿破仑与奥地利签订几乎摧毁神圣罗马帝国的《吕内维尔条约》。	第一共和 第一执政 时期	法国	

公元 单位：年	地区	时代	大事
1802			拿破仑成为终身第一执政，并有权指定继承人。
			拿破仑与英国签订《亚眠和约》，英国放弃所有殖民地，法国放弃埃及，反法第二联盟瓦解。
	中国	清仁宗嘉庆七年	白莲教主力军队遭清军歼灭。
1803	美国	杰斐逊总统	向法国购入路易斯安那，让美国得以控制密西西比河航运。
	法国	第一共和	英国再度向法国宣战。
	土耳其	谢里姆三世	法军撤离埃及后，阿尔巴尼亚人穆罕默德阿里篡夺埃及的统治权，为塞利姆三世。

仑一世，法兰西人的皇帝"。12月于巴黎圣母院，由教皇庇护七世为他举行加冕典礼。

拿破仑执政总算结束了法国长达十年的革命时期，恢复法国的社会秩序，解决了法国长久以来的宗教问题。1804年其颁布了一部参照王政体制与革命政府的《拿破仑法典》，融入革命的精神，承认法律面前人人平等，废除嫡长子继承制，准许有限度的离婚，设立许多专职官员与学校等。这部法典随着拿破仑的军队传到欧洲各地，对欧洲造成深远的影响。

拿破仑大帝武力横扫欧陆：帝国高峰的潜在危机

1803年，英法两国再度宣战，英国开始寻找同盟国。此时奥地利因为1801年与法签订的《吕内维尔条约》中，神圣罗马帝国割让莱茵左岸之地，并承认法国所建立的诸共和国，让神圣罗马帝国内的各邦国对奥地利哈布斯堡皇帝不再效忠，反而争相巴结法国。对于这一结果，奥地利的弗朗茨二世忧心不已，尤其是1804年拿破仑称帝，更让神圣罗马皇帝担心法国再次扩张。因而奥地利与英国签订同盟。同年，俄罗斯的沙皇亚历山大一世也加入英奥同盟，出现了反法的第三同盟。

拿破仑深知攻打英国必须要建立一支比英国更强大的海军，唯有控制大部分欧洲，法国才有能力建立强大的海军。因此当英奥俄同盟出现后，拿破仑便暂时放弃攻打英国转向对德国用兵。拿破仑在欧陆上的用兵战无不胜。他攻入维也纳，并在奥斯特里茨（Austerlitz）之役大败奥俄联军，奥地利只好与法国签订《普莱斯堡条约》（Pressburg）。

1806年，拿破仑的攻势瓦解了神圣罗马帝国，他将原本帝国西北部的汉诺威与赫斯等地，合并为威斯特伐利亚王国（Kingdom of Westphalia），由其弟担任国王；将原本帝国西南部的巴伐利亚、巴登与符腾堡等邦组成"莱茵邦联"，自己为这个同盟的保护者；奥地利必须让出意大利的威尼斯，并入他所成立的意大利王国（指的是罗马以北的大部分地区），拿破仑自称意大利国王。

普鲁士原本无意加入与法的战争，但拿破仑成立"莱茵邦联"后，普鲁士君王腓特烈·威廉三世深感来自法国的压力，因而决定与法作战。1806年10月的耶拿（Jena）和奥尔施塔特（Auerstadt）之战，普鲁士皆大败。法军长驱直入地占领柏林，并在西普鲁士成立与"威斯特伐利亚王国"。

1807年，法军在波兰大败俄军。俄罗斯沙皇亚历山大一世在国内局势不稳之

大　事	时　代	地　区	公元 单位：年
《神圣罗马帝国代表最后议定书》中除了美因茨，其他的教会封地皆分割并入各邻近诸侯国。	弗朗茨二世	奥地利	
安南国王阮福映上表请求改国号为越南，此后安南改称越南。	清仁宗嘉庆八年	中国	
拿破仑称帝，颁布《拿破仑法典》，第一共和终结，建立第一帝国。	第一帝国拿破仑一世	法国	1804
川楚教乱结束，台湾鹿耳门遭海贼侵扰。	清仁宗嘉庆九年	中国	
海地宣布脱离西班牙独立。	卡洛斯四世	西班牙	
拿破仑于奥斯特里茨一役大败奥俄联军，攻下维也纳。	第一帝国拿破仑一世	法国	1805
拿破仑并在米兰被加冕为意大利国王。			

地 区	时 代	大 事
英国	乔治三世	英国和俄国、奥国组成对付法国的第三同盟。
		法军于特拉法尔加之役被英军歼灭，使英国保有海上霸权。
中国	清仁宗嘉庆十年	海贼蔡牵自称镇海王，攻入台湾凤山。
英国	乔治三世	英国取得好望角。
法国	第一帝国	第四次反法联盟出现，普鲁士单独宣战遭到惨败，拿破仑在西普鲁士成立"威斯特伐利亚王国"。
		拿破仑在《柏林诏令》中提出建立"大陆系统"，禁止欧陆国家和英伦三岛贸易与贩卖英国商品。
奥地利	弗朗茨二世	拿破仑解散神圣罗马帝国，组成莱茵联邦。

公元 单位：年

1806

下，怕法军攻入俄国引发贵族与农奴的叛乱，便与拿破仑和解，签订《提尔西特条约》（*Treaties of Tilsit*）。普鲁士必须放弃瓜分波兰的土地以组成华沙大公国，俄国则只需承认华沙大公国的存在。

拿破仑在欧陆的战争无所不利，然而英国却未能被其征服。为了要摧毁英国，拿破仑在 1806 年的《柏林诏令》中提出建立"大陆系统"（the Continental System），禁止欧陆国家与英伦三岛贸易，与贩卖英国商品。中立国家船只的货源如果来自英国或是英国殖民地，视同英国货物，不准进入欧陆。1807 年的《米兰诏令》更进一步提出，任何中立国家船只只要曾停过英国港口，或在海上让英国船舰搜寻者，一入欧陆港口货物便要被没收。拿破仑希望通过封锁英国输出与从英国转运出来的货物的方式，瘫痪英国的经济，造成英国境内发生革命，试图使用经济战的方式来打击英国。最终这一策略却未能成功。

普鲁士王国的复兴：战火下的改革

1806 年，拿破仑解散神圣罗马帝国，将帝国内的各邦联结合起来组成莱茵邦联，这让原本与法国维持和平关系的普鲁士深感不安。腓特烈·威廉三世决定对法宣战，然而普鲁士却在耶拿与奥尔施塔特之役溃败，拿破仑的军队顺利占领柏林。此时耶拿大学教授费希特，为了激发普鲁士王国人民的爱国心与民族认同感，并希望能唤醒德国人民对自己历史与文化的尊重，便进行了十次演讲，而《告德意志国民书》便是由这十次演讲集结而成。书中内容希望知识分子不再以法文为主要的官方语言，而是使用自己的语言，用德语交谈，用德文书写。此书出版后，民族国家的观念在普鲁士王国中迅速发展。

拿破仑占领下的普鲁士王国，西半部和从波兰取得的土地都被夺走，只剩下易北河以东的旧领地。不过这里却是全德国地区争取民族自由的中心，聚集了许多日耳曼民族主义者与爱国者。普鲁士由此成为领导日耳曼民族主义者争取民族自由的中心。不过，这时期的普鲁士最重要的问题在于军事方面。为了建立强大的军队，首先得让军人了解军功是他们升迁的管道。唯有军人积极热心于国家事务，才能获得政府中的重要职位。

与此同时，普鲁士也进行一连串政治与经济改革，首先为了激发人们对国家的认同感，让每个人都有提高社会地位的希望，废除了阶级制度；接着在1807年废除农奴制度与庄园制度，允许中产阶级购买土地与在军队中任职；1808年又颁布提高中产阶级公民意识的"市政

大　事	时　代	地　区	公元 单位：年
浙江提督李长庚于台湾大破蔡牵船队。	清仁宗嘉庆十一年	中国	
普鲁士在耶拿和奥尔施塔特两地的对法作战皆大败。	腓特烈·威廉三世	德国	
费希特发表《告德意志国民书》，激发德国国家主义。			
普鲁士与萨克森订立《波森和约》，萨克森加入莱茵联邦。			
在波兰与法战争大败，与拿破仑签订《提尔塞德条约》，第四次反法联盟瓦解。	亚历山大一世	俄罗斯	1807
俄国承认华沙大公国存在。			
拿破仑发布《米兰诏令》，严格的规定大陆禁运措施。	第一帝国拿破仑一世	法国	

	地区	时代	大事
单位：年 公元			派军队入侵葡萄牙。
			重建波兰，组成华沙大公国。
	英国	乔治三世	爆发英土战争。
			英国军舰袭击美国船只切萨皮克号（Chesapeake），造成二十一名美国船员伤亡，两国关系进入紧张状态。
	美国	杰斐逊总统	美国通过禁运法案，回应与英国在印第安人、边界争议与贸易竞争上的冲突。
			富尔顿发明汽船，在美国哈得逊河试航成功。
	德国	腓特烈·威廉三世	发布农民解放诏令，保障农民人身、财产与职业自由、法律平等等。

法"。这种种举措对普鲁士的民族主义观念有很大的影响，因此当 1813 年，俄普英奥再度联合对抗拿破仑时，可说是德国地区民族主义最为高涨的时期，这时连小孩都嚷着加入"解放战争"。因此在拿破仑战败后，普鲁士自然成为欧洲四强之一，成为主导维也纳会议的主角之一。

不过，维也纳会议中的主事者，并没有打算在德国地区组织国家，而是组成一个由 39 个邦与四个自由市的松散德意志邦联。此邦联的出现，重重打击了爱国志士极力呼吁要建立一个统一国家的愿望，让受到民族主义激荡的德国人起而反抗。因此在 1815 年，许多大学中出现由学生组成的"学生联盟"。这些学生联盟是德国青年运动的一部分，专门讨论严肃的政治课题，参与许多激烈的运动，最后在梅特涅的干预下被迫解散。虽然德国在这时期的政治活动屡遭挫折，但在经济上，德意志各邦在普鲁士的领导下，于 1818 年组成关税同盟，可以说为日后的政治统一奠定了基础。

大陆封锁政策的崩溃，节节败退的拿破仑军队

以武力制霸全欧的拿破仑，为了对付海上霸主英国，提出企图封锁英国的"大

陆政策",但此策略成功的前提是盟邦国家的合作。所以为了严格执行此策略,拿破仑严禁任何欧陆国家与英国有所往来,并提出所有欧陆国家若胆敢和英国进行贸易,皆会被严厉的处罚。但事实上,此一策略不仅对英国经济造成伤害,也会使欧陆国家的经济蒙受损失。而且英国也对支持法国策略的所有国家实行反封锁,让这些国家的商业与运输停顿,使得欧陆国家受到的压力更加严重。简而言之,"大陆政策"是为了法国利益而制定的,欧陆国家根本找不到为此牺牲的理由,而葡萄牙便是一例。

1807 年,拿破仑派军进入葡萄牙,隔年以保护西班牙领土为由,派十万大军进入西班牙,并要求现任西班牙国王逊位,由他的兄弟约瑟夫·波拿巴继位。拿破仑要求西班牙进行一连串改革,引起人民的不满,开始发生暴动。这时的英国抓住机会,以不断输入物资与游击战的方式,支持西班牙人的反法运动。英国趁机再度派军队进入葡萄牙,从 1808 年起将法国的部分军队牵制在伊比利亚半岛上长达七年。此役被称为"半岛战争",也被称为"铁锤与铁砧"的战役。"铁锤"是指人数四万到八万的英葡联军;另一支"铁砧"力量,即西班牙军队及游击队。此举虽未能推翻拿破仑的统治,但此牵制策略却有效地消耗了法国的人力与物力。

就在半岛战争让拿破仑焦头烂额的同

大 事	时 代	地 区	公元 单位:年
拿破仑亲自带兵入侵西班牙发动半岛战争。	第一帝国	法国	1808
颁布《市政法》,中产阶级可透过被选出的市议员实施地方自治。	腓特烈·威廉三世	德国	
德国大文豪歌德发表作品《浮士德》,歌德同时也是日耳曼浪漫主义的代表人物。			
西班牙发生反法运动。卡洛斯四世被迫让位给其子斐迪南七世。	卡洛斯四世	西班牙	
英国借口保卫澳门免遭法军占领,派兵占据澳门,遭清廷逼退。	清仁宗嘉庆十三年	中国	
英土战争结束,签署《达达尼尔条约》。	乔治三世	英国	1809
与奥地利等国组成第五次反法联盟。			

地区	时代	大事
法国 第一帝国		拿破仑在瓦格拉姆大败奥地利大军，并粉碎第五次反法联盟。
奥地利	弗朗茨二世	阿斯佩恩之战，查理大公让拿破仑尝到败仗。
		瓦格拉姆大败，奥与法签订《申布伦和约》奥地利割让土地成为内陆国。
俄罗斯 1810	亚历山大一世	俄退出大陆系统与英国进行贸易。
德国	腓特烈·威廉三世	颁布《调整诏令》，以土地生产所得的三分之一交给领主，以解除农民为领主所服的劳役。
		设立柏林大学。

单位：年 / 公元

时，法俄的关系也因争夺欧洲领导权而日益交恶。1810年，俄罗斯的亚历山大一世宣布退出大陆系统，恢复与英国的商业往来，此举让拿破仑十分不满。1812年6月，拿破仑集结70万大军入俄。由于征俄路途遥远，法军的补给路线又太长，因此法国打算与俄进行一场快速的决战。但俄人拒绝应战，采用坚壁清野的方式，让法国士兵与马匹得不到粮食。9月双方在莫斯科附近交战，法军占领莫斯科，此时莫斯科发生大火而成为废墟，法军只能在没有任何物资的废墟中逗留一个月。10月底法军虽开始撤退，但早来的冬天让法军人马冻结，车辆无法移动。法军此时面对的敌人是严寒、疾病、饥饿与哥萨克人的掠夺。最后法军终于瓦解，拿破仑只好丢下在俄境内的军队仓促离去。

在征俄战争中拿破仑的失败，让欧洲其他国家恢复信心。1813年，俄普英奥等国联合抗法，此次反法行动是在民族主义的名号下进行。在莱比锡之役，奥普俄联军击溃拿破仑的20万大军，与此同时英军在西班牙也大胜法军。1814年，英俄奥普签订《储蒙条约》，决定联军与法继续作战，不与拿破仑单独缔结和约。此后法军节节败退。3月底联军进入巴黎，拿破仑无条件退位。联盟允许他以公爵名号治理厄尔巴岛，法国由波旁王朝的路易十八统治。

美国国歌的诞生：美英第二次独立战争

拿破仑为了抵制英货发布《柏林诏书》与《米兰诏书》，禁止中立国船只运载英国货物或是停靠在英国码头让英军舰搜查；英国为了报复法国的举措，也发布了限制运载任何法国殖民地货物与运送军事物资的枢密令。在此枢密令下，美国已有上百艘商船遭英国海军扣押。1807 年美国军舰切萨皮克号（Chesapeake）在前往地中海的途中遭遇英国舰队的拦阻，并要求登船搜捕英籍逃兵。美军原先拒绝不让英军上船，英国军舰因此开火，造成三名美国军人殉难，十多人受伤。美国军舰只有被迫受检，船员也遭逮捕。此消息传回美国，激发了美国人民的爱国心。他们认为中立国的地位并未受到尊重，而好战的众议院议员更起而鼓动战争。这时美国的主政者对英国殖民地——加拿大，亦相当心动，希望能将它纳入版图之中。在这种种因素交错下，美国趁着 1812 年英国正陷入与法国的半岛战争时，向英国宣战。

战争初始，英国全部心力仍放在与法战争上，在北美采取消极的防守政策。然而美国一心想夺取加拿大，所以战争一开始，美国就派了 6000 部众进攻加拿大。但领军的美军将领年事已高，再加上美国于军队不足之下紧急扩军，民兵改制的志

大　事	时　代	地　区	公元 单位：年
下令查禁鸦片。严禁洋人传教。	清仁宗 嘉庆十五年 嘉庆十六年	中国	
法国拿破仑远征俄罗斯彻底失败。	第一帝国	法国	1812
名将威灵顿成功地从拿破仑手中解放西班牙马德里。	乔治三世	英国	
发生英美第二次独立战争。			
俄、普、英、奥等国联合抗法，发动解放战争。	第一帝国	法国	1812— 1815
莱比锡之役，奥普俄联军击溃拿破仑二十万大军，英军在西班牙大胜法军。			
天理教首领麟清率领华北教众起事，史称"癸酉之变"。	清仁宗 嘉庆十八年	中国	

地区	时代	大事
德国	腓特烈·威廉三世	签订《卡利什条约》波兰归俄国所有，普鲁士爱国之士群起激愤，要求腓特烈·威廉三世对法宣战。
奥地利	弗朗茨二世	英、俄、奥、普签订《储蒙条约》，攻入巴黎解决法国问题。
		奥国首相梅特涅主导召开维也纳会议。解散莱茵联邦，在德境内组织德意志邦联。
西班牙	斐迪南七世	西班牙斐迪南七世复辟，重建耶稣会与异端裁判。
法国	第一帝国	3月联军进入巴黎，军队在枫丹白露逼拿破仑退位，拿破仑被送往厄尔巴。第一帝国结束。
		法国由波旁王朝的路易十八即位。

单位：公元年
1814

愿兵往往呈现袖手旁观与按兵不动的状态，或是一开战就不发一枪地向英军缴械投降，因此无法有效地与英作战，未能旗开得胜，反被英军击溃，甚至失去底特律及密歇根湖畔几座城市和要塞。不过，战争双方互有胜负。1813年，美军在伊利湖战胜英军，打开从伊利湖通往安大略湖的通路，切断了英军的供应路线，而迫使英国撤离底特律，并攻占加拿大的首府约克。10月，美军击败英与印第安人的联军后，成功攻进蒙特利尔。但经过多次的激战，1813年底，美军终究被英军赶出了加拿大。在此同时，拿破仑在欧陆战争失利，英国对美国的战争因此转守为攻。大批英国海军赶到北美，封锁美国东岸。双方在通往加拿大的五大湖区展开激烈战斗。

这年的夏天，一万多名的英军由加拿大的蒙特利尔南下，遭美军奋力抵抗，损失惨重被迫折回蒙特利尔。1814年8月，英军调集重兵，从加拿大发动进攻，25日攻占华盛顿，焚毁国会大厦和白宫，最后英军在巴尔的摩被阻。在此战役中，美军冒着枪林弹雨奋勇抵抗，一位美国律师更因目睹了在激战中飘扬的星条旗，而谱出美国国歌，歌颂此役中美军的英勇表现。

1814年底，战场转移到墨西哥湾附近的新奥尔良。第二年美军取得了新奥尔良大捷，然而英美双方代表早在战场转移前就在比利时的根特（Ghent）签订条约。双方同意停战，并维持旧有的疆域。因此，此战役实际上无关胜负。将领在得知英美双方缔结条约后，只好黯然离开。这场美英战役，美国虽未能如愿得到加拿大，但却从此摆脱欧洲的阴影，开始全心投入于国内建设。

拿破仑的挽歌与维也纳会议：欧洲政治地图重整

　　拿破仑战败后，欧洲各国的当务之急，就是恢复已经被打乱的欧洲秩序。1814 年 9 月，欧洲代表与君王便在维也纳召开会议，整场会议掌握在奥国首相梅特涅（Metternich）、英国外相卡斯尔雷（Catlereagh）、俄国沙皇亚历山人一世与普鲁士首相哈登堡（Hardenberg）手中，梅特涅更是会议的灵魂人物。

　　会议召开时，处于战败国的法国原本不受到重视，然而法国外相塔列朗为了维护法国的利益，首先提出"神圣的正统原则"，主张正统王室应该具有的利益，以确保波旁王朝的正统性不被否认。此论点提出后虽不被俄普两国接受，却得到梅特涅的认同。接着法国便利用俄国想霸占波兰、普鲁士想拥有萨克森，奥地利与英国却不同意的现况，造成四强矛盾并打进四强核心，联合英奥共同抵抗俄普，以此逼

大　事	时　代	地　区	公元 单位：年
颁布宪章，成立以英国为范本的两院制。	路易十八	法国	
5 月签订《巴黎和约》要求法国领土回到一七九二的状况。			
英国人史蒂文森（George Stephenson）发明蒸汽火车头。		英国	
英国自荷兰手中取得好望角，并在维也纳会议中获得马耳他、锡兰等地。	乔治四世	英国	1815
国会通过《谷物法》，使劳工的权益受损。			
与英国缔结《根特永久和约》，英国接受美洲局势现状。美英战争正式结束。	麦迪逊总统	美国	
俄沙皇亚历山大一世邀请普奥组成神圣同盟。	亚历山大一世	俄罗斯	

公元 单位：年	地 区	时 代	大 事
	奥地利	弗朗茨二世	《维也纳会议法案》重新确立五强均势。
			奥邀请英俄普组成"四国同盟"。
	德国	腓特烈·威廉三世	在会议中获得萨克森的部分土地，并取得莱茵省，及威斯特伐里亚作为补偿。
			德意志青年团在耶拿成立。
	法国	路易十八	拿破仑离开厄尔巴回到巴黎，再度称帝，路易十八逃亡根特。
			英奥俄普再度联军，在滑铁卢一战，拿破仑大败，被流放到圣海伦娜岛。
1816	西班牙	斐迪南七世	阿根廷自西班牙手中独立。

迫俄普退步。

基本上，拿破仑之后的欧洲政治问题解决者皆为保守主义者。他们皆深受法国革命与拿破仑战争之苦，因此皆努力想将欧洲恢复到法国大革命之前的状况，希望以此谋求欧洲的安定。他们相信只有在各国权力均衡之下，欧洲才会安定与和平。因此在波兰与萨克森问题解决后，会议便决定将欧洲恢复为1789年政治与社会原况，并根据正统原则与补偿原则进行。所谓的正统原则，意指所有在法国大革命与拿破仑时期消失的王室，像法国、西班牙、荷兰、意大利等国的君王皆可复辟，罗马教皇与莱茵邦联中的君王也都复位。但在1806年消失的神圣罗马帝国此时已经无法再恢复，因此便成立一个由三十九邦与四个自由市组成的松散德意志邦联。而补偿原则，就是因重建欧洲秩序而失掉土地的国家可以得到补偿。因此为了补偿荷兰被英国占据的土地，便将奥属尼德兰（即今日的比利时）让给荷兰，奥地利得到威尼斯与米兰，俄国因为被允许保有1809年占领的芬兰土地，因此便从丹麦手中取得挪威，以补偿芬兰。

至于战败国法国，联盟国家可说给予相当宽容的对待，让它保有君主立宪时期的疆域。然而就在维也纳会议召开之际，拿破仑逃回巴黎，法国出现了短暂"百日复兴"。此事让联盟国家认为法国人为麻烦制造者，决定给予惩处，因而将法国疆域改为以 1790 年时期的领土为准，让法国失去比利时边境与瑞士边境土地，盟军有 15 年的时间占领北部与东部边境。

1815 年，在拿破仑被送往圣赫勒拿岛之际，俄皇亚历山大一世联合奥地利与普鲁士，发起组织一个在基督教精神下联结的神圣同盟（Holy Alliance），也获得多数欧洲各国的参与，不过此联盟并未有任何实质上的作用。与此同时奥、英、俄、普四国在梅特涅的主导下也签订了"四国同盟"，目的在于共同防止法国出现任何违反维也纳会议的安排。不过这也点出了 19 世纪初，奥、英、俄、普四国在欧洲的重要地位。

法国波旁王朝复辟：路易十八与拿破仑的恩怨纠葛

当拿破仑在枫丹白露宫退位，被遣送到厄尔巴岛之时，俄、普、奥等国代表也对于谁是下任法国领导者有不同的看法。法国外长塔列朗（Talleyrand）对此提出，路易十八是法国波旁家族的人，原本就是法定的国王，不需要外国势力的支持，而且只有在"正统性"下的统治才能避免法国的分裂。就这样 1814 年 5 月，波旁家族的路易十八（上断头台的路易十六的弟

大　事	时　代	地　区	公元 单位：年
英国派遣阿美士德访华，因不行跪拜礼，而取消会面。	清仁宗嘉庆二十一年	中国	
颁布《调整诏令》，地主为补偿损失，理性经营的大地产广为流行。	腓特烈·威廉三世	德国	
廓尔喀遣使入贡。	清仁宗嘉庆二十三年	中国	1818
颁布新税法与关税法，出现关税同盟，克服德意志地区内三十八个不同关税体系的问题。	腓特烈·威廉三世	德国	
曼彻斯特的圣彼得场发生彼得卢屠杀。	乔治四世	英国	1819
西班牙发生革命，军队在卡地兹叛变，保守派投降。	斐迪南七世	西班牙	1820
诺拉的叛变迫使国王采取宪政。	斐迪南一世	意大利	

单位：公元 年

地 区	时 代	大 事
		意大利的民族运动从撒丁皮埃蒙特与北意大利蔓延。
		西西里岛追求脱离王国独立。
英国	乔治三世	发生卡多街阴谋案。
法国	路易十八	贝里公爵遭暗杀，政府修改选举权内容，遭自由派人士反抗，出现烧炭党。
西班牙	斐迪南七世	西班牙殖民地：墨西哥、巴拿马、哥斯达黎加、萨尔瓦多与洪都拉斯分别脱离西班牙独立。
土耳其	穆罕默德二世	爆发希腊独立战争。

（1821 标注于西班牙一栏左侧）

弟）便正式成为法国国王。

路易十八即位后，为了确保王位的稳定性与寻求有力人士的支持，于 6 月颁布了《一八一四年宪章》。这是一部新时代与旧秩序妥协的宪章，它虽宣扬君权神授，但也承认大革命之后，法律之前人人平等的主张，和当时给予人们的自由与权利。根据此宪章，路易十八的即位是基于正统原则。不过此宪章最大的问题是，它给予的选举权仍限于极少数的地主而非全民普选。虽然让人民保有大革命时期拥有的土地与财产，却未得到教会与流亡贵族的认同，就这样法国出现了不为法国人民所爱戴的一个复辟王朝。

1815 年，厄尔巴岛上的拿破仑利用法国人对路易十八的厌恶，与波旁王朝的政权基础尚未恢复之际，逃离厄尔巴岛回到巴黎。拿破仑一踏上巴黎，法军立即倒戈。即位不到一年的路易十八仓促地逃往比利时的根特，法国进入了拿破仑的百日王朝时期。俄、普、英、奥等国一听到消息，立即组成联盟对付拿破仑。拿破仑面对此状况，为了避免联军的会合，决定将大军集结在比利时，先应付来自英国和普鲁士的军队，接着再应战奥地利与俄国。

因此 1815 年 6 月，他将军队带往比利时，在林尼（Ligny）痛击了普鲁士的军队。到了滑铁卢后，拿破仑与威灵顿公爵所领的英国军队相遇时虽先获胜，然而当普鲁士援军到达后，在英普两军夹攻下，法军大败。拿破仑逃回巴黎，最后联盟决定将他放逐到大西洋上的圣赫勒拿岛（Saint Helena）。直到1821年，拿破仑过世前，他都不曾离开过。

当拿破仑被送往圣赫勒拿岛时，路易十八在英普两军的护送下回到巴黎再度即位。这时的法国弥漫着恐怖的气氛，保皇党与极端保守派决定大肆迫害自由派者。这股反动保守的气氛在路易十八执政时期决定采取中间路线的政策之下，虽暂时被压制下来，但1820年，不幸地发生了国王的侄子（未来国王查理十世的儿子）遇害之事，极端派趁机掌权组成内阁。路易十八在无力干涉下最终病死，由极端保守派的查理十世继位。

美国的"门罗宣言"：英美首次合作插手国际事务

在16世纪欧洲兴起的寻找新航路的热潮下，西班牙与葡萄牙占领了中南美洲与南美洲各地。他们在此采取专制统治，虽兴建城市、发展商业，但西葡的殖民地政策与经济皆以宗主国经济为考量方向。因此西葡两国可说是使尽一切手段，掠夺当地原住民印第安人的土地，剥削与奴役殖民地人民，采取高压与不平等阶级的专制统治，使得拉丁美洲人对欧洲人深恶痛

大　事	时　代	地　区	公元（单位：年）
朝鲜遣使者前来请求更正《皇朝文献通考》，朝鲜史事失实之处。	清宣宗道光元年	中国	
拿破仑于圣海伦娜岛病逝。	路易十八	法国	
维罗纳会议中决议由法国派兵镇压西班牙叛变，斐迪南七世取回政权后，对革命分子施行严厉的报复行动。	斐迪南七世	西班牙	1822
约翰六世自巴西返回执政，颁布自由宪法。	约翰六世	葡萄牙	
巴西宣布脱离葡萄牙独立。		巴西	

地区	时代	大事
中国	清宣宗道光二年	清廷下令海口各关严格稽查鸦片。
1823 法国	路易十八	介入西班牙的内政。
美国	门罗总统	发表《门罗宣言》，主张欧人治欧，美人治美，互不干涉。
1825 法国	查理十世	通过《赔偿法》。补偿在革命时期贵族丧失土地的损失。
1852 英国	乔治四世	英、法、俄在纳瓦里诺摧毁土耳其与埃及舰队，签署《伦敦条约》，中、英、法、俄共同支持希腊独立。
		奥康奈尔重新发起民族主义的爱尔兰天主教协会，威灵顿内阁废止《宣誓法案》。
1827 中国	清宣宗道光七年	伊犁将军攻下喀什噶尔城。

（单位：公元·年）

绝。18世纪启蒙思想的传入，让当地居民开始思索他们所处的环境。美国独立运动的成功更给他们极大的鼓舞，因此当拿破仑发动半岛战争，入侵葡萄牙、绑走西班牙的国王，中断了西班牙与拉丁美洲的联系的时候，正好给予拉丁美洲发动革命的机会。1804年海地宣告独立以后的20年间，拉丁美洲的国家纷纷推翻殖民者的统治宣布独立。

拿破仑席卷欧洲计划失败后，法国提出根据正统原则，西班牙将由波旁王朝重新执政。其于1823年提出根据"神圣同盟"中的宣言镇压反动势力，欧洲列强将协助西班牙扫荡革命，企图干涉拉丁美洲的独立运动。不过对于欧洲列强的行动，英国持反对的意见。主要是由于拿破仑发动战争期间，英国与拉丁美洲的贸易增长了20倍。所以对英国来说，拉丁美洲的市场相当诱人，他们自然不愿意拉丁美洲重新被西班牙控制。所以当欧洲军队要度过大西洋干涉拉丁美洲各国独立问题时，英国外相坎宁（George Canning）便建议美国与其共同反对欧洲列强干涉拉丁美洲独立问题。美国公使将英国外相的建议详报给当时的国务卿亚当斯与总统门罗（James Monroe）。亚当斯认为英国的目的，只是希望借此防止法国势力进入拉丁美洲，而且杰斐逊与麦迪逊两任前总统皆认为应该接受此建议。门罗总统在几经考虑后，决定在致国会的咨文中采取行动。

1823 年 12 月 2 日，总统于国会上咨文发表了"门罗主义"，美洲不再开放欧洲成立殖民地，而任何延伸欧洲势力至新大陆上的作为，美利坚合众国将视为"危及我国之和平与安全"。美国不会介入欧洲各国之间的战争，也要求欧洲各国不插手美洲事务。门罗主义发表后，实质上仍得依靠英国海军，神圣同盟成员才未行动。然而客观来看，此宣言阻止了欧洲列强再度以拉丁美洲为殖民的目标。

法国的"七月革命"与"二月革命"：中产阶级力量的兴起

英国经济学家亚当·斯密在 1776 年出版的《国富论》中主张，政府不可干涉工商活动，自由竞争与致富的欲望可以让社会的整体财富增加，让国家富裕起来。这样的观念影响到 19 世纪时期各国政府的政策，因此社会上出现了许多具有影响力的中产阶级。从 1789 年的大革命开始，法国的中产阶级就不断寻求政治上的地位。自法国大革命以后组成的各种政治俱乐部，中产阶级皆为主要成员。1791 年之后的法国政府机构里，中产阶级开始具有举足轻重的地位。

然而于 1824 年即位的查理十世，却

大　事	时　代	地　区	公元 单位：年
俄发动对土耳其战争。	尼古拉一世	俄罗斯	1828
文学家托尔斯泰诞生，著有《战争与和平》《安娜卡列尼娜》《复活》等作品。			
俄国尼古拉一世与土耳其签《亚得里亚堡条约》，俄国获得多瑙河出海口。			1829
伦敦会议同意希腊独立，由巴伐利亚的维特尔斯巴赫家族的奥托一世担任希腊国王。	奥托一世	希腊	
奥康奈尔主张废止 1801 年爱尔兰与英格兰的合并法案。	乔治四世	英国	1830
法国查理十世解散代议院、下《七月诏令》改选国会，引爆七月革命。	查理十世	法国	

单位：年 公元

地 区	时 代	大 事
		查理十世宣布退位，流亡英国。
法国	七月王国时期	路易·菲利普即位，进入"七月王国"时期，以三色旗为国旗，路易·菲利普成为法兰西人的国王。
荷兰	威廉一世	比利时独立。
俄罗斯	尼古拉一世	波兰发生抗俄事件，华沙暴动，俄国的康士坦丁大公逃亡，波兰的恰尔托雷斯基亲王组织国民政府。
		沙皇开始将边界往波斯、印度与中国方向拓展。
英国	乔治四世	受到法国七月革命影响，英国发生改革国会运动。

是力图恢复专政王权的代表。第二年，他要求国会通过"赔偿法"来补偿在革命时期贵族丧失土地的损失；接着让天主教教会接管学校教育，举凡大革命与拿破仑时期的改革皆一一被取消。尤其在 1829 年，查理十世还任命极端保守者波利尼亚克（Polignac）亲王为首相，使得众议院在第二年通过对政府的不信任案。查理十世因而下令解散国会，要求重新选举，改选的结果仍以自由党者居多。面对此一状况，首相建议查理十世颁布《七月诏令》，再度解散国会，实行严格的检查制度，修改选举法以限制选举权，并于 9 月重新改选国会。

然而诏令一颁布，人们不满的情绪越来越高涨，且逐渐达到顶点。国会里的中产阶级者对被国王排除政治事务感到失望，纷纷上书表示抗议。激动的学生、工人与中产阶级者在巴黎街头筑起路障和军警对抗，并夺占市政厅升起革命的三色旗。他们要求建立民主共和国家，而非君王专制的国家。这时查理十世眼见情况已非他能掌握，也不愿步上哥哥路易十六的后尘，便匆匆退位逃到英国。此时主张君主立宪的自由主义者，便拥护奥尔良公爵路易·菲利普为法王，由于发生的时间正好在 7 月，因而被称为"七月革命"。

七月革命后，产生的是个具备中产阶级勤奋特性的君王，国会也掌握在一群中产阶级手中。然而在基佐（Guizot）担任首相时，他竟以官位当成拉拢支持者的奖励，以此讨好资本家。但在人们要求要有投票权时，首相却回答他们"只要让自己富有就有投票权"，使得人们渐对这个政府不满。因此在 1848 年 2 月，左派的蒂埃与自由主义领导者巴罗（Barrot）领导了一群反对力量，希望用和平集会的方法，表达他们要求扩大选举权与清除贪污者的诉求。然而这个集会却被政府禁止，激动的学生与工人便在 2 月 22 日聚集游行，高喊"打倒基佐"等口号。国王路易·菲利普为了平息众怒，虽将基佐解职，并由蒂埃组阁，但人民的怒吼已经无法控制。两天后，路易·菲利普逊位逃往英国。法国宣布成立共和国，巴黎成立临时政府，即为"二月革命"。

"恢复古罗马光荣"：撒丁王国的崛起

曾有过辉煌的古罗马帝国的意大利，从中世纪以来就不曾出现统一。尤其是从 16 世纪开始，意大利的大部分领土皆在奥地利的哈布斯堡王朝统治下。虽然在拿破仑战争后曾出现统一的曙光，但在维也纳会议时，这个统一的曙光被浇熄了。意大利半岛再度呈现分崩离析的状

大 事	时 代	地 区	公元 单位：年
世界第一条铁路出现于英国，接驳斯托克顿与达灵顿两地。			
俄国派兵平定波兰抗俄事件。	尼古拉一世	俄罗斯	1831
烧炭党在教廷国北部起事，遭奥军平定。	弗朗茨二世	奥地利	
埃及总督阿里派兵入侵巴勒斯坦、叙利亚与阿拉伯，土耳其征讨失利。	穆罕默德二世	土耳其	
英国通过《1832 改革法规》，取消衰废市镇选区，空席分配给新兴城市，使中产阶级获得投票权，两大党改名称为保守党与自由党。	乔治四世	英国	1832
波兰被贬为俄国一省。	尼古拉一世	俄罗斯	
张丙等天地会党人于台湾嘉义起事。	清宣宗道光十三年	中国	

公元 单位：年	地 区	时 代	大 事
	奥地利	弗朗茨二世	意大利地区的马志尼组成少年意大利党，推动民族统一和国家复兴运动。
1833	英国	乔治四世	英国国会废除奴隶制度，通过工厂法。
	德国	威廉一世	发生法兰克福警卫哨所攻击事件，由大学生策划政变，遭到强力镇压。
			维赫恩建立收容无人照顾的青少年机构。
	中国	清宣宗道光十三年	福建提督擒拿天地会党人。
1834	英国	威廉四世	英国通过《救济法》。派商务监督律劳卑到广州商易贸易遭拒，英国炮击虎门炮台。
1835	奥地利	斐迪南一世	斐迪南一世即位。

态，出现一个个小城邦的国家。因此这时期的意大利，还曾被奥国首相梅特涅讥笑只是一个地理名词，而且大部分土地又再度落入奥地利的统治下。像北部的伦巴第（Lambardy）与威尼斯（Venetia）共和国为奥地利的属地，中部的托斯卡纳（Tuscany）、帕尔马（Parma）及摩德纳（Modena），由哈布斯堡王室近亲统治。在这种情况下，意大利没有言论的自由，也没有议会能护卫意大利人的权利，这种情况让意大利人很难接受。因此在爱国主义的推动下，恢复古代与文艺复兴时期的光荣领导地位为意大利人共同的愿望。

19世纪初于意大利南部出现一个以暴动与暗杀的恐怖行动为主的秘密革命团体。此团体被称为"烧炭党"（Carbonari），团体成员主要是中产阶级以及知识分子。随着复兴运动的推动，加入烧炭党者日渐增多，烧炭党的活动也随之遍布到全意大利。马志尼（Mazzini）是烧炭党员中对意大利统一运动中最重要的人物，他曾在一次暴动活动后被捕，并被驱逐出意大利。他流亡于海外时成立"青年意大利"，高喊"恢复古罗马光荣"，期望能将意大利从外国势力解救出来，成为一个独立自由的共和国。

不过就在马志尼积极地从事革命运动，唤醒意大利人的民族意识时，意大利北方也有一个由意大利王室建立的撒丁王国。国王查理·阿尔贝特（Charles Albert）不但是一位具有自由色彩的国王，更是意大利半岛上唯一的意大利王室，使得撒丁王国成为意大利人的精神寄托。1848年法国的"二月革命"发生后，意大利的革命运动趁着奥地利本身也发生问题之际蠢蠢欲动。在意大利的哈布斯堡王朝统治下的地方到处出现叛乱活动，意大利各王国皆颁布宪法宣布共和。撒丁的国王更奋勇地向奥地利宣战，要领导意大利人争取自由。奥地利虽然国内也发生了一些问题，但他们的军力还是胜过撒丁王国，所以最后撒丁王国在不敌奥地利之下惨败。国王查理·阿尔贝特被迫逊位，由他的儿子维克托·伊曼纽尔二世（Victor Emmanuel）即位。

维克托·伊曼纽尔二世虽在奥地利的压力下签署了赔款的条约，但他不畏奥地利的威胁，始终拒绝撤销他父亲颁布的宪法，这使得撒丁王国成为意大利统一的核心所在。

共产主义的发展：早期共产主义的催生

从19世纪开始，欧洲各国陆续进入工业革命的阶段。随着工业化的进展，社会与经济皆发生了重大的变化，像许多新兴工业城市的出现，农业工业化，工人群

大　事	时　代	地　区	公元 单位：年
增订《防范洋商章程》八条。	清宣宗 道光十五年	中国	1835
湖南地区白莲教徒起事，后被平定。	道光十六年		1836
发生天保饥荒。	仁孝天皇	日本	
威廉四世卒，由侄女维多利亚女王即位。	维多利亚女王	英国	1837
加拿大发生暴动，后为英国平定。			
大盐平八郎向官府请愿救济灾民遭拒，联合农民与灾民起义，史称"大盐平八郎之乱"。	仁孝天皇	日本	
英国出现"反谷物法同盟"，发生"民宪运动"。	维多利亚女王	英国	1838
因埃及总督阿里欲独立事件，产生近东危机。	穆罕默德二世	土耳其	1839

地区	时代	大事
中国	清宣宗道光十九年	林则徐于广州查毁英商鸦片两万余箱，并禁止英人贸易。
德国	威廉一世	禁止使用九岁以下的童工。
英国	维多利亚女王	英国国会通过《联合法》，统一上下加拿大。
中国	清宣宗道光二十年	中英爆发鸦片战争。
	道光二十一年	直隶总督琦善与英国签订《穿鼻草约》，清廷拒绝承认，英军攻陷广州与厦门。
	道光二十二年	英军兵临南京，清被迫签下《南京条约》。为中国不平等条约之始。
英国	维多利亚女王	出现第一次全国大罢工。颁布法令禁止妇女在矿场工作。

单位：公元 年

1840

1841

1842

众与极具影响力的中产阶级大量出现。而其中一个重要的现象，就是无财产与缺乏知识的工人群众的涌现。他们大都居住在贫民窟，工作环境与条件均甚恶劣，而且在不景气之际，往往会有无预警的失业危机。种种现状让他们试图组成工会。而这些因工业革命产生的社会现象，也引发许多新学说的讨论，反对私有财产与主张平均分配利润的共产主义便是其中之一。

共产主义即是马克思社会主义，马克思（Karl Marx）于1815年，诞生于普鲁士东部的莱茵区，他的父亲是一位犹太人律师。父亲原本计划将马克思培养成一位律师，送他到波恩大学就读。然而马克思却对法律没兴趣，因而放弃法律，转学到柏林大学改学哲学与历史。1841年，他在耶拿大学完成博士学位，在这期间他受到黑格尔辩证法与费尔巴哈唯物主义的影响，毕业后转战新闻界。结婚后他移居巴黎，开始从事工人团体活动。1845年马克思被逐出法国后，又回到了普鲁士。

1848年，马克思又因参加普鲁士革命运动被捕，同时被驱逐出国。他又辗转到了伦敦，马克思就是在巴黎期间结识了同样来自莱茵区的恩格斯（Engels）。这位同为马克思主义创始者的恩格斯出生于富裕的中产阶级，1841年曾到柏林大学接受哲学洗礼，成为黑格尔青年派成员之一。隔年恩格斯来到英国曼彻斯特，也就是在这期间认识了马克思，此后便成为马克思在社会运动上的重要伙伴，更经常给予马克思经济援助。1848年马克思与恩格斯发表了合著的《共产党宣言》。此书完整且系统严谨地阐明他们的学说，成为无产阶级革命的重要思想，更为各国无产阶级运动的指南，可说是共产主义诞生的先声。

从1848年之后，马克思就一直待在伦敦。这段期间他的经济拮据，靠着恩格斯的资助过活。此时他大部分的时间皆在大英博物馆为他的巨著《资本论》收集资料。

1864年，英、法、德、意四国工人代表在伦敦成立"国际工人联合会"简称"第一国际"，马克思即是成员之一。1867年，马克思完成《资本论》，提出社会灾难来自资本主义，一切财富都由工人创造的"剩余价值"理论。当资本主义受到工人致命打击后，随之兴起的将是由无产阶级专政的社会主义。在此时一切生产、分配与交换的工具将归国家所有，由国家经营，此说法给予第一国际极大的鼓舞，更使他们推翻资本主义与废除私有制合理化。

第一国际成立后，各国工会组织几乎都参与此组织的活动，也曾为工人争取到更高的工资与更短的工作时间，可说盛极一时。1871年，拿破仑三世垮台后建立的巴黎公社，更被马克思赞美是工人阶级通向解放的必经道路。然而巴黎公社很快

大　事	时　代	地　区	公元 单位：年
清廷与英国签订《虎门条约》，又名中英五口通商章程。	清宣宗道光二十三年	中国	1843
维多利亚女王访法。法国扩张非洲和大洋洲殖民占领。	路易·菲利普一世	法国	
分别与美法签订《望厦条约》与《黄埔条约》。	清宣宗道光二十四年	中国	1844
批准希腊宪法。	奥托一世	希腊	
出现为贫民窟人民服务的基督教青年会。	维多利亚女王	英国	
摩斯（Samue Morse）发明有线电报。	约翰·泰勒总统	美国	
比利时与丹麦分别与清签订五口通商章程。	清宣宗道光二十五年	中国	1845

地区	时代	大事
英国	维多利亚女王	爱尔兰发生大饥荒，使社会危机更加严重。
		废止谷物法，推动自由贸易政策。
		规定妇女与青少年每日最高工时为十小时。
法国	七月王国路易·菲利普一世	爆发经济危机，布朗组织下层中产阶级和劳工要求国家保障工作。
		基佐下令禁止举办宴会。
奥地利	斐迪南一世	奥地利派军队进驻费拉拉。
英国	维多利亚女王	马克思与恩格斯合著《共产党宣言》。
法国	第二共和	发生二月革命，出现第二共和国，劳工部长布朗为解决失业问题设立国家工厂。

单位：公元 年

1846

1847

1848

就垮台了，让马克思不得不承认失败。第一国际的力量也渐渐削弱，到了1876年，第一国际正式瓦解。

法国从第二共和到第二帝国：路易·拿破仑的崛起

19世纪中叶的法国因工业发展，产生许多社会问题，然而这些问题并未被当时的政府所重视，于是各种改革运动层出不穷。尤其是1847到1848年要求政治改革的反对力量更是排山倒海而来，且到了不可收拾的地步。最后在1848年2月24日国王路易·菲利普逊位逃往英国，巴黎成立临时政府。同年的11月新宪法出现，规定成年男子普选，并成立一个由普选产生的总统所组合的共和政体，此为第二共和时期。

由于二月革命后的法国曾出现短暂的暴动，被称为"血腥的六月日"（Bloody June Days）。大规模流血战斗，让法国人民觉得需要一位强有力的领导者。再加上从1845年开始，法国崇拜拿破仑的狂热达到巅峰，对法国人来说"拿破仑"是代表昔日光荣的标记和安定的力量。因此1848年12月的总统大选，默默无闻的路易·拿破仑，因名字有"拿破仑"当选为法国第二共和的总统。

不过根据第二共和的宪法，法国总统

只能担任一期四年，这并不是路易·拿破仑所乐见的，他期望能如同他的伯父拿破仑一样成为一位不受任期限制的皇帝。为了完成其梦想，他想尽办法削弱国会中的反对力量，扶植保守派的势力。而且为了获得保守者的认同，1849年，他派兵前往罗马阻止意大利革命分子的行动并恢复教皇的地位。1850年，他允许天主教控制教育。此外，为了获得其他阶级的支持，他推行老年保险，想办法稳定物价，鼓励工商发展等等措施。等待一切都准备完毕，路易·拿破仑应付的对象就是由保守派组成的内阁与立法议会。

路易·拿破仑不断地玩弄新阁员，让内阁处于瘫痪的状态，又不停地以修改的宪法抵制国会，让议会丢脸。终于在1851年12月，他以要求国会恢复成年男子普选遭拒为由，宣布解散国会，占领议会，逮捕重要的议员，接着便举行公民投票，修改新宪法。1852年1月，新的宪法出炉。法国虽维持着共和体制，但此宪法将总统的任期改为十年，并将全部的行政权与立法权都授予总统，由总统独揽大权。一年后路易·拿破仑利用公民投票的方式，改变国体，将共和国改为世袭的帝国。于是从1852年开始法国进入了第二帝国时期，路易·拿破仑自称为"拿破仑三世，法兰西人的皇帝"。

大 事	时 代	地 区	公元 单位：年
6月，因国家工厂亏损连连，政府决定关闭，巴黎工人发起暴动，被称为"六月暴动"。			
11月，颁布第二共和宪法，结果由路易·拿破仑当选为总统。			
3月，维也纳爆发第一次暴动，梅特涅流亡英国。	斐迪南一世	奥地利	
5月，出现第二次暴动，国王最后召开制宪帝国议会，颁布新宪法，废除农奴。	弗兰茨·约瑟夫一世		
11月，召开帝国会议，新任首相逼迫国王斐迪南一世逊位，由弗兰茨·约瑟夫一世继位。			
匈牙利议会通过"三月法令"。			

地区	时代	大事
美国 1848	波尔克总统	美墨战争结束，墨西哥战败，承认德克萨斯为美国领土，并割让了加利福尼亚、内华达、犹他等地。
德国	威廉四世	柏林街头发生巷战，威廉四世调离军队，建立自由派内阁，承诺召开国民会议为制宪参考。
意大利	维克托·伊曼纽尔二世	意大利出现抗奥圣战，失败后，国王被迫逊位，由维克托·伊曼纽尔二世即位。
		与奥地利缔结《米兰和约》，让奥地利继续统治伦巴第与威尼斯。
法国 1849	第二共和	路易·拿破仑派兵占领教皇国，加里波第冒险进攻圣马力诺。
德国	威廉四世	与萨克森、汉诺威结盟。

单位：公元·年

路易·拿破仑的失败与第二帝国的终结

第二帝国时期，虽然拿破仑三世利用人民对拿破仑一世的拥护与崇敬登基，但他积极地发展工商业，大力推动法国工业革命，同时也注意到工人问题，推行社会政策，兴建住宅施惠于工人，这些措施使他的政权得以稳固。而且在执政期间，拿破仑三世为了改变1815年以来法国在国际上的孤立状态，更积极地参与国际事务。

首先在1854年，拿破仑三世联合英国以保护土耳其海岸与运输为由，将舰队驶入黑海，参与克里米亚战争，共同对抗俄国，使俄国节节败退，让俄国军队退出黑海。接着他因为同情意大利的民族统一运动，在1859年介入奥萨战争，为法国取得尼斯与萨伏伊。这两次战争不仅让法国再度活跃于国际上，也让他的名声达到高峰。与此同时，他更积极地从事海外殖民活动，像从1856年开始，参与英国对中国的战争，并在中国掠夺甚多；1857年，并吞阿尔及利亚；1858年，入侵越南；1863年，则将柬埔寨纳入法国的保护国中。

不过拿破仑三世的国际政策并非全都成功，其中1866年，对德意志同盟政策的失败，就是导致帝国灭亡的主因。他原本以为普鲁士与奥地利的势力相当，一旦这两国发生战争将是一场持久的战争，在战争爆发一段时间后由他出面调停，法国可坐收渔翁之利，因而答应普鲁士在战争期间保持中立状态。孰料战争一爆发很快就结束了，而且普鲁士迅速获得胜利，让他感到十分错愕，更让他错失从此次战争获得的利益，也无法积极干涉战后普奥两国领土的变动，更无法阻止普鲁士统一全德的欲望。虽然当时俾斯麦的全德统一工作，曾因拿破仑三世略为放慢脚步，然而在法国为了自身利益不容许全德统一的情况下，终于在1870年爆发普法战争。

这时期的法国实际上处于外交孤立与准备不足的状态之下，而且拿破仑三世从1866年开始身体健康就亮了红灯，使他的意志相当的薄弱，因此面对普鲁士的三路围攻，法国更是节节败退。在不得已之下，拿破仑三世因为害怕国内会发生动乱，导致巴黎发生革命，只好亲赴战场，然而此时普鲁士大军已势不可挡。1870年9月1日在色当（Sedan）一役，法军大败，拿破仑三世与十余万法国军队投降。三天后首都巴黎发生革命，宣布共和，拿破仑三世的皇后逃往英国。至此第二帝国就此灭亡，法国进入第三共和时期。

大　事	时　代	地　区	公元 单位：年
在奥地利的领导下，普鲁士答应签订《奥尔米茨条约》，在法兰克福重建德意志邦联。	斐迪南一世	奥地利	1850
道光皇帝卒，其子奕詝即位。	清宣宗 道光三十年	中国	
路易·拿破仑发动政变，宣布解散立法议会，重新草拟宪法。	第二共和	法国	1851
在《柏林和约》中放弃对石勒苏益格－荷尔斯泰因的统治，丹麦借此获得此地。	威廉四世	德国	
伦敦举行第一次万国博览会。	维多利亚女王	英国	
伦敦路透社成立。			
拜上帝会于广西起事，洪秀全建国，国号为太平天国。	清文宗 咸丰元年	中国	

地区	时代	大事
		捻军于河南、苏北起事，爆发捻乱。
法国 1852	第二共和	路易·拿破仑颁布新宪法，将总统职权无限扩大，总统期限延长至十年，并成立元老院。
法国	第二帝国 拿破仑三世	12月，路易·拿破仑称帝，自称"拿破仑三世"。
俄罗斯 1853	尼古拉一世	天主教与东正教教士在耶路撒冷发生冲突，尼古拉一世对要求保护耶路撒冷东正教徒的权力，遭奥斯曼帝国拒绝，引发克里米亚战争。
意大利 1853	维克托·伊曼纽尔二世	加富尔为首相，通过自由贸易政策、司法改革与教会法律，领导意大利迈向统一。
日本	孝明天皇	美国海军军官佩理率领舰队进入日本东京，要求通商。

单位：年　公元

意大利复兴运动的大功臣：加富尔与加里波第

意大利的复兴运动，除了有爱国人士默默地耕耘外，还是必须获得国际的帮助，因此撒丁便是一个很重要的窗口。当时撒丁首相加富尔（Camillo Benso conte di Cavour）明白意大利的统一最大的障碍是奥地利，解决这个问题无法单靠撒丁王国的力量，必须要有外交伙伴。而争取外交伙伴的方法就是参与国外的战争，以此争取在国际露脸的机会。所以在1854年，他决定参加了一场看似与意大利统一无关的克里米亚战争，和英国、法国合力对抗俄国。由于撒丁的参战，让加富尔有机会参与巴黎和会，将意大利问题带到国际，获得英法两个的同情，更得到法国拿破仑三世支持，愿意一起对抗奥地利。

而后，加富尔以国王的女儿与法王拿破仑三世堂弟的婚礼为借口，趁机扩张军备，果然激怒了奥地利。这时英国不希望北意大利市场受到战争妨碍，因此希望双方能和平解决此事，但奥地利拒绝了英国的意见。1859年，奥地利在向撒丁下最后通牒后，未获得答复便主动出兵。此举让国际舆论皆谴责奥地利，也让拿破仑三世获得出兵意大利的理由。

不过在法国征服了伦巴第，准备进攻威尼斯时，拿破仑三世发现意大利的中部与北部诸邦也一一发生革命，有与撒丁合并统一的可能。由于不愿见到一个统一的意大利，而且奥地利的军队并未溃败，普鲁士也已开始动员，因此拿破仑三世在没有知会加富尔的前提下喊了暂停。并独自与奥国讨论停战。在这种情况下，撒丁无法独自将奥地利驱逐出威尼斯，只好认同法国的安排，只兼并伦巴第。加富尔虽对法国的背信生气，但仍旧在 1860 年，代表撒丁与法国进行巴黎密商，让萨伏依与尼斯归法，意大利的中部与北部诸邦可以经公民投票后加入撒丁王国。

而此时，军事强人兼爱国主义者加里波第的帮助，则让复兴运动更进一步。改编自意大利文豪兰佩杜萨的作品《豹》拍摄而成的《浩气盖山河》，就是一部以 1860 年，加里波第在西西里岛上进行革命运动为时代背景的电影。由于西西里岛上的王国并非意大利王室家族所建立，而是由波旁王朝的弗朗切斯科二世统治，因此意大利的统一运动中，征服西西里岛上的王国是相当重要的工作。当时西西里王国也出现革命的征兆，怀抱热烈爱国思想的加里波第（Garibaldi）率领了 1000 多名"红衫军"前往西西里王国支援革命行动，随后北上前往那不勒斯，彻底翻推弗朗切斯科二世的统治，进而控制意大利南部。同年的 10 月，加里波第让那不勒斯与西西里居民自己决定是否加入撒丁王国。经过公民投票，西西里与那不勒斯决

大　事	时　代	地　区	公元 单位：年
爆发上海小刀会事件，天地会分支小刀会刘丽川占领上海。	清文宗咸丰四年	中国	
发生黑船事件。	孝明天皇	日本	
法国路易·拿破仑，联同英国对俄宣战，即是所谓的"克里米亚战争"。	第二帝国	法国	1854
日本与美国签订《日美亲善条约》，同意开放长崎之外的下田与涵馆两个港埠，与给予美国最惠国待遇等。	孝明天皇	日本	
举办巴黎万国博览会。	第二帝国拿破仑三世	法国	1855
克里米亚战争结束。	第二帝国拿破仑三世	法国	1856
法国与英国召开的巴黎和会，要求俄军退出黑海。			
法国与英国发动英法联军攻进北京。			

公元 单位：年	地 区	时 代	大 事
1857			法国并吞阿尔及利亚。
	英国	维多利亚 女王	莫卧儿帝国末代皇帝 遭英国殖民当局流放， 终结莫卧儿帝国。
1858	中国	清文宗 咸丰八年	清廷与英法两国签订 《天津条约》，与俄国 签订《瑷珲条约》。 台湾开港。
	英国	维多利亚 女王	英国废除东印度公司 权力，印度统治权移 至王室，并在印度设 置印度部长。
	法国	第二帝国 拿破仑三世	法国与撒丁约定，出 兵协助奥萨战争。
1859			路易·拿破仑介入奥 萨战争，取得尼斯与 萨伏依。 苏伊士运河开工。
	意大利	维克托·伊 曼纽尔二世	爆发奥萨战争，萨法 联军在马真塔与索尔 费里诺获胜。

定并入撒丁王国。因此当国王维克多·伊曼纽尔二世到达此地时，加里波第毫不考虑地将自己与波旁王朝对抗而获得的意大利南部献给国王，并帮助伊曼纽尔二世正式加冕为意大利国王，加里波第自己则退隐山林。

另外，由于1866年普奥战争前，俾斯麦与加富尔订定的攻守同盟提到，只要普鲁士战胜，威尼斯就归意大利所有。在普奥战争后，威尼斯果然顺利并入意大利。而意大利的统一问题，在收回威尼斯后仅剩下罗马了。然而此时法国却派了军队驻守罗马，一步也不肯退让。这使得昔日盟邦法国，成为统一工作最大障碍。最后在1870年普法战争爆发后，拿破仑三世被迫撤回在罗马的驻兵。意大利见机不可失，马上派兵占据罗马，并举行公民投票的方式让罗马并入意大利，终于完成整个意大利统一工作。

美国南北战争和林肯的《解放宣言》

改编自世界名著《飘》的《乱世佳人》是一部描述1861年到1865年间南北战争期间的电影，故事围绕着南北战争期间的南部庄园展开。女主角为南部庄园中的一位任性千金，然而经过战争的洗礼，她被迫成为家中的支柱，守护着她的家园与爱情。

美国南北战争是美国建国以来唯一一场内战，此战争的爆发与美国的经济发展有很大的关系。美国北方五大湖区丰富的水力与煤铁，使得北方为美国工业发展重镇，让北方各州一直以来希望政府能实行保护关税以此抵制英货；至于南方为农业区，此地一直以来都是英国棉纺工业的原料供应者，所以主张自由贸易。

而这种南北的冲突，最终爆发在黑奴问题上。美国建国后，北方各州就一直朝向终结奴隶制度的方向努力，更在1808年禁卖黑奴，让北方人以为黑奴问题在美国已不存在。然而工业革命的发展，让南方棉花种植与制糖业发展更加迅速，因此需要大量的劳工。黑奴问题非但没有消除，还变本加厉。

当北方各州了解到黑奴在南方已是不可消除的问题，他们默许南方黑奴的存在，但却反对黑奴再扩展到其他州。因此当1846年，美墨战争结束后，美国多出了德州、新墨西哥州与加州。北方各州希望这些州为自由邦，南方各州领袖则希望这些州能成为蓄奴邦，这让黑奴扩张问题一跃成为政治问题，成为人们讨论的焦点。1852年史陀夫人出版的《汤姆叔叔的小屋》中就揭露了奴隶制度的残暴。

1858年前后，美国的黑奴制度的争论，造成政治风暴，让自由党崩溃、民

大　事	时　代	地　区	公元 （单位：年）
达尔文发表《物种起源》一书，拓展演化学说。	维多利亚女王	英国	
马克思发表《政治经济学批判》一书。			
加里波第率领红衫军从西西里远征那不勒斯，并将那不勒斯献给维克托·伊曼纽尔二世。	维克托·伊曼纽尔二世	意大利	1860
奥萨战争中，撒丁获得了伦巴第。			
英法联军入京。咸丰逃往热河，之后签订《北京条约》。	清文宗咸丰十年	中国	
意大利王国正式成立，意大利维克托·伊曼纽尔二世为意大利皇帝。加里波第攻陷那不勒斯，国王弗朗切斯科二世逃往罗马。	维克托·伊曼纽尔二世	意大利	1861

单位：年

公元	地区	时代	大事
	美国	林肯总统	林肯当选总统，南方各州退出联邦政府，组成"美洲邦联国"选戴维斯为总统。
			南北内战正式开战。
	土耳其	穆罕默德二世	瓦拉几亚与摩尔多瓦合并为罗马尼亚。脱离土耳其独立。
	俄罗斯	亚历山大二世	俄国开始农奴制度的改革。
	中国	清文宗咸丰十一年	清廷设立总理各国事务衙门。
			咸丰卒，载淳即位。同年慈禧太后与恭亲王发动辛酉政变，辅政大臣或死或贬，由太后垂帘听政。
1862	德国	威廉一世	任命俾斯麦为首相。
1863	俄罗斯	亚历山大二世	波兰起事反抗俄国亚历山大二世统治。

主党分裂，共和党兴起。1860 年的美国总统大选，由共和党推选反对黑奴制度的林肯当选。南方各州认为他的当选无疑是对南方的挑战，于是纷纷退出联邦政府，更在 1861 年组成"美洲邦联国"（Confederate States of America），并由戴维斯为总统。

1861 年 3 月，林肯在总统就职时虽仍希望南北能和平，而呼吁南北统一。但南方各州不仅不理会林肯的演说，还夺取联邦政府在南方的弹药，并对南卡罗来纳州的联邦军队攻击后，让林肯决定用武力维护国家的统一，因而爆发南北战争。

1863 年 1 月 1 日，林肯更发表了《解放宣言》，宣布无论是南方或是北方，美国各州的黑奴皆获得自由。此宣言一发表后，黑人振奋不已纷纷从军。尤其被北方军队占领的南方州的黑人更是蜂拥而至，让原本居优势的北方人力更加充足。经过四年的战争，结果北方获胜。1865 年，国会根据宪法第十三次修正案，公布美国境内禁止奴隶制度，之后更进行两次修正案，赋予这些奴隶公民的身份。自此美国不再有奴隶问题，更提高联邦政府的威权，解决了美国长久以来的内部矛盾问题。

铁血宰相俾斯麦与德意志的统一之路

　　1871 年 1 月 18 日, 普鲁士国王在巴黎的凡尔赛宫镜厅加冕为德意志帝国的皇帝, 被称为威廉一世, 并宣布德意志帝国的成立。这时除了奥地利外, 所有的德意志邦联皆称威廉一世为皇帝。代表以普鲁士为中心领导的日耳曼民族主义思想, 在此已经开花结果。

　　德意志的统一运动其实一直受到多方的阻挠, 1814 年的维也纳会议中就有提到均势原则。欧洲列强长久以来就不愿意见到任何一个国家过分扩张, 尤其同为日耳曼人的奥地利更一直阻挠普鲁士的发展, 使得普鲁士的统一运动一直到 19 世纪前半叶都不顺利。1861 年即位的威廉一世, 希望国会能批准军事改革所需的费用, 以此改革军备。然而当时的国会掌握在自由主义者手上, 这些人希望能通过国会控制政府政策, 因而否决军事预算, 此举让普鲁士造成重大的宪政危机。为了打破僵局, 威廉一世任命俾斯麦 (Bismarck) 为首相。

　　担任首相的俾斯麦发现 "德意志统一" 最大障碍是奥地利与法国, 因此这两国皆是必要解决的对象, 解决的方法必须要靠着铁与血的战争解决。因此, 保障军队的利益、增税扩军, 与建设一个足以号召德意志诸邦的强大普鲁士, 是他认为当

大　　事	时　代	地　区	公元 单位: 年
林肯发表《解放宣言》。	林肯总统	美国	
俄国平定波兰, 并吞土耳其, 英、俄的对立关系因而升高。	亚历山大二世	俄罗斯	1864
英、法、德、意四国工人代表在伦敦成立 "国际工人联合会", 即是所谓的 "第一国际"。	维多利亚女王	英国	
普鲁士与奥地利发动丹麦战争, 同年的维也纳会议, 要求丹麦交出石勒苏益格－荷尔斯泰因, 由普奥共管。	威廉一世	德国	
曾国荃大破天京, 洪秀全自杀, 太平天国灭亡。	清穆宗同治三年	中国	
李熙登基为高宗, 由其父兴宣大院君摄政。	高宗李熙	朝鲜半岛	
南北内战结束, 确定黑人的公民权利, 林肯被暗杀。	林肯总统	美国	1865

地 区	时 代	大 事
英国	维多利亚女王	布思在伦敦的东区建立保护劳工组织。
德国	威廉一世	普奥战争（七星期战争）发生，普鲁士与意大利结成军事同盟。萨多瓦战役中，奥地利战败，意大利顺利取得威尼斯。
		西门子制造出第一台发电机，开始第二次工业革命。
俄罗斯	亚历山大二世	沙皇废除农奴制度。
德国	威廉一世	俾斯麦废除德意志邦联，组织北德同盟。
奥地利	弗兰茨·约瑟夫一世	奥地利与匈牙利签订妥协宪章，建立奥匈二元帝国，帝国参议会解散后，颁布12月宪法。

单位：公元年

1866

1867

务之急的事，所以他在不顾国会的反对下，径行增税扩军。

俾斯麦知道战争是无法避免的，奥地利是俾斯麦认为德意志统一道路上的头号绊脚石，因此他首先要着手进行的是争取与俄国的友谊。因此在 1863 年其就与俄国签约，愿意帮助俄国对抗波兰反抗俄国一事。接着他便计划如何让奥地利宣战，而首要之务为削弱奥地利在德意志各邦中的领导地位。为此他设计挑起与丹麦间积怨已久的石勒苏益格－荷尔斯泰因问题。该地位于日德兰半岛南部，从 1815 年就被并入德意志邦联中。然而中世纪以来，这两省就一直是丹麦的附庸。1848 年，丹麦国王曾一度想并吞这两省却被阻止。1863 年，丹麦国王又对这两省蠢蠢欲动，派兵并吞这两个地方，此举动引起当地日耳曼居民的反抗。德意志同盟也不愿这两省被丹麦并吞，通过决议对丹麦开战。1864 年 1 月，普鲁士邀请奥地利一起向丹麦出兵。后来在普鲁士与奥地利的军援下，丹麦同年 6 月被迫放弃这两省，将其交由普奥两国接管。

从普鲁士王国到德意志帝国：普奥战争的影响

正如俾斯麦所计划的，丹麦放弃的两省，正好为诱发奥地利向普鲁士宣战的导火线。当时奥地利倾向由亲奥的奥加斯敦公爵统治，这样的提议自然不被普鲁士同意。俾斯麦提议先将有部分德国人与丹麦人的石勒苏益格交由普鲁士暂管，全由德国人组成的荷尔斯泰因则由奥地利暂管，就是为了等待机会准备发动对奥战争。

正如之前所提，要与奥地利决裂，必须要先在国际上孤立奥地利。这时的英国不过问欧陆事务，俄国因克里米亚战争时奥地利未能即时出手援助一事，正暗恨着奥地利，且对普鲁士在侵吞波兰一事上抱持感谢的态度；而法国方面，俾斯麦于1865年与拿破仑三世密会，提出法国如果在奥普战争中保持中立，便可获得比利时或莱茵区；至于意大利也与其订下攻守同盟，提出如果在普奥战争中意大利出兵帮助，战后将可获取威尼斯。

待一切备妥后，1866年，俾斯麦以奥地利违反协定派兵占领荷尔斯泰因为由，发动普奥战争。虽然在德意志邦联中大部分的邦国支持的是奥地利，然而普鲁士的武器较精良，参谋总长毛奇也早对战局精心布局，因此战争迅速地结束。普鲁士获胜，奥地利被迫放弃石勒苏益格－荷尔斯泰因的主权，并将威尼斯割让给意大利，同时解散德意志邦联，由俾斯麦组织一个北德意志邦联。

奥地利问题解决后，俾斯麦下个目标便是法国。法国一直都不希望见到德意志

大　事	时　代	地　区	公元 单位：年
奥地利国王的弟弟马西米连诺一世在墨西哥遭枪决。			
英国通过第二次改革法案，使工人获得更多的选举权。	维多利亚女王	英国	
英国国会通过英属北美条例，出现加拿大自治领。			
马克思在伦敦完成《资本论》。			
日本幕府时代结束，最后一位幕府将军德川庆善退位，还政于当时的天皇睦仁，年号明治。	明治天皇	日本	1868
科学家诺贝尔发明炸药。		瑞典	
日本天皇开始西化，史称"明治维新"。	明治天皇	日本	

公元 单位：年	地区	时代	大事
	奥地利	弗兰茨·约瑟夫一世	废止《五月法令》。
1870	德国	威廉一世	俾斯麦利用西班牙王位继承问题，发动普法战争。
	法国	第二帝国拿破仑三世	路易·拿破仑在色当一役大败被俘，第二帝国结束。
	意大利	维克托·伊曼纽尔二世	意大利取得罗马，完成统一，并设罗马为首都。
	中国	清穆宗同治九年	天津教案爆发，各国胁迫清廷严办此案。
			两江总督马新贻遭刺身亡，为清末四大奇案之一"刺马案"。
1871	德国	威廉一世	德意志帝国完成统一建国。威廉一世登基为皇帝。

出现一个统一的国家，于是在幕后操作南德意志诸邦，试图妨碍德意志的统一。因此，俾斯麦在普奥战后就不断地寻找挑起法国与其开战的冲突。1868 年，西班牙发生革命，临时政府希望来自普鲁士的利奥波德亲王（Prince Leopold）能成为西班牙的君王。法国政府在得知此消息后极力反对，要求威廉一世保证利奥波德亲王永远放弃西班牙王位，于是威廉一世将法国的要求传给俾斯麦。

俾斯麦终于找到可以向法国挑衅的机会，于是他篡改威廉一世传来的电报，加入激怒法国的字句，并电告普鲁士各国使节。果然，俾斯麦的行动惹恼了法国当局。1870 年 7 月 19 日，法国正式向普鲁士宣战。战争爆发时，法国处于外交孤立无援之际，普鲁士则早与南德四邦签署武装支援，俄国也答应保持中立。普鲁士早在战前就拟好作战计划，因此战争一爆发，参谋总长毛奇就集中兵力进攻阿尔萨斯与洛林，进而攻入巴黎。9 月 1 日拿破仑三世所领的军队在色当遇上普鲁士大军，在此发生决定性一战。最后法军大败，拿破仑三世被捕俘。一个多月后普军来到巴黎，巴黎经过一百多天的包围，终于被攻陷。最后双方在法兰克福缔结条约，法国同意割让阿尔萨斯与洛林，赔款 50 亿法郎，战争才正式结束。

法国第三共和的巴黎公社：无产阶级的理想象征

在巴黎市区内的拉雪兹神父公墓，东北角第七十六区顶北边的围墙上，有一块灰色砖墙写着"纪念1871年5月21至28日的牺牲者"——这是一面纪念于这座墙前被枪杀而亡的147位巴黎公社死难者。

拿破仑三世被俘后两天，第二帝国遭到巴黎的共和分子推翻。为了维持国家的运作，1871年2月选出一个由共和党与保皇党共同组成的制宪国民会议，这个制宪国民会议多数由保皇党组成。然而巴黎是共和党的大本营，巴黎人因而对新选出的国民会议感到不满，再加上国民会议决定接受对德的《法兰克福条约》，更让巴黎人无法接受。国民会议中的保皇党在此形势下，将国民会议迁往凡尔赛，使得在巴黎的共和党员和左派激进分子，因为害怕迁移到凡尔赛的中央政府受到旧式贵族人士控制，而在巴黎进行抗议运动。

3月18日，政府曾派军前往巴黎镇压，然而派往巴黎的国家军队如同在法国大革命时期一样，拒绝对人民开枪。在没办法之下，政府只好撤出军队，巴黎很快地落入激进派、共和党、第一国际与无政府主义者等人手中。他们成立一个新政府

大 事	时 代	地 区	公元 单位：年
参加在伦敦举行的黑海会议，取得黑海海峡自由航权。	亚历山大二世	俄罗斯	
废除封建制度，解除人民迁徙的限制、由国家资助海外留学与任命欧洲人为顾问。	明治天皇	日本	
第二帝国时期结束，宣布成立第三共和。	第三共和	法国	
与普鲁士签订《法兰克福条约》，丧失阿尔萨斯与洛林，必须赔款50亿法郎。			
发生巴黎公社事件，建立第一个无产阶级政府，以被镇压结束。			
奥德俄三帝于柏林签订"三帝同盟"。	威廉一世	德国	1872
推行普遍征兵制。	明治天皇	日本	

单位：公元：年	地 区	时 代	大 事
1873	法国	第三共和	法国梯也尔总统去职，由麦克马洪当选为总统。
1874	中国	清穆宗同治十三年	台湾发生牡丹社事件。
1875	法国	第三共和	法国颁布《法兰西第三共和国宪法》，资产阶级民主制确立，确认法国的共和国政体。
	英国	维多利业女王	埃及因财政困难出售苏伊士运河股票给英国。
1876	英国	维多利亚女王	女王维多利亚加冕为印度女皇。
			亚历山大港发生排外暴动，英派海军炮轰，并占领埃及。
			第一国际瓦解。
			贝尔发明电话。

"巴黎公社"（the Paris Commune）并举行选举，国民自卫队成为维护国家安全的重要军队。

不过，撤到凡尔赛的政府军很快就进行全面镇压。同年4月和5月，双方在巴黎市郊发生了激烈的战斗。5月21日，巴黎西部城墙被攻陷。政府军与国民自卫军队在巴黎市内发生激烈巷战。公社分子此时被枪杀者甚多，其中还包括了巴黎大主教达尔博伊（Archbishop Darboy of Paris）。5月28日，公社成员退到巴黎市中心的拉雪兹神父公墓，做最后的抵抗。但政府军强大的火力，非他们所能抵抗。最后，有一百多名的公社人员倒在这个围墙旁，此外两万多人事后遭到斩首，7000多人被流放到新喀里多尼亚（New Caledonia）岛上。

巴黎公社事件虽对法国第三共和时期的政治环境产生影响，但此事件削弱了巴黎激进分子势力。而政府在扫荡公社势力时采取的手段过于激烈，让人民感到反感，因而也削弱了保皇派者的势力。这使得在巴黎公社之后的巴黎政府较温和，让法国政治趋向稳定发展。或许如此让第三共和时期成为自法国大革命以来维持较长的政局。

日本实施 "明治维新": 幕府时代结束

自从葡萄牙传教士沙勿略到日本传教后, 日本从织田信长时期就有不少基督徒纷纷到日本传教, 使得日本有不少大名与各阶层的人民皆信教。然而在江户幕府初期, 德川家康颁布禁教令, 到了德川家光时期更完成锁国制度。不过日本在锁国时期并非完全与国外中断联系, 江户幕府允许荷兰、中国在长崎进行贸易。这让其他想到日本进行贸易的西方人假借荷兰人的名义偷跑到长崎, 因此在江户幕府中期就发生英国船假装是荷兰船的事件。这让江户时代的锁国政策更加严格地执行, 下达不准所有外国船只接近日本, 促使日本完全锁国。

然而 19 世纪中叶, 这个政策在欧美列强决定以武力强行叩关时宣告失败。从 1800 年以来, 美国捕鲸船与运茶船, 便经常取道日本海域到中国, 因此在日本设立补给站, 对美国来说是十分迫切的。1853 年, 美国海军军官佩理 (Matthew Calbraith Perry) 率领舰队进入东京, 要求与日本建立外交关系与贸易, 打开日本门户。日本鉴于中国受到欧洲列强侵略且签署许多不平等条约, 便在 1854 年与美国签署《日美亲善条约》, 同意开放长崎之外的下田与涵馆两个港埠, 给予美国最

大 事	时 代	地 区	公元
废除宪法, 实施专制统治。	阿卜杜勒·哈米德二世	土耳其	
俄罗斯以解放巴尔干半岛上的基督教徒为名义, 发动俄土战争。	亚历山大二世	俄罗斯	1877
爱迪生发明留声机。	海斯总统	美国	
俄土战争结束后, 签订《圣斯特法诺条约》, 俄国的影响力增加, 但遭到英奥的反对。	亚历山大二世	俄罗斯	1878
德国召开柏林会议, 以解决近东问题。	威廉一世	德国	
德奥签订两国同盟。			1879
平斯克参与爱犹太人运动, 希望能在巴勒斯坦建立犹太人殖民地。	亚历山大二世	俄罗斯	1880
爱迪生发明电灯。	海斯总统	美国	

公元 单位：年	地 区	时 代	大 事
1881	法国	第三共和	法国以突尼斯有盗匪，保护领地阿尔及利亚为由，进军突尼斯，使其成为法国的保护国。
	中国	清德宗光绪七年	中国与俄国签订《中俄改订条约》。
	俄罗斯	亚历山大二世	亚历山大二世遭到暗杀，由亚历山大三世即位，新任皇帝设立秘密警察机构。
1882	德国	威廉一世	意大利、德与奥签订三国同盟。
	意大利	亨伯特一世	虽加入三国同盟，但民族统一主义者主张收复奥地利占领的南蒂罗尔、伊斯特拉半岛与亚得里亚三个地区，因而影响到同盟的和谐。

惠国待遇等。在美国之后，西方列强纷纷而至，因此到了1860年，日本与英、法、荷、俄等要求开港的国家，签下许多不平等条约。

在德川幕府与西方列强签署的一连串不平等条约后，幕府便成为日本社会挞伐的对象。尤其是一些接受海外影响较早的藩国，更是积极地提出改革方案，不仅如此他们还与因资本主义而出现的商人阶层、下级武士中的革新派、皇室公卿结合，提出"尊王攘夷"的口号，即尊奉天皇，赶走外国人与废约，因此"攘夷"行动最后受到英、美、法、荷四国列强的舰队联合抵制。然而幕府务实的政治态度让他们不愿与尊王攘夷派者合作，因此"尊王攘夷"的行动最后失败了。有志之士意识到要想改变日本现状，必须推翻幕府统治，因此有了还政天皇的想法。所以从1865年，主张"尊王攘夷"者再度起兵，只是他们不再攘夷，而是以武装进行倒幕行动。最后因民心思变宣告成功。1867年，明治天皇即位，当时的幕府将军德川庆喜虽请"大政奉还"，但他却集结军队企图反抗。因此各强藩就以天皇的名义结合在一起，迅速打击幕府军队，要求德川庆喜交出江户城，废除了将近700年的幕府制度。天皇也将住所从京都搬到江户（即今日的东京），并平定东北与北海道诸藩的叛乱。日本幕府时代终告结束，还政于天皇，日本也从此进入学习西化的"明治维新时代"。

祖鲁战争：英国初步确认对南非殖民的统治权

祖鲁族是一支在 18 世纪后半叶以来，定居于南非北部平原丘陵上的一个小氏族。19 世纪初，恰卡统治祖鲁族时，带领族人东征西讨，创建了在 19 世纪的南非历史上具有举足轻重的祖鲁王国。

1872 年，祖鲁王国的统治者赛奇瓦约（Cetewayo）十分重视国家军队，执行中央集权的方式统治，也不惧英国的威胁。而他们在北部高原上的活动，也对远离开普敦到北部高原的波尔人（指的是不会说英语的白种人，即是原本在此的荷兰人与德国人等）造成威胁。这时，在开普敦的英国总督亟欲在南非建立由英国统治的大殖民地。1878 年，波尔人为了纾缓祖鲁人的威胁，只好接受英国的帮助，并答应与英国合并成立南非共和国。如此一来，英国要在南非成立一个统一的国家只剩下祖鲁王国这个问题。

1878 年，英国驻开普敦殖民地的总督弗里尔（Henry Bartle Frere），以祖鲁酋长追杀两个不忠的妻子，与祖鲁人进入北方夺取邻近民族领土为由，要对祖鲁王国采取军事行动。弗里尔向祖鲁统治者赛奇

大　事	时　代	地　区	公元 （单位：年）
清廷与俄国签订《中俄伊犁界约》与《中俄喀什葛尔界约》。	清德宗光绪八年	中国	
沙皇采威权独裁统治，开始对犹太人的集体迫害。	亚历山大三世	俄罗斯	
突尼斯发生抵抗法国的暴动，遭法国平息后，行政、司法、外交与财政等权皆落入法国控制。	第三共和	法国	1883
罗马尼亚加入三国同盟条约。	威廉一世	德国	
中国为了宣示越南的宗主权与法国开战。	清德宗光绪九年	中国	
内阁扩大选举权，使乡间居民皆有投票权利。	维多利亚女王	英国	1884
新疆建省。中法战争爆发。法军占领基隆，封锁台湾，于淡水遭击败。	清德宗光绪十年	中国	

公元 单位：年	地区	时代	大事
1885		光绪十一年	中法战争结束，签订《中法新约》，失去越南的宗主权，台湾建省，刘铭传为首任巡抚。
	德国	威廉一世	卡尔·本茨发明汽车，隔年取得专利权，世界第一辆汽车开始销售。
1886	法国	第三共和	法国发生布朗热危机，此为保皇党与右翼势力，借军人独裁，意图颠覆共和政体的运动。
	中国	清德宗 光绪十二年	中英签订《缅甸条约》，清廷失去对缅甸的宗主权。
1887	德国	威廉一世	俄国与德国秘密签订《再保条约》确保德俄关系，俾斯麦推动地中海协定，保护地中海与土耳其。

瓦约要求，祖鲁军队组织中必须要有英国官员的最后通牒。赛奇瓦约拒不接受，英国便以此为借口派军入侵祖鲁。1879年1月，英国大军入侵祖鲁领地，祖鲁王国虽也曾大胜，但经过几个月的激战，最后英军攻进祖鲁的首都，将赛奇瓦约放逐。不过英国此时并未完全将祖鲁王国并吞，而是将其划分为11块地区分别由11个酋长管理。各酋长间互有争执，让整个王国陷入内战之中。

祖鲁王国的失败，最开心的就是在南非共和国内的波尔人。他们原本就是被半强迫的方式加入共和国，而且他们也对当时的总督弗里尔的高压统治深感不满，因此当祖鲁的威胁解除后，他们便纷纷希望脱离英国人的统治。1881年，英国新任总督有鉴于祖鲁战争的损失让英国的威望受损，也不再强求建立南非邦联国家，因而暂时答应波尔人恢复自治。当南非金矿被发现，整个南非政局又出现紧张形势。英国势力大举进入波尔人居住地，这让波尔人再度紧张，他们除了引进德国势力对付英国外，于1884年波尔人迈耶（Lukas Meyer）无视英国的抗议，扶植形同傀儡的祖鲁国王。这种情形英国决定兼并祖鲁王国，最后终于在1897年，英国正式并吞祖鲁。

英国十字军入侵西藏：拉萨城的悲歌

19世纪后期，西方国家不仅对非洲与美洲国家感兴趣，其注意力也放眼亚洲国家。位于喜马拉雅山上的西藏在19世纪后叶便是英俄角逐之地。英国人早在乾隆年间就表现出对西藏的兴趣，多次挑拨西藏与清廷间的关系。而俄国对西藏的野心在1870年之后就十分明显。不过他们知道对西藏的野心会与英国产生冲突，因此他们并未在军事上有所作为，而是利用居住在贝加尔湖畔的蒙古人到西藏的朝圣机会，派间谍前来游说拉拢达赖十三世使其亲俄。

从1899年以来，俄罗斯沙皇更是积极与达赖十三世往来，让英国十分不满，并多次向俄国询问与西藏往来之事。因为对于拥有印度、缅甸、锡兰与不丹的英国来说，和西藏拉萨建立商贸关系有急迫的需求；而且在军事方面，西藏更是印度的屏障。所以俄国在西藏的活动不仅影响到英国在此的贸易网，更在军事上对印度产生威胁。

因此1902年，传出中俄签署西藏密约一事让英国十分震怒，也让英国担心西藏与俄国勾结共同对付英国，会破坏英国在此建立的商业网络，因而开始为进军西藏做准备。这时日俄两国正为

大　事	时　代	地　区	公元 单位：年
台湾正式建省，刘铭传兴建铁路，并设西学馆。	清德宗光绪十三年	中国	
美国向俄国购买阿拉斯加。	克利夫兰总统	美国	
首相克里斯皮在寻求殖民扩张，向三国同盟靠拢。	亨伯特一世	意大利	
威廉二世即位，俾斯麦失势。	威廉二世	德国	1888
各国劳工聚集巴黎召开第一次大会，史称第二国际，并在会议中，通过《劳工法案》及《五一节案》。	第三共和	法国	1889—1916
法国布朗热危机解除，第三共和体制更加稳固。	第三共和	法国	1889
伊藤博文起草宪法，确认日本的君主立宪制，天皇代表国家最高的权力，国会分为贵族院与众议院。	明治天皇	日本	

公元 单位：年	地 区	时 代	大 事
	意大利	亨伯特一世	并吞意属索马里，并在《乌查理条约》中将埃塞俄比亚变成意大利的保护国。
1890	德国	威廉二世	俾斯麦下台。 与英国签订《桑给巴尔条约》，从此德国放弃乌干达。
1891	俄罗斯	亚历山大三世	兴建西伯利亚大铁路。 法俄签订《同盟协约》。
1892	法国	第三共和	雷赛布建立的股份公司破产，进行中的巴拿马运河开凿停顿。
1893	中国	清德宗光绪二十年	清廷与英国签订《中英藏条约》。
1894	法国	第三共和	法国发生德雷福斯事件，赫茨尔写下《犹太国度》。 犹太人开始推动锡安主义运动。

朝鲜半岛与中国东北问题交恶，即将发生战争。英国认为机会难得，便决定与日本结合，试图将俄国军力牵制在与日的战场上，让英国能在无后顾之忧下进军西藏。于是在 1902 年，英国与日本签署《英日同盟》后，便动员军队入侵西藏。面对英国的威胁，达赖十三世虽曾向清廷求助，然而并未获得帮助，只好向俄国寻求援助，这更为英国侵藏提供了借口。

1903 年，英军便以西藏地区未能遵守 1890 年与 1893 年的《中英藏印条约》为由入藏。当英军兵临拉萨城下，达赖十三世知道他若在西藏，最后只能是被英国胁迫签署条约的命运，便决定逃离拉萨。1904 年，英军攻陷拉萨，达赖逃往蒙古。

美国"大棒外交"时代: 觊觎拉丁美洲的老大哥

1901 年, 接任的美国总统为西奥多·罗斯福 (Theodore Roosevelt, 一般为了要将他与第二次世界大战期间的罗斯福总统相区别, 会称他为老罗斯福总统) 的外交理念是"言辞温和, 手持大棒" (Speak Softly and Carry a Big Stick), 即所谓的"巨棒"外交, 也就是凭借其日益增强的军事与经济力量来扩长势力。因为老罗斯福总统认为, 美国要立足于世界就必须以强权自居, 争取强国待遇。尤其是墨西哥战争后, 欧洲势力在美洲逐渐消退, 正好是美国好好发展的时机。所以建立美国在拉丁美洲的主导权, 成为老罗斯福总统的目标。

对于拉丁美洲的问题, 老罗斯福总统首先对"门罗主义"重新定义。他提出为了维护门罗主义的主张, 美国除了有责任以武力来防止欧洲国家对拉丁美洲国家的干预外, 还必须以武力来防止欧洲国家以武力要求拉丁美洲国家还债。这种把门罗主义范围扩大的想法, 最早在古巴实现。

古巴从 16 世纪就为西班牙的殖民地, 然而到了 19 世纪民族主义的思潮下, 西班牙对古巴的高压统治让古巴人民要求独立的诉求越来越明确, 因而与西班牙的冲

大 事	时 代	地 区	公元
中日发生甲午战争, 中国失利。 孙中山在檀香山创立兴中会。	清德宗光绪二十年	中国	
发生东学党之乱, 中日皆出兵平乱, 显示宗主地位, 此为中日甲午战争的起因。	高宗熙	朝鲜半岛	
沙皇尼古拉二世即位。	尼古拉二世	俄罗斯	
中日签订《马关条约》, 清廷割让台湾给日本。	清德宗光绪二十一年	中国	1895
俄国联合德法逼迫日本还辽。			
广州起义失败, 陆皓东等人被捕就义。			
古巴的哈瓦那港发生缅因号战舰爆炸事件。	克利夫兰总统	美国	
法国并吞马达加斯加。	第三共和	法国	

单位: 年

公元 单位: 年	地 区	时 代	大 事
			卢米埃尔兄弟放映人类历史上第一部电影。
	德国	威廉二世	德俄联合抵制日本的扩张。
1896	中国	清德宗光绪二十二年	与俄国签订密约,租借旅顺大连给俄国,俄国势力进入东北。
	希腊		现代的第一届奥运于雅典举行。
1897	中国	清德宗光绪二十三年	列强在中国划分势力范围。
	瑞士		召开第一次世界锡安主义会议。成立了世界犹太复国主义者组织。
1898	美国	克利夫兰总统	美国并吞夏威夷。 美西战争爆发,西班牙战败,承认古巴独立。 签订《巴黎和约》,美国获得菲律宾、波多黎各等地。

突越来越激烈。西班牙的势力存在于中南美洲一事有违门罗主义,而且经过内战洗礼后的美国,在当时已经是经济相当发达的国家,也极力要向外扩展市场、争取原料,因此中南美洲便成为美国的觊觎的对象。与美国仅一水之隔的古巴,成为了美国的首要目标。当时仍属海军将领的老罗斯福更为此目标积极地找寻机会。1898年,美国军舰缅因号在古巴哈瓦那港口爆炸,260 名美国海军遇难一事,便成为老罗斯福向西班牙宣战的好时机,因而引发了美西战争(Spanish-American War)。

当时的西班牙已是一个日薄西山的国家,国力不像之前的强盛。美国老罗斯福也为了这场战争,早在古巴与菲律宾布局。经过多个月的激战,西班牙的海军失利。最后双方在巴黎签订和约,西班牙放弃古巴让古巴独立,也愿意将波多黎各与关岛让给美国。美国并非真正要成为一个古巴独立自主的国家,而是希望将其势力深入古巴。

因此在古巴独立之初,美国称古巴国内局势混乱,美军有责任协助古巴重建,因而无法将军队撤离古巴。1901 年美国总统更为美军在古巴的合理性,颁布《普拉特修正案》(Platt Amendment)。根据此法案,古巴成为美国的保护国长达 30 多年。这期间其他的国家无法干预与分享美国在古巴的权利,此后也开启了美国以拉丁美洲的老大哥自居的历史。

美国设立"巴拿马运河区"：巴拿马成为美国的附庸

在巴拿马运河未开通前，行驶于美国东西岸的船只必须绕道到南美洲的合恩角。因而早在西班牙统治时期，政府就曾规划在巴拿马地峡开凿一条运河。然而随着拉丁美洲独立运动的爆发，巴拿马运河的开凿迟迟未能执行。

到了 1849 年，美国加州发现金矿，让运河的开凿再度被美国关注。因此 1850 年，美国国务卿约翰·克莱顿与英国亨利·布尔沃签订《克莱顿—布尔沃条约》（*Clayton-Bulwer Treaty*）两国共同修筑一条贯穿太平洋与大西洋的中立运河。运河开凿后，两国共同拥有保证其中立，对方不可在运河要塞处设立兵力等。不过，巴拿马运河在热带雨林区中，遍地沼泽，各种疾病蔓延，因此修建工作并不是那么容易，再加上美国在 1865 年之前忙于内战，运河开凿并未顺利地进行。

1869 年 1 月 23 日，巴拿马地峡的属国哥伦比亚要求与美国重新谈判。12 月，哥伦比亚将新约草案交给美国审议。依这份新约，哥伦比亚将巴拿马运河开凿权及运河地区，租让给美国 100 年，期满后归还哥伦比亚。美国政府不得将租让权转让给他国，仅可转让给私营公司。与此同时法国也想开凿巴拿马运河，积极地与哥伦比亚密谈，并获得巴拿马运

大　事	时　代	地　区	公元〔单位：年〕
无线电之父马可尼（Guglielmo Marconi）发明无线电报。	亨伯特一世	意大利	
社会民主工党成立，乌里扬诺夫化名列宁在党派的刊物《星火报》上散播革命理念。	尼古拉二世	俄罗斯	
光绪推行戊戌变法，后被囚于瀛台，六君子被杀，史称戊戌政变。	清德宗光绪二十六年	中国	
清廷开办京师大学堂，为北京大学的前身。			
发生布尔战争，英国放弃"光荣孤立政策"。	维多利亚女王	英国	1899
提出中国门户开放政策，与德国瓜分萨摩亚群岛。	麦金莱总统	美国	
小说家海明威诞生，著有《丧钟为谁而鸣》《老人与海》等作品。			

公元 单位：年	地区	时代	大 事
1900	中国	清德宗 光绪二十 六年	爆发义和团事件，慈禧 太后下令对各国宣战。 八国联军占领北京。
	德国	威廉二世	颁布《民法典》。
			物理学家普朗克提出 了著名的量子理论。
			弗洛伊德发表《梦的 解析》，巴甫洛夫发表 《条件反射》。
1901	中国	清德宗 光绪二十 七年	八国联军后李鸿章与 各国签《辛丑条约》。
	澳洲		澳大利亚联邦成立。
	瑞典		第一次诺贝尔奖颁奖， 奖项包括物理、化学、 医学、文学及和平奖。
1902	英国	维多利亚 女王	南非的布尔战争结束， 英国主权获得承认。
			维多利亚女王过世由 英爱德华七世即位。

河的租让权，让美国开凿巴拿马运河出现变数。

美国政府对法国拿到运河的开凿权十分不满，向哥伦比亚政府施压。哥国政府为了舒缓美国的不悦，就呼吁欧洲各国要共同保护运河的中立地位。这让美国意识到 1850 年与英国签署的《克莱顿—布尔条沃约》成为插手巴拿马运河的阻碍，因而在 1898 年 12 月到 1900 年 2 月，与英国历经长时间谈判，终于签署《海约翰—庞斯福特条约》。新约确立美国主持开凿巴拿马运河并享有制定运河管理规定的特权，英国只保有运河通航的自由权。就在此时，法国运河公司也因经营问题陷入困境，美国派代表到法国巴黎寻求开凿权的让渡与收购，并未马上为法国政府接受。但经过多次的讨论，美国终于得到法国让渡出来的运河开凿权。

1903 年，美国也与哥伦比亚签署条约，美国需用头期款 1 千万美元租用运河沿岸六公里宽的土地，让美国获得运河开凿权与永久的租让权，不过此条约很快就被哥伦比亚国会拒绝。就在此时巴拿马境内独立声浪高涨，美国便转向支持巴拿马独立运动。1903 年 9 月，美国国务卿将革命起义所需的物品交给革命发起者瓦里亚；10 月，美国军舰阻止前往镇压巴拿马革命运动的哥伦比亚军队；11 月，巴拿马共和国建立，美国总统老罗斯福宣布美国承认巴拿马独立。年底巴拿马就与美国签署条约，根据此约美国向巴拿马支付 1 千万美元，而且每年支付 25 万的租金，就可以永久地使用和控制"沿巴拿马运河地区宽 16 公里的土地"。

巴拿马运河的开凿后来因美国的介入迅速完成，在 1920 年 6 月正式通航。此后美国除了取得巴拿马运河的租让权，更派军队驻扎在运河区，让巴拿马成为美国的保护国。

大 事	时 代	地 区	公元 单位：年
签订《英日同盟》密约，加深日本与俄国的冲突。	爱德华七世	英国 日本	
总理比洛推行新关税税率，物价被哄抬，造成民众的愤怒。	威廉二世	德国	
清廷下诏废除八股文，改试策论。	清德宗 光绪二十八年	中国	
哥伦比亚国会拒绝美国开凿运河。	老罗斯福总统	美国	1903
美国承认巴拿马独立，并派兵阻止哥伦比亚平乱，取得巴拿马运河开凿权。			
莱特兄弟发明历史上第一架飞机"飞行者一号"。			
黄兴、宋教仁成立华兴会。	清德宗 光绪二十九年	中国	

全球大战：霸权争夺下的战争与和平

在19世纪末，各项工业科技的发展，带来了新的事物：电灯、电话、汽车、地铁，另外工业革命发展后形成的各项新政策，如：失业保险、成年男性的普选和公共建设，都让当时的人们对生活有更多美好的想象。然而在这些生活层面进步的同时，各国的紧张局势却未曾减缓。

首先是1890年后，德国首相俾斯麦离职后，由于接班人缺乏外交手腕处理和欧洲列强的冲突，欧洲的形势开始日益复杂。德国首先要面对的是普法战争后法国因为战败和不平等条约产生的仇恨；而奥匈帝国和俄罗斯两国在巴尔干半岛的势力争夺，则是另一个一触即发的火药库；而各国也为应对因殖民地拓展政策所带来的矛盾冲突，开始了军备竞争和相互结盟以确保国家的安全。

终于在奥匈帝国皇储斐迪南大公在萨拉热窝遭刺杀事件引爆下，第一次世界大战爆发。首先是奥匈帝国对塞尔维亚宣战，之后便以德、奥、土等同盟国为一方，与英、法、俄、美、中、日等协约国一方进行对抗。最后在美国的加入及俄罗斯的退出后，结束了这场战争。

战争影响了国际形势，其中俄国因为在大战中期国内爆发革命而退出大战。沙皇在革命中退位，而俄国则摇身一变成为苏维埃社会主义共和国联盟，这也是世界上第一个共产主义国家。而德意志帝国则因为战争的失败，使得皇帝流亡荷兰，结束专制而开始魏玛共和时期。

在战争结束后，虽然迎来了短暂的和平，但因为凡尔赛和约中的赔款问题，再度种下第二次世界大战的种子。经济大恐慌的影响，更助长了意大利法西斯主义、德国纳粹和日本军国主义的气焰。虽然各国一度希望能在国际联盟的合作下，找到和平的希望，但最后仍告破灭。史学家甚至称两次大战间为"二十年的休兵"，显见国际局势的紧张。

最后，第二次世界大战虽然在美国对日本投下两颗原子弹后结束，但大战中人类所付出的代价，让和平更显珍贵。从纳粹统治下的被迫害的犹太人，到侵华战争中的南京大屠杀，据统计在两次世界大战中丧生的人数高达7千万人。而在各国皆热切期待和平来临的氛围下，联合国也因此诞生了。

公元 单位：年	地 区	大 事
1902	中国	与俄国签订中俄交收东三省条约，约定俄军于十八个月内陆续撤离。
1903	英国	在伦敦召开第二次社会民主工党大会，分裂为孟什维克派与布尔什维克派。
	俄罗斯	西伯利亚大铁路完成。
		发生对犹太人集体迫害的基什涅夫惨案，同时中产阶级组织"解放联盟"。
	中国	俄国拒绝自东北撤军，各地出现反俄风潮，要求清廷对俄开战。
	法国	居里夫人发现并提炼出镭。为后世放射学产生重大的影响。
	意大利	首相乔利蒂实施改革。
1904	俄罗斯	发生日俄战争，日本胜利。

俄国二月革命与十月革命："血腥星期日"与共产政权建立

19 世纪末的俄国处于落后的君主专制时期，王室并不受到人们的爱戴，尤其是在 1904 年，日俄战争的失败，让俄国人民不再相信沙皇的威权统治，人们因而不断利用罢工事件，向沙皇要求改革和政府请愿。1905 年 1 月，3 万多名工人在东正教加邦神父的带领下，前往圣彼得堡冬宫向尼古拉二世请愿，递交一份有关社会与政治制度改革的请愿书要求立宪。结果请愿工人却遭军队射击，造成多人死亡与受伤的"血腥星期日"（Bloody Sunday）事件。

此事件发生后，民众的愤怒与不满达到了极点。沙皇为了平息民怨终于答应召开国会，并在 10 月颁布《十月宣言》，宣布成立人民普选的国会实行宪政。经过 1905 年的革命，人民虽获得一些自由，俄国也有了国会，但沙皇依旧保有整个国家的行政、军事与外交的所有权力。国会无法有效控制政府，人民依旧过着痛苦的生活。

1914 年，沙皇尼古拉二世决定插手巴尔干半岛。从而引发第一次世界大战。俄国在战争中投入大量的人力，造成工业生产因而停滞，农业生产出现危机，产生了饥荒。严峻的国内形势，再加上战争造成的人员损失无数，终于引发人民的不满。1917 年 2 月，圣彼得堡的妇女们为了面包走上街头抗议，随之有数十万工人加入。抗议活动也从要求面包转变成"打倒专制"，没想到首都的军警也转向支持抗议的群众，让整个局势变得一发不可收拾。沙皇虽曾试图挽救，下令解散国会，然而大势已去。最后沙皇只好宣布退位，出现一个由国会与苏维埃（工人与士兵团体）共组的临时政府。

2 月组成的临时政府虽为西欧各国所认同，也受到国内知识分子的支持。然而这个政府并未从战争中脱身，也无法马上解决国内的通货膨胀问题，因此俄国境内依旧不断发生农民骚动与工人罢工，前线的军人也不断地出现叛逃现象。在这种情况下，在圣彼得堡的苏维埃主张结束战争与废除私有财产的诉求，列宁更直接提出"和平、土地与面包"的口号，争取士兵、农民与工人的支持与认同。因此到了"十月革命"的前夕，社会革命党人纷纷加入，使得列宁领导的布尔什维克党人数与日俱增。此时列宁便召开布尔什维克党会议，准备起事。临时政府在获知此事后，虽曾下令关闭布尔什维克党报纸，决定举行制宪大会的选举，然而列宁在 10 月 25 日仍率领布尔什维克党人发动进攻，推翻了当年 2 月建立的临时政府，成立一个由苏维埃统治的共产党政权的国家。

大 事	地 区	公元 单位：年
英法签订《英法协约》。	英国	
设立西非总督区。	法国	
第一次俄国革命爆发。	俄罗斯	1905
1 月 20 日，人民要求基本民权，政府派军队镇压发生血腥星期日。		
10 月 30 日，尼古拉二世颁布《十月宣言》，允许人民享有自由权利，出现普选国会。		
挪威脱离瑞典独立。	北欧	
德国与法国在北非的利益冲突，引发第一次摩洛哥危机，德皇亲访丹吉尔宣称摩洛哥的苏丹具有独立主权。	德国	

公元 单位：年	地　区	大　事
	日本	日俄战争结束，日俄签署《朴次茅斯条约》，日本获得库页岛南部、旅顺，并成为朝鲜与南满洲的保护国，日本成为国际新强权。
	意大利	首相实施铁路国有化；实施劳工保护及社会保险政策，并承认工会的合法性。
	中国	废止科举制度。
1906	法国	法国德雷福斯事件结束。
	德国	阿尔赫西拉斯会议中对摩洛哥问题做出的决议，让德国更加孤立。
		德国建造主力舰，使得英德之间的海军军备竞赛加剧，促使英国与俄国和解。
	美国	发生旧金山大地震。
	印度	印度成立全印穆斯林联盟。

大战前哨（一）："三国同盟"与"三国协约"的势力牵制

1870 年普法战争后，德国不仅正式统一，还成立了一个对欧洲国际形势影响极大的德意志帝国。当时的德国首相俾斯麦，相当清楚普法战争签订的《法兰克条约》，除了要求法国巨额的赔款、割让洛林与阿尔萨斯，还派兵占领法国领土。这些做法定会引发法国的仇视及报复。因此对俾斯麦来说，孤立法国、寻找结盟伙伴、保障德国安全是他接下来的首要工作。

当时的奥地利在普奥战争失败后，想往巴尔干半岛发展。如此一来，和同为日耳曼民族的德国，彼此之间邦谊就变得很重要。此外，德国也极力将俄罗斯拉入孤立法国的联盟中，积极推动德国与俄国间的合作关系，还鼓动德皇威廉一世访问俄国，进一步加强彼此合作关系。

在俾斯麦的努力下，1893 年，奥德俄三帝相聚于柏林签订了"三帝同盟"。不过这个"三帝同盟"，很快地就因为奥地利与俄罗斯在巴尔干半岛上的利益冲突，而出现解散的危机。虽然俾斯麦努力地解决这个冲突危机，但整体形势不容乐观。到了 1878 年，俾斯麦深知奥俄间恐怕不会有任何一方让步，而德国必须在这两国之中选择其一，最后德国放弃较难掌控的俄国而选择奥地利。不过，因为俾斯麦当然也不乐意见到俄罗斯和法国结盟，所以仍积极地交涉德、俄、奥三国再次结合。

在俾斯麦的努力下，1881 年终于又签订"三帝同盟"。然而俄奥在巴尔干半岛上的问题并未因为再度结盟而解决，反而日益激烈，终于在 1887 年再度瓦解。俾斯麦在推动第二次三帝同盟的同时，意大利正好与法国在北非突尼斯发生冲突。面对法国占领突尼斯的仇恨，意大利决定加入德奥集团，因而在 1882 年，三国同盟出现。不过整个欧洲局势，也在 1890 年俾斯麦去职后发生很大的变化。1887 年，俄国虽离开"三帝同盟"，但与德国秘密签订"再保条约"，确保德俄关系。然而 1890 年，德国的新内阁却决定不再与俄罗斯续约。俄国在考虑自己的处境下就开始对法国释放出友好讯息，并在 1891 年和法国签订军事协定。

与此同时，英国也发现欧洲的变化已经无法让英国保持"光荣孤立"政策，必须与欧洲国家改善彼此的关系。面对法与德两大阵营，由于英皇与德皇关系不佳，英国选择和数百年来的宿敌法国示好。因此英国表示愿意与法国以谈判的方式解决问题，并在 1903 年 5 月，出现英皇访法的行程。此次的行程更促使 7 月商谈的进行，最后在 1903 年签订英法协约。不过这时的英国与俄国的关系仍处恶劣，直到 1905 年，俄国在日俄战争中失败，加上

大 事	地 区	公元 单位：年
劳动联合会成立，民族主义兴起。	意大利	
《英俄协约》签订。	英国	1907
新西兰取得自治权利。		
召开第二次海牙会议；英、法、俄组成协约国。	欧洲	
英国人斯坦因自敦煌运走大批文物。	中国	
和法国、俄国签订友好条约。美国于此时限制日本移民进入。	日本	
因为奥地利吞并了原土耳其在巴尔干半岛的领土，俄罗斯与奥地利产生冲突。引发波斯尼亚危机。	巴尔干半岛	1908
德英两国对协调舰队问题毫无结果，英王亲访雷瓦尔，三国协约成立。	英国	

公元 单位：年	地区	大 事
	德国	波斯尼亚危机让德国获得威望，为了对奥地利保持忠诚，德国外交上的自由空间受到限制。
		发生"每日电讯报事件"，未经润饰的言词，激起各党派对皇帝一致的挞伐。
	美国	福特汽车公司推出T型车，带动汽车大量生产和普及。
	巴尔干半岛	保加利亚宣布脱离土耳其独立。
1908	中国	光绪皇帝与慈禧太后卒，由溥仪即位。
		台湾纵贯铁路全线通车。
1909	俄罗斯	意大利与俄国签订协定，决定让巴尔干半岛维持现状。
	德国	比洛因为财政改革问题无法解决最后下台。

俄国内政出现问题，让俄国对英国威胁减少后，开始出现谈判的空间。而俄国也发现如果不改善彼此的关系，将会损害俄法关系。因此在1907年英俄协约终于签订，同年英法俄为了加强彼此间的关系，也签订了三国协约。此后，欧洲正式分裂为两个敌对的同盟体系。

大战前哨（二）：日俄战争的影响

据1927年，日本首相田中义一呈给昭和天皇的《帝国对满蒙之积极根本政策》中提到，要征服中国就必须征服满蒙，要征服世界就必须先征服中国；如果想要确保日本在中国东三省的权利，就必须与美苏一战。虽然1929年被揭露的"田中奏折"，已遭日本政府否认其真实性，但从日本对中国的侵略与对世界的布局，似乎就与这份奏折内所说一致。

从19世纪中叶后，中国的衰落为世界的共识，因此中国不仅成为西方帝国主义者的目标，也成为明治维新后的日本向世界发声的第一站。1894年，中日甲午战争后，中国战败。清廷只好在日本强硬的要求下割让辽东半岛，然而日本的举动正好与俄国欲图谋占有中国东北的利益相互冲突。俄国在中日签订《马关条约》之际，联合德法两国进行干涉，希望日本能放弃辽东半岛。日本刚经过与中国的战争，还未有能力与西方列强为敌，只好先放弃占领辽东半岛的机会。清廷这时竟以为俄国是中国人的友人，答应让俄国修筑连接中俄的铁路，并将旅顺与大连港口租借给俄国，让俄国在中国获得原本应属于日本应享有的权利，这为日俄冲突埋下伏笔。

1900 年，中国发生义和团运动，导致德国公使被杀。西方国家派军队到中国，而俄国也以镇压义和团为由，派大军进入东北地区。然而当西方各国的军队撤出中国时，俄国的军队仍占据东北地区，引发日本的不满。经过西化图强的维新运动后的日本，在其特有的武士精神下，将在中国享有原属于日本权利的俄国视为敌人，并积极准备与俄国一战。尤其在 1902 年，英国与日本签订《英日同盟》密约后，更加强日本与俄国发动战争的动力。这时的俄国正值国内政局不稳，虽然俄国对战争的准备还不足，但沙皇尼古拉二世也想利用与日本的战争抬高自己的声望，因此战争不可避免。最终在 1904 年，爆发了日俄战争。

名为日俄战争，但战场却在中国东北地区与辽东附近的海域上。俄国虽在旅顺有海军军舰驻扎，但俄国的大部分军队都必须远从莫斯科运送来，因此俄国一开始采取的是以防守为主的消极态度；而日本则是采取积极攻击，利用俄国距离远、动

大　事	地　区	公元（单位：年）
德皇访问摩洛哥。		
发生"少年土耳其"革命活动。	土耳其	
伊藤博文于哈尔滨被刺身亡。	日本	
日本并吞朝鲜，签下《日韩并合条约》。		1910
在朝鲜推动稻米增产计划。		
建立泛美联盟。	美国	
爱德华七世去世，由乔治五世即位。	英国	
德、法与英国在摩洛哥为利益问题，引发第二次摩洛哥危机。	欧洲	1911

公元 单位：年	地区	大事
		法国成为摩洛哥的保护国，德国取得喀麦隆作为补偿，意大利占领的黎波里与佐泽卡尼索斯群岛。
		因德国派出军舰航向阿加迪尔，使英国转向与法国亲善。
	日本	收回关税自主权，解除对外不平等条约。
	摩纳哥	摩纳哥独立，并颁布宪法，实行君主立宪制。
	中国	发生辛亥革命。
		建立中华民国，在南京成立临时政府，孙中山被选为临时大总统。
	土耳其	发生意土战争，意大利入侵土耳其，占领的黎波里。

员慢的缺点，欲以速战速决的方式，来解决此战争。因此在日俄断交的同时，日本就派军队袭击旅顺的俄国海军，并派陆军登陆。经过几次激烈的会战，最后俄国投降。在美国总统老罗斯福的协调下，两国停战并签订条约，让日本享有俄国在东北的权利。

大战前哨（三）：殖民地的利益冲突

19世纪末至20世纪初，法国正因国内发生了布朗热危机、巴拿马丑闻、德雷福斯事件等政治丑闻，政府面临人民的不信任危机。政府希望通过外交事件转移国民对国内的视线，更希望提升政府的支持。因此在1904年，英法协约在签订时，提及英国不会干涉法国在北非摩洛哥的权利。而且早在1902年，法国就与西班牙签署瓜分摩洛哥的密约，这让法国肆无忌惮地将视线转向北非摩洛哥。当时的法国把控制摩洛哥重要港口的税务、聘用法国军事教官和开矿筑路当成提供巨款给摩洛哥的条件。

法国的行动影响了德国在摩洛哥的权利。德皇威廉二世在1905年访问摩洛哥的丹吉尔（Tangier），以此宣称列强在摩洛哥的利益均等，且表达维护摩洛哥独立的决心，公开反对法国将摩洛哥视为其保护国。英国害怕德国对摩洛哥的野心有损英国在北非的利益，向法国表示合作的空间。不料法国总理对英国不太有信心，也还没有发动战争的力量，便决定在摩洛哥问题上让步，答应与德国召开"阿尔赫西拉斯会议"（the Algeciras Conference）来解决摩洛哥问题。不过法国在西班牙的支持下，仍享有在摩洛哥的警察权，维持摩洛哥与阿尔及利亚边境的警察任务，以及国内的警务工作。

阿尔赫西拉斯会议后的摩洛哥，随着法国势力的介入局势更加混乱并未安定。1909年，德法曾一度达成协议，德国承认法国在摩洛哥的政治利益，换取法国同意两国共同发展摩洛哥的经济。但这样的协定也无法使摩洛哥内政稳定，更在1911年，发生排外暴动。法国派兵攻占其首都菲斯，德国认为法国此行为违反了阿尔赫西拉斯会议中的协议。德国以保护其商业利益为由，派炮舰前往摩洛哥，形成了第二次摩洛哥危机，战争一触即发。这时的英国因为一直将直布罗陀海峡视为其活动区，所以无法忍受德国在此进行海军布局，向外发布宣言提出英国的利益是不可被忽视的，公开支持法国。

不过，俄国因为刚与德国达成有关近东铁路的修筑条约，不便与德国公开决裂，而要求法国让步，最后德法国两国在1911年达成协议，德国承认摩洛哥为法

大　事	地　区	公元 单位：年
保加利亚、塞尔维亚与希腊结盟，进攻土耳其，土耳其战败，引发了第一次巴尔干战争。	巴尔干半岛	1912
德奥意三国续订三国同盟。	欧洲	1912
法国总理访俄，在圣彼得堡与俄国达成海军事务协议。	俄罗斯	
德国与英国再次谈判舰队问题失败。	英国	
英法协议共同派军舰到地中海和英吉利海峡。		
墨索里尼领导的革命派崛起。	意大利	
末代皇帝溥仪退位，中华民国正式成立，宋教仁遇刺。	中国	
袁世凯被选为第二任临时大总统。		

公元 单位：年	地 区	大 事
		孙中山在南京发起二次革命。
	德国	通过扩大军备方案，列强随之进行军备竞争。
	巴尔干半岛	巴尔干诸国和土耳其签订《伦敦和约》，引发保加利亚的不满。
		当年 6 月，保加利亚与塞尔维亚、希腊宣战，爆发第二次巴尔干战争。
		以保加利亚大败终结，再次签订《布加勒斯特和约》。
	中国	袁世凯无视国会向英、法、德、俄、日五国借款，是为"善后大借款"。
		二次革命失败，袁世凯正式就任大总统。

国的保护国，但法属刚果一部分土地必须割给德国作为补偿之用。

大战前哨（四）：欧洲火药库的点燃

俄国一直希望军舰能获得出黑海到地中海的机会，因此当在中国东北三省的活动因日俄战争受阻后，其视线又回到欧洲的巴尔干半岛上，开始为其军舰得到博斯普鲁斯海峡与达达尼尔海峡的通过权而积极运动。而同在巴尔干半岛活动的奥地利则希望合并在 1878 年获得的波斯尼亚与黑塞哥维那两省，以此与土耳其划清界限，更可以切断塞尔维亚人对这两省的渗透，以阻止大南斯拉夫王国的建立。

1908 年，俄国与奥国达成协议，俄国允许奥国并吞此二省，而奥国则协助俄国军舰通过海峡。此协议达成后，当俄国还在寻求欧洲其他国家的同意时，奥国已经这两省并吞。奥地利的举动让俄国十分惊愕，而俄国的要求又被英国所拒，让俄国希望落空而感到受骗。虽然奥国不讲信用的举动也为英国所谴责，但奥国在德国的支持下不肯妥协，德国更是胁迫俄国非得同意奥国的行动不可。最后俄国在日俄战争后军备不足的情况下，也只好让步同意。波斯尼亚事件最后，奥国虽获得全胜，然这次奥国的行动却种下两次巴尔干半岛战争的祸根。

　　1911 年，意大利想占据北非的黎波里而与土耳其开战。当时的土耳其已是一个衰落的国家，国内又有少年土耳其党鼓吹民族革命思想，处在国力不振又有内忧的状况下。意大利趁人之危，很快就占领了的黎波里。意大利的获胜，也让巴尔干半岛上的斯拉夫民族又蠢蠢欲动，从 1912 年 3 月开始就纷纷出现结盟运动。首先是塞尔维亚与保加利亚的结盟，接着是希腊与保加利亚的结盟。

　　到了 10 月，保加利亚、塞尔维亚与希腊一同向土耳其宣战，发动了第一次巴尔干半岛战争。土耳其频频失败，在欧洲的领土只剩下伊斯坦布尔。在第二年，巴尔干诸国与土耳其在伦敦召开和会，在此会议中决议，马其顿为塞尔维亚、保加利亚与希腊占领。随后，这三个国家又为了如何瓜分马其顿而起了争执。保加利亚认为自己出力最多，但获得的土地少，并未得到公平的待遇。因此在奥匈帝国的支持下，保加利亚转而向塞尔维亚及希腊宣战，然后便爆发了第二次巴尔干战争。

　　战争爆发后，土耳其与罗马尼亚加入塞尔维亚与希腊的阵营，保加利亚在寡不敌众之下，很快就陷入困境，大败而归。8 月各参战国签订和约，保加利亚失去大部分土地，国力大受影响。塞尔维亚的领土扩大一倍，成为巴尔干半岛上一个新兴的强大斯拉夫国家；而下个目标，便是将

大　事	地　区	公元〔单位：年〕
除利比里亚和埃塞俄比亚外，全非洲都成为欧洲国家的殖民地。	非洲	1914
墨索里尼煽动群众发动罢工，此次行动被称为"红色星期"。	意大利	
巴拿马运河经过十年修筑终于开通。	巴拿马	
得到俄国沙皇承诺，获得自治权。	波兰	
奥地利皇储斐迪南大公在萨拉热窝遭刺杀事件，奥地利对塞尔维亚宣战，之后引发第一次世界大战。	全球	
以德奥土同盟国，对英法美中日等协约国作战。		
7 月，奥匈帝国对塞尔维亚宣战。		

公元	地 区	大 事
单位：年		
		8月，德国对俄、法宣战。
		同时，日本对德宣战。
		10月，土耳其加入同盟国阵营，与俄国交战。
		11月，意大利放弃中立，加入协约国。
1915	中国	袁世凯称帝，83天后宣布瓦解。
		日本提出"二十一条要求"逼中国接受。
		蔡锷组成护国军。
	美国	美国国内成立"三K党"。
	英国	爱尔兰的新芬党发动复活节起义，领导者遭枪决，行动宣告失败。

整个巴尔干半岛上的斯拉夫民族的国家结合，建立统一的大南斯拉夫国。这样的想法当然与在巴尔干半岛上势力庞大的奥匈帝国发生冲突，因而塞尔维亚和奥匈帝国的关系越来越紧张，也为第一次世界大战预留伏笔。

第一次世界大战（一）：萨拉热窝刺杀事件

由哈布斯堡家族统治的奥地利帝国，是一个由多民族组成的国家，19世纪民族思想高涨。奥皇在不得已情况下，与匈牙利国王达成协议，在哈布斯堡家族的统治下共组帝国，成为二元帝国。然而此帝国不仅有日耳曼人、马扎儿人还有斯拉夫人。尤其是在1878年，帝国取得波斯尼亚与黑塞哥维那两省后，斯拉夫人的数量增加了许多。因此当时的奥皇储弗朗茨·斐迪南大公便主张成立三元帝国，提出如能在哈布斯堡王朝统治下，建立一个自治的、经济繁荣的斯拉夫国家，将会比相对贫穷的南斯拉夫国家更具吸引力。

三元帝国主张的提出，让塞尔维亚政府十分不满，对斐迪南大公产生了不除不快的想法。1914年，奥国皇储斐迪南大公夫妇，以奥匈帝国总监军身份来到波斯尼亚视察驻军情形，这对塞尔维亚民族运动分子而言，无疑是一种挑衅。因此当大公夫妇到波斯尼亚的首府萨拉热窝访问时，塞尔维亚民族主义者决定暗杀斐迪南大公夫妇，而使得大公夫妇双双遇刺身亡。

　　暗杀事件发生前，塞尔维亚境内一直都有仇奥的言论，因此奥国政府认为此事件塞尔维亚政府不可能不知。因此事件发生后，奥国政府认为这是惩罚塞尔维亚的好机会。但俄国政府却向奥国提出警告，表示俄国不会不管塞尔维亚。奥国政府再三思索，在暗杀发生近一个月后，奥国政府将最后通牒送达塞尔维亚政府，要求在48小时内获得满意的答案。塞尔维亚在获得俄国的支持下拒绝了奥国的要求，并对军队下达动员令。奥国政府因为仗着有德国这名盟友在身后，因此在得不到满意的答复后，也宣布断绝两国的关系，并对塞尔维亚宣战。

　　奥国对塞尔维亚宣战后，德国原本希望通过奥地利和平地占领贝尔格莱德，当成是对塞尔维亚的惩罚。此举虽获得英国的认同，但俄国却在此时警告奥地利政府不可委屈塞尔维亚，并下令动员，要求法国保持中立。于是德国也宣布动员，并对俄国下最后通牒要求取消动员。法国虽还未对俄国有所表达，但法国对德国表示，一旦战争发生，法国将为维持其利益而动员。所以德国和法国皆开始动员，随后德国派兵入侵卢森堡。虽然英国开始维持中立，但在发现德国派军侵入比利时，破坏

大事	地区	公元 单位：年
意大利加入第一次世界大战，对抗奥地利军队。	意大利	
袁世凯过世，黎元洪担任总统，开始北洋军阀大混战时期。	中国	1916
奥斯曼帝国境内阿拉伯民族，开始反抗土耳其人统治的民族解放斗争。又称为阿拉伯起义。	阿拉伯半岛	
爱因斯坦发表《相对论》。	德国	
德国于第一次世界大战中使用无限制潜艇攻击美国船舰。当年4月，美国参战。	全球	1917
护法政府在广州成立，中国加入第一次世界大战。	中国	
张勋拥溥仪复辟失败。		

公元 单位：年	地 区	大 事
1917	芬兰	宣布脱离俄罗斯独立。
	俄罗斯	发生"二月革命"与"十月革命"，皇室被推翻，共产党政权成立。
		由布尔什维克党人掌权，俄罗斯正式退出第一次世界大战。
		俄国成为共产主义国家。
1918	全球	协约国军队进入博斯普鲁斯海峡，占领伊斯坦布尔，其他地方也被协约国占领。
		第一次世界大战结束。
		德俄签订和约。
	德国	爆发"十一月革命"，威廉二世宣布退位，德意志帝国灭亡。
	波兰	波兰复国，得到同盟国之助，成立波兰共和国。

其永久中立国的地位之时，终于让英国义无反顾地对德宣战。至此欧洲列强国家都加入了战争，开始了世界大战。

第一次世界大战（二）：军事史诗《阿拉伯的劳伦斯》

第一次世界大战一爆发，德国马上集结大军，兵分七路西进。很快地，比利时与法国北部皆沦陷。就在德国认为巴黎已在眼前，胜利在望之际，德军错估了英国与法国的实力，将两个军团派到东边去对付俄国，支援奥匈帝国对塞尔维亚的战争。然而德国进军太快，补给线太长，在来不及补充之下，遇到英国向法国提供援兵，西部战事进入了胶着状态。

东部战场德奥集团虽有不错的进展，但德奥集团为了预防俄国增加盟友力量壮大，也积极地争取盟友，因此便以提供高额的贷款为条件，要求土耳其参战。在此诱人的条件下，土耳其于1914年10月参战。土耳其参战后苏丹便以穆斯林领袖的名义宣布保卫伊斯兰国家，趁机入侵阿拉伯半岛，也将俄国牵制在高加索地区，让俄国向英国发出求救讯号。英国为解决俄国在高加索被土耳其牵制的困局，在1915年便决定邀请协约国一同派军队攻占伊斯坦布尔。然而近东战线形势对英国不利，在经过将近11个月的战事后，协约国可说是徒劳无功被逼撤退。原本希望逼迫土耳其退出战场的战争，最后却使英国大败，让土耳其的势力继续往北非推进，埃及、阿曼、苏丹等地逐渐成为土耳其的保护地。因此如何解决俄国的困境，以及去除土耳其对苏伊士运河和英属中东地区的威胁，为英国的当务之急。

　　面对此一窘境，土耳其境内的少数民族便成为英国使用的工具。土耳其虽然和中东地区邻国皆为穆斯林，并信奉伊斯兰教，但是土耳其人的血统是突厥人，与阿拉伯人并非是同一民族。因此从1916年，英国便以提供现金与武器为诱因，鼓吹沙特阿拉伯西北地区的侯赛因（Hussein of Hejaz），开启阿拉伯革命运动。英国公开谴责土耳其当局迫害和屠杀阿拉伯民族主义者，背离伊斯兰教精神，并以"阿拉伯人之工"为号召，发起反抗土耳其的民族起义，并允诺在战争结束后成立一个统一的阿拉伯国家。且英国将会从埃及派军支持击败土耳其，承认侯赛因为阿拉伯之王。

　　这便是经典电影《阿拉伯的劳伦斯》的背景，真实存在的主角上校劳伦斯（Thomas Edward Lawrence）对战争形势的评估相当精准。阿拉伯的起义军队在劳伦斯的带领下可说无坚不摧，成功地袭击土耳其腹地，占领了许多地方，为阿拉伯国家争取独立运动做出不少贡献。也由于劳伦斯在阿拉伯的努力，得以将土耳其军

大　事	地　区	公元 （单位：年）
奥匈帝国瓦解，匈牙利成立第一共和国。	匈牙利	
凯末尔领导土耳其民族运动。	土耳其	
1月，巴黎和会召开。	全球	1919
6月28日签订《凡尔赛条约》，宣告第一次世界大战的结束。		
国际联盟盟约获全体通过，正式成立。		
社会充满罢工和炸弹攻击的红色恐怖。	美国	
巴黎和会使法国增加阿尔萨斯与洛林，非洲与近东也有多国托管，使法国成为欧洲强国。	法国	

单位：年 公元	地 区	大 事
	德国	克列孟梭的民族集团虽击败左翼联盟。但最后克列孟梭的总统之路仍告失败。
		德意志通过新宪法，国会在魏玛召开，选出总统艾伯特，总理谢德曼。
		根据魏玛宪法，德意志元首由人民选举，此为民主议会制的共和国。史称魏玛共和。
		德意志工人党建立，希特勒于9月入党。
	苏联	列宁在莫斯科成立第三国际。
	意大利	成立法西斯组织。
	英国	印度发生英军对群众开枪的阿姆利则大屠杀。

队牵制在阿拉伯地区，此举也为战局投下了变数。

第一次世界大战（三）：美国参战与俄国退出

1914年7月底，战争即将爆发时，英国试图阻止德国和奥国从海上获得补给，以围堵德国舰队。此策略的确让德国物资运补受挫，但因德国的海军实力弱于英国，德国便试图利用潜艇打破封锁。不过因潜艇无法分辨军舰、货船与客船，因此德国便将英伦海域上所有的船只一律击沉。

此做法常常误击中立国的船只，原本仍属于中立国的美国曾多次表示抗议。为此德国政府曾提出保证，不再攻击客船与轮船，危机也曾暂时解除，只是此一保证随着越来越激烈的战况很快就如同废纸。德国计划利用潜艇切断英国的补给以赢得战争，从1916年下半年开始，德国便不顾与美国的承诺，再度加强潜艇攻击，尤其是兴登堡与鲁道夫等更是主张无限制的潜艇战争。因此在陆战陷于胶着的状态下，第二年2月，德国宣布无限制潜艇政策。此政策一宣布，美国随即与德国绝交。与此同时，英国情报单位截获德国外相给德国驻墨西哥公使的电报，电报中提出当德国与美国一开战，德国会给予墨西哥财政上的支援，以帮助墨西哥取回现为美国的得克萨斯州、亚利桑那州与新墨西哥州。此电报在美国造成极大的轰动，也激起了美国人民与社会仇德的情绪，于是美国以此为根据向德国宣战。

而另一方面，俄国为了全力参与战争，战争一爆发就全面且大量地征召军队，结果造成国内的工业生产与农业生产全面停摆；再加上德国与土耳其于北海和达达尼尔海峡的围堵，让俄国的国际贸易也停摆，这种种因素引发俄国国内发生通货膨胀、粮食短缺的现象。这种种问题俄皇皆无法解决，因而影响到俄皇的威势。1917 年 2 月，一群要求面包的女工、妇女与工人于俄国首都彼得格勒游行，整个形势一发不可收拾，终于发生了"二月革命"。俄皇见人势已去只好逊位，组成临时政府。

不过这个临时政府并未退出战争，然而 7 月对德战争的溃败，也让俄国的临时政府瓦解。最后俄国政权在 11 月为列宁所领导的布尔什维克党所夺取，同时俄国宣布退出战场。俄国退出战场仍对协约国造成冲击，德军将大军集结在西部连续发动攻击，直到美国军队到达欧洲才纾缓协约国的压力。

大　事	地　区	公元 单位：年
5 月 4 日，北京大学学生发起示威活动反对签署《巴黎和约》。	中国	
"五四运动"发展到全国。		
凯末尔主张建立土耳其民族国家，并签署国家公约，决定对抗法国与希腊。	土耳其	
国际联盟正式成立，总部设于瑞士的日内瓦。	全球	1920
巴黎和会决议德国应付赔款 330 亿美元，分 42 年偿还。		
因议会拒绝签署《凡尔赛和约》，因此美国未加入国际联盟。	美国	

公元 单位：年	地 区	大 事
		美国境内推行禁酒令，使得全国政党分裂为两大阵营。
		妇女获得选举权。
	德国	德意志工人党改名为德意志国家社会主义工人党，即是纳粹党。
		国家议会选举，魏玛联盟失利，总理费伦巴赫建立中心党。
	英国	印度发生第一次非暴力不合作运动，反抗英国殖民统治。
	土耳其	发生希土战争，土耳其拒绝接受色佛尔条约。
1921	全球	伦敦会议召开，德国提出反对遭驳回。后发出伦敦最后通牒，要求德国实践和约内容。

第一次世界大战（四）：同盟国的变天与投降

战争爆发后，原属于同盟国的意大利，因为英法两国答应战后将在奥地利统治下被称为"未赎回的意大利"领土交给意大利，并在日后瓜分土耳其时，可获得小亚细亚上的阿达利亚（Adalia）与德国在非洲上的若干属地作为战争的补偿。

在此诱因下，意大利于1915年背叛同盟国投向协约国。意大利实力虽不强，在战争的后期也被德奥军队击败，但其加入的初期将奥地利的三四十万大军牵制住，也适时地缓解了俄法压力。战争后期，德国在胶着战下试图以无限制潜艇政策突破，却引来美国的参战。美国的参战增加了协约国的人力与物力，让德国最终无法对抗，同盟国中的土耳其、保加利亚、奥匈帝国也因长久的作战，致使国内经济崩溃无力再战。因此战争最后以德皇威廉二世退位逃至荷兰，德国成为共和国，并与协约国签署和平停战协定宣告结束。

1919年大战结束后，为了解决战争所造成的问题与战后和平的维持，战胜国代表决定召开巴黎和会。在巴黎和会召开前，世人皆寄予厚望，希望此会议能带给人们真正的和平，而美国总统威尔逊提出

"十四点原则"的纲领。不过会议掌控在美国总统威尔逊、法国总理克列孟梭与英国首相劳合·乔治的手中。这三巨头除了威尔逊希望能以"十四点原则"为会议的主导原则外，克列孟梭与劳合·乔治皆有其政治考量，所以整个会议实际动向受到战时的密约、各交战国的战略与战胜国的经济利益的牵制。而且战败国无法参与会议，因而制订了几项错误的措施，尤其是对德国《凡尔赛和约》的制定最为严重。

《凡尔赛和约》的内容可分为领土、海外殖民地、军备与赔款等问题。在领土方面，西部与法交界处，莱茵地区由英法美军事占领15年，且德国永不可设防，萨尔盆地并入法国关税区由国际联盟治理，阿尔萨斯与洛林则归还法国；东部则因协约国欲建立一个防制共产主义的缓冲国。

基于对波兰的同情，巴黎和会决定恢复波兰独立。除了将波兰原有领土归还波兰外，波兰还从德国得到西普鲁士、波森与东普鲁士等地，并获得波罗的海的出海口。海外殖民地方面，德国更是全部丧失。德国在军备上只能拥有一支10万士兵的职业军队，而且在莱茵河以东50公里以外的防御设施都必须拆毁。赔款方面，德国面对的是330亿美元这样天文数字的赔款金额，并要求德国先行赔付50亿美元，其他的分30年还清。这样的条约内容德国代表原本拒签，然

大　事	地　区	公元 单位：年
中国共产党于上海成立。	中国	
共产国际大会决议，各国共产党可与其他党派组成"联合阵线"，发展实力。	苏联	
与德国订立和约。	美国	
召开华盛顿裁军会议，主要讨论军备问题与亚洲问题，会后签署四国公约与九国公约。		
与美国签订和约。	德国	
希特勒为纳粹党主席。		
墨索里尼将意大利法西斯组织结合成为法西斯党。	意大利	
法西斯党发动"进军罗马"政变，墨索里尼被任命为总理，实施独裁统治。	意大利	1922

公元 单位： 年	地 区	大 事
	苏联	苏维埃社会主义共和国联盟正式成立。由俄罗斯、白俄罗斯、乌克兰等苏维埃社会主义共和国合并而成。
	爱尔兰	爱尔兰自由邦成立，爱尔兰宣告独立。
1923	德国	法国和比利时军队进入鲁尔区，斯特莱斯曼组成大联合内阁，中止鲁尔区的消极抵抗。
		巴伐利亚和中央政府间的关系紧张，德国宣布进入紧急状态。
		希特勒在慕尼黑啤酒馆发动了所谓的"啤酒馆政变"，失败后入狱服刑，期间完成《我的奋斗》第一部分。

而在协约国的威胁下最终签署。然此条约严重伤害德国的权利，埋下第二次世界大战的种子。

国际联盟成立与华盛顿会议：国际和平社会的失败

第一次世界大战后期，人们纷纷对战争带来的伤害感到恐惧。有识之士希望组织一个维持国际和平、解决国际纷争、避免战争再度兴起的国际组织。美国总统威尔逊向美国国会进行参战目的的演说时，提出的"十四点和平原则"中就有建立"国际联合组织，各国互相保证彼此的政治独立与领土完整"的建议。因此战争结束后，在召开的巴黎和会中，成立国际联盟便成为美国的重要主张之一。威尔逊为了能成立国际联盟，还因而放弃许多应争取的事物。经由威尔逊的催生，终于在 1919 年 1 月 28 日，巴黎和会通过创立国际联盟的决议，并草拟《国际联盟约章》，以促进国际合作与达成国际和平与安全为目的。国际联盟正式成立于 1920 年 1 月 10 日，简称国联，总部位于瑞士的日内瓦。刚成立时有 23 个会员国，不过到 1937 年时，国联已经有 63 个会员国。主要组织有大会、理事会、秘书处与一些专门委员会。

1919 年的巴黎和会主要是解决欧洲问题，亚洲问题与海军军备问题则在 1921 年的华盛顿会议中提出。首先在军备问题上，主要是针对美国、英国、日本、法国、意大利海军主力舰吨位、建造与轮替都有限制，并规定各签约国在太平洋岛屿上的海军基地应该维持现状。至于亚洲问题上则分为两个部分。

一为 1921 年由美、英、日与法国共同签订的《关于太平洋岛屿属地和领地的条约》，简称四国公约。在此条约中提到，这四国中任意两个国家在太平洋地区发生任何争执，全体签字国应当举行共同会议协商解决。

另一为 1922 年，由美国、英国、日本、法国、意大利、荷兰、比利时、葡萄牙和中国签署《关于中国事件应适用各原则及政策之条约》，简称"九国公约"。该公约确立各国在中国实行"门户开放"和"机会均等"的原则。

国联成立虽是为了世界的和平，但筹备之时就成为英法两国角力战的地方。因此美国虽是催生国联的主要国家，但美国自始至终都未加入国联。再者所有大会的会员国皆有否决权，国联的所有问题必须要所有会员国同意后才可执行，这让国联难以发挥其力量。此外，国联本无自己的军队，无法有效地维持国际和平。华盛顿会议所签订的条约合称为《华盛顿条约》。

大　事	地　区	公元 单位：年
关东发生大地震，太子裕仁遭到暗杀。	日本	
解除苏丹君主政体，签订《洛桑和约》，希腊放弃占领土耳其的区域。	土耳其	
凯末尔出任土耳其共和国第一任总统。		
墨索里尼将原本的法西斯战斗团改组为法西斯党的民兵组织，为国家安全自愿军，成员不需向国王宣誓效忠。	意大利	
并通过《洛桑条约》，取得佐泽卡尼索斯群岛。		
仓科夫发动政变，建立独裁政权。	保加利亚	
孙中山再建军政府，主张联俄联共。	中国	

公元 单位：年	地 区	大 事
1924	苏联	斯大林喊出"一国社会主义"的口号。
		斯大林极力铲除政敌，与加米涅夫、季诺维也夫组成三头统治。
	土耳其	废止哈里发制度，关闭宗教法庭。
	意大利	法西斯党人选举获胜。握有国会多数支持。
	中国	国共第一次合作，设立黄埔军校。
1925	意大利	墨索里尼颁布一连串的命令，把意大利由君主立宪国家转变成为一个法西斯主义独裁统治的国家。

这些条约虽是为了解决当时亚洲地区的国际问题，然而此会议并未真正解决这些强国在亚洲的纷争，也为日后日本引发第二次世界大战的亚洲战场留下伏笔。

甘地与不合作运动：印度迈向独立之路

17 世纪时的英属东印度公司取得印度的经营权与控制权，在印度获得了许多土地，不过在英属东印度公司管辖下的印度不断地要应付叛乱事件的出现，因而无法支撑庞大的军事开支。在这种压力下，1858 年，英国国会授权英国内阁管理英属东印度公司，设立总督府，从此开启英国政府控制印度的历史。英维多利亚女王被称印度女皇，她指派总督为印度最高长官，总督受到印度部长监督。在英国统治下，并不只是对此地进行殖民控制，也将西方的思想与工业引进印度。因此从 19 世纪末期之后，民族主义运动在印度渐渐发展开来。面对此状况，英国政府也让印度人组成总督顾问，并建立由印度人组成的省议会，更在印度建立地方自治机关和地方行政区，选举范围扩大到印度人，让印度开始迈出自治的脚步。

第一次世界大战前为民族思想高涨时期，印度也不例外。因此在 1914 年，欧洲引爆了第一次世界大战后，英国政府为了争取印度在战争的支持，不断给予印度善意的回应。在战争期间印度先后参战人数达 100 多万，更在物资与金钱上不断地支援英国，果然成为支持英国对德奥作战的最佳后盾。英国政府为了要印度不断地提供在战争中的所需，拉拢印度人民，保证高涨的民族思想不会在此时破坏英国对印度的管辖权，更在 1917 年，由印度事务大臣公开声明战后要给予印度自治权，这让印度人燃起一股希望。1915 年，从南非回到印度的甘地，在这时也是英国的支持者。

甘地出生于英国殖民下的印度，19 岁不惜被开除种姓身份到英国伦敦攻读法律学位，学成后在印度孟买从事法律事务。在一次业务中他前往有着根深蒂固种族歧视观念的南非，他因为自己有色人种的身份，受到一连串的侮辱。在民族自尊心和感受到同胞遭受不平等待遇的驱使下，他走上带领南非印度人反对种族歧视之路，也因此受到关注。

英国在战争结束后，就将承诺丢到一旁，又通过了镇压印度人的《罗拉特法案》（Rowlatt Acts）。已经是国民大会领袖的甘地，带领印度人采取和平对抗：号召印人辞去英人委任的官职，不参加英人领导的印度政府；不向英人主持的法院起诉，印人纠纷印人自己解决；不接受英国人教育，从公立学校领回自己的子女，转自印人自办的学校；印人的钱不存入英人

大　事	地　区	公元 单位：年
托洛茨基因主张不断革命论，与斯大林在第十四次党大会上提出的"一国内可能建成社会主义"理论相抵触，被解除国防政治委员职务。	苏联	
与土耳其签署互不侵犯条约。		
与苏联签订条约，让出北库页岛，以获得苏联承认《朴次茅斯条约》。	日本	
上海租界的英国警察对示威学生开枪，引发"五·卅惨案"。	中国	
孙中山因肝癌于北京逝世。		
国民政府北伐大业开始。		1926
裕仁继位为天皇，年号昭和。	日本	

公元 单位：年	地 区	大 事
1927	中国	发生"宁汉分流"，国民党展开清党。
	苏联	托洛茨基与季诺维也夫被开除党籍，托洛茨基遭流放。
	日本	田中义一提出"田中备忘录"主张积极的扩张，计划争霸亚洲。
1928	全球	国际联盟大会中，十五国代表在巴黎签署白里安凯洛格公约（非战公约）。
	中国	发生"五·三济南惨案"，东北易帜。
		北伐完成。
	苏联	开始"五年计划"，苏联将转变为现代化工业国家，农业上最大的变革是农民的集体化。

的银行，转存入印人自办的银行；不应征入伍，不缴纳税款；抵制英货，改用印人自制的物品，穿用土布等不合作运动，让英国经济受到严重的打击。

意大利法西斯党获得执政：墨索里尼的崛起

第一次世界大战后的意大利虽是战胜国，但其并未在战争中获得想要的利益（占领北非土地），这使意大利的民族主义分子相当不满。再加上大战后的意大利也与其他国家一样，经济衰退得相当厉害，承受着战债与失业等痛苦，造成社会动荡不安，整个国家已经濒临内战的边缘，这给予民族工团主义者的墨索里尼一个崛起机会。

1919 年，墨索里尼在米兰创立了意大利法西斯组织，这个组织宣称要取回所谓的"未赎回的意大利地区"，要将国家从共产主义与无政府主义中拯救出来。这一组织势力逐渐壮大，得到中产阶级、地主与资本家的支持。到了 1921 年年底，墨索里尼将意大利法西斯组织结合起来成立法西斯党。

当法西斯党具有一定的影响力后，1921 年 10 月，墨索里尼开始鼓动法西斯党进军罗马发动政变。此威胁让意大利国王伊曼纽尔三世决定根据宪法，任命墨索里尼为总理。因此在 1922 年 10 月 30 日，墨索里尼终于以合法的方式取得意大利政权。不过这时的内阁是一个由法西斯党与中间立场、右派政治势力组成的内阁，这样的内阁并无法满足法西斯党与墨索里尼，凭借着 1924 年的选举，法西斯党在获得过半数的支持后，从此握有国会多数支持。因此在随后两年间，墨索里尼颁布一连串的命令，将国内除了法西斯党外的所有政党全部解散，从此法西斯党为意大利的唯一合法政党；让墨索里尼走上专制之路，建立意大利法西斯主义独裁统治，将意大利由君主立宪国家转变成为独裁专制的国家。

墨索里尼一心想建立一个新的罗马帝国。他对于意大利在 1896 年时与埃塞俄比亚的战争失败耿耿于怀，因此利用有义务解决索马里与埃塞俄比亚间的冲突为借口，在 1935 年，派兵入侵埃塞俄比亚。国联虽对此事件提出强烈的指控，也要求会员国拒卖军火与原料给意大利，以制裁意大利的侵略行动；然而因为英法两国无意激怒意大利，再度引起另一场战争，而国联本身又没有真正的力量，最后墨索里尼在不理会国联的要求下，宣布退出国联，并派军队迅速占领埃塞俄比亚。1936 年，意大利将埃塞俄比亚并吞，开启了意大利的侵略扩张行动。

大　事	地　区	公元 单位：年
世界经济大衰退，发生经济大恐慌。	全球	1929
10 月 25 日，纽约股市崩盘引发经济危机，被称为"黑色星期五"。	美国	
英国通过平等选举法，二十岁以上男女皆有选举权。	英国	
斯大林开始执政。	苏联	
印度发生第二次非暴力不合作运动，甘地再度被捕。	英国	1930
伦敦召开海军会议，英、美、日、法、意一同参与。除英国外的其他参加国都希望扩充海军军备。		
日本发动侵略中国东北的"九·一八事件"，为日军侵华战争的序幕。	中国	1931

公元 单位：年	地　区	大　事
	英国	内阁总辞，麦克唐纳重组包含保守党与自由党的国民联合内阁。
		内阁权力落在保守党的张伯伦与鲍德温手上。
	美国	发布延期付款令，让欧洲欠美国的战时借款可以延期偿还。
1932	中国	日军发动侵略中国的"一二·八淞沪事变"与"五·一五事件"，并于东北建立伪满洲国。
	日本	犬养毅被杀，文人政府结束。
	德国	国家议会选举，纳粹党成为最大党。
	苏联	消灭富农，建立集体农场与国营农场。

希特勒与纳粹德国：德意志新帝国主义的极致发展

第一次世界大战结束后，德意志帝国瓦解了，取而代之的是一个以民主政治为诉求的魏玛共和国。魏玛是当时制宪国民大会集会的场所，因此又称这时期的政府为魏玛政府。这时期的德国政府处于相当困苦的环境，由于第一次世界大战的失败，因此魏玛政府一开始就必须面临签署有辱德国、且对德国来说极不平等的《凡尔赛条约》，必须接受割地赔款、削减军备与军队，并承认最具争议性的战争罪责条约。这种种使魏玛政府在国内受到来自各方的压力，高达1360亿马克的赔款，更让魏玛政府的经济崩溃；割让阿尔萨斯与洛林这两个生产煤与铁的地区，则让德国工业的原料供给出问题，对德国工业造成极大的影响。

因此到了1922年，德国已经无法偿还战债，这时法国与比利时也进军德国的鲁尔区，发生鲁尔事件，让德国矿工发动罢工。由于德国境内的工业原料皆来自此地，德国经济更是雪上加霜。魏玛政府为了能支付战债便大量发行马克，结果造成严重的通货膨胀，中产阶级破产、工人阶级一贫如洗，这些人最后便成为右派（主张君主政体者）与左派（德国共产党）的分子，双方都想要推翻这个共和政府。

鲁尔事件正好给予希特勒崛起的机

会，1923年，希特勒与鲁道夫纠众闯入慕尼黑啤酒馆，劫持在那儿开会的巴伐利亚首长与官员，发生了"啤酒馆政变"。事后希特勒与鲁道夫因事败被捕。而在狱中九个月的时间，希特勒写下《我的奋斗》一书，此书成为日后纳粹运动的"圣经"。

出狱后的希特勒，正好遇到第一次世界经济大萧条时期，德国境内不断地出现破产、失业、农民与工商业者无以为生，这种种形势都给共产党蠢蠢欲动的机会，也让希特勒觉得此为难得的良机，因此他便决定以合法的方式取得政权。他先说服政府取消对纳粹党的禁令，并在农业、工会与工商团体吸收成员，扩大党的基础，并组织一支训练精良的禁卫队。而当时的魏玛政府已经无法获得国会多数的支持。国会选举中，共产党与纳粹党获得人们最多的支持，在此情况下总统兴登堡便命令希特勒为总理。取得总理地位后的希特勒随即解散国会，要求国会改选，并指责大选前的国会纵火案为共产党所为，营造只有纳粹党才能解决共产党威胁的气氛。

1933年改选后，希特勒便要求国会通过《授权法案》，让总理可在不需国会答应下草拟或通过法条，并有权解散国会与修改宪法，此法案可说为希特勒专制独裁政权提供合法的权利。1934年，总统兴登堡的过世，让希特勒利用《授权法案》通过得以合并总统与总理于一身的权

大 事	地 区	公元 单位：年
与法国签订互不侵犯条约，德苏关系淡化。		
国际联盟指出日本在满洲行为是违法的，日本因此退出国际联盟。	日本	1933
国会通过《授权法案》，为希特勒专制独裁政权提供合法的权利。	德国	
希特勒就职为国家总理。1月组成"民族联合"内阁，为了德国各邦与国家的一体化，希特勒废除各邦议会，摧毁联邦体制。		
发生抵制犹太人运动。		
12月，纳粹党成为国家唯一的合法政党。		
实施"废元改两"政策，统一使用银元。	中国	

公元 单位：年	地 区	大 事
	美国	美国总统罗斯福公布百日新政，试图拯救经济危机。
1935— 1937	英国	推行"绥靖政策"。希望通过协商，以避免战争。
1934	苏联	加入国际联盟。
1935	意大利	墨索里尼派兵入侵埃塞俄比亚。
		因入侵行动遭到国际联盟的反对，而退出国联。
	德国	德国收回萨尔地区（Sarrland），并开始实施征兵制。
		德国与英国签订海军武装协定。
		希特勒颁布《纽伦堡法令》，犹太人失去平等公民权。

限，并在 8 月的公民投票中，获得 94% 的民众支持，让希特勒成为德国唯一的执政者，并成立所谓的"第三帝国"，即所谓的"纳粹德国"。

日本军国主义抬头："大东亚共荣圈"的推动

1929 年，美国发生经济大恐慌事件，此事件很快地影响到日本。日本政府虽然在这个全球性经济问题发生时，马上采取紧缩财政支出的行动，但仍无法挽救国内经济、使形势有复苏的迹象，反而因生产过剩、输出衰退，造成更大的经济问题。到了 20 世纪 30 年代，失业人口高达 300 万，大资本家纷纷组成垄断集团维护自己的利益。这种种因经济引发的问题让日本的军人势力抬头。他们联合因经济问题而失业者，组成像是"樱会""血盟团"与"皇道会"的秘密团体，试图改造国家。

这时的日本军方为了舒解军人对国内环境的不满情绪，不顾政府与天皇的反对，便于 1931 年发动侵略中国东北的"九·一八事变"，而且为了模糊侵华的焦点，隔年就发动"一二·八淞沪事变"与"五·一五事件"。这一连串的侵华事件引起国际社会一片哗然。当时亲华派的首相犬养毅，在这些侵华事件发生后试图修复与中国的关系。但犬养毅在日本国内却引起军国主义者的不满，结果造成犬养毅被暗杀。此后的日本政府受到军方控制，由海军将领齐藤实组内阁，自此日本转向军国主义。

在军国主义政府统治之下的日本，发现通过侵略中国的战争行为，可以从中国获得巨额的赔款，掠夺中国的财富，并将日本生产过剩的物资销到中国，可以解决日本国内的经济压力，因而认为占领中国可以解决日本所面临的经济问题。因此到了1937年，日本更全面发动侵华的战争。到了第二年，日本首相近卫文磨发表了声明，提出建立一个包含日本、东亚与东南亚的"大东亚新秩序"概念。此概念是由日本、满洲国与中国相互合作，成立一个在政治、经济与文化上皆有关系的共同体。1940年，近卫文磨正式宣布这个共同体为"大东亚共荣圈"。这个大共荣圈包含范围除了日本（含伪满洲国、朝鲜与中国台湾地区）、中国大陆、东南亚外，还包含了南太平洋上的澳洲、新西兰与大洋洲地区。这些地区大都为西方列强的殖民势力，因此日本首相就以驱除在亚洲的西方势力，协助亚洲各民族独立建国为目的建立大东亚共荣圈。但实际上日本的司马昭之心，无非是想将这些地区全纳入掌控中。

大　事	地　区	公元 单位：年
中共召开遵义会议，毛泽东正式确立领导地位。	中国	
颁布宪法，成立菲律宾共和国。	菲律宾	
罗斯福总统实施"睦邻政策"，对中南美洲的控制松绑。并恢复与苏联间的外交关系。	美国	1936
正式并吞埃塞俄比亚。	意大利	
德军占领莱茵河非武装区。	德国	
10月，德意两国建立"罗马—柏林轴心"。		
德日签订反共协定。	日本	
发表广田三原则包括："中日亲善；承认满洲国；共同防止共产主义的传播"。		

公元 单位：年	地 区	大 事
	中国	张学良发动西安事变，失败遭到软禁。
		日本在台湾推行皇民化运动，并禁止中文报纸发行。
1936—1939	西班牙	西班牙发生内战。
		佛朗哥将军成为西班牙国家元首。
1937	中国	日军发动"七·七卢沟桥事变"，中国对日抗战开始。
		12月5日，南京保卫战开始。发生南京大屠杀。
	全球	德、意、日的轴心国成立。

罗斯福的新政：为美国经济大恐慌找寻出路

第一次世界大战后，美国经济受战争之赐，有了空前的发展，在1920年至1933年所选举出的总统皆为共和党总统。他们在经济上主张对国内大企业采取自由放任政策，但在国际贸易上又是采取极度保护政策，不断地提高关税打击外国货物的输入，以此巩固国内繁荣的经济，这使得当时的美国社会中有许多人拥有相当庞大的财富。在这种空前繁荣的环境下，许多人醉心于迅速的致富，因而使得股票市场的投机风气盛行。1924年，股票指数不断地飙高，吸引更多人将资金投入股票市场中，让人们的购买力下降，工商业也因而出现萎缩的现象。在这种情况下股票大户为了自己的利益，加强操纵整个股票市场，让股票价值攀高，未能让股票反映当时的美国境内的经济面。这种情况虽然让经济学者忧心忡忡地提出警告，然而美国政府并未理会。终于在1929年10月23日，纽约股票市场发生了人人争相抛售手中持股的现象，股票市场大崩盘，银行倒闭、工厂关门，造成失业剧增，发生了经济大恐慌。

面对此一大经济问题，共和党政府无力解决，因此在1932年的总统选举出现了来自民主党的罗斯福总统。他就职的第一件事，就是要解决国内经济问题。他对内提出了救济、复兴经济与社会安全的"新政"，对外则提出"睦邻政策"。他的政策以保护小农和工人利益与社会安定为主，并将大企业置于联邦政府的管控下。这种种虽引起反对声浪，但在罗斯福总统的坚持与努力下，逐渐出现了成效。

罗斯福总统之所以提出睦邻政策，是因为美国对各国不友善的关税保护政策，让20多个国家对美国采取报复行动，最后使美国经济受到损害。因此，他知道美国经济与国际关系密不可分，想要美国经济复苏，美国无法采取孤立政策。于是在1934年，美元稍获稳定后，他就开始帮助法国与英国，并与许多国家进行商业互惠的贸易协定谈判，协助各国经济复兴，尤其是对拉丁美洲各国，更是加以保证睦邻政策的施行，放弃以往的军事武装干涉，如军队退出海地，并与巴拿马签订在运河区获得公平的商业利益协定。经由罗斯福总统的努力，美国的经济终于复兴。

第二次世界大战前夕（上）：英、法绥靖政策失败

德国随着兴登堡总统的过世，魏玛共和时期也跟着结束了。取而代之的是纳粹元首希特勒。他开始将疯狂的主张化为事实，包括迫害犹太人和撕毁凡尔赛和约等等。

大　事	地　区	公元　单位：年
台儿庄大捷，国民政府迁都重庆。	中国	1938
放弃绥靖政策。	英国	
奥地利发生政变，德国进军奥地利，宣布与奥地利合并。	德国	
希特勒发动"破窗之夜"，攻击犹太教堂及犹太人，全德发起有组织的犹太人迫害行动。		
英国、法国、意大利和德国，签订了《慕尼黑协定》。	欧洲	
德国与苏联签署《德苏互不侵犯条约》，内容包括二国共同瓜分波兰，并约定互不侵犯。	德国	1939

公元 单位：年	地　区	大　事
	全球	德国发动"白色作战"侵略波兰，吞并捷克。
		德国侵略波兰后，英、法、澳大利亚和加拿大等国，相继向德国宣战。
		二次世界大战中的欧战正式爆发。
	苏联	苏联出兵侵略波兰，首都华沙被攻陷。波兰投降，在巴黎成立流亡政府。
		苏联侵略芬兰，是为"冬季战争"。翌年芬兰投降，签署《莫斯科和平协定》。
	德国	签订《慕尼黑协定》，德国占领苏台德区。

1935 年，德国收回萨尔区，实施征兵制；又与英国签订了海军武装协定，打破凡尔赛和约中不准德国建立海军的规定。自此德国迈出了扩张的第一步。

而在第二年，德军进一步占领莱茵河非武装区，竟也未受到制止。其实原本意大利也反对德国扩张，因为这不仅违反凡尔赛和约，也威胁到意大利的利益。不过，此时的意大利正因为入侵埃塞俄比亚，而被国际联盟制裁，而且德意也都支持西班牙内战中的佛朗哥将军。两国最后竟然达成共识，建立了"罗马—柏林轴心"。不久，德国又与日本签订反共公约；次年意大利也加入，使三国结成"轴心国"。

面对德国向外扩张的姿态，国力衰退、准备不足的英、法二国没有压制德国的实力，只好改采安抚、妥协的绥靖政策。1938 年 3 月，德军进军奥地利，向世界宣布德奥合并。经典电影《音乐之声》中，男女主角最后带着孩子们逃往中立国瑞士，便是以奥地利被德国并吞前夕作为故事背景，但奥地利并非德国的扩张的终点。

希特勒紧接着将目光投向捷克的苏台德区。9 月 28 日，英国首相张伯伦、法国总理达拉第、意大利首相墨索里尼和德国元首希特勒在德国南部大城慕尼黑举行会议。在英、法两国的让步下，签订了《慕尼黑协定》，以捷克割让苏台德区，换取德国不入侵捷克的保证。英国首相张伯伦回国后立即在机场发表和平演说，原本以为迎来了和平。万万没想到希特勒的保证言犹在耳，德国马上于1939年3月15日吞并捷克；冷不防被赏了一耳光的英国终于决定放弃绥靖政策，联合法国和苏联，以因应德国可能采取的后续行动。

第二次世界大战前夕（下）：苏联互不侵犯政策与美国孤立主义

英、法等国在德国并吞了奥地利和捷克之后，态度从绥靖转向强硬。可是德国却仍不满足，想再下一城拿下波兰。要完成这点，首先得面对波兰背后的苏联。此时英、法分别想要争取苏联奥援，没想到最后由德国胜出。

德苏两国在1939年8月，签订了《德苏互不侵犯条约》。此约的签订让各国皆有跌破眼镜之感，因为让纳粹党崛起的主张之一就是反共。事实上，共产党对纳粹党也没有任何好感。势同水火的双方，竟为了眼前的利益可以摒弃成见，是任谁也想不到的事。

不过世界上没有永远的敌人，苏联也有自己的盘算。从日本发动"九·一八事变"、德国撕毁凡尔赛和约起，苏联忽然发现这两个反共国家已成为东西两边的强大外患，而且还有合作的趋向。因此苏联原想通过改善国际关系，加强自身安全。

大　事	地　区	公元（单位：年）
汪精卫在日本扶植下，于南京成立伪国民政府。	中国	
日军轰炸重庆、西安、成都。		
推行普遍征兵，宣布保障宣言，以阻止纳粹的侵略。	英国	
德国入侵丹麦及挪威。两国都以投降换取停战。	德国	1940
丘吉尔出任英国首相。	英国	
不列颠空战爆发。		
英国在美国的协助下，进行敦刻尔克大撤退。		

公元 单位：年	地 区	大 事
		日、德、意签订了《三国同盟条约》，意指美国假若对任一轴心国宣战，就等于和三国同时宣战。
		日本占领了中南半岛北部。美国决定冻结日本置放于美国的资产，全面停止供给石油、钢铁和其他机用油。
	西欧	德国执行"黄色行动"，入侵荷兰、比利时、卢森堡。数日后，三国纷纷投降。
	法国	德国发动"红色作战"入侵法国。法国迁都波尔多，随后，德军攻占巴黎。
		法军领袖戴高乐于伦敦成立"自由法国"，号召有志之士进行抗德作战。

但德国吞并捷克后，苏联突然发现和西方国家的友好政策似乎不太有用。因此德国主动接触谈判时，苏联没有拒绝，促成了德苏互不侵犯条约的签订。

1939 年，德国攻打波兰，苏联也跟进出兵，两国迅速地瓜分波兰。随后德国军队闪电般狂扫西欧，而苏联则在持续东欧扩张地盘。两国表面上似乎相当平静，但暗地里则是各怀鬼胎。在 1941 年，德国毁约进军苏联后，双方终于结束了德苏互不侵犯的局面，而苏联则正式成为同盟国的一员。

那么自诩中立的美国呢？经历一次大战后的美国，并没有自觉到已跻身世界大国之列，反而因为参战带来人命和金钱的损失，而决定不再插手欧洲事务，因此不加入国际联盟。这样的对外态度被称为"孤立主义"。美国国会于 19 世纪 30 年代通过《中立法案》，不仅宣示不介入国际纠纷，还禁止提供武器给交战国，可视为孤立主义精神的具体展现。

但德国在第二次世界大战的欧洲战场上，不仅快速地让法国投降，连英国也濒临崩溃，这让美国民众意外又同情，使得孤立主义开始松动。于是 1941 年 3 月，美国国会通过《租借法案》，总统可以依此租借军火物资给有利于美国利益的国家，这项法案让英国可以获得美国的援助。最后美国因为被日本偷袭珍珠港，而引发了全国性的愤怒。美国终于放下孤立主义对轴心国宣战，第二次世界大战自此跨越数洲，成为名副其实的"世界大战"。

第二次世界大战（一）：战争全面爆发

1939 年，德军进攻波兰，第二次世界大战的欧洲战场正式拉开序幕。据德方所述，这是由于 8 月 31 日，格莱维茨城的德国广播电台被波兰人攻击，且占领电台以广播请求波兰非正规军支援所致。不过，奇怪的是广播才刚结束，德方就在边界附近逮捕波兰非正规军。而此天衣无缝的行动，旁人看来可谓是疑点重重。

事实上，这次冲突事件是德国纳粹"希姆莱行动"的知名事件之一。德国盖世太保冒充波兰人，尝试制造波兰侵略的假象，让他们能够名正言顺地入侵波兰。想要吞并波兰已久的德国，一得到了借口，元首希特勒立即于隔日清晨向德军发表广播演说，为德国针对波兰的"防御性"行动做出解释，并马上兵分三路进攻波兰。

9 月 3 日，英、法两国不得不依照承诺正式向德国宣战。并向全国民众发表广播演说。然而战宣是宣了，但仗呢？在波兰苦苦地抵抗着德国侵略，并等待援军来到时，不得不宣战的英、法诸国虽然调动了军队，但并未给予实质的援助。由于英

大　事	地　区	公元 单位：年
法国投降。维希政府成立，并加入了轴心国联盟。	法国	
德、意、日三国结盟，成为"轴心国"。	全球	
日俄战争停止。日、苏两国签署互不侵犯条约。日本开始专心实施南进政策。	日本	1941
海德里希负责"犹太问题的终极解决方案"，犹太人被强制迁到集中营，约有五六百万欧洲犹太人遭杀害。	德国	
德国撕毁"德苏互不侵犯条约"，发动"巴巴罗萨行动"入侵苏联。德军攻陷基辅、克里米亚和乌克兰。		

单位：年 公元	地 区	大 事
	苏联	苏联外长莫洛托夫公开发表对德严厉谴责，正式对德宣战。
	德国	德军包围莫斯科。
	苏联	斯大林坚持在红色广场举行"十月革命"周年纪念的阅兵典礼。典礼结束后，苏军直赴前线应战。
		12月，德军攻势因气候受阻，苏联得到反攻的机会。
	美洲	美国颁布《租借法》，放弃孤立主义，支援同盟国。
		美国和英国发表《大西洋宪章》，成为日后联合国的基础。

国部队始终没有和德军发生军事冲突，使得这段期间又被称作"假战"。

最后苏联以保护波兰境内的白俄罗斯人与乌克兰人为借口进军波兰。结果孤军奋战的波兰不敌两军夹击，首都华沙终告沦陷。波兰再度惨遭德、苏两强瓜分，在不断被瓜分的历史中再添一笔。苏联看准良机接着又攻占了波罗的海三小国，并进一步进攻芬兰，让国际联盟终于在12月开除苏联会籍。而德军在攻破波兰后，直到隔年4月才再度出兵北欧，占领丹麦与挪威。

第二次世界大战（二）：德国的闪电战术

从德国发动攻击开始，仅27天就征服了波兰，1天攻破丹麦，23天内占领挪威，5天内击败荷兰，18天内攻占比利时。最后甚至在39天内征服号称"欧洲最强陆军"的法国。德国快速惊人的闪电战术，让欧洲诸国傻眼。

话说德国进攻波兰，英、法两国对德宣战后；英国组成远征军开往法国，与法国合组联军，摆出准备对抗德军的姿态，却迟迟宣而未战。1940年3月28日，英法联军最高军事会议在英国首都伦敦举行，决议两国不会单独与德国签订停战或和平协定，也不会讨论和平条件。双方合作抗德的态势看似依旧稳固。

但4月9日，德军开始向北挺进，攻入丹麦和挪威。5月10日，德军终于在坦克战车等武器的辅助下，向西欧发动"闪电战"，迅速攻陷荷兰、比利时、卢森堡三国。因为战争的失败，英国首相张伯伦被迫辞职，由海军大臣丘吉尔为继任首相，继续指挥对德战事。

但在德军的陆空合一的闪电攻击下，英法联军快速崩溃且惨遭包围。英军和部分法军被迫从敦刻尔克撤回英国，这次撤退又被称为"敦刻尔克大撤退"。不久之后，德军攻陷巴黎，法国不得不向德国求和停战，法兰西第三共和就此覆亡。

此时的法国，由第一次世界大战的元帅贝当组织维希政府。贝当虽然名义上是国家元首，实际上却沦落为德国傀儡。而不愿投降的法国人，则在戴高乐的率领下逃往伦敦，成立"自由法国"（Free French）政府。由于英吉利海峡的天然屏障，德国陆军无法直达英国，因此希特勒下令空军空袭英国，甚至在当年9月开始于夜间轰炸伦敦。希望通过日夜轰炸迫使英国投降，此战又被称为"不列颠之役"。

9月27日，德、意、日三国在德国首都柏林再签订"经济军事同盟"，加强彼此合作关系。首条便指出日本承认并尊重德意两国建设"欧洲新秩序"的领导地位，而德意两国在第二条也表示承认并尊重日本建设"大东亚新秩序"的领导地

大 事	地 区	公元 单位：年
日本军舰突袭珍珠港。	东亚	
在三小时间，八艘战舰遭击沉或烧毁，三千五百多名美军瞬间丧生。		
美、英对日宣战。		
德、意对美宣战。欧亚两大战场合流，成为名副其实的世界大战。	全球	
日本积极拓展南进政策。进攻菲律宾及荷属东印度群岛。	东亚	
12月10日，日军占领关岛。		

单位：公元年	地　区	大　事
		12月12日，日军对英国海军停泊于印度洋港口的舰艇发动攻击，将英国势力逐退。
		12月20日，日军占领威克岛。
1942		1月2日，日军占领马尼拉。
		1月到3月，日军在荷属东印度群岛中胜出，占领了西里伯斯、婆罗洲与安汶岛。
		同时，日军在望加锡海峡战役中获胜，逐步占领帝汶岛、爪哇岛与巽他群岛。
		2月，日军于新加坡战役中击败英国的殖民地政府，成功占领新加坡。

位。同年，罗马尼亚、匈牙利也加入轴心国阵营。此时，轴心国的势力横跨了欧洲、亚洲和北非，包括中国在内的被侵略国家，只能在艰困中尽全力抵抗强国的侵略。

第二次世界大战（三）：苏德战场开打

1939年，纳粹曾与苏联达成秘密协定，内容是两国瓜分波兰后，必须遵守互不侵犯条约定。当时，斯大林派他的外长莫洛托夫促成了这项协商。斯大林一直坚信，这项"和平协定"是稳固的。然而，形势不久后发生了变化。因为希特勒觉得他需要更多的东方土地作为"生存空间"，而在纳粹思想中，共产主义本来就是被排斥的对象。进一步讲，希特勒根本从未相信过斯大林。基于现实与心理因素的激发，德国在未宣战的情况下，于1941年6月22日凌晨，300万大军神速地入侵苏联，作战代号为"巴巴罗萨行动"。

莫洛托夫马上发表了严厉谴责，说这是"前所未闻的背信忘义行为"，又预言希特勒将和拿破仑一样，将尝到狼狈败北的滋味。因为懊悔而把自己锁在房里的斯大林，11天后终于出面向人民信心喊话，并亲自指挥作战。这时德军已蹂躏了五个城市，炸毁66个机场，数十万人遭到杀害或俘虏。

对苏联来说，这是场梦魇般的战争。德军凭着精良装备，势如破竹地深入内陆。不消数月，基辅、克里米亚和乌克兰纷纷沦陷，至少有一百万苏军被俘。11月7日，斯大林于敌方炮声隆隆中，坚持在红色广场举行"十月革命"周年纪念的阅兵典礼。典礼结束后，苏军直赴前线应战。在莫斯科即将沦陷之际，凛冬降临了。不耐严寒的德军连连吃了败战，苏联保住了首都。

翌年春，德军将目标转移到高加索油田和斯大林格勒，打算夺取资源后，绕个弯再回攻莫斯科。于是，血腥残忍的"斯大林格勒战役"拉开了序幕。7月，德国第六军团歼灭了苏联的坦克军团后，又击溃了后者匆忙组织起来的十六万部队。但德军进到斯大林格勒市区后，又遭遇到苏联军顽强的抵抗。血肉横飞的"巷战"就在建筑物间展开了。人们曾问担任斯大林格勒保卫战的司令：为什么德军无法占领该市？他回答："俄军是杀不尽的。"当时苏军只能靠人数和地利制敌的艰苦情形，可想而知。

斯大林格勒迟迟打不下来，而寒冬再次为苏联张开了保护伞。1943年2月，德国第六军团投降，这使得德苏战争出现决定性转折。此后苏联在情报和装备上做了改良，逐步收复失土。1945年5月，柏林战役结束，德军彻底投降。苏联将红

大　事	地　区	公元 单位：年
5月，珊瑚海战役，日军首度失利，暂停南进攻势。		
6月，日军于中途岛战役中惨败，损失了四艘航空母舰，自此失去控海的优势。		
苏联宣布莫斯科会战得到胜利。	苏联	
德军将目标转移到高加索油田和斯大林格勒。		
第二次世界大战中最为残忍血腥的"斯大林格勒战役"开始。		
苏联死守斯大林格勒市。11月中，苏联发动"大土星行动"大举展开反攻。		

公元 单位：年	地 区	大 事
	全球	二十六个国家在华盛顿签署了《联合国家宣言》，组成反法西斯联盟，共同对抗轴心国。
	东亚	日本和美国于太平洋展开"中途岛战役"。此役后美国取得太平洋战争之主导权。
1943	苏联	围攻斯大林格勒的德军第六军团投降，苏联取得胜利。
		斯大林格勒战役后，苏联军继续收复列宁格勒、高加索等地区。
		德军于库尔斯克集中90万兵力，发起"库尔斯克战役"。

旗插上德国国会大厦的楼顶，宣告战争终结。

今天人们衡量苏德战争时，会说："多亏苏联牵制德军，欧战才能以较小的牺牲取得胜利。"但苏德战争的总死亡数字竟是以千万计的！苏联是得胜了，但这胜利果实代价却是惨烈的。

第二次世界大战（四）：诺曼底登陆

当战役与死亡如野火般在苏联蔓延时，斯大林曾向英国寻求协助。他要求在欧洲开辟第第二次世界大战场，好分散德军的火力。最初英国仍有所犹豫，然而战事愈演愈烈，同盟国决定采取行动。

1943 年 11 月，罗斯福、丘吉尔与斯大林于德黑兰召开协商会议。面对"如何快速击溃德军"一问，斯大林斩钉截铁地说：欧洲已然整个落入法西斯主义的控制，盟军应该在法国北部强行登陆，开辟第第二次世界大战场。于是这项看似"不可能任务"的提议通过了。接下来半年，盟军详密的规划与部署，并在南英格兰集结上万架的飞机和千余艘军舰。这次被命名为"霸主行动"的作战，由艾森豪威尔担任总指挥官。

万事俱备后，只剩敲定进攻的日子。1944 年 6 月 5 日，英吉利海峡天候甚差，连德军都相信盟军不会挑这种日子行动。但晚间开始，风暴渐息，午夜之前，英美的第一批空降部队便在康城展开攻击。第二天，6月6日，也即是著名的"D日"，盟军开始在诺曼底地区抢滩登陆。知名电影《抢救瑞恩大兵》和影集《诺曼底大空降》，讲述的就是这段大历史。

如同电影里的情节，盟军的登陆过程并不顺利。不少士兵为装备所累而溺毙于海中；也有些人不幸落入陷阱区、或遇上敌军而丧生。再加上自6月19日起连续四天，西欧遭逢罕见的暴风雨袭击，使整个作战行动雪上加霜。但是，当盟军将17万人及2万辆车成功登陆后，战况就朝乐观一面发展。一个月后，作战宣告成功；英美的军力与补给从此处源源不绝地输入，德军开始节节败退。

终于，两军在巴黎附近对峙。戴高乐说服盟军派出装甲部队，支援巴黎市内的反德抗争。经过两日激战后，当时驻巴黎的德军指挥官肖尔铁茨决定投降。据闻，希特勒曾下达摧毁巴黎的指令，但肖尔铁茨没有遵从。"假使这是我初次抗命，那是因为我晓得希特勒疯了。"这位指挥官日后曾如此表示。

8月26日，巴黎恢复自由，全城欢欣鼓舞地向戴高乐与盟军致敬。另一方面，德国在与苏联酣战之时，又得面临来自西欧的攻势，陷入腹背受敌的窘境。诺曼底登陆的成功，加速了纳粹的瓦解。在

大　事	地　区	公元
苏联调动百万大军应战。使德军丧失多数的兵力，苏联收复大部分的失土。		
盟军采取"跳岛战术"，逐步收复太平洋诸岛。	东亚	
罗斯福、丘吉尔与斯大林于德黑兰召开协商会议。斯大林提出盟军应该在法国北部强行登陆，开辟第第二次世界大战场。	欧洲	
共产国际解散。	欧洲	
意大利投降。		
英国第六空降部队顺利降落，并在卡昂附近展开战斗。盟军部队陆续在诺曼底地区降落或抢滩登陆。	法国	

单位：年

公元 单位：年	地 区	大 事
		盟军发动"埃普索姆作战"，经过几番激战后，成功占领卡昂。
		法国抗德势力在巴黎发动攻击，戴高乐说服盟军派出一支装甲部队作为支援。
		装甲部队在巴黎市区和德军发生战斗，德军渐占下风。
		德军驻巴黎指挥官肖尔铁茨决定投降。
		巴黎恢复自由。戴高乐于巴黎市政府发表演说，正式宣布巴黎解放。
1943	全球	中、美、英三国举行开罗会议。

漫漫长夜后，欧洲终于见到黎明的曙光。

第二次世界大战（五）：惨烈的南京大屠杀

1937 年，"七·七卢沟桥事变"后，中国全面对日抗战正式发动。直到太平洋战争前，中国开始了长达 8 年的孤军奋战。从 7 月开始，中国军队历经了多次艰困的战役，包括至今大家仍记忆犹新的八百壮士坚守四行仓库。而这些战役也粉碎了日本"三月个亡华"的狂言。

1937 年 12 月，日本大本营下令进攻南京。南京国民政府决定移驻重庆并放弃首都南京，以做持久消耗战的准备。12 月 5 日，南京保卫战开始。七日后，南京市正式沦陷。从 12 月 13 日起，日军展开了长达六周的"南京大屠杀"。日本军官向士兵宣传只要攻入南京"就可以拥有漂亮的姑娘"、"杀人、放火、强盗、强奸都可以"。在日军入城后，一周内就有成千上万的女性遭到奸淫。不仅如此，日军也对没有武装的平民与战俘随意奸淫掳掠，进行杀人竞赛、机枪扫射、集体活埋……恶行可谓罄竹难书。依据调查证实死难者超过 30 万人。日军此举原是为了击溃中国军民的抵抗意志，但是他们万万没有料到，在目睹和听闻了日军的暴行后，更坚定了国人抗战的决心。

南京大屠杀发生时，当地的外侨除了开设避难所，对难民出手援助，也在出逃后将屠杀惨况的纪录公诸于世。抗战胜利后，1947 年，德文的《先锋时报》刊载："南京大屠杀时，其中一位出面保全华人生命的德侨身份已被查明，他的名字是约翰·拉贝……" 这名被喻为中国版辛德勒的拉贝，于 1938 年间任职于西门子中国分公司。南京大屠杀时，由于纳粹德国是日本的盟国，拉贝得以主持国际救济协会南京分会。他目击了日军血腥的南京大屠杀，并写下了《拉贝日记》。同时他和十几位外国传教士、金陵大学与金陵女子文理学院教授、医生、商人等共同建立了 "南京安全区"，为 20 多万名中国难民提供暂时的避难所。而拉贝自家的花园中亦庇护了 600 名左右的难民。但拉贝回到德国后，却因公开日军暴行，而遭到盖世太保逮捕下狱。后来在西门子公司的营救下，他并保证不再谈及南京大屠杀后才获释，但此事已影响他的前途。《拉贝日记》也成了历史中被埋藏的一页。

在整整 60 年之后，离南京大屠杀一个甲子的岁月，拉贝的日记被其外孙女莱茵哈特和夫婿正式公开，残酷的史实再度被公诸于世。可以想见连轴心国的盟邦友人都看不下去的暴行，有多么疯狂而残暴！然而在感叹战争的无情和可怕的同时，如何避免历史的一再重演，也是世人必须深思的课题。

大　事	地　区	公元 单位：年
11 月 5 日，日本举行大东亚会议，宣布将日本占领区建立 "大东亚共荣圈"。	东亚	
11 月 26 日，发表《开罗宣言》，要求日本无条件投降，战后要交还所侵占中国的领土，恢复朝鲜的独立。		
美国宣布废除对华不平等条约。	中国	
6 月 6 日，美、英军队于诺曼底登陆。	欧洲	1944
盟军夺回阿留申群岛。并收复菲律宾。		

公元 单位：年	地 区	大 事
	东欧	苏联对德军发动了"十次斯大林突击"。
		战线拉长至波兰、罗马尼亚、保加利亚、南斯拉夫等境外地带。歼灭德军约200万人。
1945	欧洲	2月4日，美、英、苏三国举行雅尔塔会议，讨论战后部分领土安排和联合国的组织原则。
		美军登陆硫磺岛。
		同年，美军加强对日本东京等大城的轰炸行动。
	德国	4月，苏联军调动250万人准备攻打柏林。

第二次世界大战（六）：日本偷袭珍珠港，太平洋战争爆发

日本帝国侵略中国的同时，亦曾在中俄边境挑起第二次日俄战争，但都以战败收场。日本的北进政策受挫，便将重心转移到南进政策。南进政策和大东亚共荣圈的构想是一致的；而当时，东南亚与太平洋地区大半是列强的殖民地，因此日本迟早都得面对强国，尤其是英、美两国的势力。

1940年9月27日，日本与德、意签订了"三国同盟条约"，这意味着一直只是观望战事的美国，假若对任一轴心国宣战，就等于和三国同时宣战。日本此举惹恼了罗斯福，他决定给日本一个惩戒：他了冻结日本置放于美国的资产、全面停止供给石油、钢铁和其他机用油；另外还贷款一亿美元给蒋介石。这对百分之九十资源都仰赖进口的日本是非常沉重的打击，但也因如此，日本的决策中心发觉了问题核心：美国是南进政策的最大阻碍者，削弱美国实力势在必行。

最早提出袭击珍珠港构想的人是山本五十六。因为珍珠港是美国控制太平洋地区的军事要塞，许多舰队、航空母舰和战斗机都在此处停泊。以飞机对美军港口进行轰炸是一着险棋，但如果成功的话，美国将无力遏止日本的南进政策。

1947 年 12 月 7 日，天刚破晓，423 架日本军机便自航空母舰上起飞，前往珍珠港执行轰炸任务。美方完全没有戒备，没人料到日本会有如此蛮横而无预警的行动。不到三小时，八艘战舰已遭击沉或烧毁，上百架飞机在地面熊熊燃烧，3500 多名美军瞬间丧生。

可想而知，美国对于珍珠港事件十分震怒。因此美国正式向日本宣战，投入一连串的太平洋战争。日本袭击珍珠港的行动也不能算是成功，因为炼油厂和机械厂丝毫未损，美国仅在半年内就重建了战力雄厚的舰队。而日本帝国在太平洋战争中的惨败，轰炸珍珠港的"疏忽"也应列入主因之一。

第二次世界大战（七）：《波茨坦宣言》与原子弹下的投降

美国对日本宣战，同时也意味着对轴心国宣战；之后，同盟国亦对日本宣战，于是欧亚两大战场合流，成了名副其实的世界大战。太平洋战争初期，日军连连告捷。1942 年 3 月 31 日，日本对印度洋诸港口的盟军舰队和基地进行空袭，成功地逐退英国海军的势力。之后，日军攻陷了包括新加坡、菲律宾在内的大小岛屿，还试图将魔爪伸向新几内亚，作为侵略澳大

大　事	地　区	公元
苏联军自奥德河、尼斯河向柏林发动进攻。5 月 2 日下午，德军停止开火。其他的德国军团陆续投降。		
盟军攻入柏林，希特勒自杀，德国投降。		
意大利社会共和国元首墨索里尼逃亡时被捕处死。	意大利	
5 月 8 日，德意志对同盟国无条件投降。	全球	
6 月 26 日，50 个国家签署《联合国宪章》。		
中、美、英三国领袖聚集在德国波茨坦开会，并发表《波茨坦宣言》。		

单位：公元：年

地 区	大 事
	除了规定战后事宜和表明盟军战胜日本的决心之外，还对日本下了最后通牒。
日本	美军在广岛投下第一颗原子弹。
	美军在长崎投下第二颗原子弹。
中国	8月14日，中苏签订《中苏友好同盟条约》。
韩国	大韩民国成立。
日本	裕仁天皇于8月15日宣布日本国战败投降。

利亚的跳板。然而，风水轮流转，日军在中途岛战役失利，被美军击毁了多艘航空母舰后，日本的控海战力大幅跌落。接下来形势开始逆转，美国逐步收复了菲律宾列岛，攻克了日本周围的军事要塞硫磺岛。

1943年3月，美军的飞机侵入日本国上空，轮番对东京等大城轰炸时，大日本帝国的失败似乎已指日可待。但太平洋战争的总司令麦克阿瑟认为，以日军的顽强至少要到1946年冬季才会投降，在此之前还会有约100万人阵亡。因为这代价太庞大，盟军开始考虑使用刚研制完成的原子弹。

1945年7月26日，中、美、英三国领袖聚集在德国波茨坦开会时，英、美已经有空投原子弹的打算。《波茨坦公告》除了讨论战后事宜和表明盟军战胜日本的决心之外，还对日本下了最后通牒。宣言第九条，明令日军立刻解除武装；第十三条呼吁日军无条件投降。日本对此并非无动于衷，但因帝国内部的意见分歧，未能立即得到共识。

但投降的拖延，却招来了可怕的苦果。最后通牒的期限刚过，8月6日，美军在广岛投下原子弹，至少有8万人在瞬间化成灰烬，稍后放射线又使16万人死于非命。三天后，美军又在长崎投下第二颗原子弹，爆炸的威力又夺走4万条人命。盟军还有多少原子弹？这答案无人知晓，但百姓经不起更多折磨了。日本裕仁天皇于 8 月 15 日宣布日本国战败投降。9 月 2 日，美国军舰密苏里号驶进东京湾，日本帝国的代表团登舰签署《降伏文书》，同意无条件投降。当时整个过程都进行了录影，并在世界各地的频道播出。于是这场人类文明历史上最大的浩劫——第二次世界大战结束了。

联合国的成立与《旧金山和约》

在长期的战争和动乱之后，全世界无人不期盼着和平的尽早来临。但战后各种问题的解决及之后各国和平的维持，仍是全世界必须共同面对的问题。历经国际联盟的失败之后，各国决心要成立一个强而有力共同组织，以维护得来不易的和平。然而联合国从酝酿到成立，也因为各国的利益角力，经历了数年的时间。

1942 年 1 月 1 日，正与轴心国作战的中、美、英、苏等国代表，首先于华盛顿发表《联合国宣言》，第一次采用了"联合国"一词。1943 年 10 月 30 日，中、美、英、苏四国于莫斯科发表《普遍安全宣言》，更提出希望建立一个普遍性的国际组织。

直到 1945 年 4 月 25 日，"联合国

大　事	地　区	公元 单位：年
美国军舰密苏里号驶进东京湾，日本帝国的代表团登舰签署《降伏文书》，同意无条件投降。		
胡志明领导越南共产党在河内建立越南民主共和国。	越南	
金日成在苏联支持下成立朝鲜民主主义人民共和国。	朝鲜	
越南末代皇帝保大皇帝在法国支持下于西贡建国。越南南北政权开始长达十年的法越战争。	越南	
联合国成立。	全球	
10 月 25 日，台湾光复。	中国	

单位：年	公元	地　区	大　事
	1946	朝鲜	2月8日，朝鲜北半部以金日成为首，建立北朝鲜临时人民委员会，建立政权。
		美国	3月5日，英国首相丘吉尔在美国发表"铁幕演说"。
		欧洲	4月18日，国际法庭在海牙成立。
		中国	第二次国共内战开始。
		菲律宾	菲律宾脱离美国独立建国。
		越南	法国进攻越南，爆发"第一次印度支那战争"（或称"第一次越南战争"）。

际组织会议"终于在美国旧金山揭幕。这天，会场外满是热烈欢呼的民众。他们高呼着"和平"，迎接着包括中国在内的50个国家的280名代表出席大会。6月25日，与会代表通过了《联合国宪章》，同年10月24日，《联合国宪章》生效，联合国（United Nations）宣布正式成立。联合国宪章充分表达了不愿人类再遭受战祸的决心，到2012年为止，联合国的会员国已由创建时的50个增加到193个。联合国也成为当代最具普遍性和权威性的国际组织。

而联合国成立后，日本的战后处置则成为第二次世界大战后遗留的另一问题。因为从1945年9月开始，日本签订降书后的六年间，日本一直处于美军接管的状态，因此在和约签订上，美苏间也一直有所争议。直到朝鲜战争爆发后，才正式签订了《旧金山和约》。但时值"冷战"期间，旧金山和约遭到苏联的强力牵制，苏联虽然出席了和会，但最后拒绝签字，并持续美苏间的对峙。

最后日本在旧金山和约的第二条，声明了日本承认朝鲜独立，放弃台湾、澎湖、千岛群岛、库页岛南部、南沙群岛、西沙群岛等岛屿的权利。至此，第二次世界大战的问题算是暂时落幕。

迎向未来：
当代社会的危机与转机

虽然第二次世界大战结束了，但国际形势并未因此而明朗。战后的美国和苏联成为彼此对立的两大超级强国，并展开了长达46年的"冷战"。两国之争使得世界被划分为"民主"和"共产"两大阵营。"冷战"期间在两国的角力下，爆发了越南战争、朝鲜战争等冲突；而古巴导弹危机更让双方几乎走到了世界大战的边缘，所幸对核战争的畏惧让双方最终通过谈判和平化解。而战后的亚洲与非洲殖民地，则出现非殖民地化的运动。虽然陆陆续续有许多地方独立，但背后仍然可以看见美苏间的影子。

尽管世界出现了社会制度与意识形态对立的两大阵营，但世界各国间的联系，从环境到经济的问题都更加紧密，"全球化"成为世界的发展趋势。美国和南非的种族隔离制度长期受到国际舆论的谴责，1972年奥运会期间发生在慕尼黑的恐怖袭击事件将中东问题进一步扩散，而苏联切尔诺贝利核电站事故的灾难性影响则远远超越了时间与空间。不是单一国家所能解决，或是可以置身事外的。

战后两极体系下的世界并不太平，中东的冲突，便是其中一大问题。自以色列在美英等国的支持下，于1948年宣布建国以来，中东问题就一直是一颗不定时的炸弹。除了以阿冲突不断，中东国家的反美情绪也因此日渐高涨。在1990年爆发第一次波斯湾战争后，极端的伊斯兰主义开始复苏，反美、反西方干预的声浪也因此日渐高涨。在1990年爆发第一次波斯湾战争后，最后导致了"9·11事件"和"反恐怖主义"的第二次波斯湾战争，至今中东问题仍然悬而未解。

在1990年之后，"冷战"的结束和东欧及苏联的解体，让世界秩序大为改变。而以世界警察自诩的美国，也在成为20世纪的超级强权后，面对更多的挑战。当时间迈入21世纪，在阅读历史的同时，也许如何避免历史的一再重演，才是每个人必须思考的问题。

地 区	大 事
苏联	2月2日，美国驻莫斯科代办乔治·凯南向国务院发出一封长电，对苏联对内对外政策进行深入分析，主张对苏联采取"遏制"战略，这封电报对美国此后的对苏政策产生了重要影响。
美国	3月5日，丘吉尔在富尔敦发表"铁幕演说"，遭到苏联和各国左翼力量的激烈批评，被认为是"冷战"的先声。
日本	4月29日，远东军事法庭在东京开庭。
中国	6月24日，中国全面内战开始。
德国	10月1日，纽伦堡审判结束，21名主要战犯受到审判，18名纳粹分子被判"战争罪"和"反人类罪"。

单位：公元 年 — 1946

"冷战"之下的铁幕

"铁幕"（Iron Curtain）这个词出现在第一次世界大战之后，当时法国总理克列孟梭在众议院声称："要在布尔什维克主义周围装上铁幕。"意思是将布尔什维克主义牢牢围困住，就像禁锢到一个铁桶里一般。

第二次世界大战结束之后，美国在国际政治、经济与军事方面的实力急剧膨胀，迅速成为举足轻重的资本主义头号强国。而同时，苏联的力量也在战争之后的发展中变得日渐强大，国际地位也大大提升。东欧的一些国家在苏联的影响下走上了社会主义道路，同时苏联也不断地推行大国沙文主义，在欧洲极力扩大自己的政治影响力。在此背景下，美苏之间的矛盾不断加深，再加上西欧的一些老牌资本主义国家的联合抵制，一场"冷战"（Cold War）不可避免地在资本主义阵营与社会主义阵营之间展开。

1946年3月5日，英国前首相丘吉尔美国访问期间，在美国总统杜鲁门的陪同之下，来到了密苏里州的富尔敦斯敏斯特学院，向当时在场的3000名听众发表了名为《和平砥柱》的演讲。

在这场演说之中，丘吉尔对苏联进行了猛烈的抨击："从波罗的海边的斯塞新到亚得里亚海边的里雅斯特，已经拉下了横贯欧洲大陆的铁幕。这张铁幕后面坐落着所有中欧、东欧古老国家的首都——华沙、柏林、布拉格、维也纳、布达佩斯、贝尔格莱德、布加勒斯特和索非亚。这些著名的城市和周围的人口，全部都在苏联的势力范围之下。它们不但受到了苏联的影响，并且被莫斯科所控制。"丘吉尔主张英、美结成同盟力量，共同对苏联的"侵略"予以制止。

这篇演讲和它所使用的"铁幕"一词，很快引起了国际社会各方的关注。"铁幕"一词虽然并不是丘吉尔最先提出来的，但是经过他的公开使用，成为了日后关于东西方对抗局势的专有名词。

为了争夺世界霸权，美苏两国及其同盟国之间通过局部代理战争、科技和军备竞赛、外交竞争等"冷"方式进行着相互遏制的政治策略，被称之为"冷战"。

1947 年，希腊政府和土耳其政府由于国内外困境向英国政府请求援助，而英国政府转而请求美国政府对于希、土两国进行援助。3 月 12 日，杜鲁门在美国国会的演讲中指出：我认为应支持自由人民对抗内部少数的武装行动，或者是对于外部压迫者的征服，这必须成为美国的政策。杜鲁门主张，应在希腊与土耳其这两个距离苏联最近的"前沿"地区对于苏联进行遏制，并敦促国会通过了"欧洲复兴计划"（即马歇尔计划），对于遭到战争严重破坏的欧洲国家提供总数达 124 亿美元的经济援助。

大　事	地　区	公元 单位：年
3 月 12 日，杜鲁门总统在国情咨文中提出美国要帮助"自由国家"抵御"极权政体"，杜鲁门主义正式出台，"冷战"开始。	美国	1947
6 月 5 日，国务卿马歇尔在哈佛大学演讲时，提出了援助欧洲的"马歇尔计划"。		
8 月 15 日，印度和巴基斯坦分别独立。	南亚	
9 月 18 日，根据美国国会通过的《国家安全法》，美国中央情报局成立。	美国	
1 月 30 日，"非暴力不合作"运动的发起者圣雄甘地被印度教极端分子刺杀。	印度	1948
4 月 3 日，杜鲁门签署《欧洲复兴计划》（即《马歇尔计划》）。	美国	

单位：公元年	地 区	大 事
	瑞士	4月7日，世界卫生组织成立。
	以色列	5月14日，以色列根据联合国181号决议宣布建国。
	西亚	5月15日，埃及、约旦、黎巴嫩、叙利亚、伊拉克和沙特阿拉伯等联合围攻以色列，第一次中东战争爆发。
	德国	6月24日，第一次柏林危机爆发。
	朝鲜	8月15日，大韩民国在汉城（今首尔）成立。
		9月9日，朝鲜民主主义共和国在平壤成立。
1949	西欧	4月4日，西欧国家与美国、加拿大共同签署《北大西洋公约》，北大西洋公约组织成立。

美国杜鲁门主义的出台，也意味着持续44年之久的"冷战"正式开始。

"圣雄"甘地

1948年1月30日下午5点17分，甘地被反对分子刺杀，享年78岁。他是印度的国父，也是提出非暴力抵抗的现代政治学说——甘地主义的创始人。他究竟有着怎样的人生经历呢？

1869年10月2日，莫罕达斯·卡拉姆昌德·甘地出生在印度的一个贵族家庭。当时的印度，处于英国殖民的桎梏之下，受着残酷的剥削与奴役。甘地在19岁时，不惜被开除种姓的身份，远赴英国留学，在伦敦大学学习法律专业。经过一段时间的反思与探索，他最终放弃了对于西方文明的盲从，坚持原有的宗教信仰，最后获得伦敦大学法学学位，并取得了律师的资质。

1891年，甘地回到了印度，在孟买当了一名律师，却历经挫折。1893年，他去往南非处理一个案件。在当时的南非，种族歧视特别严重，甘地作为有色人种先后遭到了一系列的歧视与羞辱。有一次，甘地乘坐火车时购买了一等车厢的车票。但是由于列车员看到他是有色人种，就要求他换到三等车厢。这样的不公平遭遇自然得到了甘地拒绝的回应，因此他便连同自己的行李一起被人扔下了火车。正是在南非这样种族歧视严重的环境下，甘地对于他曾经所羡慕的西方文明萌生了否定的念头，并锻炼了自己从事公众事业的能力。

甘地在此后的 20 年时间里，组织南非的印度人为争取平等的权利进行了不懈的斗争，最终使南非当局承诺减少对于印度人的歧视程度。

1915 年，甘地回到印度。此时正值一战时期，于是甘地便号召印度人参加英联邦军队，希望以印度对于英国的忠诚，来换取英国在战后同意印度进行自治。这是他对于自身学说的试验。但是一战结束之后，英国在印度的殖民统治反而变本加厉，这也使得甘地的态度发生了急剧的变化。

1919 年，为了对反动的"罗拉特法案"进行抗议，甘地号召印度民众进行一场大规模的"非暴力抵抗运动"。在甘地的领导之下，印度民众开始积极参与到对于殖民当局统治下的议会、法院、学校和政府机构的抑制活动之中。

1920 年，国大党正式通过了甘地所提出的"非暴力不合作计划"以及由其起草的党纲。该计划主张通过非暴力不合作，争取真正实现印度自治的政治主张。从 1930 年开始，甘地多次发动通过非暴力方式进行的印度独立运动，在印度得到了广泛支持，被诗人泰戈尔赞誉为"圣雄"。

大　事	地　区	公元 单位：年
5 月 10 日，原美、英、法占领区合并，建立德意志联邦共和国（西德）。	联邦德国	
9 月 23 日，苏联原子弹试爆成功，成为继美国之后第二个拥有核武器的国家。	苏联	
10 月 1 日，中华人民共和国建立，定都北京。	中国	
2 月 14 日，《中苏友好同盟互助条约》签订，两国结成同盟。	苏联	1950
6 月 25 日，朝鲜战争爆发。		
6 月 29 日，美国第七舰队驶入台湾海峡。	中国	
7 月 7 日，联合国安理会通过 84 号决议，决定派遣"联合国军"支援韩国。	美国	
9 月 15 日，麦克阿瑟指挥的"联合国军"登陆仁川，朝鲜战局迅速逆转。	韩国	

单位：公元年

地区	大事
朝鲜	10月19日，"联合国军"占领平壤，中国人民志愿军入朝作战。
印度	11月20日，印度总理尼赫鲁宣布以麦克马洪线为印藏边界，不接受中国地图上的边界，中印边界纠纷由此开始。
1951 美国	9月8日，48个国家与日本签订《旧金山和约》，正式结束太平洋战争。
1952 美国	2月18日，土耳其和希腊加入北大西洋公约组织。
1953 美国	1月20日，艾森豪威尔就任美国第34任总统。
苏联	3月5日，斯大林去世。
古巴	7月26日，菲德尔·卡斯特罗领导的古巴革命爆发。
朝鲜	7月27日，朝鲜战争停战协定在板门店签署，朝鲜战争结束。

甘地虽然遭到殖民政府迫害，几次入狱，但是他始终坚持宽容与非暴力作为进行国家自治斗争的原则，并主张通过宗教方式进行和解。1948年1月30日，甘地被一名狂热的印度教徒刺杀。在中弹之时，甘地还对这个凶手表示了宽容与祝福。2007年，联合国为纪念倡导"非暴力"思想的甘地，将他的生日10月2日定为每年的世界非暴力日。

以色列复国之旅

犹太人的远祖是古代闪族人的分支——希伯来人。在过去三千多年的岁月之中，犹太人一直将自己民族精神生活的核心地区——以色列称为"圣地"或"应许之地"。公元前13世纪末，犹太民族迁居到巴勒斯坦地区建立了属于自己的国家，但是被罗马帝国所征服，犹太人也因此成为了世界的流浪者。

19世纪末，犹太人赫尔茨等人认为，犹太人饱受世人的欺凌，是由于他们没有一个国家，因此在世界各地散居的犹太人应该回到古代的故乡——巴勒斯坦，建立起独立的犹太国。这就是著名的"锡安主义"思想。

1947年，联合国大会正式通过了181号决议，规定当时在巴勒斯坦地区居住的犹太人和阿拉伯人分别建立两个独立的国家。在这个决议之中，将当时巴勒斯坦在约旦河以西地区总面积近 57% 的土地划给了占人口 32% 的犹太人。因此，阿拉伯国家对这个联合国决议感到非常愤怒，阿拉伯国家联盟委员会高层下令对以色列的犹太平民开展为期三天的暴力袭击，恶化当地的民族矛盾。双方之间的小规模战争不断扩大，继而引发了 1948 年以色列独立战争，又称为第一次中东战争。

在以色列建国两天之后，5 月 15 日，阿拉伯国家联盟（包括埃及、叙利亚、约旦、黎巴嫩、伊拉克、沙特阿拉伯等国家）集结了四万余人的军队，朝以色列发动了猛烈进攻。

次日，美国代表向联合国安理会递交了一份议案，建议安理会命令战争双方在 36 小时内停火。苏联代表也要求安理会立即表决，并指责阿拉伯国家发动进攻，要求它们停止行动。阿以双方同意停火四周。停火给以色列喘息之机，为而后的战争做准备。

阿拉伯国家由于内部分歧，没有统一的军事计划，一开始就处于被动地位。相反，以军做了充分准备，他们在全境确立了统一的军事领导和指挥机构。通过十天的战斗，以色列夺取了阿拉伯约 1000 平方公里的土地，战略地位获得了有效改善。随后，双方第二次停火期间，以色列不断对军队和武器装备进行扩充。相反，

大　事	地　区	公元 单位：年
2 月 25 日，纳赛尔成为埃及总理。	埃及	1954
5 月 7 日，越共军队在奠边府战役中获胜。	越南	
5 月 17 日，美国最高法院宣布废除黑白分校制度。	美国	
5 月 24 日，晶体管计算机在美国国际商用机器公司（IBM）诞生。		
6 月 28 日，中国与印度两国总理发表联合声明，提出了"互相尊重领土主权，互不侵犯，互不干涉内政，平等互利，和平共处"五项原则。	中国	
10 月 2 日，联邦德国加入北约组织。	联邦德国	
4 月 18 日，万隆会议召开，这是第一次没有西方大国参加的国际会议，会上确定了指导国际关系的十项原则。	印度尼西亚	1955

公元 单位：年	地　区	大　事
	美国	4月18日，相对论的创立者阿尔伯特·爱因斯坦逝世。
	波兰	5月14日，以苏联为首的东欧社会主义国家签署《华沙公约》，华约组织成立。
	英国	8月27日，第一版《吉尼斯世界纪录大全》出版，很快风靡世界。
	美国	12月1日，在阿拉巴马州蒙哥马利市，黑人妇女罗莎·帕克斯拒绝为白人男了让座，被驱赶下公交车。马丁·路德·金发动该市的黑人抵制公交车，美国黑人民权运动开始。
1956	埃及	7月26日，埃及政府宣布将苏伊士运河公司收归国有，公司财产全部转交埃及。
	匈牙利	10月23日，匈牙利十月事件发生。
	埃及	10月29日，英法联合以色列对埃及发动苏伊士运河战争（第二次中东战争）。

阿拉伯国家内部矛盾进一步激化，最后到了不可扭转颓势之境遇。

10月15日，以色列军队破坏停火令，向阿拉伯军队发起进攻。以色列反守为攻，一举攻下了超过联合国在《巴勒斯坦分治决议》之中所规定的5700多平方公里的阿拉伯土地。

1949年2月24日到4月12日，以色列分别同埃及、外约旦、黎巴嫩、叙利亚进行了停战谈判，并签订了停战协议。

在这场战争持续了15个月，以阿拉伯国家的失败、以色列的获胜而宣告终结。在这场战争之中，近6万巴勒斯坦人被逐出了自己的家园，沦为难民。战争激化了阿拉伯国家和以色列、阿拉伯国家与美英之间的矛盾。从此，中东走上了一条战乱不断的悲惨之路。

朝鲜半岛战争

第二次世界大战结束之后，根据苏联和美国达成的协定，两国以北纬38度为边界线，分别将朝鲜半岛的北方与南方进行了占领。这条军事分界线，史称"三八线"。

1945年12月29日，美国军政厅宣布，由美、英、苏三国对朝鲜半岛进行托管，并建立朝鲜半岛临时民主政府。但由于美、苏两国不断在各自托管领域培植自己的势力，美苏联合委员会无法就朝鲜半岛如何实现统一计划达成一致意见。

1948 年 8 月和 9 月，大韩民国与朝鲜民主主义共和国先后成立，朝鲜半岛由此进入了分裂的格局之中。从 1949 年 1 月到 1950 年的 6 月，朝韩在"三八线"附近发生了多次冲突。

朝鲜民主主义共和国的内阁首相金日成并不甘心看到朝鲜从此分裂下去，多次向斯大林求助，请求苏联帮助朝鲜实现半岛统一，但是都遭到了斯大林的拒绝。1950 年 1 月，斯大林转变了态度，苏联由此给予了朝鲜大量的军事援助，朝鲜人民军的实力得到了快速增强。当年的 6 月 25 日，朝鲜战争爆发，人民军迅速向南推进，攻占了大韩民国首都汉城，并继续向南发动猛攻。

美国方面对于朝鲜战争进行了强硬的表态。在美国的左右之下，联合国通过决议，谴责朝鲜为和平破坏者，以美国为主的"联合国军"在 9 月 15 日自仁川登陆。朝鲜人民军此时腹背受敌，战争形势快速逆转。在不到一个月的时间里，"联合国军"就占领了平壤，并不顾及中国的一再严厉警告，继续向中朝边境推进。就在这时，美国第七舰队还开入了台湾海峡。

面对这一严峻的国际形势，中国决定组织中国人民志愿军，出兵朝鲜。1950 年 10 月 19 日，中国人民志愿军第 38 军率先从辑安（今集安市）渡过鸭绿江入朝

大　事	地　区	公元 单位：年
12 月 18 日，日本加入联合国。	日本	
3 月 25 日，《欧洲经济共同体条约》在罗马签订，欧洲共同体成立。	意大利	1957
9 月 25 日，小石城事件发生，艾森豪威尔动用美国 101 空降师强行护送黑人学生入学，撕开了南方种族隔离制度的缺口。	美国	
11 月 5 日，法兰西第五共和国成立。	法国	
12 月 8 日，美国发射世界上第一颗通信卫星，把美国总统的《圣诞节祝辞》录音带到太空，试验了卫星通信的可能性。	美国	
1 月 1 日，古巴独裁者巴蒂斯塔逃亡国外，菲德尔·卡斯特罗率部进入哈瓦那，实际掌握了权力。	古巴	1959

单位：公元年	地 区	大 事
1960	美国	3月6日，美国宣布派遣3500名士兵援助南越政权，美国开始直接武力介入越南。
	苏联	12月1日，运载有动物、昆虫和植物的苏联卫星进入地球轨道。
1961	美国	1月3日，美国与古巴断绝外交关系。
		1月20日，民主党人约翰·肯尼迪就任美国总统，他是美国史上唯一一位信仰天主教的总统。
	苏联	4月12日，苏联载人航天计划成功，尤里·加加林成为进入太空的第一人。
	古巴	4月17日，猪湾事件发生，最终美国颠覆古巴革命政权的计划失败，古巴倒向苏联。
	越南	5月14日，美国派遣100名特种部队军人进入南越，"特种战争"开始。

作战。联合国军在没有获得准确情报的前提下，在温井之战中被打得措手不及，全面撤退至清川江以南。

1950年12月6日，中朝军队收复平壤，将联合国军赶回到"三八线"附近，初步扭转了朝鲜战争的局面。随后，中朝军队进一步朝韩国腹地纵深攻击。此后，双方军事势力此消彼长，汉城几次易手。1951年3月7日到4月4日间，美军开展了代号为"撕裂者"的军事行动，重新控制了汉城。志愿军放弃仁川和汉城，全线后退至"三八线"以北。

经过三年的战争，双方于1953年4月恢复停战谈判。1953年7月27日，朝、中、美三方共同签署了《朝鲜停战协定》。经中朝两国政府协商同意，中国人民志愿军于1958年底全部撤离朝鲜。而美国于1953年10月1日与韩国签订了《美韩共同防御条约》，继续在韩国保留美国驻军。

越南战争

在1955年至1975年的"冷战"期间，爆发了以美国等资本主义阵营国家支持的南越（越南共和国）对抗由苏联和中国等社会主义阵营国家支持的北越（越南民主共和国）和"越南南方民族解放阵线"的战争。

1959年，越共中央委员会确定，通

过了由武力统一越南的战略方针。越共所领导的游击队很快控制了南越的大部分乡村地区，并获得了苏联与中国的支持。美国认为，由越共所领导的越南统一战争是"共产主义的扩张"，美国肯尼迪政府决定，对这一态势加以遏制。1965年，约翰逊下令采取"滚雷行动"，在南越不再只使用南越军队，直接派遣美国军队参战。从此，美国开始介入越南战争的局势之中。

1964年8月4日，美国公开宣称，军舰"马多克斯"号在国际公海上遭受了越共军队的攻击。美国以此为理由，对于越共所控制的海军基地进行了猛烈轰炸作为报复行动，这就是"北部湾事件"。

截至1966年8月，美国在越南的军人总数达到了42.9万人。与此同时，越共部队也多次发动了针对美国基地的袭击。1965年11月，美军与越共主力部队发生了第一次正面冲突。经过三天的激战，越共军队伤亡1037人，美军伤亡234人。

从此之后，越共武装主要以游击战术为主，尽量避免与美军发生正面冲突。其利用浓密的热带丛林的有利条件，采取游击战与消耗战术，与美军进行不断周旋，将美国拖进了长期战争的泥潭之中。美国国内民众对于长期无法结束的越战局势日渐不满，反战运动逐渐高涨。在内外交困的情况下，美国政府决定从越南局势之中

大　事	地　区	公元 单位：年
5月31日，南非退出英联邦，建立南非共和国。	南非	
8月15日，东德开始修建柏林墙。	民主德国	
2月7日，美国开始对古巴进行贸易禁运。	美国	1962
2月20日，美国首次进行了载人航天飞行。		
10月14日，古巴发生导弹危机。经过两周较量，美国承诺不入侵古巴，苏联撤出在古巴的导弹。	古巴	
10月20日，中印两国发生边境冲突，中国军队在击败印度军队后撤至麦克马洪线以北。	中国	
11月20日，美国解除对古巴的封锁。 雷切尔·卡尔逊发表《寂静的春天》，引发人们对环境保护的关注。	美国	

公元 单位：年	地　区	大　事
1963	埃塞俄比亚	5月25日，非洲统一组织（非洲联盟的前身）成立。
	苏联	8月5日，美、英、苏三国在莫斯科签订《部分禁止核试验条约》。
	美国	8月28日，马丁·路德·金在华盛顿林肯纪念堂发表"我有一个梦想"的演讲，黑人民权运动达到高潮。
		11月22日，肯尼迪总统遇刺身亡。
1964	南非	6月12日，黑人政治家纳尔逊·曼德拉被判处终身监禁。
	苏联	10月14日，苏联发生政变，赫鲁晓夫下台，勃列日涅夫成为苏共领导人。
	中国	10月16日，中国第一次成功试爆原子弹。

抽身。

1968年，美国宣布停止在越南作战。第二年开始，美国国防军撤出越南，但是越南民主共和国与越南共和国之间的战争并没有结束，军事打击依然在双方进行着。1975年1月，越南民主共和国向越南共和国发起了最后的决定性进攻。在短短的几个月间，南越国防军不堪一击，各大城市相继被越南民主共和国的部队所控制。

1975年4月30日，越南共和国首都西贡市被越南人民军攻战。随后，越南人民军攻陷了越南共和国总统府，越南共和国政府被彻底颠覆。

1976年实现了越南的全境统一，越南战争结束。越南民主共和国更名为越南社会主义共和国，越南共产党取得了最后的胜利。

美国黑人民主运动

美国南北战争之后，美国在全国范围内将黑人奴隶制度彻底废除。尽管在法律上宣称人人平等，然而美国社会的种族歧视问题仍然非常严重，在美国南部尤其厉害。第二次世界大战爆发之后，被法西斯势力所宣扬的种族主义思想在人们的心中变得无比丑陋。

战争期间，数以百万计的美国黑人被

征召入伍，和白人士兵一同作战。一位在当年参战的黑人士兵事后回忆道："军官们只关心你的表现，并不在乎你的皮肤颜色。"而这些黑人士兵回到美国之后，已经不能够再忍受种族隔离现象，很多人在日后成为了黑人民权运动的中坚力量。

1955年，阿拉巴马州的黑人妇女罗莎·帕克斯由于拒绝将自己原本坐在公交车上白人区的座位让出来而遭到了警察的拘捕，由此引发了长达一年多的蒙哥马利市黑人抵制公共汽车事件。最终，蒙哥马利市在强大的压力下，被迫取消了公共汽车上的种族隔离制度。这一事件被看成是战后美国民权运动的先声，而领导这场运动的黑人牧师马丁·路德·金从此进入民众的视野，慢慢成为了民权运动的领导者。

马丁·路德·金受到了基督教观念和印度"圣雄"甘地非暴力不合作思想的深刻影响，始终主张通过温和的手段推动联邦政府与各州政府实施改革，废除种族隔离制度，赋予有色人以平等的公民权利。

1963年，马丁·路德·金与其他几位民权运动领袖组织了口号为"为了自由与工作，向着华盛顿前进"的活动。8月28日，他在林肯纪念堂前面向在场的群众和各界人士发表了名为"我有一个梦想"的演讲，将民权运动推向了顶峰。在演讲中，马丁·路德·金动情地说："朋友们，今天我要对你们说，尽管眼前困难重

大　事	地　区	公元 单位：年
6月3日，美国宇航员爱德华·怀特进行了人类第一次太空行走。	美国	1965
8月9日，新加坡从马来西亚联邦独立，建立新加坡共和国。	新加坡	
5月16日，中共中央政治局通过《五一六通知》，"文化大革命"开始。	中国	1966
6月5日，第三次中东战争爆发（六日战争）。	西亚	1967
6月17日，中国成功爆炸氢弹，成为世界上第四个拥有氢弹的国家。	中国	
7月1日，欧洲经济共同体、欧洲煤钢共同体和欧洲原子能共同体的理事会及其执行机构合并，组成欧洲共同体。	比利时	

公元 单位：年	地 区	大 事
	泰国	8月8日，印度尼西亚、马来西亚、新加坡、菲律宾、泰国五国外长在曼谷发表《曼谷宣言》，东南亚国家联盟（东盟）正式成立。
1968	捷克斯洛伐克	1月5日，杜布切克当选捷共第一书记，"布拉格之春"运动开始。
	美国	4月4日，美国黑人民权运动领袖马丁·路德·金被暗杀。
	捷克斯洛伐克	8月21日，苏军进入布拉格，"布拉格之春"被扼杀。
1969	中国	3月2日，中苏两国在珍宝岛爆发军事冲突。
	美国	7月21日，阿姆斯特朗走出阿波罗11号登月舱，成为首个踏上月球之人。

重，但我仍然心怀一个梦，这是一个深深地根植于美国梦想之中的梦想。我梦想有一天，这个国家会站起来，实现它的立国信条的真谛——我们认为这些真谛是不必言说的，人人生而平等。"

马丁·路德·金的演说，表达了美国黑人的心声，激发起了强烈的社会舆论反响。这次集会所产生的舆论压力，迫使国会在第二年通过了《民权法案》，宣布种族隔离与种族歧视为非法行为。而他本人，也因此获得了1964年的诺贝尔和平奖。

古巴导弹危机

1959年1月1日，古巴人民推翻由巴蒂斯塔专治独裁的政权，并于当年1月13日成立了古巴共和国。新政权建立之初，美国与古巴之间的国家关系相对友好，因为美国企图将古巴纳入美国的势力范畴之内，用来巩固美国在拉美地区的统治。

然而在1959年6月，古巴新政府的领导成员发生了非常大的变动，进而引起了整个拉丁美洲地区的局势失控。美国在拉美的影响力由于受到了巨大的影响，对古巴新政府产生了不满，由此也导致了两国之间交往日益恶化。1961年1月5日，美国突然单方面宣布同古巴断绝外交关系，从经济上对古巴实施制裁，企图通过对古巴经济命脉的掌控迫使古巴政府在各方面利益上向美国妥协。

1961 年，古巴革命领袖菲德尔·卡斯特罗在"猪湾事件"中，将美国预谋颠覆古巴革命政权的图谋一举挫败。随后，他宣布古巴将选择社会主义道路。于是，古巴与苏联之间的关系快速靠近，苏联在政治、经济和外交等方面给予了古巴大量支援，并承诺向古巴提供军事援助。

苏联决定在古巴部署中程导弹，每枚导弹都携带着一个威力超过广岛所投放的原子弹大 20 或 30 倍的核弹头。1962 年 5 月，苏联开始在古巴秘密布置可以装载核弹头的中程弹道导弹。直到 1962 年 9 月 2 日，苏联才公开宣布苏古两国达成的协议。此时苏联的相关武器和专家的运输计划已经基本完成，导弹的部署工作已近尾声。

1962 年 10 月，美国政府通过 U-2 侦察机，拍摄到了掌握苏联在古巴布置导弹确凿证据的照片。美国军方对于苏联的这一行为反应尤为强烈。而此时肯尼迪决定首先进行封港，并召集了国内各大报纸主编，让他们避免过早将此事披露出来。而与此同时，美国军队很快进入了警戒状态，并派出了 200 多艘舰艇对于古巴采取封锁措施。

苏联领导人赫鲁晓夫在面对此次危机时，一开始态度强硬。同时，赫鲁晓夫采

大　事	地　区	公元 单位：年
4 月 24 日，中国成功发射首颗人造卫星"东方红一号"。	中国	1970
10 月 13 日，中国与加拿大政府签署声明，建立邦交关系。		
11 月 27 日，亚历山大·索尔仁尼琴获诺贝尔文学奖，他的《古拉格群岛》揭露了苏联劳动营制度的残酷，在国内外引起巨大反响。	苏联	
4 月 19 日，苏联发射人类第一个空间站"礼炮一号"。	苏联	1971
7 月 9 日，美国国家安全事务助理基辛格秘密访华，与周恩来总理进行了会谈。	中国	
10 月 25 日，联合国大会 2758 号决议通过，承认中华人民共和国为中国唯一合法代表。		

单位：公元年	地 区	大 事
1972	英国	10月28日，英国下院通过了加入欧共体的决议。
	中国	2月21日，美国总统尼克松访华，美中双方发表《中美联合公报》。
	瑞典	6月5日，联合国人类环境会议在斯德哥尔摩举行。会议通过《联合国人类环境会议宣言》和《行动计划》，这是第一次世界环保大会。
	美国	6月17日，尼克松总统竞选班子首席安全顾问詹姆斯·麦科德等五人潜入位于华盛顿水门大厦的民主党全国委员会办公室安装窃听设备，并偷拍文件，当场被捕。此事成为美国著名的政治丑闻，后来尼克松被迫辞职，这就是"水门事件"。

取一系列措施，拒绝接受美国对古巴的封锁行为。苏联加快了在古巴的导弹基础建设，一时间两国关系极度紧张。

在美国的强大压力下，赫鲁晓夫决定让步。双方在秘密外交谈判之中达成共识，苏联撤回部署在古巴的导弹，而美国保证不再对古巴采取任何入侵行动，并将部署在土耳其的战略导弹秘密撤回。古巴导弹危机结束后，国际社会回到了和平的轨道上。

人类第一次登月之旅

20世纪50年代，美苏双方在陆地、海洋和空中进行着军备竞赛的同时，也开始将战略眼光放到了遥远的太空。苏联在"冷战"之前，就一直特别重视火箭技术的研究。在火箭技术专家们的努力下，苏联的火箭与导弹技术一直处于世界领先地位。

苏联在人造卫星和载人航天领域的捷足先登，让美国有了落于人后的危机感。美国总统肯尼迪和副总统约翰逊开始策划登月计划。这一计划以古希腊的太阳神阿波罗命名，称之为阿波罗计划。这一工程历史11年，耗资255亿美元，2万多家企业、200多所大学和80多个科研机构参与到了这一浩大的工程之中，并在1969年实现了人类的登月梦想。

1969年7月16日，搭载着三名宇航

员的阿波罗 11 号飞船从位于佛罗里达州的肯尼迪航天中心起飞。7 月 20 日，"鹰号"登月舱从飞船上分离，在宇航员阿姆斯特朗和奥尔德林的操作下成功地降落到了月球表面。7 月 21 日，世界标准时间 2 时 56 分，阿姆斯特朗扶着登月舱的扶梯首先踏上了月球的土地。他说："这是我个人的一小步，但却是人类的一大步。"

阿姆斯特朗树立起了一面三英尺长五英尺宽的美国国旗。两个人还在月球上安放了一个放着有七十六国领导人拍来的电报的容器，以及一块不锈钢的饰板。在这块饰板上面，标着下列字样："来自于行星地球的人于 1969 年 7 月第一次在这里踏上月球。我们是代表全人类和平地来到这里的。"

全世界有 4.5 亿人通过电视转播看到了这一壮举。7 月 24 日，阿波罗 11 号成功地返回地球，受到了美国人民的热烈欢迎。登月壮举推动着诸多科学技术快速发展，加快了人类文明的进步。

慕尼黑惨案

1972 年的奥运会在德国南部的慕尼黑城举行。这次运动会可谓是有史以来所举办的规模最大、投资最多的奥运会。

9 月 5 日凌晨四点左右，以色列选手

大　事	地　区	公元 单位：年
9 月 5 日，在慕尼黑举办奥运会期间发生恐怖袭击事件，11 位以色列运动员被杀害。	德国	
9 月 29 日，周恩来与来访的日本首相田中角荣签订《中日联合声明》，两国建立大使级外交关系。	中国	
11 月 16 日，联合国教科文组织通过了《保护世界文化和自然遗产公约》。	法国	
10 月 6 日，第四次中东战争爆发（赎罪日战争）。	西亚	1973
1 月 19 日，中国海军收复被南越侵占的西沙群岛。	中国	1974
8 月 8 日，尼克松总统因水门事件宣布辞职，杰拉德·福特继任总统。	美国	

公元 单位：年	地 区	大 事
1975	黎巴嫩	9月16日，黎巴嫩内战爆发。
	西班牙	11月20日，西班牙独裁者佛朗哥去世，胡安·卡洛斯就任国王，西班牙由独裁制度转向立宪制度。
1976	越南	7月2日，南北越南宣布统一。
	中国	7月28日，唐山大地震。
		9月9日，毛泽东逝世。
		10月6日，"四人帮"被逮捕并隔离审查，"文化大革命"结束。
1977	美国	9月7日，美国与巴拿马政府签订《巴拿马运河条约》，美国同意到20世纪末把巴拿马运河的主权交还巴拿马政府。
	中非帝国	12月4日，博卡萨加冕中非帝国皇帝。

沉浸在睡梦之中。没人会察觉，此时奥运村外面出现了8个身影，他们拎着沉重的运动包，攀越过了25A门的一段2米高的栅栏。保安们根本不会去阻拦这一举动，因为当时的奥运会的安全工作就像一个浮于表面的程序：整个奥运村只不过是用一层薄薄的铁丝网拦住。

谁都没有想到，这8个晚回的人竟然是恐怖分子。他们利用身上所穿着的田径运动服作为行动的伪装，顺利地进入了奥运村里，并来到了几个以色列人所居住的一号公寓套房外。就在进入屋内的那一刻，他们被屋内的一名以色列运动员所察觉。双方进行了你死我活的搏斗，最终两名以色列运动员被暴徒打死，其余9人成为了人质。

这几个恐怖分子是巴勒斯坦激进派组织"黑色九月"的成员。凌晨5点30分，慕尼黑警察局收到了恐怖分子的英文信，要求在上午9点之前将被以色列政府关押的234名巴勒斯坦人质，以及被联邦德国政府所囚禁的"巴德尔—迈因霍夫帮"成员释放出来，并派遣3架飞机将他们送到一个安全的目的地，到那里之后才可以将以色列运动员释放，否则将他们全部处死。

以色列总理梅厄坚称，不会与恐怖分子达成任何交易。最后的通牒时刻过去了，梅厄向联邦德国政府表示，让其独立解决人质问题。结果直到下午4点50分，联邦德国政府才开始认真考虑使用武力营救人质。

恐怖分子与人质乘坐两架直升机由奥运村转送到了慕尼黑郊外的机场上。直到此时德国警方才看清恐怖分子的实际人数。而当时在场的只有 5 名狙击手，根本不足以应付当时的局面。

由于事先没有进行完善的行动方案，导致在机场的整个营救人质的行动陷入了一片混乱之中。恐怖分子用手榴弹引爆了直升机的油箱，将在直升机上的以色列人质当场烧死。随后，恐怖分子又用机枪向剩余的 5 名以色列人质扫射。而最终射击停止之后，德国官员才到达现场，被劫持的以色列人质无一幸免，全部遇难。

慕尼黑惨案发生之后，以色列举国哀悼。而此事之后，奥运会也加强了安保的级别，防止类似的惨案再一次发生。

苏联入侵阿富汗

阿富汗位于亚洲中南部，是连接南亚、中东与苏联中亚地区的战略枢纽。1973 年，阿富汗的巴拉克查依王朝被推翻，阿富汗共和国建立。借此时机，苏联对阿富汗在政治、经济、军事等各领域进行了全面渗透。

1979 年 3 月，亲苏的阿富汗前总理塔拉基被后继者哈菲佐拉·阿明处死。阿明政府执政期间，国内政局动荡不安。苏

大　事	地　区	公元 单位：年
2 月 18 日，中国共产党召开十一届三中全会，确定了改革开放的政策。	中国	1978
6 月 29 日，越南加入经济互助委员会，不久中国宣布暂停援助越南。	越南	
8 月 12 日，《中日和平友好条约》在北京签订。	中国	
9 月 17 日，埃及和以色列签署《戴维营协定》，推动阿拉伯国家与以色列由对抗转向对话。	西亚、北非	
12 月 15 日，中美政府联合发布《中美建交联合公报》。	美国	
1 月 1 日，中美两国正式建交。	中国	1979
2 月 11 日，伊朗发生伊斯兰革命，巴列维王朝结束，霍梅尼建立政教合一的伊斯兰共和国。	伊朗	

单位：公元 年

地 区	大 事
越南	2月17日，中越战争爆发，中国军队攻占越南谅山等地，对越南进行军事打击后撤回国境。
英国	3月28日，在新的大选中保守党人撒切尔夫人获胜，成为英国首任女性首相，英国开始了撒切尔时代。
伊拉克	7月16日，萨达姆·侯赛因成为伊拉克总统，并开始对阿拉伯复兴党展开大清洗。
伊朗	11月4日，伊朗人质危机爆发，66名美国驻伊朗大使馆外交官及美国公民遭挟持。
美国	12月18日，联合国通过了《消除对妇女一切形式歧视公约》。
阿富汗	12月27日，苏联入侵阿富汗，阿富汗战争爆发。
1980 西亚	9月22日，伊拉克和伊朗之间爆发了两伊战争。

联意识到，阿明政权并不能为苏联实现在阿富汗的利益需求，于是苏联领导人勃列日涅夫决定，对阿富汗进行武力干涉。

1979年12月7日，苏联军事顾问要求阿富汗军队将坦克与其他关键军事装备进行拆卸维修，而苏联在此时暗中将首都喀布尔与外界的联系切断。12月25日开始，苏军的精锐部队进入阿富汗，将首都喀布尔周围的战略要地控制住。

12月27日，700名苏联情报机关克格勃成员与特种部队阿尔法小组身穿着阿富汗部队的军装，将政府、军事机关与媒体大楼占领，并袭击了阿富汗王宫。12月28日，苏军大部队越过苏阿边境，对阿富汗全国进行入侵与占领。各种现代化装备远远优于阿军的苏军，很快占领了阿富汗各处战略要地和主要城市。

然而他们也遭遇到了阿富汗人的激烈反抗，十几支游击队在各地展开了反苏联入侵的武装斗争。国际舆论也对于苏联的这一行为进行了强烈谴责，并于1981年1月的联合国第六届特别会议上，通过了《要求外国军队无条件和全部撤出阿富汗》的决议。

入侵阿富汗，使苏联在国内外陷入空前的孤立。在整个20世纪80年代，阿富汗问题是联合国安理会召开会议讨论最多的问题之一。1987年，刚上任不久的苏共总书记戈尔巴乔夫决定从阿富汗撤军，苏军于1989年2月完全撤离阿富汗。

切尔诺贝利核泄露事件

切尔诺贝利核电站位于乌克兰北部，距离首都基辅140公里。它曾经被誉为是世界上最安全、最可靠的核电站，是苏联人民的骄傲。

1986年4月26日，核电站第4号核反应堆在进行半烘烤实验的过程中突然发生事故，起火爆炸，并引发了严重的核泄漏事故。事故导致31人当场死亡，而这些人大部分是消防队员和救护员，因为他们并不知道意外中含有辐射的危险。

爆炸发生之后，一开始并没有引起苏联官方的重视。直到事故之后的48小时，距离核电站很近的一些村庄才开始疏散村民，政府也派遣军队强制人们撤离当地。官方向居民隐瞒了爆炸的部分真相，担心会引起民众的恐慌。很多人在撤离之前就已经吸收了足以致命的辐射量。

由于原子炉熔毁而漏出来的辐射尘借助气流的帮助，没有规律地往外散开。辐射尘飘过了俄罗斯，更飘过了欧洲的部分地区。

堵住污染源头是一项艰巨的任务，而清除核辐射尘埃则是另一项艰巨的任务。

核泄漏事故发生一年之后，事故中最先遇难的核电站工作人员和消防员被转移在莫斯科一处公墓内，而安葬他们遗体的棺材是特制的铅制成的。因为他们的遗体成为了足以危害正常人的放射源。

大 事	地 区	公元 单位：年
1月20日，共和党人罗纳德·里根就任美国总统。	美国	1981
4月12日，美国发射第一架可重复使用的航天飞机"哥伦比亚"号。		
4月24日，国际商用机器公司（IBM）推出首台个人电脑。		
6月7日，以色列空军炸毁了伊拉克在建的核反应堆。	伊拉克	
10月6日，埃及总统萨达特在阅兵式上被刺杀。	埃及	
4月2日，阿根廷出兵占领与英国有争议的马尔维纳斯群岛（福克兰群岛），引发了马岛战争。	南大西洋	1982
6月6日，以色列出兵进入黎巴嫩，打击其境内的巴勒斯坦解放组织，第五次中东战争爆发。	西亚	

公元 单位：年	地　区	大　事
	苏联	11月10日，苏联领导人勃列日涅夫逝世，安德罗波夫接任苏共总书记。
1983	美国	3月23日，里根总统提出"星球大战"计划。
	中国	9月5日，中、日、英、美石油公司在北京签署合作勘探开发中国南海石油的合同。
1984	苏联	2月9日，安德罗波夫去世，此后契尔年科接任苏共总书记。
	美国	7月28日，第23届奥运会在洛杉矶举行，中华人民共和国首次派代表团参加奥运会。
1984	中国	12月19日，中国与英国在北京正式签订关于香港问题的《中英联合声明》。

核尘埃几乎无孔不入。核放射对乌克兰地区数万平方公里的肥沃良田都造成了污染。乌克兰共有250多万人因切尔诺贝利而身患各种疾病，其中包括47.3多万名儿童。

据专家估计，完全消除这场浩劫对自然环境的影响，至少需要800年，而持续的核辐射危险将持续10万年。

南非民权斗士曼德拉

1981年，曼德拉出生在南非东部的开普省。他的父亲是一个小部落的酋长。在曼德拉的童年时代，他就常常听族长们讲述伟大的战士坚忍不拔地对抗白人侵略的故事。曼德拉由此受到了很大的启发，立志效仿祖先们，为争取黑人的自由而努力奋斗。

当时，在第二次世界大战之后上台的南非国民党政府颁布了一系列法律来确定和强化种族隔离制度。南非黑人为了反抗白人的统治，争取黑人应有的权益，各种抗议活动不断涌现。曼德拉在成为一名辩护律师的期间，经常遇到由于反抗种族隔离制度而导致冲突的案件，并对于种族隔离制度为黑人带来的痛苦有着深刻的了解。1952年，曼德拉在一次抗议活动之中被政府当局抓捕。他亲身体会到了黑人所遭受到的不人道待遇，于是便决心投入到争取黑人人权的运动当中。

1961 年，曼德拉和非洲民族议会的部分干部筹建了一支武装部队——"民族之矛"，打算针对白人政府发动攻击，破坏发电厂、铁路以及电信设施，进一步造成经济衰退的局面，从而迫使政府重新考虑黑人的待遇问题。1962 年，曼德拉再一次遭到逮捕，以煽动罢工和擅自出国等罪名，判处其十年徒刑。1963 年 7 月，警方突然搜查了非洲民族议会的大本营，找到了曼德拉领导"民族之矛"的证据。1964 年 6 月，南非政府以阴谋颠覆的罪名，改判曼德拉无期徒刑。

南非政府顽固坚持种族隔离制度在国际上遭到了越来越多的反对。1960 年，联合国通过了第一个制裁南非的法案，并在 1974 年终止了南非在联合国的会员资格。随后，美国与欧共体也在 1985 年加入到制裁南非的行列之中。到了 1988 年，与南非保持外交关系的国家仅仅剩下了 22 个，南非在政治与经济上都陷入了孤立无援的境地。

1990 年 2 月，在国内外舆论的强大压力下，南非当局宣布无条件释放曼德拉。1991 年 8 月，曼德拉出任非洲民族议会主席，领导非洲民族议会执政党展开了长达四年的全国政治协商会议。

1991 年，南非终于废除了种族隔离政策。1994 年，南非举行了有史以来首次不分种族的民主选举，非洲民族议会赢

大 事	地 区	公元 单位：年
3 月 10 日，契尔年科去世，次日戈尔巴乔夫当选苏共总书记。	苏联	1985
8 月 10 日，中国第一个南极考察站——长城站在南极乔治岛建成。	南极	
1 月 28 日，美国航天飞机"挑战者"号升空后 73 秒爆炸坠毁，造成人类航天历史上的巨大灾难。	美国	1986
4 月 26 日，苏联乌克兰境内的切尔诺贝利核电站发生爆炸，造成人类历史上最为严重的核泄漏事故。	苏联	
12 月 8 日，巴解组织发动抵抗运动。	巴勒斯坦	1987
6 月 28 日，苏共召开以政治改革为主要议题的第十九次全国代表会议，总书记戈尔巴乔夫提出了建设"人道的、民主的社会主义"的主张。	苏联	1988

单位：公元年	地区	大事
		8月20日，两伊战争结束。
	中国	9月29日，中国进行了中子弹试验，成为继美国、法国、苏联之后第四个拥有中子弹的国家。
	阿尔及利亚	11月15日，在阿尔及尔举行的巴勒斯坦全国委员会第19次特别会议通过《独立宣言》，宣布在巴勒斯坦土地上建立首都为耶路撒冷的巴勒斯坦国。
1989	美国	1月20日，共和党人乔治·布什就任美国总统。
	阿富汗	2月15日，苏军撤出阿富汗，阿富汗战争结束。
	东欧	9月11日，匈牙利开放与奥地利的边境，大量东德公民取道匈牙利逃往西德，东欧各国政局动荡加剧。

得了多数选票。经过国会推选，曼德拉成为了南非历史上第一位黑人总统。

海湾战争

1990年8月2日，伊拉克领导人萨达姆·侯赛因下达命令，伊拉克军队占领科威特，公然声称将科威特合并为伊拉克的"第十九个省"，导致了严重的"海湾危机"。

科威特在遭到伊拉克入侵数小时之后，联合国安理会便召开会议，通过了谴责伊拉克侵略举动的660号决议，敦促伊拉克军队撤出科威特，阿拉伯联盟各国也纷纷谴责伊拉克的入侵行为。

为了防止伊拉克进一步向南入侵沙特，美国很快宣布了"沙漠盾牌"计划。8月7日，美国军队进驻沙特，以艾森豪威尔号与独立号两艘航母为核心的两支美军驶进了波斯湾。很快，部署在沙特境内及附近的美军达到了50万人，有34个国家参加了由美国组织的反伊拉克联盟。11月29日，联合国安理会通过第678号决议，授权相关国家"以一切必要手段执行第660号决议"。

萨达姆严重轻敌，声称"要让美国大兵在血海里洗澡。"而苏联的军事专家们则认为，美国最终将会获得胜利，但面对拥有苏式装备的伊拉克军队，美军会受到惨重的打击。但是，战争的进程却出乎所有人的意料。

1991 年 1 月 17 日，以美国为首的多国部队开始实行名为"沙漠风暴"的军事行动，针对伊拉克的空袭由此展开。在此后的 38 天时间里，伊军的地面防线成为毫无招架之力的摆设。

1991 的 2 月 24 日，美军开始陆上的"沙漠军刀"行动。2 月 26 日，伊拉克从科威特撤军。2 月 27 日，时任美国总统的老布什宣布科威特解放。第二天凌晨，多国部队宣布停止进攻，海湾战争宣告结束。

东欧剧变与苏联解体

第二次世界大战之后，东欧国家普遍采用了苏联斯大林时期的高度集中的管理体制。这种体制在东欧国家重工业发展方面起到了重要作用。但是，它的弱点也显现了出来，社会农副产品和生活用品非常缺乏。同时，由于权力高度集中，东欧各国的领导阶层出现了官僚化倾向。大量的贪污腐败事件频频曝光，这些丑陋的现象极大地恶化了共产党、工人党与人民群众之间的关系。

波兰是第一个发生剧变的国家。早在 20 世纪 80 年代初，由于对于政府大幅度提高肉类价格表示不满，很多城市

大　事	地　区	公元 单位：年
11 月 9 日，柏林墙倒塌。	民主德国	
11 月 17 日，布拉格出现大规模学生示威，要求捷克结束一党专政，"天鹅绒革命"开始。	捷克斯洛伐克	
12 月 20 日，美国出兵巴拿马。	巴拿马	
12 月 24 日，罗马尼亚领导人齐奥塞斯库被判处死刑并立即执行。	罗马尼亚	
2 月 2 日，南非总统德克勒克宣布废除对反种族隔离政策政党的禁令。	南非	1990
2 月 11 日，著名民权斗士曼德拉获释。		
3 月 11 日，立陶宛宣布脱离苏联。	立陶宛	
4 月 24 日，哈勃望远镜由发现号航天飞机送入太空。	美国	

公元 单位：年	地区	大事
	南非	5月2日，非洲人国民大会主席曼德拉与南非总统德克勒克展开历史性会谈。
	美国	6月1日，苏联总统戈尔巴乔夫与美国总统乔治·布什在华盛顿举行高峰会，象征"冷战"结束。
	科威特	8月2日，伊拉克军队占领科威特。
	德国	10月3日，东德并入联邦德国，德国实现统一。
	美国	11月11日，联合国安理会发表678号公报，要求伊拉克在1991年1月15日前撤出科威特。
	英国	11月22日，撒切尔夫人辞去首相职务，约翰·梅杰接任。
1991	伊拉克	1月17日，美国为首的多国部队发起"沙漠风暴"行动，对伊拉克展开空袭，海湾战争爆发。

发生了工人罢工运动，形成了以瓦文萨为领袖的团结工会。在1989年6月4日的全国大选中，波兰统一工人党被团结工会所击败，进而引发了一系列连锁效应。此后，捷克斯洛伐克、匈牙利、民主德国、罗马尼亚、阿尔巴尼亚、保加利亚等社会主义国家的共产党和工人党，在几乎不满一年的时间里纷纷下台。民主德国被并入联邦德国之内，而南斯拉夫则陷入了非常严重的内乱之中。随着东欧各国政治制度发生巨大变化，以苏联为首的社会主义阵营也走向了生命的尽头。1989年12月3日，美苏领导人在马耳他所举行的高峰会议上宣布，从第二次世界大战之后便开始的"冷战"正式结束。

东欧所发生的剧变使得苏联内部的变化加剧。1989年，苏联第一次实行了人民代表大会代表的差额选举制度，有20%的非共产党人士被推选为代表，比戈尔巴乔夫的政治见解更为激进的叶利钦成功当选此次会议代表。1991年6月，叶利钦宣布退出苏联共产党，当选了俄罗斯联邦总统。随后，叶利钦采取了一系列措施，在俄联邦国家机关内推行"非党化"制度，苏联共产党逐渐失去了对于国家政权的控制。

1991年12月25日晚，戈尔巴乔夫宣布辞去苏联总统一职，苏联带有镰刀与锤子图案的旗帜缓缓地从克里姆林宫的最高处降下，一面俄罗斯的红、蓝、白三色旗升起。世界上的第一个社会主义国家苏联，正式退出了历史的舞台。

中国进入 WTO

1994 年 4 月 15 日，在摩洛哥的马拉喀什市举行的关贸总协定乌拉圭回合部长会议上，参会各国决定成立更具全球性的世界贸易组织，用以取代于 1947 年成立的关贸总协定。

世贸组织成立后，中国政府的复关谈判转变为加入世贸组织的谈判。1995 年 7 月 11 日，中国正式向世贸组织提出入会申请。中国政府多次重申了入世的基本立场：中国坚持以发展中国家身份入世，并享受发展中国家的待遇。1996 年 3 月，世贸组织中国工作组第一次正式会议在日内瓦召开，中国代表团出席了会议。与此同时，我国政府两次大幅度降低关税税率，逐步取消了各种非关税壁垒。1999 年 4 月，中国与美国在市场准入谈判方面取得实质性进展。双方签署了《中美农业合作协议》，并就中国加入世贸组织问题发表了联合声明。1999 年 11 月 10 日，美国贸易代表团访华，与中国就中国入世问题进行双边谈判，最终在 11 月 15 日双方签署了《中美关于中国加入世界贸易组织的双边协议》。此项协议的签署，标志着中国与美国就此正式结束双边谈判，也

大　事	地　区	公元 单位：年
2 月 25 日，华约成员国在布拉格签署协定，宣布华约所有军事机构全部解散。	捷克斯洛伐克	
2 月 26 日，萨达姆·侯赛因宣布从科威特撤军。	伊拉克	
5 月 29 日，鲍里斯·叶利钦当选俄罗斯首任总统。	苏联	
8 月 19 日，苏联发生"八一九"事件。		
8 月 24 日，俄罗斯联邦宣布脱离苏联独立。	俄罗斯	
9 月 14 日，象征种族和解的南非和平协议签署。	南非	
9 月 17 日，爱沙尼亚、拉脱维亚、立陶宛、马绍尔群岛等国家加入联合国。同日，第 46 届联合国大会一致通过韩国和朝鲜同时加入联合国。	美国	

单位：年 公元	地 区	大 事
	哈萨克斯坦	12月21日，苏联11个加盟共和国的领导人在阿拉木图签署《阿拉木图宣言》，成立独立国家联合体。
1992	欧洲	欧洲共同体成员签署《马斯垂克条约》，成立欧盟。
1992—1995	巴尔干半岛	爆发波斯尼亚战争。
1993	南非	德克勒克与曼德拉一同获南非得诺贝尔和平奖。
1994	南非	曼德拉当选为南非第一位黑人总统。
1995	日本	发生阪神大地震。
1996	英国	首只克隆羊多利出生。
1996—1999	巴尔干半岛	爆发科索沃战争。
1997	全球	签订《京都议定书》。
	中国	香港回归中国。

为中国与其他主要贸易伙伴的谈判奠定了坚实的基础。

2001年9月13日，中国与墨西哥签署双边协议，至此之后，中国与要求与中国进行双边谈判的37个世贸组织成员方全部结束了谈判。2001年11月10日，在多哈举行的世贸组织第四次部长级会议上审议并批准了中国加入世贸组织的申请，我国随即递交了全国人大常委会批准中国加入世贸组织议定书的通知书。按照世贸组织的规则，一个月后，中国于2001年12月11日正式成为世贸组织成员。

"9·11"事件

美国东部时间2001年9月11日上午8时46分，恐怖分子劫持美洲航空公司第11次航班波音767客机撞击高达110层的世界贸易中心大楼北楼。随后，9时03分，被劫持的美洲航空公司第77次航班波音757客机撞向纽约世贸中心大楼南楼。两座建筑在遭到攻击后相继倒塌。而就在此时，另一架被劫持的客机撞向位于美国华盛顿的美国国防部五角大楼，五角大楼局部结构损坏并坍塌。

事件发生后，全美各地的军队均进入了最高戒备状态。美国国务卿鲍威尔2001年9月13日召开新闻发布会宣布，本·拉登被锁定为制造 9·11 恐怖袭击事件的头号嫌疑犯。美国众议院在 9 月 14 日晚同意授权美国总统布什对恐怖分子使用武力打击。2001 年 10 月 7 日，美国开始对阿富汗发动军事进攻。

世界贸易中心废墟所引起的大火持续了三个月之久，美国政府动用了大量的人力与财力，花费了更多的时间清理瓦砾。在此次事件发生的六个月之后，世贸大楼遗址上所堆积的 150 万吨瓦砾才被人员清理干净。

事件发生之后，美国股民开始恐慌性地抛售股票，导致美国股市的暴跌。尽管布什政府向股市注入了大量资金，但依然无法挽回这一事件所导致的颓势。美国经济一度由此处于瘫痪状态，对相关产业造成了非常重大的经济损失与影响。

"9·11" 事件是发生在美国本土的最为严重的恐怖袭击行动，遇难者总数高达 2996 人。此次事件对美国民众造成的心理影响极为深远，美国民众对经济及政治上的安全感均被严重削弱。而对于世界人民来说，反对恐怖主义活动将是人类的一项长期而艰巨的斗争。打击恐怖主义行动已经成为了 21 世纪当前世界所共同面对的人类历史责任，加强国际间的反恐合作成为了各国之间的必要手段。

大　事	地　区	公元 单位：年
澳门回归中国。	中国	1999
欧元正式发行，为欧盟的共同货币。	欧洲	
爆发"9·11事件"，造成了美国两千多人死亡。美国白宫立刻宣布将全面发动"反恐怖主义战争"。	美国	2001
美国指出"基地组织"的首领本·拉登为幕后主使者，而阿富汗的塔利班政权亦有连带关系。		
美国对阿富汗发动军事攻击，塔利班遭到铲除。		
中国加入世界贸易组织。	中国	

参考书目

1 李俊秀等译.《世界历史百科》.台北：牛顿出版社，1995

2 沈坚主编.《世界文明史年表》.上海：上海古籍出版社，2000

3 杨碧川编撰.《世界史大辞典》.台北：远流出版社，1981

4 傅启学.《世界史纲下》.国立编译馆，1995

5 赫曼金德，维内希格曼.《dtv世界史百科》（上、下）.陈澄声、陈致宏译.台北：商周出版，2009

6 威尔士.《世界史纲》.台北：水牛出版社，1989

7 王曾才.《世界现代史》（上）.台北：三民书局，1990

8 王曾才.《西洋近代史》.台北：正中书局，2003

9 王曾才.《世界现代史》.台北：三民书局，2004

10 王曾才.《世界通史》.台北：三民书局，2006

11 高亚伟.《世界通史》.台北：幼狮书局印行，1980

12 李功勤，陈逸雯，沈超群.《西洋史大事长编》.台北：幼狮文化事业股份有限公司，2008

13 麦克尼尔.《欧洲史新论》.刘景辉译.台北：学生书局，1983

14 刘增泉.《西洋文化史》.台北：五南书局，2007

15 刘景辉译.《西洋文化史》.台北：学生书局，1980

16 桑戴克.《世界文化史》.台北：商务印书馆，1965

17 张至远编.《西洋通史》.台北：中华大典编印，1966—1974

28 马士力，陈光裕编著.《一本就通：世界史》.台北：联经出版事业股份有限公司，2010

19 威尔士.《世界史纲》.台北：水牛出版社，1989

20 游礼毅等译.《图说：世界的历史》.台北：光复书局，1981

21 宫崎正胜.《世界史图解》.赵韵毅译.台北：商周出版，2006

22 庄尚武，孙凤瑜，刘宗智编著.《世界文化史》.台北：三民书局，2001

23 王任光.《西洋中古史》.台北：茂昌图书有限公司，2004

24 郭豫斌主编.《图解世界史（古代卷）——文明的起源和繁荣》.台中：好读出版社，2011

25　郭豫斌主编.《图解世界史（中古卷）——黎明前的黑暗》.台中：好读出版社，2011

26　郭豫斌主编.《图解世界史（近代卷上）——启蒙与革命》.台中：好读出版社，2011

27　郭豫斌主编.《图解世界史（近代卷下）——民主与统一》.台中：好读出版社，2011

28　郭豫斌主编.《图解世界史（现代卷）——对抗与竞争》.台中：好读出版社，2011

29　刘景辉.《古代希腊史与罗马共和史》.台北：台湾学生书局，1989

30　张学明译.《西洋中古史》.台北：联经出版事业股份有限公司，1990

31　希罗多德.《历史》.台北：台湾商务印书馆，1997

32　贺力斯特著.《西洋中古史》.张学明译.台北：联经出版事业股份有限公司，1986

33　邓元忠著.《西洋近代文化史》.台北：五南出版社，1990

34　安德烈·科尔维西埃著.《简明西洋近代史》.刘增泉译.台北：编译馆，2000

35　索维尼，品克尼.《法国史》.蔡百铨译.台北：五南出版社，1989

36　哈安全著.《古典伊斯兰世界》.齐世荣主编.北京：中国青年出版社，1999

37　刘金源.《法国史：自由与浪漫的激情演绎》.台北：三民书局，2004

38　龙章.《越南与中法战争》.台北：台湾商务印书馆，1996

39　林明德.《日本史》.台北：三民出版社，2008

40　陈炯彰.《英国史》.台北：大安出版社，2000

41　林立树.《美国通史》.五南图书出版公司，2006

42　罗伯特福西耶主编《剑桥插图中世纪史（350—950年）》.陈志强译.济南：山东画报出版社，
　　2006

43　弗朗切斯科罗宾笙（Francis Robinson）主编.《剑桥插图伊斯兰世界史》.黄中宪译.台北：
　　如果出版社，2008

44　宫崎正胜著.《中东与伊斯兰世界史图解》.刘惠美译.台北：商周出版，2008

45　波特等编.《新编剑桥世界近代史（14卷）》.中国社会科学院世界历史研究所组译.北京：
　　中国社会科学出版社，1999

46　威廉·凯勒著.《20世纪国际史》.编译馆主编.蔡百铨译.幼狮文化事业公司印行，1989

47　雷敦渊，杨士朋.《用年表读通中国历史》.台北：商周出版，2011

48　黄淑贞.《用年表读通中国文学史》.台北：商周出版，2011

49　杨远鸣编.《中国历代大事年表》（附外国大事记）.台北：集文书局有限公司，1991

50　大卫·波义耳著.《第二次世界大战：战火中的镜头》.李静宜，张丽琼，李俊融译.台北：
　　明天出版社，2005

51 李勉民主编.《第二次世界大战实录》.台北：读者文摘，1982

52 贺力斯特著.《西洋中古史：A Short History》.张学明译.台北：联经出版事业股份有限公司，1986

53 刘潼福，郑乐平著.《古希腊的智慧：西方文明的总源头》.台北：新潮社，2008

54 爱德华·吉朋著.《罗马帝国衰亡史》.萧逢年译.台北：志文出版社，2003

55 克里斯多福·泰德格著.《古代埃及·西琴海》.刘复苓译.上海，百家出版社，2001

56 杨海军著.《失落的文明：波斯》.香港，三联书店，2005

57 吴俊才著.《印度史》.台北：三民书局，1981

58 苏进强主编.《九一一事件后全球战略评估》.台北：台湾英文新闻，2002